指文® 战史系列 049

奠边府战役

Chien dich Dien Bien Phu

一剑文化 著

中国长安出版社

图书在版编目（CIP）数据

奠边府战役 / 一剑文化著 . -- 北京：中国长安出版社，2015.2

ISBN 978-7-5107-0889-3

Ⅰ . ①奠… Ⅱ . ①一… Ⅲ . ①越南奠边府战役（1954） Ⅳ . ① E333.9

中国版本图书馆 CIP 数据核字 (2015) 第 036503 号

奠边府战役

一剑文化 著

出版：中国长安出版社

社址：北京市东城区北池子大街 14 号（100006）

网址：http://www.ccapress.com

邮箱：capress@163.com

发行：中国长安出版社

电话：（010）85099947 85099948

印刷：重庆共创印务有限公司

开本：787mm×1092mm　16 开

印张：16.25

字数：260 千字

版本：2019 年 1 月第 2 版 2019 年 1 月第 1 次印刷

书号：ISBN 978-7-5107-0889-3

定价：129.80 元

CONTENTS 目录

引子　　那产 1

第一章　　纳瓦尔计划 7
统帅易主 7
选定宿命地 14

第二章　　"雪花"飘落奠边府 19
奠边府"飞雪" 19
巩固战果 26

第三章　　战机 31
中越商定会战奠边府 31
失败的空中绞杀战 36
放弃速战　充分准备 41

第四章　　奠边府基地 49
排兵布阵 49
外围出击 59

第五章　　战争之神 69
吹牛的皮罗斯 69
杜勒斯的"妙计" 76
一触即发 78

第六章　　兴兰高地和独立山高地 87
勇克兴兰 92
再战独立山 99

第七章　两战之间 **115**
　　板桥告失 115
　　绞杀机场 121
　　蜘蛛网般的堑壕 123

第八章　初战东部山头 **133**

第九章　决战A1 .... **147**
　　锁钥之地 147
　　初战完败 150
　　比雅尔大反扑 157
　　再战A1 163
　　惨败 168
　　犹豫不决的美国 179

第十章　四月相持 **181**
　　变更决心 181
　　夺回C1高地 183
　　勒紧的绞索 188

第十一章　空中力量在奠边府的应用 **203**

第十二章　幻想破灭 **209**

第十三章　攻克奠边府 **213**
　　攻克C1高地 213
　　胜利 225

第十四章　落幕 **233**

附录 **243**

参考文献 **255**

那产

1945 年 8 月，第二次世界大战的硝烟刚刚散去，法国还没洗去战争的征尘，为了重新在越南、老挝、柬埔寨组成的印度支那半岛建立起殖民地统治，与胡志明领导的越南劳动党和武元甲大将领导的越南人民军在印度支那半岛广阔的大地上进行了长达 8 年的第一次印度支那战争。最终，越南人民军在 1954 年 3 月 13 日到 5 月 8 日的奠边府（Dien Bien Phu）会战中击败了法国远征军，从而在 1954 年 7 月 21 日结束了这场战争。而引出这场大会战的，却是一个此前默默无闻的盆地——那产（Na San）。

1952 年 10 月，越南人民军总司令武元甲大将率由中国帮助装备并训练的 3 个大团——308 大团、312 大团和 316 大团发起越西北战役，兵锋直指泰族聚居的越西北地区和老挝北部。经过 1951 年在红河三角洲的 4 场拉锯战（红河中游战役、东北战役和宁平战役、和平战役），武元甲意识到在平原地区与空炮优势的法军纠缠既无法打开战局，又削弱了越南人民军的战斗力，于是，在 1951 年雨季整训阶段，在和中国军事顾问团商议后，武元甲大将决定兵锋移指越西北地区，解放少数民族聚居区，然后以此为依托，进军老挝，南下迂回西原战场，控制越南中部，切断越北法军集团和湄公河三角洲的法军集团的陆上联系，这样就能决定性地赢得第一次印度支那战争的胜利。

不过，越西北聚居的泰族人在感情上与京族人不和，对越盟更是不感冒，倒是比较亲法。但越南西北地区山高林密，只有几条公路可供机械化部队行动，因此，自 10 月 17 日越军对义路（Nghia Lo）发起攻击，揭开西北战役大幕以来，法国远征军只能以伞兵空投方式阻击。这点兵力杯水车薪，根本挡不住越军 3 个大团的冲击。

在武元甲强大的攻势下，当地泰族武装和法军伞兵节节败退，最终往一个叫那产的盆地收缩形成集团防御。与此同时，法国远东空军利用那产盆地紧急扩建的机场向这里不断运送兵力物资，使守军很快达到了12个营的规模，并构筑集团据点。驻那产的法军集团称为"中部沱江作战集团"。

那产集团据点由一系列由带刺铁丝网和雷区掩护的据点组成，每个据点由1个连或加强连把守。为了确保盆地中心机场安全，法军还在占据距机场4830米的一系列环形山头，形成外层防线。为了防止外层防线某个据点被攻破后越军直扑机场，守军司令吉尔斯上校又在机场外围建了一条内层防线，将机场、指挥部群、救护站、仓库、榴弹炮和重迫击炮群置于内层防线中心。但在11月第三周，当越军308大团首先打到那产盆地边缘时，守军并未完全抵达，防线也没有成形，榴弹炮群更没有到位。越军仍保持着游击队时期的作风，大军悄然无声地逼近而守军却丝毫没有察觉。

把守内层防线北部的PA8据点的是第5外籍军团步兵团3营11连（共110人），连长是勒泰斯蒂中尉。勒泰斯蒂中尉年轻时曾在马其诺防线服役过，对防御部署很有一套。在他的指挥下，11连在据点内修筑了多个机枪火力点，封锁了所有通往铁丝网的通道。11月23日夜到24日凌晨，在没有任何警告也没有任何炮火准备的情况下，晚8点左右，308大团一个连利用泰族巡逻队的间隙穿了过去，对PA8据点北面铁丝网发起冲击。11连措手不及，越军迅速剪开铁丝网冲进了法军战壕。在越军急风暴雨般的冲锋枪扫射和密集的手榴弹爆炸下，11连一名排长——迪罗中尉战死，连长勒泰斯蒂中尉立即率全连反击，和冲进战壕的2个排越军肉搏。晚9点30分，11连在付出战死和失踪15人，负伤多人的情况下勉强打退了308大团这次试探性进攻。

第一次败退的越军并没有放弃，他们又用迫击炮对PA8据点南部轰击，做进攻前的准备。当时，那产法军并无榴弹炮群，勒泰斯蒂中尉只得呼叫那产中心区的外籍兵团重迫击炮连（10门120毫米重迫击炮）给PA8据点提供火力支援，可重迫击炮连连长巴尔（Bart）中尉却玩忽职守，战前根本就没有做出火力支援计划（即测好防线上各个据点周围的目标诸元，以备据点守备队呼叫时按先前测定坐标提供准确的炮火支援）。勒泰斯蒂没等来自己的迫击炮火支援，却迎来了308大团第二次进攻（2个连）。与此同时，那产守军司令吉尔斯上校也意识到PA8据点的危机，赶紧命令作为总预备队的第3殖民地伞兵营抽调1个连去增援PA8。晚11点00分，增援的伞兵连赶到PA8，协助11连打退了越军。但让勒泰斯蒂中尉感到气愤难耐的是，他无意中偷听到营长吉诺米耶上尉竟然冒功领赏，宣称11连是在他的率领下夺回据点的，还强迫勒泰斯蒂返回，并立即记录在案。此举遭到11连伤员们的集体反对。为了支持自己的连长，在营部医疗官悉心照顾下的伤患和里纳尔迪上士一起，不顾伤势，从中心区爬了800米返回PA8据点。

308大团最后一次进攻始于凌晨00点30分，但也被击退。这次战斗中，1名越军战俘自愿充当军工，协助11连搬运和装填弹药，甚至当11连1名60毫米迫击炮手负伤后，他主动担当炮手，一力承担装填和射击任务。在夜幕的掩护下，越军带着大部分伤亡人员撤退，但还是在阵前留下64具尸体和5名伤员。次日清晨，巡视防线的守军司令吉尔斯上校告诉勒泰斯蒂，他挽救了那产。吉尔斯上校同时命令其他各个据点的指挥官务必向勒泰斯蒂学习，PA8据点一时间成了那产守军的模范据点。

第一次那产之战规模很小，武元甲只投入了308大团1个营，想顺手牵羊在行进间攻占，结果以失败告终。在探明那产法军守备力量十分强大后，武元甲决定把3个大团的兵力全部投入，经过一周的准备时间，全力攻取那产。这一周的时间对吉尔斯上校来说也是宝贵的。105毫米榴弹炮群和他最后1个伞兵营通过空运源源不断地抵达那产盆地。为了守住那产，法国远征军统帅沙朗中将还特意给他配备了1名副手——有着丰富泰族聚居区工作经验的沃德雷少校。在那产集团据点构筑阶段，C-47以10分钟每架的速度在那产着陆，1天运输6小时（因为大雾，机场从清晨到中午11点都是关闭的，直到11点以后才开放）。一周内，那产守军就得到了约3000吨物资，包括300吨铁丝网，超过100辆卡车和吉普车，以及约1930立方米的原木（用于加盖顶）。吉尔斯上校坚持这些据点必须深挖，以便在越军从据点间的空隙渗透进来时，各个据点可以任意扫射而不必担心误伤友军。3日份口粮被发给各个据点，另在中心区仓库存放5日份口粮。往山头据点的补给运送由驴子和矮种马完成。此外，那产对武器弹药也进行了充足的准备：各据点备有3个基数的弹药，2个基数的炮兵，中心区仓库也备有3个基数。在指挥部，吉尔斯上校也拟订了详细的榴弹炮和重迫击炮对据点群的火力支援计划。

11月30日夜到12月1日凌晨，经过一周准备的越军308大团、312大团和316大团

借着满月皎洁的光向那产发动了大规模进攻，又称第二次那产之战。首先遭到进攻的是外层防线西梢的PA22据点（越军称为班亥据点），由第2泰族步兵营1个连据守。尽管得到外籍兵团重迫击炮支援，但泰族兵还是在越军1个营的进攻下打了不到20分钟就放弃据点，朝机场狼狈溃逃。论单兵和射击精度，泰族兵都称得上优秀，可他们从未受到过坚守据点的防御战训练，在越军120毫米重迫击炮和57毫米无后坐力炮、75毫米山炮的打击下，只能作鸟兽散。这个据点由312大团165团攻打，其位置非常重要，站在山头俯瞰机场可一览无余，因此，第2泰族步兵营刚一丢失据点，预备队第2外籍兵团伞兵营立即备战，准备夺回PA22据点，但吉尔斯上校没有下令出击，转而命令炮兵对该据点实施覆盖射击。在夜间临空的C-47投下的伞降照明弹强光照耀下，守军可以清楚看到据守班亥据点的165团痛苦地承受着105毫米榴弹炮的轰击。凌晨3点30分到6点，外籍兵团重迫击炮群也加入射击行列。日出后，第2外籍兵团伞兵营1个连迎着阳光反击，将165团赶下高地，轻松夺回据点。

在外层防线北梢的P24据点（越军称为布红据点）战况完全不同，它由泰族兵和摩洛哥兵各1个连把守，308大团主力团——102团（别号首都团）在重迫击炮火力掩护下连续两次冲击班亥据点，但都被泰族兵和摩洛哥兵打退。凌晨3点，102团又发起第三次冲锋，终于突破了守军防线，打下了布红据点。鉴于进攻之敌兵力强大，吉尔斯上校准备投入第3殖民地伞兵营、第2外籍兵团伞兵营2个连和第6摩洛哥步兵团2营1个连在清晨反击布红据点。面对伞兵的集团反扑，102团利用反斜面构筑的工事进行了极为顽

强的抵抗。伞兵们屡次冲击失败，最终还是在空军和榴弹炮火支援下才在中午攻上山顶。下午4点，经过了10小时激战，伞兵终于夺回了布红据点，直到这时他们才发现原来1名中尉和几名摩洛哥兵还在该据点上坚守。根据12月2日从1名越军干部身上搜出的武元甲大将下达的进攻那产的指示，布红和班亥据点极为重要，武元甲严令308大团和312大团必须打下并守住这两个据点，以备高射炮部队的进驻，拦截敌空运飞机和支援迫击炮火打击机场。

12月1日夜到2日凌晨，武元甲重施故技，再以312大团和308大团各一个团打另2个据点。PA21据点，位于外层防线西南梢，由第5外籍兵团步兵团3营10连（连长：博内中尉）据守。和11连一样，10连也在3周的防守期间把PA21据点修建成了一个难以攻破的堡垒。

12月1日晚8点30分，在满天繁星照耀下，越军第209团在没有任何炮火准备的情况下悄悄逼近PA21据点，警惕心极强的博内中尉刚听到脚步声，就马上呼叫105毫米榴弹炮群朝防线外围各条接近路线射击，但越军继续不动声色地朝铁丝网地带缓慢运动。当第一名越军踩到铁丝网前地雷引爆时，10连意识到大战来了。博内中尉一声令下，全连轻重机枪和60、81毫米迫击炮一齐开火，密集的弹群劈头盖脸地砸向越军。凌晨1点30分，越军120毫米重迫击炮和57毫米无后坐力炮也开始反击10连的迫击炮阵地和地堡群。在重迫击炮和无后坐力炮的掩护下，越军爆破手用爆破筒在铁丝网炸开一个口子，第一波越军从缺口冲了进来，双方短兵相接。但，法军的105毫米榴弹炮群发挥了决定性的作用，拦住了越军第二梯队的增援道路，

第一波冲进据点的越军也在10连的死战和不断反击下渐渐失去冲击力，被迫后退。接着，他们又进行了第二次冲击，给10连造成巨大伤亡：连长博内中尉在将一枚掉进掩体内的越军手榴弹扔出去时阵亡，巴谢勒中尉接手指挥；1名机枪手和1名57毫米无后坐力炮手为了获得更好的射界而将武器扛出地堡，后不久就被二三十米开外的越军击毙；不久，第二任连长巴谢勒中尉也阵亡了，全连最后1名军官布朗克福尔中尉接手指挥。

凌晨4点，312大团209团彻底停止进攻，但对10连的炮火袭扰仍不间断，以掩护越军的撤退。7点，太阳升起，照亮了战场。PA21据点总算是守住了，1个地堡被越军迫击炮8次命中都没有坍塌。9连赶往支援。外派的巡逻队缴获了大量被遗弃的越军步兵武器。和往常不一样，209团没有带走伤亡人员，他们在PA21据点周围遗弃了大约350具尸体和大约50名伤员。虽然越军3个营占据至少10比1的兵力优势，但却无法攻克一个在强大炮火支援下仅1个外籍兵连据守的阵地。

同一夜，308大团88团也对PA26据点展开强攻。这个据点由第13外籍兵团步兵团3营（营长：法夫罗少校——一名突尼斯和叙利亚战役的老兵）把守，他们在12月1日夜扛住了越军3个整营多达4个波次的冲锋。激烈的战斗从凌晨1点20分一直打到5点30分，越军先是爆破铁丝网，然后在各种口径的迫击炮和75毫米无后坐力炮掩护下波波冲锋，期间无后坐力炮击毁了2个地堡。法夫罗少校报告，敌人撤退后据点周围留下大约260具敌尸，自己伤亡轻微：死6伤20。

这次战斗是那产战役中最后一战。在102团（监视封锁那产之敌）和迫击炮、75毫米山炮掩护下，参战的308大团主力和312

大团撤围。守军向几个方向派出巡逻队搜索，但已无敌踪。战后，辛普森听到法军军官抱怨说没能追上撤退之敌猛击是他们最大的遗憾。吉尔斯上校也因为那产防御战的胜利而荣升准将。法国远征军统帅部更是因为这次战斗胜利而大松一口气，沙朗中将就宣称那产之战的胜利使越盟进军老挝的计划推迟了4个月。

通过那产之战，法国远征军发现了在几乎所有地形下克制越军的绝招——"空-地基地"。从1946年到1952年历时6年的第一次印度支那战争中，越军占据着高原山林地带，法军占据着红河三角洲和湄公河三角洲平原地带（在越南中部的西原战场，第5联区的5个团一直很活跃，基本控制村庄，法军只控制昆嵩和波莱古等重要城市和公路，以及沿海平原）。无论是越军还是法军，在深入对方能尽情发挥机动优势之地的时候，都不免遭受惨败，比如1950年10月法军的4号公路之败和1951年越军在红河三角洲三次攻势（红河中游、东北和宁平战役）的失败以及法军于1951年11月对和平的占领和随之而来的双方交战也是不分胜负。谁也没有打破持续6年的战争平衡。

和法军将领不同，武元甲很善于学习总结。1951年对红河三角洲的三次进攻都以失败告终，使他意识到在平原地区和法军纠缠弊大于利。经过和中国军事顾问团的商议，他决定在1952年旱季，兵锋移指泰族聚居的越西北地区，建立广阔的战略迂回根据地，为南下老挝继而进军越南中部创造战略条件。新的战略成功了，越军在西北战役中大获全胜，夺取了2.8万平方千米的国土，解放了几百万泰族民众，使越北根据地有了可靠而稳固的后方。不过，西北战役并没有取得彻底的胜利，山罗省会那产和莱州省仍在法军手中，特别是在那产，武元甲大将碰了钉子。在没有重炮兵和高射炮兵支援的情况下，武元甲大将没法将那产拿下。

法军认为越军的失败主要有四点原因：一是武元甲低估了那产守军的兵力规模和兵员素质，在他看来那产守军最初都是由西北战场上各个据点的败兵汇集的，战斗力低下。二是越军没有夺取可以清楚俯瞰那产盆地的周围制高点，因为武元甲大将认为那产守军基本没有防御纵深，外围山头可以逐个夺取；此外他没有估计到内层防线的重要性和守军预备队可随时反击的可能。三是武元甲没有意识到机场对空-地基地持久战的重要性，由于无法夺取周围可以俯瞰机场的山头，导致越军对机场动静一无所知，更谈不上用炮火封锁机场了。四是武元甲高估了越军的120毫米重迫击炮和57毫米无后坐力炮，甚至75毫米山炮对法军野战工事的毁伤能力。

那产之战的教训让武元甲明白，在遇到法军集团据点防守时，要是没有控制可以俯瞰法军空地基地周围的山头，也没有获得强大的支援炮火，就不要贸然打集团据点。要打这种据点，首先要以优势兵力围困，然后切断据点的补给线（也就是部署高射炮榴弹炮封锁机场，迫使法国空军不能在机场低飞和着陆）。为此，他打算做好准备再打那产，而不重蹈一打那产的覆辙。具体措施：调上重炮兵封锁机场，压制法军炮兵和据点，部署高射炮兵切断法军的"空桥"，在集中优势兵力的同时也要动用一支几万人的民工搬运物资，囤积可打几个月的粮弹储备，然后再行进攻。

在越军认真总结那产经验教训的同时，法国远征军妄下断言，在他们看来，那产战斗是个巨大的胜利，其作战方法是对付越军的不二法则。无论在印度支那什么地方，只要有效运用那产模式就可以克敌制胜。但他们忘了，那产胜利是因地利、自身优势乃至武元甲的轻敌而赢得的，其中武元甲的轻敌是个重要的因素。一旦越军拥有了重炮兵和高射炮兵，那产模式也就不再奏效了。不知道当时法国远征军中的有识之士有没有意识到这点，如果没有，只能说是法军的悲哀，那奠边府的悲剧就是注定的。如果说有人意识到，那也只能是少数，在大多数人认定"那产模式"（对越盟）无敌论的情况下，他们的意见完全淹没在大多数人的狂嚣中，其结果也导致了法军的奠边府之败。中国有句俗语，祸兮福所致，从这个方面来讲，奠边府的惨败恰恰始于法军成功的那产之战。

第一章

纳瓦尔计划

统帅易主

　　亨利·纳瓦尔，1898 年出生，父亲是一名希腊语大学教授。1916 年，18 岁的纳瓦尔考入圣西尔军校，从此开始了他的军旅生涯。1917 年，他提前毕业，在法军的一支龙骑兵部队服役，与德军打了 15 个月的仗。第一次世界大战结束后，他去了叙利亚，与当地阿拉伯游击队作战 2 年。随后，他来到法国驻德占领军任职，不久又进入法国军事学院学习。1930 年到 1934 年，他到法属摩洛哥工作了 4 年。1937 年，他从事军情工作，1938 年到 1940 年是法军情报部门对德情报的领头人。二战爆发后，纳瓦尔负责法国沦陷区的情报工作。1944 年，他重新回到作战部队，任第 3 摩洛哥轻骑兵团（装甲团）团长，继而担任法国陆军第 5 装甲师师长，驻扎在德国。后来几经转任，在出任法国远征军总司令前是北约中欧部队参谋长（他的上司正是大名鼎鼎的朱安元帅）。

　　从纳瓦尔的履历可以看出，他既有和游击队作战的经验，又有情报官的素质，而且还在北约工作过，政治经验也不缺。如此"全能"的将才，使法国总理梅耶十分满意，认为纳瓦尔是法国远征军新任总司令最合适的人选。

　　1953 年 5 月 7 日，法国政府正式任命纳瓦尔中将出任法国远征军总司令。临行前，纳瓦尔来到总理府向梅耶辞行，梅耶告诉他：此行的目的不是彻底消灭越盟（经过 7 年的战争，法国已经意识到彻底消灭越盟是一件根本不可能完成的任务），也不是赢得战争，而是重新夺回战场主动权，让法国通过谈判体面地退出第一次印度支那战争。

　　1953 年 5 月 21 日，从法国巴黎飞抵西贡的法国远征军第六任总司令纳瓦尔中将一下飞机，就对远征军发表了一个简短的讲话：

▲ 法国远征军统帅亨利·纳瓦尔。

"一年前，还没有人能看到胜利。但，今天，我们可以看到曙光在前，如同隧道尽头已经出现了光明。"随后，他向全军发出一个简短的到任命令："我期望和你们，特别是和前线的勇士们建立密切的联系，这将增辉于我的军人生涯。"

5月28日，纳瓦尔正式和沙朗交接指挥权。对于前任的部下，纳瓦尔没留下多少人。早在离开巴黎前，他就挑选了空军中将博代和陆军少将冈比耶分别担任他的副总司令和参谋长。正式接掌帅印后，他的第一件事就是任命越北战区法军司令（FTNV）。越北战区是法国远征军在印度支那最重要的战区，拥有法军和保大军兵力约119000人，以及法国远东空军和法国远东海军的绝大部分兵力。结果，雷纳·科尼少将荣膺该职。

雷纳·科尼，生于1904年4月25日，祖父是一位农民，父亲是警察。青年时的科尼天赋很高，在大学读书期间顺利获得了奖学金，先后拿到政治学士和法学博士学位。从军以后，科尼当了一名炮兵，并于1939年晋升上尉，次年升任少校。第二次世界大战爆发，他参加了对德作战。他所在的部队被打散后，科尼成为一支法国抵抗组织部队的

领导人，继续对德作战。在抵抗运动中，他不幸被俘，押往德国的布赫瓦尔德集中营，受尽折磨。好在不久后盟军攻入德国解救了他，科尼重返法国陆军。1946年到1947年，他担任驻巴黎附近的1个步兵团团长，继而进入战争部任职，获得了一定的政治经验。1950年底，科尼作为戴·拉·德·塔西尼元帅的参谋前往越南，参加第一次印度支那战争。在越南，科尼的勇气和才能深得塔西尼的赏识，因而任命他为师长，驻守海阳。纳瓦尔执掌法国远征军帅印后，又任命他担任印度支那战场上最重要的战区司令。

就在法国远征军指挥高层人事变动的同时，法国国内也于6月更换了内阁，梅耶总理离开，拉尼埃组阁。拉尼埃对印度支那战局游移不定，决心难下，在是否继续坚持印度支那的"肮脏战争"的问题上，他的态度左右摇摆。

两难之下，拉尼埃总理决定和前任梅耶一样，信赖纳瓦尔，希望他能扭转当前不利的战局，赢回战场优势，从而使法国"体面地"结束战争。而纳瓦尔也没有让他失望，很快就把他拟定的《1953年到1955年度法国远征军作战计划》传回了巴黎。

原来，纳瓦尔来到印度支那调整人事后，立即乘坐着专机用了整整3周时间巡视印度支那各地，会晤当地驻军将领和官员。为了了解战场实情，他还飞到那产和莱州视察。

通过这些视察，纳瓦尔明白，印度支那战局极为严峻。特别是西北战役后，整个局面已经逆转，越南人民军取得了战争主动权，而法军只能采取战略防御态势。向他汇报的各级军官都认为，1953年到1954年旱季，越军还会发起更大规模的攻势。

他最担心的是和越北根据地相邻的红河

三角洲地区。在这里，越南人民军的6个主力大团（304、308、312、316、320大团和351工炮大团，每个大团兵力约9200人）从内外两线威胁着塔西尼防线。根据法国远征军情报部门确切的报告，这些师装备的大部分武器都是由中国提供的。随着朝鲜战争的结束，中国有可能向越南人民军提供更加充分和更加优良的武器装备。除了6个主力大团的威胁，越军还另有3个独立团渗透塔西尼防线，在红河三角洲腹地建立和法军据点犬牙交错的游击区（越军称之为豹斑），控制约6000个村庄，牵制了大量法军机动兵力。

在越南中部地区（即越军的第4联区和第5联区），越南人民军共有1个主力大团——325大团（18团、95团和101团），803、108、120、96团等部队，他们在山区根据地获得了相当大一片地盘，将法军挤压到各条公路干线周围的城市和县份。特别是在广治省和承天省，法军在顺化和岘港的守军只能依靠1号国家高速公路维持补给，而越军又反复出击这条公路，给法军造成了很大的困扰。

在越南南方，虽然没有太大的战事，但越军在南部东区、南部中区和南部西区也控制了相当大的地盘，从西贡远接近地的土龙木省（现为平阳省）、同塔省等逐步形成对西贡市的挤压。在南部西区的金瓯省和薄寮省，游击战运动十分活跃。

综合双方军事实力，法军和保大军总兵力约33万人，越南人民军总兵力约48万人，越军占优。不仅如此，对比双方的战略机动部队，越南人民军也占据了优势，他们的主力部队一共是7个大团（6个步兵大团和1个工炮大团）和1个独立团（第148独立团，兵力超过1万人），兵力约8万人；而法国远征军的机动兵力只有7个机动团（每个团

兵力约3000人）和2个伞兵机动团（每个团兵力约2400人），兵力3万余人——就这点兵力根本不可能在1953年到1954年旱季对越军发动战略进攻。所以，法国远征军在1953年到1954年旱季仍只能采取战略守势，顶住越军主力进攻，同时大力扩建保大政府军，全面接过印度支那各要地的守备任务，把法国欧非籍部队（约12.3万）全部解放出来，组建新的机动部队，争取在1954年末机动兵力与越军主力相等。1955年在法国本土增援部队的加强下全面超过越军主力，继而在1955年旱季寻机决战，争取一战夺回主动权，然后以军事实力为后盾，通过外交谈判结束战争，让法国体面地退出印度支那半岛。

思前想后，纳瓦尔拟出了《1953年到1955年度法国远征军作战计划》（又称《纳瓦尔计划》），其要点如下：

1. 以北纬18°为界，将整个印度支那划分为南、北两个战区。

2. 北部战区的法军在1953年到1954年冬春旱季采取战略守势，尽量避免重兵出击越盟。如果越盟在此期间对红河三角洲或越西北、上寮地区进攻，都可能对法军造成严重威胁，因此必须加强这两个地区的防务。

3. 由于越军在这一时期掌握了战场主动

▲ 在广宁省战斗的越军战士。

权，拥有兵力上的优势，要求法国政府从本土和北非向印度支那增派12个步、伞兵营，1个装甲营和3个炮兵营，适当加强印度支那的法国远东海、空军部队，使法国远征军能够掌握5个师的机动兵力。

4. 在加强北部地区防御的同时，于红河三角洲和周围地区进行若干次战术出击或一定规模的扫荡，以破坏或牵制越盟的进攻。

5. 重点对红河三角洲内的越盟游击区进行绥靖作战。

6. 加紧组建和训练新的保大军队，抽调更多的欧非籍法军充实机动兵团。

7. 如果在1953年到1954年冬春旱季作战中顶住越盟进攻，至1954年秋，远征军应该使自己掌握6~7个师的机动兵力，其中包括1个伞兵师，使机动兵力和越盟相等。到1955年，法国在印度支那半岛可控制兵力约64万（包括保大军）。在这种情况下，法军要寻机和越盟决战，进而从根本上解决印度支那问题，或者是为政治解决印度支那问题创造最好的条件。

8. 在南方战区，在稳定西贡周围的情况下，对越南中部蜂腰地带实施扫荡，控制狭长的"安南走廊"（因为伏击和袭击事件特别多，法军将之称为"没有欢乐的走廊"）。

计划的关键在于法国远征军要在1953年到1954年旱季顶住越军的进攻。谈到这里，纳瓦尔对越军可能的三个进攻方向逐一盘点：第一，红河三角洲地区，在这个方向，法国远征军的总体实力强于对手，而且在平原地带既可以充分发挥空炮优势，又便于机械化部队机动合围，若越军向这个方向进攻，其结果和1951年的永安、18号公路和宁平战役无异。第二，中寮地区，纳瓦尔判断，越军主力部队6个大团距离太远，在越南中部

只有325大团可以动用，而单是1个师进攻，兵力不占优势，而且后勤供应压力大，法军可以利用机动优势集结兵力予以反击。第三，西北地区，这是纳瓦尔最担心的。他认为越军6个主力大团仍会像1952年到1953年旱季那样再次出兵西北，把孤城莱州和那产给打下来，然后进军上寮，进攻琅勃拉邦和万象。他知道，越南西北地区山高林密，公路很少，机械化部队难以施展拳脚，只能采取"那产"式的集团据点群来抵挡越军的攻势，进而消耗其兵力，为均衡双方机动兵力和下一年度决战创造战机。

6月16日，在西贡举行的法国远征军高级军事会议上，纳瓦尔向与会将领提出了自己的计划纲领。谈到1953年到1954年旱季作战计划时，他说那产已经失去继续固守的意义，因为它既非西北地区的政治经济中心，也不是什么交通枢纽，越盟不占领它照样可以绕道进攻上寮。因此，他决定放弃那产。不过，那产据守方式——集团据点群将是法军坚持的作战模式。为了守住西北，纳瓦尔着重向与会将领提到了奠边府。

根据各方将领的意见，纳瓦尔修改了自己的计划。7月13日，他飞回法国。17日，纳瓦尔向法国参谋长联席会议提交了《纳瓦尔计划》。三军参谋长很快研究了这份计划，并同纳瓦尔进行仔细讨论。他们指出，计划的缺点是对老挝承担了太多的义务，似乎有点鞭长莫及。参谋长们认为，即使身在印度支那，纳瓦尔也应该致力于这样一种努力，即促使美国和英国承担起国际义务来"保障老挝的领土完整"，以此来"警告"其他国家不要介入老挝事务。

7月24日，在法国总统亲自主持下，由总理、外交部长、国防部长、财政部长和海

外殖民部长，以及三军参谋长等高级官员在巴黎召开秘密会议，审议《纳瓦尔计划》。面对法兰西第四共和国军政精英，纳瓦尔侃侃而谈，对计划大纲逐条解释，与会者似乎很满意。但在提到老挝问题时，大家都不作声了。精明的纳瓦尔一看不对劲，当即停止报告，他当着总统和总理的面，突然向三军参谋长提问，把球抛给了对手：1953年到1954年旱季越盟很可能实施第二次西北战役，攻取莱州乃至上寮，法国远征军是否应该挡住越盟，防止他们再进上寮？如果这么做，法国远征军无疑会遭到巨大伤亡，国内对此是否理解？三军参谋长直言远征军不应该在力量不足的情况下去包揽老挝，特别是和越西北地区相邻的上寮的安全。相对军方的否定回答，法国总统、总理和部长们都没有作声。倒是法国空军司令科尔尼·莫尼将军站了起来，他认为奠边府孤悬敌后，远离河内，是无论如何也不应该选择进行固守的战场（一如斯大林格勒，依靠空桥维持固守深入敌后的据点是多么困难啊）。不过，纳瓦尔可没多听科尔尼·莫尼的"废话"，继续自己的独白。结果，在谁也没有继续反对的情况下，法国内阁批准了《纳瓦尔计划》。

人逢喜事精神爽。内阁刚刚批准，纳瓦尔还没回到西贡，就从巴黎给在西贡的法国远征军总部留守的博代中将去电，下达第563号命令，要求法军做好一切战斗准备，待越军再次进军西北时，即迅速夺回奠边府，确保老挝上寮地区的安全。

8月，纳瓦尔中将从巴黎回到西贡。现在，是他一展雄风的时候了。首先，他要应对的就是越军的旱季战略进攻。打法只有两种，要么坐等越军打上来，要么主动寻机卡住越军咽喉，逼敌进攻，继而大放血，这样不仅

可以达到1953年到1954年旱季顶住越军进攻的战略设想，而且还可以大量消耗越军的主力，为1955年战略决战创造战机。越北战区司令科尼少将针对未来战局提出了自己的意见，声称最好是把全部机动兵团集中到红河三角洲，抵挡越军可能对平原发动的总攻击。"志向远大"的纳瓦尔当即拒绝了科尼的意见，力主奠边府这个决战场。

在纳瓦尔看来，他在1954年旱季中最应该采取的策略是抢在越军完成进攻准备前先行出击奠边府，然后等待越军主力来攻，在防御战中大量杀伤进攻之敌，死守到来年旱季再出兵夺回西北地区。可是，1953年的8月是雨季。在这种季节里，法军没法进行持续性的大规模作战行动。

进攻不行，偷袭一下总还是可以的。7月17日，法军伞兵部队司令吉尔斯准将指挥3个伞兵营——比雅尔少校的第6殖民地伞兵营、图雷上尉的第8殖民地伞兵营，以及布洛克少校的第2外籍兵团伞兵营，突然袭击了谅山市。按照越军《谅山省军事志》的记载，当时守军只有20名指战员，他们根本挡不住比雅尔和图雷的猛扑，导致约5000吨弹药和军需品被炸毁。在第6和第8殖民地伞兵营出色完成任务的时候，布洛克少校率领的第2外籍兵团伞兵营则牢牢守住4号公路撤退要点——禄平。袭击得手后，3个伞兵营沿着4号公路撤往北部湾。在法军第5机动团的接应下，他们准时登船。11月20日，参战的3个法军伞兵营返回海防。

这次行动，法军3个伞兵营参战2001人，战死4人，失踪1人，负伤21人，可以说是一次代价小、战果大的经典特种战例。

7月28日，法国远征军集中兵力对安南走廊进行大规模扫荡，这里是第4联区和第

5 联区结合部，也是越军第 325 大团所属的第 95 团根据地。扫荡中，法军时而空降，时而两栖登陆，时而装甲兵快速穿插，在东桂村吃掉了越军 1 个连。但行动期间的大部分时间里，他们都没能捕捉到 95 团主力。8 月 4 日，法军结束行动，宣称击毙越军 182 人，俘虏 387 人，缴获 51 支步枪、8 支冲锋枪、5 把自动步枪和 2 门迫击炮，付出的代价是战死 17 人，负伤 100 人。

消息传来，纳瓦尔最初很兴奋。冷静下来，他明白这些行动对越军来说只是隔靴搔痒。他真正关心的还是西北战局。在越南西北地区，法军还固守着泰族聚居区首府莱州和那产盆地，但无论是纳瓦尔还是科尼都明白，他们既不可能大规模增援莱州，也不可能在越军下一次战略进攻中守住它。而那产虽还在法军手中，但它的战略意义显然不大——越军工兵已经开始修复安沛（Yen Bai）到山罗（Son La）的公路，通过这条路，越军再进攻上寮就可以轻松绕过那产，而且越军还把监视那产的部队——102 团撤了下来，只留 88 团 2 个连看守，守军兵力和围敌兵力一对比就知道究竟是谁在牵制谁了。在这种情况下，那产完全失去了据守意义。那么法军在西北地区的落脚点在哪儿呢？答案是位于 41 号公路沿线且靠近老挝边境的奠边府。这里既有可扩建的旧机场以供空中运输，又有西北地区最大的盆地可供屯兵，而且还卡住了越南西北进入老挝的重要公路——41 号公路。另外，奠边府年产 2000 吨大米，足够 1 万人的守军吃上 3 个月，真可谓是集四重地利于一身的边关要塞。无论是前任法国远征军总司令沙朗中将，还是现任总司令纳瓦尔，都把奠边府看成是和越南人民军争夺西北地区的重要基石，必须重占。但，在此之前，纳瓦尔必须做一件事——把那产的守军撤出，保留这支机动部队。

8 月 3 日夜到 4 日凌晨，那产撤退行动拉开帷幕。于贝尔上尉指挥的一支泰族游击队以夜袭的方式突然占领了 88 团的后方基地——山罗。监视那产的 88 团 2 个连赶紧回头救援。与此同时，部分泰族游击队也进驻那产，从守军那里接过据点和山头防务，继而大张旗鼓地四处巡逻。在泰族游击队的行动掩护下，法国远东空军从 8 月 5 日拂晓起，以每 6 分钟 1 架的速率在那产着陆，接运守军。截至 8 月 9 日，C-47 在那产着陆 444 架次，把大部分守军撤了出去。虽然 8 月 10 日那产盆地天气恶劣，当天的空运行动被取消，但最终还是在 8 月 12 日将全体守军通过空运撤离了那产，这次行动让远征军士气大振，他们看到了空 - 地基地的另一个威力。同时，他们的成功撤退也得感谢泰族游击队，正是因为他们的奋战才使法军全身而退。同样，这次成功的撤退也让纳瓦尔看到了泰族游击队的威力，促使他更坚信自己占领奠边府，去支持和发展泰族游击队的想法是正确的。然而，历史老人却和他开了个大玩笑。

8 月下旬，法军情报部门表示近期并无越军进攻上寮的迹象，倒是 4 个越军主力大团在距塔西尼防线 2~3 天的路程距离上蠢蠢欲动。9 月，316 师 1 个团进入越西北地区，在那产与奠边府之间的红河地段与泰族游击队交战，但仍没有越军进击上寮的迹象，这使持续紧盯西北战局的纳瓦尔暂时松了一口气。9 月 19 日，他在远征军的一般指示中称，越军对上寮的威胁正在减小，现在红河三角洲才是防御重点。为此，纳瓦尔中将决定集中机动兵力，对红河三角洲南部的越军第三联区主力——320 大团发动进攻，据报他们正

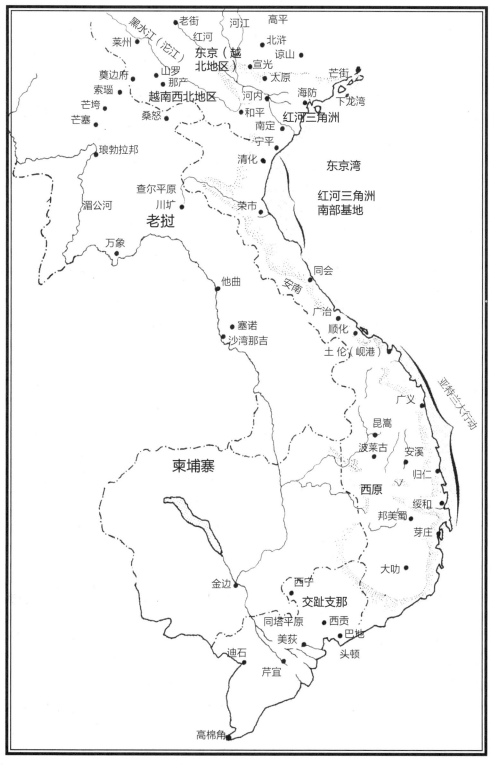

▲ 印度支那总体态势图。

在塔西尼防线外约 20 千米开外的富约关附近森林休整。

10 月 15 日，法国远征军开始实施"海鸥"行动，力图全歼 320 大团：法军出动 7 个机动团在江河舰队、第 1 伞兵机动团和布林德装甲机动团的 M24"霞飞"坦克群配合下出塔西尼防线，他们先打下了莱局。接着 A 战斗群（由德卡斯特里上校指挥，包括第 2 和第 3 机动团）、第 8 殖民地伞兵营和 B 战斗群一部于 10 月 18 日在莱局打退了 320 大团的多次反击。接下来 2 周，A、B 两个战斗群继续在莱局周围清剿，又和 320 大团小股部队爆发多次激战。11 月 6 日夜到 7 日凌晨，"海鸥"行动结束，法军安全撤回塔西尼防线。这次行动，法军宣称击毙 1000 多名越军，俘虏 182 人，击伤 2500 人，缴获 500 支各式步机枪、100 具火箭筒和无后坐力炮，以及 3000 枚地雷。法军的伤亡也不小：战死 113 人（含 7 名军官）、505 人负伤（含 22 名军官）、151 人失踪（伤亡人员中 40% 是越南籍士兵）。

尽管获胜，但细心的纳瓦尔还是看出了问题——远征军步兵素质下降得很厉害。按纳瓦尔的话说就是只要离开 105 毫米榴弹炮的有效射程（9640 米），法军步兵在遭遇战中根本不是越军的对手。也就是说，以目前法军步兵的战斗力，根本就打不了深入对方腹地的机动战，甚至连远程巡逻都得悠着点。那么，法国远征军在越南还有什么希望呢？希望自然还是有的，那就是采取集团据点群防御方式，吸引越军来攻，然后发挥空炮火力优势，大量杀伤敌人，舍此别无他法。

选定宿命地

"海鸥"行动还没结束，纳瓦尔的注意

力又转回西北地区。根据最新截获的越军电报，316 师 176 团将于 12 月 7 日到 11 日之间抵达红河上游。1 个越军工兵营正昼夜赶修通往巡教（Tuan Giao）的公路，以建立仓库区囤积大批军需品。同时，越军第 148 独立团还加强了莱州外围的巡逻，并派 1 个营插到老街和莱州之间，摆出一副要消灭当地泰族游击队进而威逼莱州的架势。在那产已经弃守，莱州又无法抵挡哪怕一次大规模进攻，西北地区就要失守，上寮受到威胁的情况下，纳瓦尔坐不住了。前任沙朗就是因为丢掉大部分西北地区而失去了帅印，雄心勃勃的他决不能坐视西北地区在自己任上完全丢失（毕竟沙朗还是守住了莱州和那产），他要出手了。

11 月 2 日，纳瓦尔中将下达第 852 号指令，着令法国远征军准备采取伞降方式夺回奠边府。这次作战将由越北战区司令科尼少将负责，趁着 316 师的 176 团和第 148 独立团正和泰族游击队激战而无暇他顾之机，使用 5~6 个营在 11 月 15 日到 11 月 20 日之间占领奠边府，行动代号"海狸"。

11 月 3 日，纳瓦尔中将的作战部长路易斯·贝特尔上校携带着 582 号指令飞抵河内，当面交付越北战区司令科尼少将。

路易斯·贝特尔上校在出任法国远征军作战部长前，曾在那产担任第 7 机动团团长。纳瓦尔视察那产期间，曾和贝特尔上校进行过一次深谈。贝特尔认为那产之战的胜利很有意义，空 – 地基地的集团据点式战法，能够大量杀伤来犯的越军。采取这种战法关键就是机场，机场保证了敌后作战的机动性和补给性。在谈到那产意义时，贝特尔还认为，那产之战直接保卫了上寮（此认知明显有误，1953 年 4 月，越南人民军绕过那产，直接对上寮地区发起了桑怒战役），也间接保卫了红河三角洲，这种以时间换空间的方式完全适用于眼下的法国远征军。也就是说，只要保住了上寮，继续和越军争夺西北地区，那第一次印度支那战争的胜负还未可知。

贝特尔的一系列"高论"，可以说是深得纳瓦尔之心。赏识之下必然提携，纳瓦尔不仅把他的理论照搬应用，而且还提升他为法国远征军的作战部长。

与纳瓦尔的雄心勃勃和贝特尔的自信满满不同，科尼少将接到582号指令时疑虑重重。11月4日，他召来越北战区参谋长巴斯提尼上校、作战部长德内夫中校、后勤部长米尔特里耶中校，让他们对即将实施的奠边府作战行动和红河三角洲守备提出个人意见。与会将领认为，当前红河三角洲面临着越军3个师可能的大规模进攻，而步兵和装甲兵机动部队都调到了南部实施"海鸥"行动，三角洲北部防务空虚，在这个时候还为了"老挝上寮"地区的军事义务而抽调仅有的伞兵机动部队和有限的运输机群去实施占领奠边府的作战行动，对越北战区而言无疑是釜底抽薪。

11月6日，科尼致函纳瓦尔，委婉地提到他明白在西北地区保有一个据点在政治上和军事防卫老挝上的重要性，但他和手下参谋们还是认为如果把部队从越北战区抽调到奠边府，那他将不得不申请获得更多的援军来守卫红河三角洲。11月9日，他又致函纳瓦尔，旧事重提。但纳瓦尔不为所动，坚持要夺回奠边府。科尼很不情愿地服从了命令。

11月11日，科尼少将、纳瓦尔的代表路易斯·贝特尔上校、法国远征军伞兵部队

▲ 奠边府的泰族人。

司令让·吉尔斯准将、越北战术空军司令德绍准将和法国远东空军运输机部队司令尼科上校在河内召开作战会议，讨论"海狸"行动的作战细节问题。

根据情报，越军第148独立团910营驻扎在奠边府的芒清村，另一个营估计也驻扎在附近，这意味着参加"海狸"行动的第一波伞兵必须进行战斗跳伞，在敌军附近或是敌军阵地着陆然后夺占目标。为此，第一波伞兵部队必须是久经沙场的精锐部队，吉尔斯把这个任务交给了第1伞兵机动团的第6殖民地伞兵营和第1伞降轻步兵团2营。在他们夺占目标后，第1殖民地伞兵营、第35伞降轻炮兵团混成营75毫米无后坐力炮群和第17伞降工兵营作为第二波跟进。次日，第2伞兵机动团也将投落。这样，法军可在2天内于奠边府集中近5000人，一边修复机场，一边构筑集团据点群。以上是"海狸"行动的作战方案概要。

对此，负责指挥伞兵空降的吉尔斯准将首先提出了自己的看法：在敌占区实施空降作战，即便进攻方兵力占优能顺利夺取奠边府，他仍很担心越军的大规模反击。1952年11月23日夜到24日凌晨，勒泰斯蒂中尉的连队在没有炮火支援的情况下，依靠史诗般的英勇战斗才力保那产无虞的这一幕，吉尔斯仍记忆犹新。为此，他要求工兵迅速修建机场，务必在战役发起后10~12天将机场修复并完成扩建，然后加紧向奠边府运送105毫米榴弹炮。

接着，越北战术空军司令德绍准将也提了自己的意见，他主要担心运输机群的安全问题，因为空军的"熊猫"式战斗机没有足够的副油箱，作战半径难以涵盖奠边府，而目前可飞到奠边府的作战机种就只有空军

B-26和海军航空兵的各个机种（但海军航空兵明确表示不参加"海狸"行动），无法给运输机群提供护航。天气也是个重要问题，红河三角洲和越西北地区在同一时间天气情况可能完全不同，且奠边府盆地的晨雾也会对其造成不小的影响，所以他认为"海狸"行动当头可能得不到战斗机护航和对地扫射支援。对未来作战的建议是，奠边府机场修复后，在查尔平原（Plain of Jars）的川圹（Xieng Khouang）机场和奠边府部署"熊猫"式战斗机，以便在红河三角洲机场群天气恶劣而西北地区天气晴朗的情况下仍能支援地面部队。

随后，贝特尔上校也做了发言。他认为根据那产的经验，C-47运输机每天的运输量是80吨左右，所以守军规模必须按这个需求量予以适当部署，不能无限扩大。对此，远东空军运输机部队司令尼科上校表示赞同，并强调两点：一、手下就3个C-47运输机中队，80吨的运输量是不能再增了；二、务必确保机场安全，不能让敌炮火威胁，否则运输机群无法着陆。

▲ 法军进攻前对奠边府的空照侦察图。

最后，会议就"海狸"行动细节达成一致决定，科尼少将在计划书上签字。11月12日，科尼少将分别向越北战术空军司令德绍准将和远东空军运输机部队司令尼科上校下达实施"海狸"行动的指令。同一天，科尼少将让贝特尔上校带信返回西贡。在给纳瓦尔的信中，科尼先是说明"海狸"行动已经准备就绪，接着又话锋一转，再次提到老挝义务问题。坚称红河三角洲战略位置远重于西北地区和老挝上寮，认为只要保住红河三角洲，即使丢失西北地区和上寮，越盟也无法赢得决定性的胜利。11月14日，纳瓦尔再次给科尼下达了实施"海狸"行动的指令，同时在致科尼少将的私人信中也再次坚持国远征军对老挝上寮地区的义务，并表示为了掩护莱州守军撤退，法军都有必要夺回奠边府，重新恢复和老挝驻军的联系。

11月17日，纳瓦尔中将会同法国印度支那事务负责人马克·雅凯、法国驻印度支那高级专员（相当于英国驻印度总督）德让和越南保大政府总理阮文先亲赴河内，视察"海狸"行动准备情况。在河内的越北战区司令部大楼里，纳瓦尔明确地指示科尼少将，纵有万般困难，只要天气许可，"海狸"行动必须在11月20日实施，伞降阶段由远征军伞兵部队司令吉尔斯准将和远东空军运输机部队司令尼科上校负责，参战伞兵和C-47运输机群将在河内的嘉林（Gia Lam）机场和海防的白梅（Bach Mai）机场集结。为了保密，第一波伞兵营营长直到19日傍晚才接到指令，对伞兵将士们和运输机飞行员们的任务提示更是要等到第二天行动前2个小时。为了防止"消极"的科尼们怠慢，纳瓦尔坐镇河内一直到11月20日清晨才返回西贡。

此时，法国政府也正为和战问题大伤脑筋。国内反战力量十分强大，总理拉尼埃决心未定，是否把战争继续打下去，目前仍无定论。在这种情况下，拉尼埃决定派法国国家安全委员会秘书长阿德米拉·卡巴尼耶海军上将前往越南，征求法国远征军总司令纳瓦尔中将的意见。1953年11月19日，卡巴尼耶飞抵西贡。得知纳瓦尔在河内，卡巴尼耶急电纳瓦尔，要求马上飞到河内与纳瓦尔会谈。卡巴尼耶没有想到的是，纳瓦尔礼貌性地拒绝了他，让他暂留西贡，自己将在翌日早晨飞回。

11月20日，看到"海狸"行动一切准备妥当，纳瓦尔才满意地返回了西贡，与卡巴尼耶会谈。卡巴尼耶告诉纳瓦尔，法国现在财力有限，本土增兵和财政支持力度都没法加大了。接着，卡巴尼耶话锋一转，问纳瓦尔究竟是现在就和越盟谈判，还是等一场大战胜利后再谈，纳瓦尔接过话茬，直接告诉卡巴尼耶："奠边府战役已经开始了。"

就在两人说话当头，法军运输机群已经从海防和河内升空，箭指奠边府！

|第二章|

"雪花"飘落奠边府

奠边府"飞雪"

铺开一幅大比例的越北地图，奠边府只是上面一个极不起眼的地名。该地是群山环绕的越西北泰族聚居区中的三大盆地之一，另两个分别是义路和那产。

从地理位置来看，奠边府是越西北地区最大的盆地，南北纵长20千米，东西横宽6千米，总面积约40平方千米，状似枣核，距老挝边境约13千米，雨量充沛，盛产稻谷。湄公河支流——楠云河自北往南流过奠边府，在盆地中心有个美丽的泰族村庄——芒清村——它同时也是奠边府的泰族地名。盆地和外界的联系主要靠两条道——一条是自东北方向的巡教延伸进盆地的41号公路，另一条是19世纪法国探险家奥古斯塔·巴微从莱州进入奠边府的小径——巴微小道。奠边府盆地里世代居住着泰族人，四周山腰上住着苗族人。据1950年统计，奠边府盆地的人口约15000人。最初，这个盆

地并不为人所知，法国殖民地也懒得管理这片"不毛之地"，但随着英法对华鸦片贸易的扩大，盆地中的泰族人看到了"商机"，利用气候湿热、土壤肥沃的"地理优势"大面积种植罂粟，继而向中国云南贩运鸦片。泰族人能想到的"商机"，精明的法国殖民者自然也不会放过。1897年，随着对华鸦片贸易量越来越大，莱州的法国殖民者出兵控制了这个盆地，在当地任命1位泰族官吏管理鸦片贸易并从中抽税。由于该盆地靠近老挝，故而法国殖民者给它取了个富有意义的名字——奠边府，意为"安边之府"。

20世纪20年代末，法国开始在印度支那扩展航空事业，到处兴建机场。20世纪30年代中期，奠边府修建了一个土质机场。1945年3月9日，日本陆军第23军发起旨在全面解除印度支那法军的"明"号作战，在

▲ 奠边府芒清村。

上寮和越西北的法军退到奠边府守了 2 个多月。最后，法军抵挡不住，只得在美国陆军第 14 航空军的协助下，从奠边府全部撤到中国内地。1945 年，第一次印度支那战争爆发，法军卷土重来，很快拿回了奠边府。由于这里是越盟力量的薄弱区，加上西北地区泰族人感情上倾向法国，所以法军对奠边府的控制还算稳固。但这一切在越南人民军于 1952 年 10 月发起的越西北战役后就完全改观了。11 月 30 日，越军第 165 团 542 营占领了奠边府，继而交由 184 团独立团一部驻守。

1953 年 11 月 20 日清晨 06 点 30 分，1 架 C-47 轰隆隆地出现在奠边府上空。最初，它并没有吸引地面泰族人和越军的目光。在他们看来，这不过是一架执行例行任务而顺道经过此地的运输机，没有人意识到它的出现意味着什么。

这架编号 76356 的 C-47，装载一部大型指挥电台，上面坐着 3 位将军——法国远征军伞兵部队司令吉尔斯准将、越北战术空军司令德绍准将、法国远征军副总司令博代中将，他们于 11 月 20 日凌晨 5 点从海防白梅机场起飞，飞临奠边府上空判断当天天气能否实施大规模伞降。飞机在盆地上空缓缓地盘旋，仔细查看天气和地形。早晨 7 点，太阳升起，大雾散去。大约 20 分钟后，机上 1 名电信员向河内发出了预定信号："奠边府大雾正在散去（意即实施海狸行动）。"

参加这次行动的法国空军第 62 运输机大队 2 中队、第 64 运输机大队 1 和 2 中队的飞行员们也在凌晨 5 点起床。负责指挥这次运输作战的是法国远东空军运输机部队司令尼科上校，他在 10 天前才接到实施"海狸"行动的绝密指令。此时他面临诸多困难。首先

▲ 奠边府芒清村。

是飞机问题，法国远东空军运输机部队主要使用的是美制 C-47 运输机，第一次印度支那战争爆发后法国政府一边要应付战争，一边还要为部队购买装备，财力上捉襟见肘，不得不向美国政府求援。美国政府也很"慷慨"，为了所谓的"东亚反共事业"（北打朝鲜，南插印度支那战事），从 1950 年底开始向法国提供大量的军援物资，这其中就包括了 C-47。尽管美国提供了大量的军事援助，可法国远征军在印度支那的战事却总不见起色，甚至还每况愈下，迫使伞兵部队四处救急，C-47 更是不够用。"海狸"行动需要投入至少 65 架 C-47，而尼科上校的运输机部队只有 69 架 C-47，其中不少还正在宁平和太平地区参加扫荡越军 320 大团的战斗。为了"海狸"行动，尼科上校不得不把它们都召回海防和河内。其次，飞行员数量不足，整个运

输机部队堪用的飞行员仅 59 人。为了凑足人数，尼科上校使尽浑身解数，总算调集起包括他自己在内的 65 名飞行员。

根据尼科上校的部署，所有运输机都在 11 月 19 日傍晚飞回海防白梅与河内嘉林机场，地勤人员不眠不休进行检修和保养，保证战役行动可以按时进行。

清晨 05 点 50 分，尼科集合全体飞行员做任务简报："小伙子们，你们的任务是在奠边府空投伞兵。各位必须全力以赴，我亲自领飞。整个行动分两个波次：第一波次 33 架飞机（23 架隶属于第 62 运输机大队 2 中队，10 架隶属于 64 运输机大队 2 中队）分 4 队从白梅机场起飞，第二波 32 架飞机（24 架隶属于第 64 运输机大队 1 中队，8 架隶属于第 64 运输机大队 2 中队）也分成 4 队从嘉林机场起飞。第一波次由富尔科少校（第 62 运输机

大队 2 中队中队长）率领，代号'黄头'；第二波次由马蒂内少校（第 64 运输机大队 1 中队中队长）带领，代号'红头'；我的代号是'德克萨斯'。两个波次起飞间隔时间为 3 分钟，每队间隔 1 分钟，每个编队内的飞机起飞间隔 10 秒钟。请对好表，必须绝对准时。每架飞机起飞前装满 550 加仑汽油。第二波次飞机还要再飞一次，24 架运送物资装备，8 架运人。下午再空运一次伞兵。空投物资时间不得超过 20 分钟。"由于每架 C-47 只能装载 24 名伞兵和 1 辆吉普车，所以运输机群一次只能空运 2 个伞兵营。从地图上看，奠边府与河内相距约 2980 米，预定飞行高度 880 米，飞行时间约 1 小时 16 分。

预定参战的伞兵起得更早，他们在凌晨 4 点天还没亮就集合整队，6 点做简报，6 点 30 分登机，8 点整登机完毕。为了这次行动能获得最大战果，法国远征军伞兵部队司令吉尔斯准将挑选了手下 2 个最精锐的伞兵营——马塞勒·比雅尔少校的第 6 殖民地伞兵营（651 人，驻海防白梅机场）和布雷切斯少校的第 1 伞降轻步兵团 2 营（659 人，驻河内嘉林机场）。

第 1 伞降轻步兵团 2 营的前身是第 10 殖民地伞兵营。1952 年 11 月，第 10 殖民地伞兵营抵达越南，随即在西贡进行适应性驻防，并将番号改为自由法国在印度支那的第一个伞兵团名称——第 1 伞降轻步兵团 2 营，很快他们就赶上了那产之战。接着，越南人民军于 1953 年 4 月发起桑怒战役（第一次上寮战役），围困琅勃拉邦，兵锋直逼查尔平原营地。第 1 伞降轻步兵团 2 营就像消防队员似的离开那产，火速伞降查尔平原，构筑集团据点，与当地守军一起总算是保住了这个重要的营地。7 月 28 日到 8 月 4 日，法国远征军集中 10 个步伞兵营和 3 个坦克营对顺化与广治之间走廊的第五联区越南人民军 325 大团 95 团进行扫荡，第 1 伞降轻步兵团 2 营参加了这次战斗。9 月，第 1 伞降轻步兵团 2 营又匆匆返回老挝，在塞诺构筑空－地基地。"海狸"行动前几天，第 1 伞降轻步兵团 2 营疲惫不堪地返回了河内，驻防嘉林机场。

相对第 1 伞降轻步兵团 2 营，第 6 殖民地伞兵营可以说是法国远征军伞兵部队中最具有传奇色彩的部队，它的别称是"比雅尔伞兵营"，源于印度支那战争中法军伞兵的传奇人物——马塞勒·比雅尔少校（后为四星上将，升任法国国防部长）。

马塞勒·比雅尔，出身于一个铁道工人家庭。1939 年，他参加法国陆军。1940 年 5 月西欧战役爆发后，他勇敢战斗，不幸被德军俘虏。次年，他成功越狱，来到西非，进入自由法国部队，不久被派到英国陆军特别空勤团（SAS）训练，并随同英军特种兵一起于 1944 年空降到法国后方，联络法国抵抗组织，屡立战功。比雅尔不仅作战勇敢，而且极富个性，他的电台呼叫代号"布鲁诺"从这时起一直到奠边府战役结束，在越法双方阵营都是如雷贯耳。1945 年，第二次世界大战结束后，他作为第 23 殖民地步兵团的 1 名上尉连长参加第一次印度支那战争。次年，他志愿前往越南西北地区，指挥泰族辅助兵。1948 年 10 月，他带着第 3 殖民地突击伞兵营 1 个连返回印度支那服第二次役，1950 年他再回越西北担任第 3 泰族步兵营营长。1952 年 7 月，比雅尔开始在印度支那服第三次役，这次升任新组建的第 6 殖民地伞兵营营长。在他的带领下，第 6 殖民地伞兵营在印度支那大地纵横驰骋，立下赫赫战功，并和他们的营长一起，成了法国远征军中战斗力最强的部队。

▲ 法军伞兵空降奠边府。

08点15分，尼科上校的先导三机小队首先起飞，各机依次跟进。09点15分，全体C-47完成编队，把定航向280°朝奠边府飞去。10点30分，第62运输机大队2中队的C-47运输机群载着比雅尔少校的第6殖民地伞兵营和第17伞降工兵团的52名工兵飞抵楠云河上空，天气晴朗，碎云朵朵。"黄头"富尔科上校率机群以760米的高度从南面进入预定空降区——"娜达莎"，然后减速至170千米/时准备空降伞兵。

"起立！挂钩！"一声声试图盖过引擎轰鸣声的洪亮口令在各运输机机舱内响起。接着，又是一阵吼声："检查装备！"当各名伞兵准备完毕后，红灯亮起，示意准备打开舱门。10点35分，绿灯亮起，舱门突然打开，队列排头的伞兵在跳伞指挥员的命令下，一个纵身跃出机舱，身后伞兵也依次跟进。很快，

湛蓝色的天空就飘满了高度不同的伞花。

"娜达莎"着陆区在芒清村西北约180米，离旧机场跑道约270米，南北纵长1200米、东西横宽约410米，主要为休耕的稻田和一条缓缓流淌的小溪，灌木丛仅见于南部边缘。芒清村东南约800米的另一个着陆区是"西蒙娜"，地形和"娜达莎"相差无几。红头机群奉命在这里投下第1伞降轻步兵团2营和第35伞降轻炮兵团的前进分队（但没有携带火炮）。第6殖民地伞兵营的任务是拿下芒清村，第1伞降轻步兵团2营的任务是掩护第1伞兵机动团前进指挥部的建立，然后抄向盆地南面，截杀南撤的越军，争取协同第6殖民地伞兵营全歼对手。

第6殖民地伞兵营将士从760米高度跳伞，着地需2分半钟。看到伞兵纷纷扬扬落下，越军很快反应过来，用轻机枪和步枪立即朝空中

射出密集的弹雨，给伞兵造成
了相当大的伤亡——营部医疗
官雷蒙上尉就在这第一次战斗
跳伞时被一发机枪子弹爆头，
殒命半空。

根据法国远征军总部的
情报，148独立团团部就设在
奠边府，因此吉尔斯希望这
次行动能一举擒获团长平江，
并获得148独立团在越西北
地区兵力部署的第一手资料。
根据情报，148独立团共有
4个营——900、910、920和
930营，只有910营和团部在
奠边府。除了营部和团部外，
920营的226机炮连和675炮
兵团1个混成连（装备122
毫米重迫击炮和57毫米无后
坐力炮）、320师48团1个连。
当天清晨，越军2个连开往
机场附近出操，部分重武器
已经架好，直接对准了"娜
达莎"着陆区。

第6殖民地伞兵营各连
在"娜达莎"的任务如下：
德·维尔德中尉的4连和特
拉普中尉的2连分别在北面
和西面，负责着陆区守备任
务，防止越军增援。勒·巴热中尉的1连和
马尼拉中尉的3连，以及比雅尔少校的第6
殖民地伞兵营营部和阿莱尔中尉的重武器排
从着陆区东南朝芒清村进攻，把越军挤向南
面，由第1伞降轻步兵团2营截杀。计划是
完美的，可要实现这个方案却需要各连紧凑
的伞降、着陆后迅速收拢兵力和没有越军的

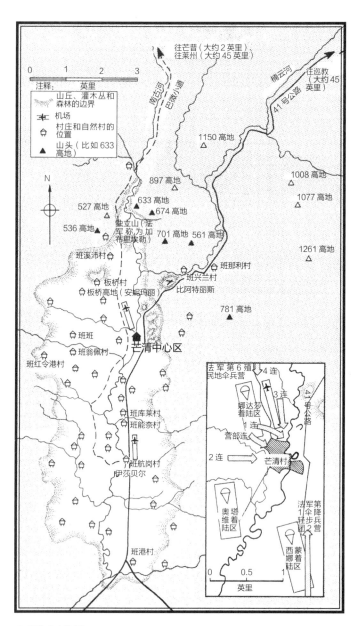

▲ 奠边府态势图。

干扰。然而，第6殖民地伞兵营的伞兵着陆
点散布在宽约3220米的走廊，不能快速收拢
兵力，4连甚至在独立山脚下着陆，特拉普
中尉的2连也离预定着陆区有一定距离，只
有1连和3连落点比较理想——勒·巴热中
尉的1连直接落在芒清村附近，马尼拉中尉
的3连降在机场，比雅尔少校的营部和阿莱

▲ 法军伞兵空降奠边府。

尔中尉的重武器排也落在预定点西面800米。

　　落地后，伞兵们马上解开伞带，打开武器箱，抄起冲锋枪和手榴弹，采取单人或是小队方式一边聚拢队形，一边找自己的连排班长。对于法军的来犯，越军早有准备，920营226火力连立即用部分架好的120毫米重迫击炮和57毫米无后坐力炮猛轰"娜达莎"着陆区。比雅尔少校的电台报话机被弹片打坏，阿莱尔中尉的第一批迫击炮和炮弹也摔坏了。在第二批迫击炮和炮弹落下来之前，第6殖民地伞兵营只能靠枪来奋战了。依仗重武器优势，越军猛轰"娜达莎"，让正在收拢队形的1连和3连狼狈至极，只得一边集合部队一边隐蔽前进。

　　11点00分，比雅尔少校收拢了勒·巴热中尉的1连，马上向芒清村逼近。其他各连却落在后面：在独立山脚的4连只得顺着炮声赶路，当他们到达时，战斗已经结束；3连在机场和部分越军激战，2连只收拢三分之二兵力，在侧翼越军机枪火力和无后坐力炮袭扰下难以前进（特拉普呼叫阿莱尔，让他提供炮火支援，但阿莱尔手上只有1门迫击炮和3发炮弹，这点火力根本撼不动越军）。12点15分，1架炮兵观察机飞来，担任中转联络站。应比雅尔的请求，第25轰炸机大队1中队的B-26对2连侧翼的越军火力点进行轰炸和扫射，终于让2连脱险。

　　勒·巴热中尉带领的1连的伞兵们刚冲到芒清村口，就被来自东北角的越军机枪火力点给钉死了。为了掩护第148独立团团部南撤，910营营部连利用芒清村内的木屋架起机枪，顽强阻击，硬是把1连挡了3个小时。下午3点，赶来和比雅尔会合的3连试图迂回，仍被猛烈的机枪火力拦住了去路。在伞兵联络官的呼叫下，B-26一架接一架俯冲投弹，将芒清村中心地带的木屋炸成一片火海，1连和3连才得以冲进北角。随同2个连行动的比雅尔少校也在村北一座木屋里设立了自己的临时指挥部。这回，阿莱尔中尉总算是找到了部分可用炮弹，马上用仅有的1门81毫米迫击炮朝南面的撤退通道猛打，910营部连死战不退，与1连和3连伞兵展开逐屋逐房、逐街逐巷的争夺战。在他们的掩护下，第148独立团团部总算是平安逃脱。

当然，平江一行得以逃脱，除了自身和910营部连牺牲自我的抵抗外，第1伞降轻步兵团2营没能及时投入战斗也是重要因素。由于"西蒙娜"着陆区上空云层较厚，加上机群中有不少新手飞行员，使第1伞降轻步兵团完全没有落进着陆区，而是落到南面的田地和山脚间，伞兵落点散布长达4830米。好不容易收拢队形，第1伞降轻步兵团2营又要掩护第1伞兵机动团长富尔卡德中校设立临时团部，而且还联络不上第6殖民地伞兵营。等他们忙完手头的工作，赶到芒清村南面时，越军主力早已撤出了奠边府。

将第一波2个营的伞兵投落后，C-47返回河内，其中41架重新加油后于11点30分运载第2波伞兵和物资起飞。担负第二波伞降重任的是第1殖民地伞兵营（营长：让·苏凯少校），全营官兵911人（越南籍官兵413人），其中722人参加了这次战斗跳伞。1953年6月重返印度支那后，第1殖民地伞兵营先后在查尔平原营地和红河三角洲南部奋战，11月刚刚打完320师就奉命转战奠边府，负责运送他们的是30架C-47。另外11架C-47中有7架负责运送米约少校的第35伞降轻炮兵团和8门75毫米无后坐力炮（每门炮备弹40发），4架负责运送第1伞降救

护队的药品。

下午3点50分，第二波伞兵在"娜达莎"着陆。第35伞降轻炮兵团的部分75毫米无后坐力炮支援第6殖民地伞兵营将龟缩在芒清西北角的越军残兵全歼。下午4点，2架直升机从莱州起飞，为奠边府送来了一部HF电台和2部VHF导航仪。接着，空军上尉皮埃尔·洛里永上尉的前进空军管制小组进驻，负责伞兵部队和空军的联络事宜。到11月20日夜幕降临时，法军共向奠边府伞降2650人，以15人战死（10人隶属于第6殖民地伞兵营）、34人战伤、13人跳伞负伤的微弱代价，夺回了奠边府。法军统计，越军遗尸115具，4名伤员被俘，被缴获40支步枪和20000发子弹，以及910营、226机炮连的大量文件。

巩固战果

随着战斗的结束，载运物资的运输机也开始向奠边府投下大量军需品，维持守军供应。入夜后，部分第62运输机大队2中队的飞行员还在盆地上空盘旋，不断投下代号"萤火虫"的伞降照明弹，防范越军可能的夜袭。奠边府的第一夜是寒冷的，日落后温度下降到41℉。第1伞兵机动团各营围绕盆地布防——第1殖民地伞兵营镇守北面，第1伞降轻步兵团2营把守东面，第6殖民地伞兵营看住西面和南面。第一夜很平静，148独立团退出奠边府后没有反击，只是留下小股部队在周围山头设置岗哨，继续监视法军。

第二天，法军继续向奠边府增兵。第2伞兵机动团的先锋营——第1外籍兵团伞兵营（共653人，336人为越南籍将士）于21日8点空降奠边府。着陆后，奉命防守安妮·玛丽1号和2号高地。

第1外籍兵团伞兵营和印度支那战争的

▲ 着陆后收拢队形的法国伞兵。

命运息息相关。1948 年，第 1 和第 2 外籍兵团伞兵营作为外籍军团的第一批伞兵部队在北非成立，并于 1948 年 11 月和 1949 年 2 月分别在越南的海防和西贡登陆。大部分军官都有丰富的作战经验，不少来自于殖民地伞兵部队。同样，官兵们也是身经百战，要么是参加过第二次世界大战的老兵（甚至还有"卡西诺绿魔"的德国第 1 伞兵师老兵），要么就是在印度支那服过一次兵役的步兵或者机械化兵，他们都是志愿加入伞兵部队的外籍士兵。踏上印度支那半岛后，第 1 外籍兵团伞兵营无役不与，在短短 2 年时间里几乎打遍了整个印度支那。1950 年 9 月 20 日，第 1 外籍兵团伞兵营在 4 号公路沿线据点七溪（That Khe）伞降，试图配合勒巴热兵团夺回东溪。10 月中旬，他们作为勒巴热兵团先锋一路杀到杜谷社山，与 308 大团浴血奋战，试图和从高平撤退的萨克东兵团会合。在越南人民军 308 大团、209 团和 174 团的围攻下，第 1 外籍兵团伞兵营和两个兵团一起全军覆灭，逃出重围者只有 29 人。

1951 年 3 月，在第 2 外籍兵团伞兵营提供骨干的支持下，第 1 外籍兵团伞兵营得以重建，并于当月重返战场。在和平战役中，

他们多次和 308 大团、312 大团交手，屡屡得手；"洛林"行动中，他们出其不意地在越军后方基地空降，缴获 200 吨弹药和 2 辆苏制卡车，获得了"洛林"行动中最大的战术胜利，之后又马不停蹄赶往那产，参加那里的守备战。在飞往奠边府前，他们在红河三角洲南部的南平和竹运河之间遭到 320 大团伏击，伤亡 96 人，而越军只战死 10 人。11 月 21 日，第 1 外籍军团伞兵营在营长吉罗少校带领下跳伞进入了奠边府。

跟随第 1 外籍兵团伞兵营一起跳伞进入奠边府的还有法国远征军伞兵部队司令吉尔斯准将和第 2 伞兵机动团团长朗格莱中校。吉尔斯准将带着司令部一行人顺利着陆。但朗格莱就没那么幸运了，他在着陆时扭伤了左踝骨，不得不在第二天由 1 架轻型飞机接出奠边府。当时，他很懊恼，担心自己即将错过人生中一场重要的会战。大概是上天垂怜他，不久他即以副司令的职务重返奠边府，亲自指挥这场第一次印度支那战争中规模最大的会战。

下午 1 点 05 分，又一批伞兵在"娜达莎"着陆，他们是图雷上尉的第 8 殖民地伞兵营，兵力 656 人。收拢队形后，他们立即开赴芒清村驻防。

1951 年 2 月，第 8 殖民地伞兵营在河内成立，接着参加了 18 号公路的东北战役、宁平战役和和平战役（1952 年 2 月，法军驻和平的大军就是在第 8 殖民地伞兵营于 6 号公路的血战掩护下才安全撤离）。1952 年 9 月，第 8 殖民地伞兵营番号暂时取消，改为第 8 伞降突击队，然后进行特种训练，打算空降在越军后方，展开特种作战。但吉尔斯接手法国远征军伞兵部队司令一职后，取消了这个"没有意义"的行动，下令第 8 伞降突击

队归返伞兵部队序列，纳入预备队。1953年春，第8伞降突击队先后在越南南部和第8联区的越军作战，后又转移到中部蜂腰地带打第5联区的325大团95团，不分胜负。1953年8月，第8伞降突击队恢复第8殖民地伞兵营番号。和第1伞降轻步兵团一样，第8殖民地伞兵营刚一恢复番号就调到红河三角洲南部去打文进勇少将的320大团，结果320大团主力没摸着，倒是接到了派往奠边府的调令。于是，全营只得在营长图雷上尉的带领下，离开红河三角洲，开赴他们的宿命之地——奠边府。

与第8殖民地伞兵营一起镇守芒清村的还有第35伞降轻炮兵团的2门75毫米无后坐力炮。这些重约80千克的炮由人力搬运，从着陆区拉了约1600米才进入阵地。除开火炮外，他们还得将1000发炮弹（每发重11.8千克，总重12吨）搬进阵地。对这种平射武器的性能，没几个伞兵军官知悉，第35伞降轻炮兵团团长米约少校不得不反复解释。一次，吉尔斯准将指示他为前线的伞兵提供有力的炮火支援，但被米约拒绝。他解释说这不是曲射武器，无后坐力炮是用来打工事或是装甲目标，而非曲射支援友军战线。得知此武器竟然没法给防御的伞兵提供炮火支援，吉尔斯着急了，催着科尼给奠边府运榴弹炮。幸好第1外籍军团重迫击炮连（连长：莫利尼耶中尉）也在21日降落在奠边府，他们装备的8门120毫米迫击炮在近距离能为伞兵提供强大的炮火支援，这才缓解了吉尔斯对奠边府缺乏曲射支援火力的担忧。

当天，美制双发大型运输机C-119（载重6吨，法国远东空军只有5架）投下1辆小型推土机，但着陆时翻进稻田的深坑里。11月23日，C-119成功投下另1辆推土机，

该推土机为守军立了大功——将越军在机场挖的1200多个大坑顷刻填平。

在地面守军越聚越多的同时，奠边府的天空也不甘寂寞。"熊猫"式战斗机、B-26中型轰炸机、B-24重轰炸机、C-47和C-119每天飞抵奠边府，要么战斗巡逻，要么空投，煞是壮观，奠边府上空的主角非C-47和C-119莫属。它们每天往返于河内和奠边府，为守军投下修建机场的蜂窝钢板、粮食和弹药，以及带刺蛇型铁丝网。吉尔斯也每天夙兴夜寐，积极视察各个阵地，此外，他还时常关注着另外一个地方。

11月22日清晨，随着跑道修复情况进展良好，法国远东空军向奠边府部署了3架莫拉纳500炮兵观察机，隶属于第21炮兵观测中队（中队长：罗贝尔·迪罗少校），该机是双座侦察机，备受守军的欢迎，也是法国远东空军向奠边府部署的第一批空中力量。

同一天早晨，第2伞兵机动团最后一个营——第5越南伞兵营也降落到了奠边府。第5越南伞兵营的前身是第3殖民地伞兵营，第3殖民地伞兵营于1953年8月撤裁后，以该营的越南老兵为核心组建了第5越南伞兵营，兵力编制为38名军官（其中11名是法国籍）、109名高级士官（58名法国籍）、818名下士和士兵（67名法国籍），除开2连长范文富（Pham Van Phu）中尉外，1、3、4连连长均为法国军官。

随同这些伞兵一起跳伞进入奠边府的还有科尼的副参谋长巴斯提尼（Bastiani）上校，他是来接替身心俱疲的吉尔斯准将任奠边府守军过渡司令的。不过，吉尔斯在卸任后并没有马上离开奠边府，而是等候在此处，直到他的后任到来。现在奠边府守军兵力已达4560人，足以支撑一阵了。

奠边府里，上到守军司令吉尔斯准将，下到一般士兵，都知道机场是维系奠边府生死存亡的生命线，所以修起机场来不遗余力。到11月22日，奠边府机场可供小型机起降。7天后，机场基本完备，可供C-47起降。至12月4日，法军工兵共将23000块蜂窝钢板全部拼完，长1152米、宽29米的奠边府机场终于大功告成。

随着机场的建成，空军也将VHF导航仪和HF大型电台运抵奠边府，由空军前进管制官负责引导机群起降和空中作战支援（空军给奠边府起的电台代号为"托里·鲁戈"）。12月初，第22战斗机大队1中队（中队长：介朗少校）的6架"熊猫"式战斗机进驻奠边府，"托里·鲁戈"终于有了自己的航空部队。

在工兵努力修建机场的同时，法军还不断地向四周进行武装巡逻，但始终没有发现越军踪迹。同时，他们试图和由于贝尔上尉领导、从那产撤出的泰族游击队联系，可惜该游击队大部分成员在越军的攻势中战死。这样，法军试图将奠边府建成与越军争夺西北地区的战役集结地和支援泰族反共游击队的锚地的想法至少有一个在"海狸"行动后就破灭了。

就在法军实施"海狸"行动的同时，另一个行动也在紧锣密鼓地展开。11月13日，也就是"海狸"行动前一周，科尼少将鉴于西北地区的战局，密令准备从莱州撤退。他心里很清楚，莱州不是那产，不可能在越军进攻下继续守下去。不过，撤退需要周密的计划，来不得半点马虎——科尼决定把以刁文龙为首的莱州省政府和特拉坎德中校率领的法越正规部队通过空运撤出莱州，24个连的泰族游击队和辅助兵将通过陆路撤离，转移目标——奠边府。

11月23日，吉尔斯准将派第1伞降轻步兵团2营北出巴微小道，在班那村和从莱州陆路撤出的第一支部队（约700人，由预备役上尉博尔迪耶率领）会合。次日，这支部队在第1伞降轻步兵团2营的引导下，进驻奠边府。

至此，奠边府第一阶段战事结束，法军的主要任务由战斗和修建机场转为在空军不断将物资运抵的情况下，一边完善集团据点群，一边囤积粮弹，争取把奠边府修成一个难以攻破的堡垒，以备和越南人民军的决战。就在法军厉兵秣马的时候，他们的对手又在干什么呢？

|第三章|

战机

中越商定会战奠边府

法国远征军实施的"海狸"行动，对越南人民军 1953 年到 1954 年旱季攻势作战计划带来重大影响。远征军统帅部也在判断，武元甲究竟是将越南人民军主力指向西北战场与法军在奠边府决战，还是继续维持"海狸"行动实施前的指向红河三角洲的作战计划？11 月 20 日，武元甲大将命令 316 大团准备进军老挝，配合苏发努冯亲王的"巴特寮"解放军的战斗。接着，他又命令 308 大团做好出动准备。当法军情报部门把这些信息送达远征军统帅纳瓦尔的案头时，纳瓦尔感到很费解：打西北吧，2 个大团的兵力肯定是不够的，而且还没有重炮兵，难道他们这样就想和奠边府守军硬碰硬？他们忘了那产的教训了吗？打红河三角洲吧，越南人民军留在越北根据地的主力师只有 312 大团和 304 大团 1 个团，304 大团第 9 团是肯定要守卫根据地的，

用一个 312 大团打红河三角洲这不太像武元甲的作风。这武元甲究竟唱的是哪出呀？

和往常一样，越南人民军的战略进攻方向问题还是由越南劳动党政治局讨论决定。1953 年 9 月，越南劳动党政治局展开会议，审议越南人民军总部提交的 1953 年到 1954 年旱季的两套作战方案。

第一个方案：取红河三角洲为主要战场，集中全部或大部分主力部队，相对分散地活动，寻找战机，力争在运动中歼灭一部分保大军和法军机动部队。在各个游击区，则大力开展小规模拔点战斗，积小胜为大胜。当出现极为有利的情况时，再集中主力与敌决战。

第二个方案：吸取中国军事顾问团的意见，认为此时法军机动部队的主力集中在红河三角洲地区，两大机场——白梅和吉碑（Cat Bi）就在腹地，法国海军江河舰队也可以有

效配合作战，如果在平原作战，即使可以取得有限胜利，也不足以扭转战局，且越军主力还有可能在与法国陆海空三军作战中蒙受巨大损失。相反，如果越军把进攻矛头指向西北地区，虽然供应上会出现很大的困难，但足以迫使法军分散兵力，使江河舰队无法发挥作用，并大大减弱法国远东空军对越军的威胁，这就有可能消灭出现在那里的法军重兵集团。在战役顺利的情况下，越军有可能一举夺取越西北全境和老挝上寮地区。

会议经过讨论，胡志明做出了继续向西北和上寮进军的决定，否定了把主力集中于红河三角洲的作战方案。但以武元甲大将、黄文泰少将、文进勇少将为首的越军总部将领一时间还难以接受，尤其是越军总供给局局长陈登宁大将的思想工作难以做通。所以，相应的详细作战方案迟迟没有做出。

10月27日，中国军事顾问团团长韦国清将军带着中华人民共和国主席毛泽东和国防部长彭德怀对1953年到1954年旱季攻势作战方向的意见和一份中国人民解放军总参谋部截获的《纳瓦尔计划》法文本从北京返回了越北中央根据地。看过中国方面提供的《纳瓦尔计划》文本和听取韦国清报告的中

◀ 时任越南人民军总司令的武元甲大将。

共中央军委对旱季攻势作战方向的意见后，胡志明很满意，越军总司令武元甲大将也欣然接受，完全拥护先前越南劳动党政治局的解放西北、进军上寮、稳步向南进军、最后迂回越南中部的战略方针。

在韦国清和梅嘉生的协助下，越南人民军总司令武元甲大将和总参谋长黄文泰少将一起拟订了《越南人民军1953年冬到1954年春作战计划》，要点如下：

1. 下一个旱季的主要作战方向是莱州地区，以308大团、316大团各2个团，会同西北地区的第148独立团，配属相应的炮兵和工兵，总兵力约2.5万，于旱季到来后开始向西北机动，最后在1954年1月10日左右攻取莱州。得手后，以2个团兵力于1954年2月初进军老挝上寮，夺取丰沙里省，2月底进逼琅勃拉邦。另以1个团插到琅勃拉邦以南和川圹之间，开辟新战区。

2. 将312大团和304大团集结在富寿一带，如红河三角洲的法军出犯越北中央根据地，即以这2个师出击。

3. 在主力攻取莱州的同时，以304大团66团和325大团101团分别沿着8号公路和12号公路进军中寮，分割老挝的法国守军。

4. 在发起中寮战斗行动的同时，以1个加强营并配备较强的干部，出击下寮的波罗芬高原以东地区，使战场遍及整个老挝。

中越双方都认为，如果按照计划进行，越军很可能打穿中寮，让法国远征军的侧翼彻底暴露，然后再往下寮——高棉出击。不过，在这个问题上中越双方有分歧。韦国清和梅嘉生认为，向下寮出击应该用1个团以上兵力，而武元甲大将却有不同看法，他认为主力部队本来就少，中寮作战就占了101团和66团两个主力团，分兵下寮还要从这两个团

抽调兵力进行，这么一来兵力分散很容易被法军各个击破。武元甲的担心不无道理，最后双方商定下寮出击战斗由第101团439营在黎基少校率领下进行。

11月3日，越南劳动党中央政治局讨论通过了由越军总部和中国军事顾问团一起拟订的战役计划。

当法军空降奠边府的消息传到越北中央根据地时，越军总部正在召开师以上干部会议，确定旱季作战计划实施方案。该会议由武元甲大将主持，308大团团长和政委王承武、双豪，312大团团长和政委黎仲迅、陈度，304大团团长和政委黄明草、黎掌，320大团团长兼政委文进勇，351工炮大团团长兼政委范玉茂，316大团团长和政委黎广波、朱辉珉，325大团团长和政委陈贵海、黄参、陈贵海，以及中国军事顾问团团长韦国清、参谋长梅嘉生和茹夫一参加了会议。这次会议从11月19日一直开到11月24日。

根据时任越南人民军总参谋长的黄文泰少将的回忆："接到法军空降奠边府消息时，我的第一反应就是：这是一个好消息，意味着我军已经成功地把6个营的法军从红河三角洲调到了西北地区，调到了奠边府。接下来，我们应该把他们钉在奠边府，并把更多的法军吸引过来。"

越军总部随即改变议程，商讨起奠边府局势来。

会议对法军的作战动机提出了几种设想。一种可能是法军要在西北守住莱州和奠边府，或是只守住其中之一。如果只是单守一地，那么他们很可能是守奠边府。另一种可能是法军虚晃一枪，然后迅速从上述两地撤走，重演那产空城计。

不过，中越双方会商的结果是，纳瓦尔在奠边府空降绝不是一个明智之举，他把一个千载难逢的战机拱手奉送给了越军。中越将领都认为，纳瓦尔的举措说明他对越军的重炮兵、高射炮兵一无所知，或者说是估计太低了，认为越军还像那产时期一样，打不了攻坚战。武元甲、黄文泰和韦国清、梅嘉生的意见一致，越军主力应该立即开赴奠边府，寻机与法军决战。当前的问题是，纳瓦尔的意图到底是什么？除了确定开进西北的308大团和316大团，以及351工炮大团半数兵力外，还要不要继续增兵？

在如此重大的问题上，武元甲和韦国清都必须向各自的上级请示。让韦国清宽慰的是，解放军总参谋部同意越军主力去西北实施重大战役的决心。令武元甲倍感欣慰的是，胡志明也同意他的报告，并责成越南人民军总部拟出更详细的计划，然后由越南中央政治局会议做最后决定。

11月23日，在即将结束的军事会议上，武元甲大将向各位大团长发表了重要的总结讲话，明确了1953年到1954年旱季作战总方针："将西北地区作为主要战场，红河三角洲为次要战场，我们的主要任务是消灭敌人的有生力量，在西北新解放区提高人民的

◀ 时任中国军事顾问团团长的韦国清将军。

政治觉悟，建立根据地，进一步分散敌人的力量，进而夺取上寮。"

紧接着，越南人民军总部又于11月下旬召开团以上干部会议，传达旱季作战计划。会后，316大团遵照预定方案以176团为先锋向西北地区开进。随后，副总参谋长黄文泰少将亲率308大团跟进。

武元甲、黄文泰、何文楼、陈文光和杜德坚在中国军事顾问韦国清、梅嘉生和茹夫一的协助下，调整方案拟订了新的西北战役计划，将整个作战分两步走，先打莱州，再战奠边府。在进攻奠边府时，需要增调步兵、重炮兵、高射炮兵和工兵，计划要点如下：

敌情和战役方向——如要保证在旱季作战中消灭敌人有生力量，夺取莱州、老挝的丰沙里乃至琅勃拉邦，必须从法军正构筑的集团据点群这一情况出发，做好准备。

在这种情况下，要在奠边府地区进行的将是一场前所未有的大规模攻坚战。

因此，在兵力部署和作战时间上，使用9个团和1个工炮师，新增高射炮兵一部，共3.5万人，投入西北作战，预计战役持续时间约45天。

就在新计划出炉的同时，316大团176团2个营经过急行军赶到奠边府周围，会同平江指挥的第148独立团一部在奠边府南部建立封锁线，切断了奠边府守军和上寮法军的联系。

为了预防越北法军机动部队突袭越北中央根据地，武元甲让312大团和304大团9团留在根据地附近待机而动。对316大团主力和308大团出征的将士，越南民主共和国主席胡志明亲自指示："奠边府战役在军事、政治、国内和国际上都是一次极为重要的战役，全军、全党和全民务必集中力量打好这次战役。"

在胡志明的号召下，越军主力部队浩浩荡荡开出根据地，如同一支巨大的箭头直指奠边府。大军的集结和调动，必然伴随着电台的频繁联络，这点被法国人抓个正着。

11月底，法军截获了一份越军总部电报，电报指示316大团和308大团急速展开西北战役，304大团（欠66团）前出到黑水江上游待机，312大团和351工炮大团也做好出动准备，工兵要在安沛（Yen Bai）的红河（Song Hong）架桥，务必保证在12月3日起每夜能过6000人。获悉该报告，越北战区司令科尼少将着急了，他向纳瓦尔建议，为了解除越盟对红河三角洲和奠边府的威胁，应向府尹、太原或是安沛进攻，拖住越军主力。

纳瓦尔中将回绝了。无论是1947年瓦吕将军的"莱"行动，还是戴·拉·德·塔西尼元帅的和平战役，甚至沙朗中将的"洛林"行动，都没能成功。没能解决问题的关键因素是越军中央机关游移不定，法军兵力有限不可能久占敌区，因而这种打击没有多大效果。综合对比各种情况，纳瓦尔还是希望在奠边府和越军一决雌雄。

11月29日，纳瓦尔中将携同科尼飞赴奠边府视察。11月30日，科尼少将下达第739号命令，指示守军围绕机场建立起半径至少8千米的环形防线，尽可能派兵远程巡逻，接应莱州撤出的泰族辅助兵，在抱着"不能有丝毫撤退的幻想"（Without thought of withdrawal）的坚定决心守住奠边府的同时，还必须以半数兵力朝东面和北面出击，于奠边府—莱州—巡教三角区寻机重创来犯之敌之先锋，并迟滞敌推进，为奠边府防务成型赢得时间。不过，时任奠边府守军司令的吉尔斯准将却对739号命令不以为然，他认为当前守军兵力不过5000人，不要说组织半径约 8 千米的防线，就是防卫机场都很吃力，遑论还要以半数兵力向外出击！

纳瓦尔中将也不似科尼少将般乐观。法国远征军情报主管判断 316 大团大约在 12 月 6 日抵达奠边府，308 大团速度快的话也能在 12 月 24 日前后赶到，这意味着到 12 月下旬，越军可以集中 2 个师，4 倍于当前奠边府守军的兵力（5000 人）包围奠边府。在如此严峻的敌我兵力对比的情况下，纳瓦尔对科尼的 739 号命令就显得很不感冒了。

12 月 3 日，纳瓦尔向科尼发布命令，明确了未来西北决战的方针政策：

1. 不惜代价坚守奠边府空降场，这是守卫西北的关键。

2. 在我军力量可以坚持的前提下守住莱州（实际上是默认从莱州撤退，但需要做个政治表态）。

3. 尽可能保持奠边府和莱州，以及通过孟夸与老挝的联系。

考虑到奠边府距越盟主要根据地路途遥远，供应困难等因素，在奠边府与越盟战斗将经历 3 个阶段：

运动阶段——越盟部队和后勤给养将用几周的时间陆续抵达西北地区。

相互接触和侦察阶段——抵达前线的越盟侦察部队将试图了解我军的实力，寻找我军的弱点，确定他们将使用的突破口。

进攻阶段——越盟的进攻将持续几天，而最后结局必将以越盟的失败而告终。

对比科尼的 739 号命令，纳瓦尔的命令相对保守，但依然低估了越军主力部队的战斗力。提了那么多越军的困难，却对自己的难点避而不谈，这纸命令无疑说明了法国远征军对空 – 地基地的过分自信和对越军的过分轻视。

纳瓦尔下达命令的次日，也就是 12 月 4 日，316 大团 176 团经过行军，赶到莱州外围。98 团和 174 团也昼夜兼程越过了巡教，开赴奠边府。越北战区情报主管通过截获越军的电讯，很快判明了这一情况——纳瓦尔命令中所谓的越军"运动阶段"判断完全破产，越军不是用几周，而是以他根本就没有预见到的速度抵达了战场。这还只是纳瓦尔判断的第一个错误，以后的事实表明，纳瓦尔所谓的越盟三阶段战斗行动统统都是纸上谈兵。

12 月中旬，越南人民军第 45 炮兵团和第 367 高射炮团向西北地区进军。为了让重炮兵和高射炮兵及时抵达战场，越南人民军总部调上了第 351 工炮大团的 151 工兵团和第 308 师的 88 团（1 月中旬改由第 77 仓库建设兵团接替），以及上万的民工紧急修路。

前进的道路上不少地段没有公路可言。有的地段即使有公路，也因为交战双方的破坏而变成了人行小道。修路的主力是越南民工，他们没有现代化的大型修路机械车辆，只能用砍刀和利斧开路，用凿子、锤子和簸箕这些极其简单的手工用具修路、填补弹坑和挖炮位。

除了修路，越军总供给局还组织了长长的民工运输队，用大约 2 万辆单车（每辆驮运 80~100 千克粮食和药品）、大量竹筏向前线运送粮食弹药。根据越军总部统计，奠边府战役一共动员了民工 26 万人次，总战勤服务日达 300 万天。

粮食和药品可以靠民工运输，可炮弹这些重要的军事物资就需要卡车了。1953 年 11 月底，越军总供给局共有 240 辆莫洛托夫牌 2.5 吨卡车，但只有 80 辆在西北前线。越军总军委定下奠边府为作战目标后，总供给局马上感到运力不足。单是打莱州就要储备 3600 吨粮

弹，法军空降奠边府后总储备量增加到6000
吨，此后又一再追加，但运力却越来越吃紧。
根据越军总供给局局长陈登宁的紧急要求，中
国又向越南方面紧急援助了284辆莫洛托夫2.5
吨卡车，大部分在1954年2月底交付。

经过和中国后勤顾问马西夫、史一民、
周复和张剑仲的商议，越南人民军总供给局
局长陈登宁、副局长邓金江把奠边府战役的
后勤保障运输线分为三段：山罗到奠边府为
前线，安沛至山罗和木州至山罗为中线，安
沛和木州以东为后线。其中前线由越南人民
军总军委负责，中线和后线由越军总供给局
直接指挥，以山罗为中转站。

失败的空中绞杀战

如此大规模的战役准备行动，自然没有
瞒过法国人的眼睛。法国远东空军司令洛赞少
将决心摧毁这条运输线，将越军的战役行动消
灭在襁褓中，这个艰巨的任务就交给了越北战

术空军司令德绍准将，行动代号"托里拆利"。

然而，德绍准将也面临着不少困难，首
先是机场不足。在越南北部，越北战术空军
主要使用3个机场——河内的嘉林机场和白
梅机场，海防的吉碑机场。在西北还有奠边
府机场和莱州机场，老挝有琅勃拉邦机场、
川圹机场和查尔平原营地机场。在这些机场
中，奠边府、莱州和琅勃拉邦机场无法供中
型和重型轰炸机出击，川圹机场和查尔平原
营地机场正在扩建还未完工，当前只有嘉林
机场、白梅机场和吉碑机场可用，它们距西
北地区太远。从这3个机场出击的空军B-26
和海军航空兵B-24重轰炸机不得不进行远程
攻击，加大了机组成员的疲劳度和飞机的磨损。

其次是飞机问题。越北战术空军大部分
作战中队要么是飞机不适合对地攻击，要么
就是飞行员素质不过关，大大限制了飞机的
效能发挥。

在1946年到1951年之间，由于越军没

▲ 第二次世界大战的传奇轰炸机——美制B-24解放者重轰炸机，在印度支那战场上依旧发挥着自己的余热。图为B-24M。

有展开远程攻势,交战地区距红河三角洲空军基地都不超过320千米,越北战术空军也没感到有什么困难,飞机基本上都是凑合着用。1952年10月,越南人民军发起第一次西北战役,形势突变,越北战术空军对突然拉大的战线感到很不适应,不得不在红河三角洲和西北地区两头跑,第一次西北战役结束时,战术空军将近一半的飞机因过度磨损而趴窝,甚至报废。越北战术空军的窘态到1953年4月越南人民军发起桑怒战役,克孟夸,包围查尔平原,兵锋威逼万象后就更严重了。为了解决飞机问题,法国军方急忙向美国求援。杜鲁门政府和艾森豪威尔政府倒是很慷慨,对法国军方有求必应。很快,在美国大佬的援助下,法国远东空军得到了大量作战飞机,终于使越北战术空军摆脱缺机的窘境,并更换了机种——战斗机部队装备F8F"熊猫"式战斗机,轰炸机部队主力装备的B-26轰炸机。海军航空兵轰炸机部队装备B-24重轰炸机、SB2C"地狱俯冲者"式俯冲轰炸机和F6F"地狱猫"式战斗机。

奠边府战役期间,越北战术空军共有2个战斗机中队——第22战斗机大队1中队和2中队,总计装备40架F8F"熊猫"式单发单座螺旋桨战斗机。这款战斗机是美国海军在二战末期开发装备的,原本用来对付日本海军最新式的"烈风"式战斗机,但广岛长崎两枚原子弹的投落,让它错过了太平洋战争,也失去了和"烈风"交手的机会。正当"熊猫"感叹自己"生不逢时"的时候,朝鲜战争爆发,表现还算上乘。1953年,朝鲜战争接近尾声,美国海军也开始大量换装喷气式战斗机的时候,法国远东空军的求援清单到了,对作战飞机的需求赫然列在了清单的优先位置。美国人大喜过望,赶紧把一大批在

朝鲜战场和国内用旧的F8F"熊猫"式战斗机运到印度支那,美国此举可谓一箭双雕——既实现了废物利用,又可以让法国人对其感恩戴德。事实也的确如此,法国远东空军刚接到F8F,就让第22战斗机大队1、2中队全面换装,担当起作战主力。

根据印度支那战场的情况,法国人把F8F当成了战斗轰炸机——除了两翼装配的4挺12.7毫米勃朗宁机枪外,机腹挂载2枚500磅炸弹或凝固汽油弹,两翼甚至各挂2枚5英寸火箭弹。

得知此情的美国军事顾问团感到很无奈,并向法国人指出他们错误使用"熊猫"的原因——F8F设计目的就是在格斗性能中全面压倒"烈风",所以航速快、机动性好是它的特点,单机格斗是它的长项,但对地攻击却是它的短处——因为在俯冲投弹过程中,一旦飞行员掌握不好速度和瞄准前置,就会炸偏,甚至错误判断航速,以至于不能及时拉起,其结果就是撞地爆炸。越北战术空军对F8F"熊猫"式战斗机的使用方式可谓是扬短避长,攻击效果甚微自在情理之中。

轰炸机部队情况如出一辙。越北战术空军下辖第19轰炸机大队1中队和第25轰炸机大队1中队两支作战中队,装备着美制B-26双发中型轰炸机(注意,美国给法国提供的机种是道格拉斯A-26"入侵者"轰炸机,而非B-26"掠夺者"轰炸机),机组成员3名——飞行员、领航员/投弹手、机师/尾部机枪手。

B-26和第一次印度支那战争很有缘。早在1951年1月,美国就向法国远东空军提供了第一批25架B-26,第二批22架又在1954年初到货,使每个轰炸机中队的兵力达到了20架。续航力大是B-26的第一个优点,它的滞空续航时间长达5个半小时,以海防吉

碑机场为圆心，越南西北地区完全处于它的作战半径之内。从时间上看，B-26从吉碑到奠边府往返一次仅耗时2小时20分钟，这使B-26可以在目标上空滞留足够长的时间搜寻目标。它的另一个优点是载弹量大，满载量3.5吨。在朝鲜战场上，美国空军将B-26的优点发挥得淋漓尽致，并认为印度支那战场上它也会有同样出色的表现。遗憾的是，B-26在印度支那战场的表现却给驻西贡美国军事顾问团成员一种有力使不上劲的感觉——法国远东空军缺乏合格的地勤人员，他们极度缺乏对B-26的保养知识，导致B-26的实际战勤率还不到60%（同一时间，美国空军在朝鲜战场上的B-26出勤率达到了85%）。另一方面，第2批B-26到货后，远东空军没有飞行员接收，只得临时指派1个运输机中队的飞行员和地勤人员全体转行，经过不到1个月的转换训练就投入战场，这种赶鸭子上架的方式自然没法取得预期效果。

"托里拆利"行动规定，为了切断越军补给线，法军必须在每一天都要于目标上空保持40~50架次的战机。显然，光靠越北战术空军那点兵力，是无法凑足这个数字的，他们还需要法国海军航空兵的支援。

当时，驻越北的法国海军航空兵的主要力量是停泊在下龙湾的"阿罗芒什"号航空母舰，它载有1个战斗机中队和1个俯冲轰炸机中队，平均每个中队每天能往西北地区派飞6架次战机。虽然数量不多，但飞行员个个都是飞行精英，他们在技术、经验和胆识上都远胜于空军同行，是法国远征军将士最信赖的长空勇士。

海航第11中队（战斗机中队，别称"萨瓦尔"），装备着清一色的F6F-5"地狱猫"式单发单座战斗机。这款战斗机是美国格鲁曼公司生产的"猫"系列战斗机之一（从时间顺序排列，"猫"系列战斗机依次为"野猫"、"地狱猫"和"熊猫"），设计初衷就是为了压倒日本海军的零式战斗机。1943年，"地狱猫"进入美国海军服役，主要装备舰载航空兵，先后在布干维尔海空大战和马里亚纳大海战中大败已是明日黄花的零式战斗机，扬名天下。第一次印度支那战争爆发后，应法国海军航空兵的请求，美国海军"废物"利用，把淘汰下来的F6F"地狱猫"成批打包装运给法国人。和F8F"熊猫"式战斗机不同，F6F"地狱猫"式战斗机算得上是多面手，它的最大载重约900千克，可以用稳定的航速进行对地俯冲攻击。挂载1个副油箱和2枚500磅炸弹，以434.5千米/时航速可以滞空飞行3小时，合极限航程约1350千米，如果只是飞到山罗一线还能轻松胜任，若是飞到奠边府就显得十分勉强。最令飞行员郁闷的是，F6F"地狱猫"接到的命令往往是下午出任务，傍晚返航时一边要注意油料问题，一边还要注意下龙湾地区多变的天气，稍有不慎就会机毁人亡。尽管如此，海航第11中队还是兢兢业业地全程奋战，给予奠边府友军以极大支援，得到了地面部队一致好评。

海航第3中队（别称"冈纳"），装备

▲ 在太平洋战争中所向披靡的F6F"地狱猫"式战斗机也进入了法国海军航空兵服役，参加第一次印度支那战争。

美制 SB2C-5 "地狱俯冲者"式双座单发俯冲轰炸机。和 F6F "地狱猫"战斗机一样，"地狱俯冲者"式俯冲轰炸机于 1943 年进入美国海军舰载航空兵服役，参加了马里亚纳大海战、台湾航空大战和莱特湾决战等诸多海空大战，见证了美国海军在太平洋战争中由衰转盛的过程。它的最大航程为 1170 千米，载弹量却只有 450 千克。除载运能力外，它还有动力不足、超重和制动板问题丛生等诸多问题。从美国海军到法国海军，大部分飞过它的飞行员都认为这是一款极难操纵的飞机。之所以使用至今，它的唯一优点就是俯冲轰炸精度超过了 SBD "无畏"式俯冲轰炸机。不过，对于缺少飞机来源的法国海军来说，它毕竟是一款俯冲轰炸机，总还能凑合着用。于是乎，这款 "别扭"的俯冲轰炸机就陪着海航第 3 中队度过了第一次印度支那战争的 "余生"。

除了舰载航空兵，法国海军航空兵还在印度支那派驻了一支陆基飞行部队——海航第 28 中队（别称 "塞舌尔"），装备 8 架 PB4Y-2 "私掠船"式四发重轰炸机（美国海军利用陆军的 B-24D 改装出的自己的反潜巡逻轰炸机 PB4Y 的衍生型号），这是第一次印度支那战争中唯一的重轰炸机。它的优点是显而易见的，以 233 千米／时的速度飞行，

▲ SB2C "地狱俯冲者"轰炸机。

续航力可达 2410 千米，滞空时间超过 11 小时，载弹量 2.5~3.5 吨，常规轰炸高度为海拔 3050~4110 米，完全涵盖了整个印度支那。

28 中队原驻西贡，1953 年 11 月抽调 6 架 B-24 重轰炸机移驻海防吉碑机场，一直到 1954 年 5 月奠边府战役结束才返回西贡。28 中队面临的最大问题是机组成员不足，全中队只有 5 套机组成员，可以说是机比人多。28 中队的机组成员最终克服了人员少的问题，他们不眠不休地出击，提高了攻击效率。

对 "托里拆利"行动，法国远征军总司令纳瓦尔的热情远大于空军。夺回奠边府后，纳瓦尔中将就意识到能否切断越军的补给线是奠边府战役的关键。1953 年 11 月 21 日，纳瓦尔中将就告知洛赞少将，远东空军的首要任务是 "托里拆利"行动。可能是怕洛赞不用心，纳瓦尔又在 1953 年 11 月 26 日、12 月 3 日和 1954 年 1 月 6 日、1 月 21 日、2 月 25 日先后 5 次重提旧令。让河内方面为难的是，纳瓦尔一边说炸运输线任务优先，一边又要越北战术空军支援地面部队打 320 大团和 325 大团 18 团的渗透，这让德绍两头为难，只能对 "托里拆利"行动虚与委蛇。

据统计，从 1953 年 11 月 20 日到 1954 年 3 月 1 日，越北战术空军的 "熊猫"式战斗机共向越军运输线出击 669 架次，同一时期往红河三角洲派飞架次却高达 1583 架次；空中绞杀战的主力 B-26 倒是勤勤恳恳，一共往越军运输线派出 483 架次，红河三角洲 141 架次，每机平均每个月飞行时间约为 30~41 小时，相当于每天才 1.5 个小时，这个比例远低于二战期间自由法国空军的 B-26 出勤率（每月 100~125 小时）。

表现最好的是海军航空兵第 28 中队的 B-24 重轰炸机群。在 1 月份，平均每套机组

成员飞了 19 架次，合 72 小时以上的飞行时间，而且装备诺登轰炸瞄准的 B-24 重轰炸机的命中率甚至超过了 B-26。虽然 B-24 在出勤率、命中率和载弹量都超过了 B-26，但数量太少（仅 5 组成员），对空中绞杀战起不到决定性的作用。

"托里拆利"行动的重点是 13 号、41 号公路，和安沛到富寿之间的红河渡口的 20 个重要路段和渡口，以及古内（Co Noi）以东的 41 号公路 3 个路段。从 11 月 20 日到 3 月 1 日，越北战术空军和海航第 28 中队共向这 23 个路段投弹 568 吨。

在这 23 个目标中又以 13 号和 14 号公路交会处的古内（法军在地图上给它起了个代号叫"梅屈尔"）最为重要，为此，越北战术空军和海军航空兵第 28 中队是一炸再炸。12 月 13 日，法军实施了第一次空袭，出击 39 架次，投弹仅 52 吨，但返航的机组成员报告完全摧毁目标。乐观的德绍准将认为短期内越盟无法修复该路段，只能绕道前进，于是法军停炸古内达 12 天之久。岂料，越南修路民工大军只用了 10 天就把公路修通。12 月 24 日，法军侦察机发现古内恢复通车。消息传回河内，德绍准将简直不敢相信自己的耳朵。25 日，法军派出 23 架次战机第二次轰炸古内，投弹 23 吨，效果甚微，越南民工只用了一夜又使公路第二次通车。接下来 20 天，法军战机又对古内投弹 50 吨，双方玩起了炸弹和铁锹竞赛，最终越南人民胜出。除了古内，法军还对蒙族小道进行了密集轰炸，3 个月内出动 58 架次，投弹 135 吨，但由于飞机数量不足，出勤率低和越南民工的积极修复，法军没能切断任何一个路段。

进入 1954 年 1 月，纳瓦尔意识到"托里拆利"行动因目标分散和飞机不足导致效果

甚微后，决定改变战术。他命令德绍准将放弃对 23 个目标的轰炸，转而集中兵力猛炸越军的物资中转站和仓库区——巡教。1 月 8、9 和 11 日，越北战术空军连续对巡教进行了 3 次轰炸，投弹 98 吨，返航的机组成员都兴奋地报告目标区出现大量爆炸并起火燃烧，但效果无法判定。实际上，这些轰炸的确给越军仓库造成了一些损失，但比例很小。毕竟越南人民军总供给局已经有了 7 年的防空储备经验，他们把仓库区疏散在巡教周围几十平方千米的森林内，甚至建立地下仓库，有效地避免了物资大量损失。根据第二次世界大战的经验，要炸掉几十平方千米的仓库区必须要集中数以百计的轰炸机，实施地毯式轰炸才行，但这种战术对缺机少人的越北战术空军而言，是绝无可能实施的。

越北战术空军失败的另一个原因是，2 个 B-26 轰炸机中队几乎无人懂得紧密编队轰炸的重要性，出击的每个编队竟然都只是由 3 架飞机组成！2 月，法国空军参谋长弗赖伊中将视察越北战术空军后气愤地说："轰炸机就像战斗机编队那样松散且小股，根本不是紧密的队形，导致轰炸战果微乎其微……当前，我们急需 1 名经验丰富、精通轰炸机队形编排的中队长来指挥各个轰炸机中队。"令人不解的是，弗赖伊中将指出的缺陷并没有引起纳瓦尔和洛赞的重视，直到 4 月 7 日他们才意识到问题的严重性，申请从法国国内调来 1 名经验丰富的轰炸机中队长。可惜为时已晚。

除开自身内部原因，越军防空火力的增强这一外在原因也促使了其行动的失败。在"托里拆利"行动中，法军飞行员发现越军的防空火力大大加强，尤其是安沛渡口和巡教中转站。从 1950 年到 1952 年 12 月，越北战术空军一共有 55 架次战机遭到越军防空

火力攻击，没有坠机。到1953年，越北战术空军竟然有244架次战机遭到射击，10架被击落，大部分都是"托里拆利"行动的牺牲品。11月24日到12月8日，越北战术空军的"熊猫"式战斗机和海军航空兵第11中队的F6F"地狱猫"式战斗机出了51架次，其中45架次遭到射击，1架被击落。12月9日到31日，战术空军和海军航空兵对越军补给线出击367架次，49架中弹，整个12月共有53架战机负伤，这其中甚至包括3架飞在4000米高度的B-24重轰炸机！根据各机伤情和弹痕，法军情报部门判断，越军已经拥有37毫米高射炮，它们和20毫米机关炮混合使用，进行中低空协同射击，给法军战机造成巨大的威胁。

以海军航空兵第11中队为例，即可说明越军防空火力有多么猛烈。自"托里拆利"行动开始以来，11中队每天都向越军补给线派飞2架F6F"地狱猫"式战斗机。12月5日，蓝队2架F6F"地狱猫"式战斗机（罗班中尉和安德烈少尉）携带人员杀伤弹，前往富寿（Phu Tho）到宣光之间的2号公路段执行"绞杀"任务。在渚朱南面，罗班中尉的"地狱猫"（编号11F-30）被击落，人机俱毁。12月11日，中队长卡斯泰尔巴雅克中校的"地狱猫"于清山以南进行攻击时被12.7毫米高射机枪连连命中，带伤返航。2天后，绿队（莱斯皮纳中尉和米雄少尉）也在攻击越军纵队和民工运输队时双双被防空火力打伤。1月9日，卡斯泰尔巴雅克中校亲率4架F6F"地狱猫"式战斗机以46米的树梢高度对巡教仓库区实施攻击，曼德勒维尔中校的座机被20毫米机关炮打伤。1月23日和25日，德·托尔西中尉与米雄少尉的F6F"地狱猫"又遭越军防空火力毒手。

然而，参加"托里拆利"的法军战斗机面临的大敌可不仅仅是防空火力，越老边境多变的天气和重峦叠嶂的长山山脉更是无时无刻不在威胁着它们。2月7日，第22战斗机大队的3架"熊猫"式战斗机（飞行员分别为拉皮纳上尉、茹弗内尔中尉和萨赫奥中士）从海防吉碑机场起飞，前往越老边境出任务，结果遇上恶劣天气，被云层包围，只有阿尔及利亚籍的阿里·萨赫奥中士幸得生还，拉皮纳上尉和茹弗内尔中尉不幸撞山殉命。

在内外因素的重重压力下，"托里拆利"行动以失败告终。

就在法军实施空中绞杀战的时候，越南人民军主力部队陆续赶到奠边府周围——12月17日，316大团主力（7个营）赶到了奠边府，并在其东面占山开始封锁奠边府。12月底，308大团到达奠边府北面，控制了兴兰高地（法军称为比阿特丽斯高地）和独立山高地（法军称为加布里埃尔高地）以北一系列山头，形成了北面封锁线。

放弃速战 充分准备

12月22日，第151工兵团和第88团在民工大军的支援下，修通了41号公路山罗—巡教段，保障了巡教以东公路畅通。1月4日，第45炮兵团（装备24门105毫米榴弹炮）和第367高射炮兵团全部渡过黑水江。12月24日，随着越南人民军在各个战场掀起冬春季战略攻势狂潮，法国远征军的机动兵力被撤得七零八落，对越北中央根据地进攻的可能性消除了。于是，武元甲大将命令312大团也投入奠边府。1月中旬，经过15天行军后，312大团赶到奠边府东北，协同308大团、316大团和148独立团一部对奠边府实施包围。

为了进一步拆散纳瓦尔的机动兵团，武

元甲大将命令负责五联区的第 325 大团长陈贵海和政委黄参指挥 101 团和 304 大团 66 团约合 7 个营的兵力从安南走廊渗透进中寮，发起中寮战役。

中寮战役很快获得初胜，法军第 2 机动团损失惨重，越军缴获了 4 门 105 毫米榴弹炮和近 1000 发 105 毫米榴弹，这对即将开始的奠边府战役来说无疑是个宝贵的炮弹供应源。由于越军第 101 团和第 66 团屡战告捷，老挝的沙湾那吉省东部被他们控制，东西横贯印度支那的 9 号公路也被切断。

101 团和 66 团的积极攻势，让纳瓦尔坐不住了。12 月 26 日，刚视察完奠边府防务的纳瓦尔席不暖暇就飞抵沙湾那吉的塞诺机场。一下飞机，他就解除了中寮法军指挥官布尔甘准将的职务，并指示科尼从红河三角洲和奠边府抽调伞兵增援。法军动作很快，不到一天时间，比雅尔少校的第 6 殖民地伞兵营、布雷切斯少校的第 1 伞降轻步兵团 2 营和苏凯少校的第 1 外籍军团伞兵营就从奠边府调出（但第 1 外籍兵团伞兵营很快又返回了奠边府）），加上第 1 和第 3 越南伞兵营共 5 个营的兵力在沙湾那吉紧急构筑集团据点。

1 月 5 日，缓过气来的法军开始反扑，第 6 殖民地伞兵营和第 1 伞降轻步兵团 2 营在班山红和 66 团激战 2 天 2 夜，法军宣称击毙越军 400 人，并夺回了班山红。66 团前进太快，后勤供应跟不上，加上要顾及刚打下来的沙湾那吉省东部地区，对法军的反扑毫无准备。班山红战斗失利后，66 团放弃了他曲，全团缩回沙湾那吉省东部，专心巩固阵地。1 月 20 日，继续北上反击的法军轻松拿回了他曲，但 9 号公路依旧被 66 团切断。吉尔斯手下的伞兵部队奉调全部返回河内待机，中寮战事就全落在法军第 1 和第 2 机动团身上。

第 2 机动团在 12 月的作战中损失巨大，无心再战，第 1 机动团也不甚积极，于是法军和 66 团在中寮形成对峙。

看到中寮战役竟能取得如此战果，武元甲大将信心大增，命令 101 团团部与 439 营从中寮撤出，在黎基少校率领下转移到西原，继而渗透进下寮，发起下寮—高棉战斗。1 月 31 日，101 团向下寮阿速坡出击，守军只消片刻即土崩瓦解，101 团横扫下寮，如入无人之境。2 月，101 团进入柬埔寨东北，和在那里的 300 名高棉游击队会合，战火燃遍了印度支那。

看着法军的机动兵团被扯得七零八落，武元甲十分满意。1 月 5 日，他率领越南人民军总部前指进驻奠边府以北约 14.5 千米的芒瀑脚下。接着，他又电令富寿的 304 大团 57 团赶往奠边府。在大团长黄明草大校的率领下，筋疲力尽的 57 团于 1 月 23 日到 24 日赶到奠边府南部，切断了航岗（法军称为伊沙贝尔）和中心区的联系。这样，越南人民军参加奠边府会战的步兵主力全部到位，接下来就看重炮兵和高射炮的推进了。

1 月上旬，第 45 炮兵团和 367 高射炮团抵达巡教以西，距奠边府约 12 千米，再往前进入阵地就没有公路了，只有第 151 工兵团修筑的一条简易通道。

武元甲大将决定，从 1 月 17 日起调 312 师 209 团、141 团和 45 炮兵团一起拉炮通过 12 千米的山路，进入指定发射阵地。这条简易通道穿过高山密林，直到奠边府外围独立山以北约 6 千米处。一路上，山岭崎岖，坡陡弯急，拉炮速度极为缓慢。

1 月 14 日，越南人民军总司令武元甲大将和副总参谋长黄文泰召集 308 大团团长王承武和政委双豪、312 大团团长黎仲迅和政

▲ 越南人民军创始人之一——黄文泰。

委陈度、316 大团团长黎广波和政委朱珉辉、304 大团团长黄明草和政委黎掌、351 工炮大团团长兼政委范玉茂、第 148 独立团团长平江举行战地会议，中国军事顾问团团长韦国清和参谋长梅嘉生与会。

　　在会议上，武元甲首先指出，这次战役的目的有二：一是吃掉法军重兵集团，二是解放整个西北。会议决定，对奠边府的总攻时间定为 1954 年 1 月 25 日。

　　就在越军定下总攻日的同时，纳瓦尔的目光也从中寮移回奠边府。1 月上旬，法国远东空军司令洛赞向纳瓦尔报告，"托里拆利"行动不甚乐观，越军主力已经赶到奠边府周围，粮弹的囤积也在缓慢的进行中，空军已经尽力，但只能延缓而无法阻止。洛赞的报告无异于给奠边府局势浇了一盆冷水，但纳瓦尔还是对即将到来的奠边府会战信心满满。

　　12 月 27 日，在给科尼的一封电报中，他再次指出奠边府作战的重要性："在你负责的红河三角洲和越南西北地区的防务中，我认为后者（尤其是奠边府）应该放在优先位置，红河三角洲是次要的。对我而言，奠边府第一，中寮第二，'亚特兰大'行动居三，红河三角洲只是第四位。为了执行未来的作战，我不得不从红河三角洲抽调部队，为此你必须承担一些小小的风险……"

　　不过，在自信满满的同时，纳瓦尔也考虑到了失败的可能。12 月 29 日，他给科尼少将发出了一个绝密指令，该密令指出若是守军打不下去，那么就要在上寮守军的接应下做好突围准备，行动代号分别为"阿丽亚娜"和"色诺芬"。纳瓦尔似乎还不放心，在 31 日又写了一封密信给科尼："考虑到战斗可能不会尽如人意，比如守军第一次遇到在现代化炮火下伴随的强力进攻而被突破分割，或是敌用重炮兵和高射炮封锁机场，而守军形势逐渐陷入危局的情况下，似可考虑突围。"

　　在信中，纳瓦尔没有说明，所谓的现代化炮火指的是什么。不过，他在 1 月 1 日给法国国防委员会秘书雅凯的信中，提到对 315 工炮大团可能拥有 37 毫米高射炮且重炮兵正朝奠边府开进的担忧：

　　2 周前，我还对胜利充满绝对信心——因为奠边府防务无懈可击……我在该地集结的步炮兵力量，几乎相当于 1 个重装师。守军司令一职已委派给 1 名充满干劲和积极进取的高级将领（指德卡斯特里上校）……这场战役是在我们选择的地形和最好的条件下进行的，截至 12 月 15 日我们获得的敌情显示，敌人的装备情况与以往并无二致。然而，最近两周截获的情报显示，敌人获得了新装备（37 毫米高射炮、重炮兵和其他机械化装备）。

如果情报确切无误，且敌人还将它们投入战场的话，我就无法继续持有必胜的信念了。

纳瓦尔的担心很快就被证实。1月6日，科尼少将报告怀疑越军2个105毫米榴弹炮营正逼近奠边府。1月9日，越北战术空军司令部察看刚刚冲洗出来的奠边府—巡教段航拍照片时，惊讶地发现了越军105毫米榴弹炮群向前线移动的痕迹，这是法国人首次在越南战场上确认发现越军拥有105毫米榴弹炮。

1月21日，科尼少将给纳瓦尔回了一封绝密电报，称不建议实施突围行动，因为到了突围阶段，必定是丧失了大部分精锐，而且是为了避免全军覆灭和保留火种而做出的举动。在奠边府这种狭窄且四周无援的孤立据点，要么拼死一战求生，要么就干脆在战役爆发前把守军撤出来，绝对不能有打不下去就突围的想法。听科尼这么一说，纳瓦尔无言以对。

此时，纳瓦尔除了奠边府，满脑子里都是"亚特兰大"行动。在他心目中，如果在北面（奠边府）顶住越南人民军主力进攻，南面的"亚特兰大"行动又进展顺利的话，那么《纳瓦尔计划》的开局就是梦幻般的完美。

"亚特兰大"行动的目标是荡平安南走廊南部的越军第5联区。自1946年起，越军就在这里展开了活跃的游击战，而法军兵力不足，只能集中巩固湄公河三角洲、红河三角洲、越南西北和中越边界，对安南走廊北部和南部的第4和第5联区的越军发展，只能听之任之。到1954年初，第5联区已经发展壮大到有5个团和大量地方武装以及游击队、总兵力达3万人、人口超过200万、面积约25900平方千米的根据地。

纳瓦尔上任后，他敏锐地意识到第5联区的发展向西威胁昆嵩和波莱古，向北出击

又能和第4联区连成一片，向南威逼邦美蜀，隐患极大，必除之而后快。因此，他在《纳瓦尔计划》中把铲平第5联区的"亚特兰大"行动放在了和奠边府作战同等重要的地位。

按计划，"亚特兰大"是一项大型作战行动，分成3个阶段，计划6个月完成，每个阶段不求速胜，但求巩固，逐步挤压第5联区控制区，直到完全铲除。

第一阶段代号"阿瑞托莎"，于1月底执行，动用25个步兵营和3个炮兵营在绥和（Tuy Hoa）登陆，然后向四周扫荡，持续约3~4周。3月初，动用34个步兵营和5个炮兵营实施第二阶段代号为"阿克塞勒"的行动，持续6~8周。5月，调动45个步兵营和8个炮兵营实施第三阶段代号为"匈奴王"的行动，持续2个月。如果亚特兰大行动顺利结束，保大军铲平第5联区，那么纳瓦尔下一个灭掉的对象就是西原战场的越军部队。

"亚特兰大"行动的主体是保大军。纳瓦尔计划第一阶段出动21个保大军步兵营和2个法军步兵营，以及法军伞兵和海军突击队。如果行动顺利，加上奠边府那边顶住越军主力的进攻，到第三阶段，纳瓦尔将采取法军为主体的作战，即调动3个法军机动团和1个保大军机动团增援第一、二阶段参战的保大军，完成最后的剿灭行动。当然，第一阶段的行动关乎成败，因此纳瓦尔命令法军出动装甲部队、海军陆战队和伞兵，以及远东海军、中圻和南圻战术空军（含尼科上校的运输机部队），要为保大军提供强力支援。

1月20日，"亚特兰大"行动拉开序幕，保大军从芽庄出发，法军在绥和登陆，第一天没有遇到任何抵抗。第5联区没有打算和法军、保大军硬碰硬，他们采取坚壁清野的战术，一边用游击队袭扰法军和保大军，同

时在各个村庄埋下无数地雷、诡雷,设置陷阱,一边化整为零,不断伏击法军和保大军,和他们玩起"捉迷藏"。一连3个星期,法军和保大军始终无法捕捉到第5联区主力,而他们自己却被牵着鼻子团团转。

与此同时,各地越军继续展开活跃攻势,打得法国远征军顾此失彼。1月初,越南人民军总参谋长文进勇指挥的320大团和325大团18团越过带江,打进塔西尼防线,和当地3个独立团合兵一处,一股股地歼灭小据点的法军和保大军。1月21日,也即"亚特兰大"行动次日,320师组织了一次经典的伏击战,一举全歼了保大军第31机动团1个整营。

在西原战场,法军精锐第100机动团(以第1和第2朝鲜营为基干)只能坐守昆嵩—波莱古—安溪,靠着横贯高山密林的14和19号公路进行补给。越军名将阮明洲和段奎抓住这个弱点,集中803团和108团伏击法军护航运输车队,屡屡得手。1月26日,奉武元甲大将下达的关于各个联区配合奠边府作战的命令,阮明洲率领803团和108团出击昆嵩省省会——昆嵩市。两个团一鼓作气连克外围据点,逐步合围昆嵩市,打得100机动团只有招架之功,全无还手之力。2月5日,第100机动团在803和108团完成合围前逃出昆嵩市,阮明洲拿下了昆嵩,震动了整个西原战场!接着,阮明洲乘胜进逼波莱古。法军深知,西原战场一共有两个基石,一是昆嵩,二是波莱古,要是两个都落入越军之手,那么西原就拱手让人了。于是,纳瓦尔通过西原战场司令向第100机动团下达死命令,不惜代价守住波莱古。

2月18日凌晨,803团一个营打下了波莱古北面据点德多,100机动团伤亡80人,双方又进行了几次小规模战斗后,阮明洲从

波莱古撤围,主力转入根据地休整,并以1个营袭扰安溪,进一步分散法军机动部队。纳瓦尔果然上当,又把第2外籍兵团伞兵营投到安溪固守。

在越军各地的攻势下,"亚特兰大"行动虎头蛇尾,到3月中旬无疾而终。表面上,纳瓦尔仍坚称"亚特兰大"行动至少第一阶段获得成功,但在3月26日给总参谋长埃利的信中,纳瓦尔坦陈行动已经失败:"形势已经很明显。之前国防部长普利文还问我对保大军接替我军防务的看法,当时我的表态过于乐观了。从目前情况来看,保大军在几年之内都不会有太大的建树……"

就在纳瓦尔中将为"亚特兰大"糟糕的战果郁闷不已的时候,越南人民军总司令武元甲大将也在伤脑筋——1月25日的总攻究竟是打还是不打?

当前,越南方面面临着两大困难:一是打法问题,原先判断奠边府守军不足10个营,越军就采取中心开花的战术,一边用炮火封锁机场,一边用主力突破,插入纵深,先消灭法军指挥部和炮兵阵地,再从里往外打,争取速战速决。然而,情报表明,法军的兵力已超过12个营,工事构筑也远比武元甲想象的更为坚固。如此一来,速战速决是不可能了,只能调上重炮兵,采取要塞正攻法。可采取这种方法,第二个问题就接踵而至——在没有道路的山间,重炮兵履步为艰,209团和第141团全力协助拉炮,没法按时进入阵地。

怎么办?中国军事顾问团团长韦国清提出了临战变更作战方案——暂时不进攻奠边府,留316大团98团和174团继续钳制奠边府守敌,312大团165团保护大炮和炮阵地,同时让209团和141团再吃一次苦,把105毫米榴弹炮拉回原出发阵地,再进一步修缮道路,

为重新进入创造条件。此外，调308大团在第148独立团一部配合下进击上寮，相机进占琅勃拉邦，进一步分散法国远征军兵力。

对韦国清的建议，武元甲进行了仔细思考，认为速战速决对还没有经历过大型攻坚战的年轻越军来说，有百害而无一利。1月26日，武元甲找到韦国清，两人进行了半个小时的会谈。武元甲在回忆录中称，这次会谈坚定了放弃"速战速决"的既定计划，全军思想大转弯，准备完善后再剥笋皮似的由外往内啃。对武元甲大将的决定，越军上下表示一致拥护。1964年，越南人民军进行奠边府胜利十周年纪念座谈会时，参加奠边府战役的各位大团长对武元甲大将这个决策做出了高度评价。

黎仲迅一针见血地指出："如果没有这道命令，我们很多人都没法活到抗美战争。"第351工炮大团长兼政委范玉茂也说："说实话，你要我们炮兵撤回让我们大大松了口气！"第308大团长王承武也说："当我们听说我们的105毫米榴弹炮群有2000发炮弹的时候都很兴奋，我们都告诉自己敌人很快就要崩溃了。可我相信这并不是事实！为什么？在修武，敌人朝我们砸了5000发炮弹，我们的88团最终消灭了敌人，但在奠边府，我们只有2000发炮弹，却要打奠边府广袤的土地上遍布的所有敌人的据点，我当时就认为这个'速战速决'的计划会让我们的抵抗力量倒退十年！"

在全军都松了一口气的情况下，越军轻装上阵开始实施新的战略计划。1月25日夜，已经进入攻击阵地的308大团，兵分两路，突破国境线，向老挝首都琅勃拉邦展开急袭。

武元甲大将的变阵立即让纳瓦尔感受到巨大的压力。散布在边境线上的法国殖民军望风而逃，308大团以102团为先锋，昼夜兼

▲ 民工用自行车驮运物资支援奠边府。

程重演去年春天长途追击的故事。为了确保重要的琅勃拉邦孟塞机场安全，纳瓦尔甚至临时把第2和第3泰族步兵营从奠边府调出（2周后又运回奠边府），但仍对308大团的突破束手无策。

1月31日，308大团打到孟夸，将老挝驻军中最精锐的第2外籍兵团步兵团1营2个连和老挝王国陆军第2轻步兵营大部分合围，一夜激战，102团以伤亡不足百人的代价，将2个连的法军和寮国部队全歼。

与此同时，第148独立团一部在苏发努冯亲王的巴特寮游击队配合下，向北发展，迅速占领老挝北部的丰沙里省全境，使巴特寮根据地扩大将近1万平方千米，和越盟控制的西北根据地连成一片。

36团和88团也击溃老挝王国陆军的抵抗。2月8日，越军4个营兵临琅勃拉邦城下。纳瓦尔中将急忙将第1外籍兵团伞兵营和第7机动团3个营空运进琅勃拉邦，使守军兵力达9个营，顶住了308大团的急攻。

另外，德绍准将的越北战术空军也从空中绞杀战中分出兵力，不分昼夜地轰炸越军补给线，308大团再陷去年春天粮弹供给不上的窘境，战线僵持在南巴河与南乌江之间。2月23日，看到上寮境内已无战机，308大团

收住兵锋，返回奠边府。

从 2 月底开始，重炮兵和 367 高射炮团再次进入阵地。由于第 151 工兵团积极修缮道路，仅 1 个月时间，105 毫米榴弹炮和 37 毫米高射炮便顺利进入阵地。不过，越军为了拉炮付出的代价可不轻。据第 312 步兵师战史记载，在沿着巡教到奠边府长达 70 千米的拉炮途中，第 141 团牺牲了 29 人，负伤 106 人，第 209 团牺牲 25 人，负伤 96 人，合计第 312 大团为了拉炮牺牲 54 人，负伤 202 人。为了表彰第 312 大团为炮兵安全进入阵地所做出的牺牲和贡献，越南人民军总部特地授予第 141 团 143 连和 209 团 366 连各一枚三等战功勋章。

3 月 7 日，越南人民军参战各部均到达指定位置：308 大团从西面包围奠边府，304 大团 57 团和 316 大团 176 团 888 营负责切断航岗与奠边府的联系，312 大团和 316 大团 2 个团（98 团和 174 团）从东北和东南面包围奠边府，总兵力达 4.9 万人。

与此同时，由总参谋长文进勇少将指挥的第 3 联区也对河内嘉林机场和海防吉碑机场进行两次成功偷袭，沉重打击了越北战术空军的士气。

▲ 为了拉炮进阵地，越军第 141 团和第 209 团付出了很大的牺牲。但他们的牺牲换来了奠边府战役的胜利，这些拉炮阵地的战争之神，将在奠边府战役中发挥重要的作用。

1954 年 2 月 1 日夜，越军一支特工队摸进海防以南的东山辅助机场，炸毁 4 架正在大修的 C-47 和军官餐厅，以及 1 个大型油库。事发后，越北战术空军加强了机场防卫，但丝毫没能阻止越军特工队接二连三的袭击。

3 月 3 日夜，越军特工队渗透进河内嘉林机场，他们剪开铁丝网，在蒙蒙细雨中匍匐前进 2 千米，躲过法军巡逻队，于午夜来到停机坪前，顶着法军哨岗猛烈的机枪火力，扑向停机坪，投出炸药包和手榴弹。战斗持续约 5 分钟，越军宣称炸毁和重创法军飞机 18 架。根据法军记录，这次袭击炸毁 5 架 C-47 和 5 架民用客机。

2 天后，越军特工队又对海防吉碑机场进行了规模更大的袭击。3 月 6 日夜，越军特工队摸进吉碑机场停机坪，正准备下手时被驻扎于停机坪附近的第 6 殖民地伞兵营发现。营长比雅尔少校当即抄起冲锋枪，带着 2 连冲上去拦截。可惜，为时已晚。越军特工队仅以 2 人负伤的代价，宣称炸毁、重创法军战机 60 架。根据法国方面记载，1954 年 3 月 6 日夜，共有 4 架 B-26 中型轰炸机和 5 架莫拉纳 500 炮兵观察机毁于越军特工队之手。这是第一次印度支那战争中，法国远东空军最大的地面损失。

消息传开，武元甲和黄文泰都振奋了。既然重炮兵、高射炮兵和步兵全部进入阵地，特工队又打击了法国远东空军，战役发起日就没有再拖下去的必要。如此有利的局面使武元甲大将定下了开战决心，第一仗由 308 大团和 312 大团来打，目标是攻取兴兰高地和独立山，时间定在 3 月 12 日夜。

至此，越南人民军完成各项进攻准备，可以说是万事俱备，只欠东风。面对虎狼之师，法军又将如何应对呢？

|第四章|
奠边府基地

排兵布阵

1953 年 11 月 30 日，两名军官在河内大酒店的旋转楼梯相会。这两名军官都是在印度支那服第三次兵役，他们互相敬佩彼此尊重，但性格完全不同。接下来 6 个月，他们的命运将因奠边府而紧紧连在一起。他们的名字分别是皮埃尔·朗格莱和德卡斯特里。

皮埃尔·朗格莱中校，第 2 伞兵机动团团长，他在 10 天前跳伞进入奠边府时扭伤了脚踝。这位年已 44 岁的老伞兵出生于法国西北部布雷东省的一个穷苦人家。布雷东省是法国有名的战士之乡，就像日本的北九州和美国得克萨斯州一样，布雷东省出来的士兵一向吃苦耐劳，深受法国陆军和海军喜爱。朗格莱就是典型的布雷东军人。1930 年前叶，他自法国陆军圣殿——圣·西尔军校毕业后就到非洲撒哈拉大沙漠服役，忍饥受渴。第二次世界大战爆发后，他追随自由法国成

立的法国远征军，先是在朱安将军（后升任元帅）的率领下参加意大利战役，1944 年盟军登陆诺曼底后，又跟随戴·拉·德·塔西尼将军（后升任元帅）参加 8 月 15 日的"龙骑兵"行动，从法国南部杀了回来，继而参加阿尔萨斯粉碎德军"北风"攻势的作战行动和进入德国后的黑森林战役，屡立战功。第二次世界大战结束后，朗格莱应法国陆军召唤继续披挂上阵，前往印度支那服役。1946 年，他作为第 9 殖民地步兵师旗下的 1 名营长参加了该年冬季夺取河内的巷战，一年后他第一次服役期结束，返回了法国。1949 年，他又返回印度支那，服第二次役，这次他的足迹遍及中国边界、越南和老挝。返回法国，他申请加入伞兵，并于 1951 年 10 月担任第 1 殖民地伞兵机动团团长，负责为印度支那战场训练伞降补充兵。1953 年 6

月，他重返印度支那，接掌第 2 伞兵机动团指挥权。

德卡斯特里上校，51 岁，比朗格莱大 7 岁。和出身贫寒的朗格莱不同，德卡斯特里出身于军人世家，其先祖从十字军东征时起就仗剑为王室服务。他的祖上有 1 名元帅、1 位海军上将和 9 位陆军将官。他 20 岁时，正值第一次世界大战结束，他没有投考军校而是申请当了 1 名骑兵，并在法国陆军第 16 龙骑兵师以 1 名中士的身份服役三年（同一时期，纳瓦尔是他的排长，军衔中尉）。1925 年，他作为一名候补军官进入骑兵学校学习。他精于骑术，曾在法国国际优胜赛马队待了 12 年。

1939 年 9 月，第二次世界大战爆发，德卡斯特里重返陆军。在"静坐战"期间，他经常率巡逻队在萨尔前线巡逻。1940 年 5 月 10 日，西欧战役爆发。6 月，他曾率 60 人和德军 1 个营血战 3 天，弹尽粮绝后负伤被俘。期间，他曾 4 次越狱，均告失败。1941 年 3 月 31 日，他在德军防备相当严密的西里西亚集中营成功挖掘地道逃亡，穿越德国、法国和西班牙，最终逃到非洲加入自由法国部队，随同美军参加了意大利战役，在那里他第二次负伤。伤愈复出后，他又以少校军衔在纳瓦尔上校指挥下的第 3 摩洛哥轻骑兵团（装甲团编制）下服役，参加了攻入德国的战斗，最终于卡尔斯鲁厄结束了他的二战之旅。

1946 年，他在法国元帅勒克莱尔的统帅下，指挥 1 个装甲连参加了印度支那南部战斗，之后返回法国本土的战争学院进修。1951 年，他返回印度支那服第二次役，并担任一个地区守备队司令。但生性勇敢的他并没有因为职位的高升而失去血性，在各次战斗中依旧是身先士卒。在一次巡逻中，他坐着吉普车冲在最前面，结果被一枚越军埋设的地雷炸翻，双腿负伤，再次回国。当他的好友兼前上司纳瓦尔中将从沙朗中将手中接过法国远征军帅印后，德卡斯特里志愿回印度支那服第三次役。这次，纳瓦尔任命他为 1 个装甲机动团的司令，驻军太平，军衔上校。

当纳瓦尔为奠边府守军（人数超过 1 万人，相当于统帅 1 个师）司令人选发愁的时候，他几乎是第一时间就想到了老部下德卡斯特里上校。当时，他的案上摆的是两个人选：一个是瓦尼克桑上校，另一个就是德卡斯特里上校。瓦尼克桑上校是个老步兵，精通步兵防御作战，目前驻军红河三角洲南部，如果选他担任奠边府守军司令，那么守军必然是死守不出，坐等挨打。而在纳瓦尔的设想中，奠边府应该是一个"锚点"，是一个随时可以向越军进攻的战役集结地，仅仅是在越军进攻时才发挥它的"那产优势"。他认为瓦尼克桑上校不适合，他需要的是一名具有积极进取精神的老骑兵，对此科尼也无异议。两人一拍即合，委任状很快下给了德卡斯特里。

12 月 7 日，德卡斯特里上校抵达奠边府，接替吉尔斯准将任守军司令。从这天起，奠边府守军就有了一个新的代号——"戈诺"。在接委任状至到任期间，德卡斯特里上校经历了一次生死考验。12 月 4 日，320 大团派出一支突击队偷袭太平驻军司令部，德卡斯

◀ 奠边府法军司令德卡斯特里上校。

特里上校和他的女秘书波拉, 以及他的炮兵指挥官皮罗斯上校仅以身免。

来到奠边府, 德卡斯特里的第一要务就是部署奠边府防务。

那么作为一名统帅该如何排兵布阵呢? 对此, 德雷克·威廉姆斯有个很精辟的归纳——"牡蛎"和"桃树"。牡蛎的意思就是防线与防区中心的距离要大于敌炮有效射程, 同时布防有轻有重, 在判断敌重点进攻方向上应囤积重兵, 相对安全的地方则寡兵警戒。一条稳固的防线应该能扛住敌人较长时间的进攻。所谓"桃树", 就是指防线上的各个据点, 它们的任务是迟滞和削弱进攻之敌, 但最终决定防御成败与否的却是放在防区中心的反击预备队。如果进攻之敌在遭到防线据点充分削弱后依然达成突破, 进而冲进防区, 要摧毁它们就只有依赖强大的预备队反击(前提是一定要判明敌重点进攻方向, 切不可为敌佯攻突破所迷惑)。具体问题具体分析, 大到拱卫国土, 小到1个连把守山头, 排兵布阵都离不开"牡蛎"和"桃树"这两个点。具体到奠边府防务, "牡蛎"和"桃树"就是要德卡斯特里确定防御半径和在防线各点上如何排兵, 以及保留预备队。

根据越北战区司令科尼少将的指示, 奠边府防线半径定为8050米, 处于越军75毫米山炮的极限射程之外。在防线上部署一系列由北非兵和外籍兵固守的据点, 机场中心区放2个伞兵营, 他们在105毫米榴弹炮和120毫米重迫击炮的支援下, 担任反击预备队。12月19日, 德卡斯特里发布的命令中就指出, 北非和外籍兵团步兵营全部放在防线上的各个据点, 五分之四的炮火随时可以集中支援任何据点, 一旦哪个据点丢失, 防线上的各营都应立即组织兵力展开局部逆袭, 为中心

区的预备队赶来反击争取时间。

对德卡斯特里上校的计划, 纳瓦尔和科尼全数批准。在纳瓦尔的最初设想中, 担任奠边府守备队的是2个印度支那土著步兵营——保大军301营和法国远征军隶属下的第2泰族步兵营, 以及1个摩洛哥轻步兵连, 把第2伞兵机动团放在奠边府做反击预备队, 然后集中北非和外籍军团步兵, 以奠边府为基地, 向沱江出击, 逐步击破越军进攻部队。

遵照纳瓦尔的指示, 远东空军从12月初开始大力向奠边府运兵。12月10日, 保大军301营和第2泰族步兵营、第3泰族步兵营由法国空军自莱州运达。12月20日, 法国远东空军又把第9机动团(由第13外籍团步兵团1营、3营, 第2外籍兵团步兵团1营组成)运进了奠边府。此时, 奠边府已经驻有第2伞兵机动团、第9机动团和3个印度支那土著营, 兵力达9个营, 相当于1个师的战斗力。但纳瓦尔还不放心, 又向奠边府增派1个机动团——第6机动团(第7阿尔及利亚步兵团5营和第1阿尔及利亚步兵团2营、第3阿尔及利亚步兵团3营), 使奠边府守军在12月底增加到10000人, 包括12个营以及泰族辅助兵。这些部队都在第一次印度支那战火中久经考验, 称得上是法国远征军的精华部队。

第2外籍兵团步兵团组建于1945年, 最初准备派往远东参加对日反攻作战。当第2外籍兵团步兵团1营在印度支那登陆时(他们也是第一批重返印度支那的法军), 日本已经投降, 而越盟却展开了如火如荼争取自由独立的运动。于是, 第2外籍兵团步兵团1营和法军其他部队一道, 从西贡开始由南向北逐步推进。1946年12月, 他们参加了攻取河内的巷战。此后, 他们多次参与对越军的

大型会战。1952年1月，在他们的努力奋战下，进占和平的法军安全撤退。

第3外籍兵团步兵团历史悠久，该团组建于第一次世界大战时期，参加过一战和二战诸多战役，立下了汗马功劳。1947年，该团从越南南部出发，在东京湾登陆北越，参加对越军主力的进攻战，并一直打到中越边界。1950年开始，第3外籍兵团步兵团3营驻守高平。10月，越军在陈赓大将的协助指挥和中国物资支援下发起边界战役（法军称为四号公路战役），3营于此役中配属萨克东兵团，南下和勒巴热兵团会合途中，在杜谷社山被越军308大团和209团全歼。在得到第1外籍兵团步兵团部分军官士官支援的情况下，第3外籍兵团步兵团3营重建。1952年12月1日到2日的那产之战中，第3外籍兵团步兵团3营扬眉吐气，大败老对手308大团，稍雪四号公路战役惨败之耻。在奠边府，第3外籍兵团步兵团3营将在第3外籍兵团步兵团团长兼第6机动团团长安德烈·拉朗德上校指挥下在航岗奋战。

第13外籍兵团步兵团的经历同样不凡。1939年冬，苏联进攻芬兰，苏芬战争爆发。为了援助芬兰，法国组建了第13外籍兵团步兵团，但因成军时间太晚而没能赶上这场战争。不过，战争之神很快就向他们招手了。1940年4月9日，德军对北欧小国——丹麦和挪威发动闪电战。丹麦4小时后就宣布无条件投降，而挪威则进行了顽强抵抗。在北极圈的纳尔维克，第13外籍兵团步兵团作为法军一员，与英军和自由波兰部队一起与德军奋战了一个多月。6月中旬，随着法国的陷落，第13外籍兵团步兵团结束了纳尔维克插曲，随同盟军一起撤到英国，并拥护戴高乐将军，荣幸地成为自由法国的第一支作战

部队。在戴高乐的命令下，第13外籍兵团步兵团又随同英军参加了东非会战。1941年，他们在厄特里利亚击败意大利军。而真正让他们名垂青史的还是在北非。1942年5月，隆美尔指挥的非洲军团发起加扎拉战役，英国第8集团军丧军失地，一溃千里。在英军节节败退之时，第13外籍兵团步兵团却挺身而出，在克基少将的率领下，他们在比尔哈凯姆扛住了隆美尔非洲军团3个精锐师的猛攻，德军又是步兵冲锋，又是坦克突击，甚至俯冲轰炸机轰炸，结果都没有撼动第13外籍兵团步兵团哪怕一根汗毛。他们顽强坚守了7天7夜，赢得了交战双方的尊重，第13外籍兵团步兵团也因比尔哈凯姆而让全世界记住了它的威名。随后，第13外籍兵团步兵团又参加了阿拉曼战役、意大利战役、法国南部战役，并作为法国陆军第1机械化步兵师一员参与了阿尔萨斯战役和攻入德国的战斗。1946年，这个集诸多荣誉于一身的第13外籍兵团步兵团征尘未洗，又席不暇暖地投入到了第一次印度支那战火中。1946年，他们在越南从南打到北，无役不与。1951年，他们在红河三角洲参加了宁平战役。和平战役期间，第13外籍兵团步兵团1营和3营又为法军冲锋陷阵。1953年，法国远征军以第13外籍兵团步兵团指挥部和1、3两营为基干组建了第9机动团，团长为科谢中校。

此外，外籍兵团部队还有从第3和第5外籍兵团步兵团独立出来的第1外籍兵团重迫击炮连和第2外籍兵团混成重迫击炮连，各装备8门120毫米重迫击炮。其中，第1外籍兵团重迫击炮连自"海狸"行动第二天起就开始长驻奠边府。

和外籍兵团一样，摩洛哥和阿尔及利亚士兵组成的北非军团也在第一次印度支那战

争中纵横驰骋多年。

第 1 阿尔及利亚步兵团 2 营组建于布里达地区。1949 年 9 月，作为北非机动团（于 1950 年 10 月改称第 1 机动团）一员登上越南，开始了他们的印度支那征战之旅。他们随同第 1 机动团先后在红河三角洲、越南中部和泰族聚居的越西北地区浴血奋战：1951 年 1 月的永安战役和 6 月的带江战役、1951 年底到 1952 年初的和平战役和 1952 年 12 月的第二次那产之战都有他们的身影。1953 年 8 月，第 1 阿尔及利亚步兵团 2 营从第 3 机动团序列中转出，加入新组建的第 6 机动团，并于 1953 年 12 月乘飞机进入奠边府。

第 3 阿尔及利亚步兵团 3 营组建于博内，1949 年 12 月登上印度支那半岛。起先，他们被部署到红河三角洲东北部的 18 号公路沿线驻防。1950 年 5 月，该营南下西贡地区，奉命在越盟南方根据地之一的土龙木省执行"肃正"作战，之后转驻柬埔寨和越南中部。1952 年 11 月，第 3 阿尔及利亚步兵团 3 营作为第 7 机动团一员，被法国远征军保留为战略预备队。1953 年越军在整个印度支那发起的局部反攻中，它扮演"消防队员"的角色跑遍了整个印度支那。1953 年 7 月，第 3 阿尔及利亚步兵团 3 营和其他两个兄弟营一起组成新的第 6 机动团。

第 7 阿尔及利亚步兵团 5 营，主要由驻德的阿尔及利亚山地兵抽调组建，于 1951 年 5 月在越南海防登陆，然后一直担任地区守备队，直到 1953 年 12 月运进奠边府后成为第 6 机动团一员。

第 4 摩洛哥步兵团 1 营于 1950 年底通过船运踏上了越南大地。他们到达时正值法军在 4 号公路惨败。戴·拉·德·塔西尼元帅接掌法国远征军和印度支那高级专员帅印后，

第 4 摩洛哥步兵团 1 营在第 4 机动团编制内参加了红河三角洲 4 次拉锯战，越法双方不分胜负。1952 年 11 月，因为越军发起越西北战役使法军在西北泰族聚居区兵败如山倒，迫使河内法军集中所有机动兵力发起"洛林"行动试图将越军主力拉回越北根据地，替西北战场解围，但以失败告终。第 4 摩洛哥步兵团 1 营见证了这次不幸的行动。1953 年，第 4 摩洛哥步兵团 1 营转入第 7 机动团在红河三角洲南部反击文进勇少将指挥的 320 师渗透。1953 年 12 月被空运进奠边府。

除了第 4 摩洛哥步兵团 1 营外，第 10 殖民地炮兵团 3 营和第 4 殖民地炮兵团 4 营 11 连里也有摩洛哥炮手的影子。非洲籍官兵只在第 4 殖民地炮兵团 2 营服役。

泰族机动游击团（GMPT）共有 11 个辅助兵连，主要由莱州撤下来的泰族兵组成，和泰族第 2、第 3 步兵营一起广泛分布于奠边府周围各个据点。泰族第 2 和第 3 步兵营曾作为（试验性质的）越南机动团（隶属于法国远征军编制）成员参加了 1952 年底的那产之战，但表现欠佳。

第 2 泰族步兵营，组建于 1947 年，成员主要来自黑泰（主要聚居在黄连山脉）。1950 年底，第 2 泰族步兵营在老街地区和 312 大团 165 团奋战多个昼夜，直至弹尽粮绝才撤出老街，得到了时任法国远征军统帅的戴·拉·德·塔西尼元帅的口头表扬。然而，1952 年的那产之战，第 2 泰族步兵营却风光不再。在班亥据点，他们被 312 大团 165 团仅用 20 分钟就赶了出去。1953 年 11 月，越军出击莱州，将第 2 泰族步兵营彻底赶出了家园。这支萎靡不振的部队只得由默里斯·谢内尔少校率领撤进了奠边府，放在中心区充当反击预备队。

第3泰族步兵营组建于1949年，曾一度由马塞勒·比雅尔指挥，1951年曾在山罗地区和越军148独立团一部战斗。1952年10月，越军发起西北战役，第3泰族步兵营被逐出了家园，士气大挫。接着，它又作为第4机动团一员在安莱附近遭到越军伏击，伤亡约百人。此后，第3泰族步兵营就一直军心不稳，无心打仗。奠边府战役时，它的营长是法国军官蒂莫尼耶少校。

看到这2个泰族步兵营既无军心又无战斗力，德卡斯特里急电科尼请求从红河三角洲再运来2个北非或外籍营替代他们，但被科尼打了回票。

步兵不愿意给，那要个坦克连总不为过吧！作为一名资深装甲兵上校，德卡斯特里很清楚中心区预备队应该拥有强大的机动力，能在任何一个据点陷入危机时以最快速度赶到并以强大火力击退来攻之敌，而要做到机动和火力兼备则非坦克莫属。

根据德卡斯特里上校的请求，科尼决定给奠边府空运第1轻骑兵团3连（10辆M24"霞飞"坦克，连长：埃尔夫特上尉）。这次行动代号"龙德莱二号"。行动要求将1个坦克连10辆M24"霞飞"坦克每辆拆分成180个部件，然后用运输机运进奠边府，再拼装起来。拼装工作由第5外籍兵团中型修理连2排（25人，排长：比雅中尉）在越军炮火威胁下的机场跑道旁完成，平均2天拼装完1辆M24。空运作业主要由C-47和英制布里斯托尔170运输机完成，运1辆18吨的M24"霞飞"坦克需要6架次C-47和2架次布里斯托尔170运输机。12月18日，空军拟出计划。12月25日向奠边府空运了1个坦克排（3辆M24"霞飞"坦克），1954年1月15日第1轻骑兵团3连的

◀ 在奠边府的法军M24"霞飞"轻型坦克。

10 辆 M24 "霞飞" 坦克全部到位。

在各个指定部队陆续抵达奠边府的同时，德卡斯特里也开始规划防区，使奠边府防务逐渐成形。下文即从中心区指挥部开始，逐一介绍。

奠边府的中心指挥部设在机场跑道和红卢（Hong lu）河大桥以南，楠云河以西的芒清村，代号 "克洛迪娜"（Claudine，越军称为 "芒清中心"）。中心区从 1953 年 12 月起建，到 1954 年 2 月基本成型，由一大片帐篷、加盖顶据点、沙包围堆的掩体组成，拥挤不堪的中心区人来人往，到处都是扬起的尘土。在机场南梢，驻扎着图雷上尉指挥的第 8 殖民地伞兵营。往南，是仓库区、维修站、停机坪、发电站和 4 部净水器，楠云河与红卢河交界的河曲处是野战医院。

再往南，是 4 个大型的加盖顶的指挥部，分别为第 6 机动团、第 9 机动团和第 2 伞兵机动团指挥部，以及德卡斯特里上校的总指挥部。其中，总指挥部最为坚固，是按防 105 毫米榴弹炮标准构筑的，分成三个部分：一部是情报部（由诺埃尔上尉负责），一部供德卡斯特里上校和火控中心指挥官皮罗斯上校使用，另一部供北部防区指挥官特拉坎德中校使用。总指挥部旁边的小棚屋要么是空军管制官指挥部，要么是参谋部，要么就是秘书处。为了在战时与河内的科尼保持密切联络，总指挥部装了一部保密电传打字机和 Z13UHF 电台，一天通话 2 次。在总指挥部西面是第 9 机动团指挥部，东面是第 2 伞兵机动机群指挥部，在指挥部之间，工兵为坦克修建了坚固的防弹掩体，供 7 辆 M24 "霞飞" 坦克停放。

中心区西北是驻有法军第 10 殖民地炮兵团 3 营的 105 毫米榴弹炮群和第 4 殖民地炮

兵团 4 营 11 连的 155 毫米榴弹炮群。第 4 殖民地炮兵团 2 营 4 连驻扎于楠云河东的 D3 高地（法军称为 D5 高地），炮 5 连和炮 6 连驻于机场南梢以东的 D4 高地。3 个外籍兵团的重迫击炮连部署在榴弹炮阵地间，但有 2 个排分别驻扎在独立山和 D2 高地（越军称为 D1 高地）。中心区往南，是第 2 伞兵机动团的另一个预备队——第 1 外籍兵团伞兵营。

最南面，离总指挥部区有一段安全距离的是莱昂纳尔准尉率领勤务兵负责的弹药库。除了法国勤务兵外，莱昂纳尔还动用了大约 2400 名战俘作为劳工执行搬运任务（当然，这些战俘都是在严密的看守下搬运弹药的）。

总的来看，奠边府盆地南北纵长 17.7 千米，东西横宽仅 4800 米，使守军难以沿盆地边缘组织起一条连贯防线。按照西方军队的防御准备，1 个营有效防御地段是正面宽 1370 米，而照奠边府纵横长度来看，要放 50 个营，而非仅仅 12 个营才能保持连贯防线。因此，预定防线只能由一系列重要据点构成，各个据点放置连营规模守备队。根据那产经验，各据点间如果缝隙过大，越军很容易渗透过去。但如果据点间隙太小，又会 "稀释" 各个据点的守备队兵力规模，使越军易于各个击破。

首先，防线设立必须阻止越南人民军的机枪和 60、82 毫米迫击炮火威胁奠边府机场。因此，法军必须守住奠边府东部的高地群。这些高地约 40 米（以盆地为参照），大部分山坡上长着茂密的植被，距流过中心区的楠云河不到 400 米，是奠边府的要害之地，法军必须死守。法军将东部高地群划分成两块，东北地区代号 "多米尼克"，相对标高 40 米和 70 米的 D1 高地（越军称为 E 高地，后文直接采用越军的称呼）和 D2 高地（越军的 D1 高地）

由让·加朗多上尉的第 3 阿尔及利亚步兵团 3 营把守，E 和 D1 高地（法军的 D2 高地）之间的缺口由背后的 D2 高地（法军 D3 高地）驻防的炮 4 连填补。

东南地区代号"艾兰"，由让·尼古拉少校的第 4 摩洛哥步兵团 1 营镇守。在 D1 高地（法军称为 D2 高地）往南分别是 D3 高地（法军称为 D5 高地）、C1 高地（法军称为 E1 高地）和 C2 高地（法军称为 E4 高地），以及 A1 高地（法军称为 E2 高地）。在艾兰防区中，标高 40 米的 A1 高地是最重要的山头，它的南北两面分别是秃山和 F 高地（法军地图标注分别是老秃山和弗尼高地），由于法军兵力不足，这 2 个高地没有纳入防线，只是每天派巡逻队登山防止越军渗透。在 A1 高地背后是楠云河渡口屏障——A3 高地（法军称为 E3 高地），由第 31 工兵营 1 个摩洛哥工兵连防守。

相对东部起伏的高地，机场西面就没有这种地利，只有几个海拔不高的小山包，代号"于格特"，由克莱蒙梭少校的第 2 外籍兵团步兵团 1 营在 3 个泰族辅助步兵连的协助下防守，克洛迪娜地区由第 13 外籍兵团步兵团 1 营（营长：德·布里农少校）和 2 个泰族步兵连把守。

机场北面和西北地带，代号"安妮·玛丽"，由 4 个高地组成，由第 3 泰族步兵营在第 2 外籍兵团重迫击炮连 1 个排（驻克洛迪娜）的支援下负责防御。安妮·玛丽 3 号高地坐落于机场跑道北梢，4 号高地在机场跑道西约 550 米。在安妮·玛丽 4 号高地北约 690 米是安妮·玛丽 1 号和 2 号高地（越军称为板桥高地）。在安妮·玛丽 1、2 号高地东北约 910 米有一座突起的山头，法军称为"加布里埃尔"（越军称为独立山），由梅科希

蒙少校指挥的第 7 阿尔及利亚步兵团 5 营和第 2 外籍兵团重迫击炮连 1 个排（4 门 120 毫米重迫击炮，由克莱热中尉指挥）。在奠边府东北，夹在 41 号公路和楠云河之间有一座标高 154 米的高地，法军称为"比阿特丽斯"，越军称为兴兰高地。这是个极为重要的高地，左翼和多米尼克防区相连，右翼和独立山相邻，站在山顶北可眺望周围山头，南可俯瞰整个奠边府盆地，是名副其实的奠边府东北大门。为了确保万无一失，德卡斯特里在这里放置了曾获各种荣誉的第 13 外籍兵团步兵团 3 营（营长：佩戈少校），打算在这里重演比尔哈凯姆的荣耀。

最后，在奠边府南面，和中心区隔开的是航岗。这里的驻军主要有三项重任：1. 把守备用机场；2. 确保驻该地的 2 个炮连安全，用炮火全力支援东部高地的激战；3. 看守奠边府南大门。守军有第 1 阿尔及利亚步兵团 2 营（营长：皮埃尔·让斯内勒上尉）、第 3 外籍兵团步兵团 3 营（营长：埃斯诺少校）和普雷奥中尉的 1 个坦克排（3 辆 M24 "霞飞"坦克），他们主要驻在楠云河西岸，但在河东也保留一个山头据点（称为伊沙贝尔 5 号高地），由 431 和 432 泰族轻辅助兵连把守，航岗分区司令为第 3 外籍兵团步兵团团长拉朗德中校。和中心区的通道由 434 泰族轻辅助兵连负责把守，直到 3 月 14 日被 304 大团 57 团赶回航岗 5 号高地。

规划了各个防御地段后，德卡斯特里又打破机动团建制，建立了 3 个防区——比阿特丽斯、多米尼克、艾兰、于格特和克洛迪娜防区统归中部防区，由第 9 机动团司令科谢中校担任第一任中部防区司令；北部防区由安妮·玛丽和加布里埃尔组成，由特拉坎德中校担任防区司令；航岗自成一体归拉朗

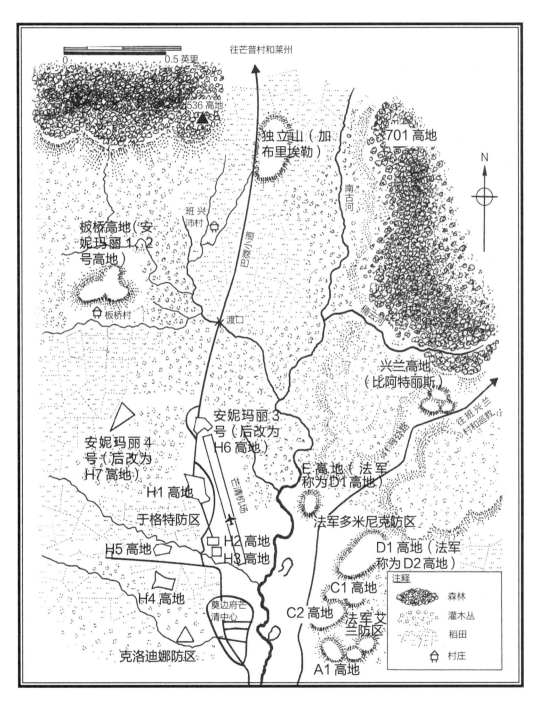

往芒普村和莱州

0　　　　　　　　0.5 英里

1536 高地

独立山（加布里埃勒）

701 高地

N

南古河

班兴沛村

板桥高地（安妮玛丽 1、2 号高地）

巴微小道

楠云河

板桥村

渡口

兴兰高地（比阿特丽斯）

往班兴兰村和巡教

安妮玛丽 3 号（后改为 H6 高地）

安妮玛丽 4 号（后改为 H7 高地）

E 高地（法军称为 D1 高地）

H1 高地

于格特防区

法军多米尼克防区

芒清机场

H5 高地

H2 高地
H3 高地

D1 高地（法军称为 D2 高地）

C1 高地

注释

森林

灌木丛

稻田

村庄

H4 高地

奠边府芒清中心

C2 高地

法军艾兰防区

克洛迪娜防区

A1 高地

▲ 奠边府北部防区态势图。

德中校负责。

一个营的环形防线应该由大量的由战壕和铁丝网环绕的据点组成。营级防线以营部、包扎所和81毫米迫击炮阵地为核心，各连在环形防线圆周上挖掘战壕布设铁丝网防卫。接近营部的各条交通壕内应设置沙包堆放的临时掩体，以便在敌人突然渗透进来时能立即架起12.7毫米重机枪阻击，确保营部的安全。谈到连级防御，法军在第一次印度支那战争中采取的连级环形防线半径一般是73米（这是越军的巴祖卡火箭筒的有效射程），并构筑1~2个坚固的暗堡作为火力点，使重机枪和57毫米无后坐力炮射界能有效涵盖连阵地前沿地带。对于明机枪火力点（地堡），必须构筑S型交通壕和防线相连，以便在子弹打完或部队撤退时能及时撤离地堡。至于轻机枪，一般不用隐蔽在地堡，而是直接上战壕采取打一梭子弹换一个地方的方式配合步兵武器（步枪和手榴弹）阻击进攻之敌。当然，并非所有的机枪都是部署在正面，不少经验丰富的连长也会将几挺轻机枪埋伏在防线侧翼，侧击正面进攻之敌或是防止敌迂回侧翼。

连级迫击炮（60毫米迫击炮）和枪榴弹一般部署在连部周围，以应各排的请求随时

▲ 奠边府的法军阵地。

提供火力支援。另外，有经验的连长一般都会在连部周围保留1~2个班的预备队，以备随时封堵防线缺口，反击敌人的突破。

营连级防线标准是出来了，具体的构筑则需要资材的运抵和工兵的努力。12月4日到12月21日，安德烈·苏拉特少校带着11名军官和300名摩洛哥工兵组成的法军第31工兵营踏上了奠边府。他们的主要任务是修建机场、桥梁、中心区指挥部。各个步兵营的防御工事主要由各营官兵和军工队帮忙修筑。从工事构筑角度来说，除了需要资材和人工外，工时也是个不容忽视的问题——光是修筑一个能有效防105毫米榴弹轰击的掩体就需要1个步兵班干上5天，而修完1个营的完整防线至少也需要全营官兵努力干上2个月。结果在12月到2月初，各个步兵营和伞兵营在频繁的巡逻和出击命令的情况下，很少有时间能认真修工事，到3月初防御系统才基本完善。

一般的法军军官根据第一次印度支那战争7年的经验，越军的重武器主要由120毫米重迫击炮、巴祖卡火箭筒、75毫米无后坐力炮和75毫米日式或美制山炮组成，大多数军官认为，野战工事只要能抵挡住75毫米山炮轰击即可。而事实却并非如此，纳瓦尔和科尼通过法国远征军情报部门得知1个越军重炮兵团正在中国云南整训，他们极有可能参加围攻奠边府的战斗。

12月25日，法国远征军总司令纳瓦尔中将在越北战区司令科尼少将陪同下视察奠边府。在与德卡斯特里上校的会晤中，科尼少将的工兵主管勒让德尔根据新获得的越军重炮兵情报，建议德卡斯特里指示各营的野战工事应该按照防御105毫米榴弹炮的标准构筑。德卡斯特里虽然很怀疑越军是否真的

拥有 105 毫米榴弹炮，但还是于 12 月 26 日发布命令，指示各营野战工事都应按防 105 毫米榴弹炮标准构筑，但大部分营长都把这句话当成耳旁风（甚至连第 9 机动团团长科谢中校和第 2 伞兵机动集群司令朗格莱也不以为意），只按防御 75 毫米山炮的标准构筑阵地，结果仗一打起来才发现吃了大亏。当然，也有少数营长认真执行了这道命令，比如驻守独立山的第 7 阿尔及利亚步兵团 5 营营长梅科希蒙少校和航岗守军司令拉朗德上校就将自己防区内的所有工事都构成防 105 毫米榴弹炮阵地，这让他们在越军致命的炮击下多有助益。

根据法军的防御教范，防 105 毫米榴弹炮工事的盖顶必须铺设 2 层 15 厘米以上的原木，原木上要夯实接近 1 米的土层，上面还必须堆放 2 米厚的沙袋。按照这个标准，构筑一个班的防御工事就需要从原木到钢筋水泥铁丝网共约 30 吨的资材，按法军在奠边府放了 12 个营来计算，则一共需要 34000 吨，相当于 C-47 满载飞行 12000 架次。12 月，C-47 日均降落奠边府 80 架次。照此计算，即使不运粮弹，也需要 5 个月才能把资材运完，这对于本来就极度缺乏运输机的法国远东空军而言，简直就是天文数字。

事实上，远东空军绝对没把这个数字放在心上。根据第 31 工兵营营长苏拉特少校的统计，远东空军只向守军运送了 4000 吨资材（含 3000 吨带刺铁丝网、500 吨修建跑道的蜂窝钢板、架桥装置和 5 辆小型推土车），真正的建筑资材只有约 130 吨的原木和 20 吨"象皮铁"。缺乏资材的法军各营只得就地取材，不仅砍光了盆地里所有的树木，还到四周山岗上砍伐了一番，一共筹得 2200 吨木头。但再往远处就不敢去了，越军小部队无

时不在周围山林游动，而且远处山势渐陡，拉木材也成了问题。除了独立山，奠边府各营再无有效防止 105 毫米榴弹炮轰击的标准工事群，直接导致了战役爆发后在越军炮击下各营惨重的伤亡。

外围出击

在守军拼命努力构筑工事的同时，莱州的撤退也提上日程。11 月 15 日，首批泰族部队在博尔迪耶上尉率领下从莱州撤离，沿着巴微小道粉碎了越军无数次伏击后，好不容易在 11 月 23 日与第 1 伞降轻步兵团 2 营会师。12 月 10 日，在销毁了仓库和重武器后，远东空军用 C-47 运输机把刁文龙的莱州省政府和法越正规部队（保大政府军）运出了莱州。刁文龙他们顺利撤出了，可殿后的泰族辅助兵却被害惨了。

12 月 5 日到 11 日，2101 名泰族轻辅助兵在 37 名法国军官和士官带领下从莱州撤退。科尼本还指望他们能暂时迟滞向莱州进军的 316 大团，但已无可能。这支完全丧失斗志的辅助兵分成 4 路朝奠边府夺路而逃。法泰部队从莱州撤退的消息传来时，316 大团主力（176 团和 174 团）正在进军路上，已行至莱州。正在前线指挥部的越南人民军副总参谋长黄文泰少将立即命令 316 大团加快速度，以小部兵力夺取空城莱州，大部分兵力向莱州以南移动，追歼逃敌；同时命平江指挥第 148 独立团节节阻击，迟滞逃敌；命 308 大团先锋团——36 团插向奠边府以北做兜底之战，力争在运动中将逃敌全歼。

在越军各部层层阻击下，莱州守军伤亡约 90%。12 月 22 日，莱州守军只有 175 名泰族轻辅助兵和 10 名法国军官撤进奠边府。

在莱州撤退插曲期间，奠边府守军也在

执行代号"普洛克斯"的行动——出盆地进行大规模武装巡逻，寻歼越军小股部队。11月23日，"海狸"行动第二天，比雅尔少校亲率第6殖民地伞兵营向东南出击19千米，前出到楠云河与楠努河交汇处，但没有碰到越军。与此同时，布雷切斯少校也带着第1伞降轻步兵团2营沿巴微小道北进至班纳先（Ban Na Ten），和从莱州撤退的先头部队——博尔迪耶部队相遇。

12月头几天，法军开始朝东北巡逻。第8殖民地伞兵营出了4次巡逻任务，每次都由第3泰族步兵营12连1个搜索排配合，和蒙族游击队碰头。看到四周竟然有友军营地，第8殖民地伞兵营决定展开一次大动作，出击奠边府80千米开外的越军物资中转站——巡教。

12月4日，第8殖民地伞兵营半数出奠边府，进入高达1800米的波通（Pha Thong）山脉，没有遇到任何抵抗就又和友好的苗族游击队碰头。次日，在走出大约32千米后，1架从奠边府起飞的莫拉纳炮兵观察机向他们投下了50000:1的军用地图和航拍照片。在接下来一周里，第8殖民地伞兵营历尽艰辛，在山地里吃力前进，但始终没有碰到哪怕一名越军。12月11日，筋疲力尽的第8殖民地伞兵营终于走不动了，此时他们离巡教还有差不多16千米（后面的山路更难走）。就在这时，他们收到了奠边府发来的电令，指示他们回撤到芒普（Muong Pon），准备和另一支伞兵会合。

同是在12月4日，苏凯少校的第1殖民地伞兵营在第1伞降轻步兵团2营一部的配属下，沿41号公路朝东北巡逻。出盆地约4830米，在班兴兰村前有一条狭长的近千米的山谷，两侧山坡灌木丛生。伞兵刚进入峡

▲ 奠边府的法军阵地。

谷，先锋连接到附近一个可疑电讯，连长刚把情况通报出来，越军的伏击就开始了。重迫击炮火和密集的机枪火力横扫法军，冲在最前面的尖兵排全军覆灭。先锋连只得停止前进，就地组织环形防御。伴随着迫击炮火，一队越军从山坡上杀下来，双方拼起了刺刀。听到枪炮声，后面的主力一边呼叫炮火支援，一边也冲上山坡。待他们赶到时，第1殖民地伞兵营的先锋连已经战死14人，负伤26人。越军赶在法军主力赶到前拖着大部分伤亡人员撤出了战场。惊魂未定的法军搜索了战场，发现几具未及时带走的越军尸体。从他们身上搜出的证件显示，他们隶属于316大团176团888营。毫无疑问，316大团先头部队已经赶到了奠边府。

当天，科尼少将和吉尔斯准将会商后决定，把距奠边府盆地甚远的506高地（12月10日改称比阿特丽斯，也就是著名的兴兰高地）纳入防御体系。进占506高地后，吉尔斯马上发现了新的问题，在506高地东北约2400米的781高地，可以有效俯瞰506高地。如果越军在781高地部署观察员和重武器，那么506高地的一举一动都逃不过越军的视线，而且也很容易被压制。对吉尔斯准将的

担心,原本就是炮兵专业出身的科尼少将不以为然,他和皮罗斯一样,认为一旦越军炮兵冒头,法军炮兵和空军马上就能把它们收拾掉。12月7日,第1外籍军团伞兵营、第6殖民地伞兵营和第8殖民地伞兵营继续沿41号公路出506高地朝班纳利村巡逻,期间他们粉碎了176团888营的一次伏击。12月9日,巡逻的伞兵又在空炮火力支援下,打退了176团另一次渗透伏击行动。

随着步兵部队的到来,第1伞兵机动团结束了在奠边府的行动,开始陆续撤离。12月12日,比雅尔少校的第6殖民地伞兵营首先撤离,接着是布雷切斯少校的第1伞降轻步兵团2营和苏凯少校的第1殖民地伞兵营,吉尔斯准将也在12月13日离开了奠边府。取而代之的是德卡斯特里上校和第6、第9机动团,以及第2伞兵机动团。

再说朗格莱,随着德卡斯特里上校回到奠边府,他先是骑着一匹泰区矮种马巡视阵地一番,接着又重掌第2伞兵机动团团长一职。但他总觉得有些愧对德卡斯特里的厚爱,回奠边府差不多10天了,却什么实事也没干,这与他副司令的职责不相符。

就在朗格莱觉得对德卡斯特里无以为报的时候,机会来了。

12月10日,从莱州撤退的一股守军约200人在博朗中士带领下被越南人民军308大团36团包围在巴微小道约17.7千米的芒普村。接到报告,朗格莱中校自告奋勇决定率第2伞兵机动团去救援。

在朗格莱中校的安排下,第8殖民地伞兵营营长图雷少校率本营剩余的半数人马打头阵,沿41号公路出奠边府盆地,然后向西穿过热带雨林,朝芒普村艰难推进。为了集中全营兵力作战,他同时电令正向巡教出击的另一半人马放弃任务,返身朝芒普村靠拢,准备南北对进,夹击围攻泰族部队的越军36团。

12月11日清晨,跟在第8殖民地伞兵营后面的第1外籍军团伞兵营和第5越南伞兵营也开始沿41号公路挺进。越军176团888营着实聪明,他们在前一日巧妙地放过了第8殖民地伞兵营,使跟进的2个伞兵营放松了警惕。他们刚走出独立山不到270米,马上就遭到888营伏击,越军步兵大量使用冲锋枪,使第1外籍军团伞兵营的尖刀连连长鲁中尉深感震惊。

不管越军打埋伏技术多么高超,他们毕竟没有重炮掩护。法军从最初的错愕中回过神后马上呼叫炮火支援。2个连的105毫米榴弹炮怒吼起来。一看法军使用重炮,888营就停止了伏击,像幽灵般地消失在山林中。吃了亏的朗格莱决定放弃巴微小道,改走山路,利用指南针在林海中摸索前进。这下伞兵们可遭罪了,他们在林海中的速度不到180米/时,而且备受蚊虫和山蚂蟥叮咬。到黄昏扎营时,他们离目的地还有约11.3千米。夜间,一阵越军迫击炮火吵得他们无法入眠。在法军炮兵的压制下,越军迫击炮暂停了袭扰,但伞兵们却再也睡不着了。

12日凌晨04点00分,疲惫不堪的伞兵继续前进。前方尽是陡峭的山岭,伞兵们只得沿着象道艰难摸索前进。12月13日清晨,他们终于走到离芒普村不到1600米处。正当他们打算停下来歇口气的时候,突然听见从芒普村方向传来激烈的枪炮声。枪声就是命令。在朗格莱的催促下,伞兵们只得拖着疲惫的身躯继续赶路。不久,1架莫拉纳炮兵观察机飞临芒普上空,报告抵抗已经结束,全村燃着熊熊大火。中午,伞兵尖兵队摸进了村,发现到处都是尸体和余烬未熄的残垣断壁,无声地述说了战斗的惨烈。

午后，筋疲力尽的 2 个半伞兵营在村外集结准备返回时，先前往巡教方向出巡逻任务的第 8 殖民地伞兵营那半数人马带着部分蒙族游击队赶来会合。此时，308 大团 36 团在完成了吃掉芒普村约 200 名泰族辅助兵后锐气正旺，打算狠狠地咬朗格莱一口。

12 月 14 日下午，就在 3 个伞兵营交替掩护撤退时，突然遭到 36 团伏击，殿后的第 5 越南伞兵营一时间被困住了。幸好法军炮兵早有准备。在皮罗斯上校的命令下，1 个法军 105 毫米榴弹炮连大胆推进到安妮·玛丽以北约 4.8 千米，使炮火射程有效涵盖到芒普村边缘。在 105 毫米榴弹炮火力和一队 B-26 的凝固汽油弹的攻击下，第 5 越南伞兵营好不容易才摆脱了 36 团的纠缠。12 月 14 日夜到 15 日凌晨，3 个伞兵营艰难地返回了奠边府。在这次失败的行动中，第 1 外籍兵团伞兵营和第 5 越南伞兵营付出了战死和失踪 47 人、负伤 69 人，相当于损失 1 个加强连的惨重代价。

不过，这次出击的失败并没有让法军放在心上。12 月 15 日，法国远征军统帅纳瓦尔中将又下令进行另一次大规模出击准备。纳瓦尔的计划是法军在奠边府筑垒的同时，

也应着力打通老挝中部和奠边府之间的联系，以防在出现危急情况的时候，奠边府守军可以南撤进入老挝境内。这次行动由奠边府守军和老挝驻军联合进行：北路法军自奠边府出动，即朗格莱中校率领第 2 伞兵机动团于 12 月 21 日出发。他们将穿过老挝边境，南下老挝境内的索脑。

与此同时，南路法军由沃德雷少校率 3 个营的摩洛哥兵、老挝兵和外籍兵组成。12 月 3 日，他们首先从老挝中部的芒塞（Muong Sai）出发，经由芒夸朝北往索脑前进，这是一条极为艰难的山路，总长约 193 千米，沿途还要应对苏发努冯亲王领导的巴特寮和越军第 148 独立团一部约 1500 人的阻击，一路上走走停停。

12 月 19 日，南路法军还在艰难行进，北路法军还没有出动的情况下，越北战区司令科尼少将就致电老挝驻军司令克雷弗克上校，要求他在两路大军于索脑会师后务必在当地留驻 2 个营，充当奠边府的后援基地。以防奠边府陷入危机时，能立即出兵接应奠边府的撤退。克雷弗克当场拒绝了这个无理的要求，纳瓦尔也力挺克雷弗克，称若在索脑驻军，则军队很容易被越军包围消灭，即使退一步，越军没有包围封锁，法军也无力对守军进行长期接济。12 月 23 日中午，南北两路法军终于在索脑会师，但朗格莱有了上次在芒普的经历，不敢久驻，即按尖兵后卫分配停当，就和沃德雷分手返回奠边府。

去时容易，回来难。山路两旁森林茂密，杳无人烟。即使是小路也长满了野草，而参天大树又掩映道路。亚热带雨林中阴雨连绵，山溪改道，深涧纵横，还时有石灰岩壁立。在这种地形下很难展开大部队攻击前进，一旦奠边府危急，大军若朝这个方向突围，必

▲ 战斗中的法军伞兵。

▲ 从莱州撤回的泰族部队。

然是挤作一团，束手就擒。朗格莱目睹了奠边府以西这种险恶的地形，心头不由沉重起来。12月26日，朗格莱带着第2伞兵机动团历尽艰辛后，终于回到了奠边府。对这次行动，朗格莱用一句话做了总结："奠边府和索脑之间森林太密，地势起伏，如果要在这两地建立交通联系，非几个月努力不可。"

接到朗格莱的报告，纳瓦尔并没有显出什么不悦。在他看来，奠边府坚如磐石，撤到老挝，这有必要么？为了提振士气并向全军强调奠边府的重要性，他决定1953年的圣诞节在奠边府过。

12月25日，纳瓦尔如约赶赴奠边府，这里已经驻扎了10910名法军，未来的战斗关乎法国远征军在印度支那的生死存亡。

傍晚，在德卡斯特里总指挥部前的小空地上，一棵圣诞树悄无声息地立了起来。它的主干是一根敷设铁丝网用的长杆，杆头挑起一顶越军盔型帽，分枝上缠绕着带刺铁丝网，上面挂着纸板给养箱和形形色色的罐头盒。

篝火也燃起来了。纳瓦尔和法国士兵们围着圣诞树和篝火，唱起一支又一支法国民歌，歌声飘过一个又一个阵地，勾起了士兵们对家乡的回忆。

突然间，奠边府响起枪声。夜空中，这几声枪响格外清晰，给人一种凄凉的感觉。纳瓦尔刷的一下站了起来。前沿阵地的法军立即进入战备状态，德卡斯特里总指挥部前的篝火也被扑灭。纳瓦尔拒绝了身边的人要他进掩体的请求，静静地站在墨一样的夜色里凝思。

第二天，随着纳瓦尔飞返西贡，第2伞兵机动团的第5越南伞兵营奉命准备结束了它的第一次奠边府之旅，返回河内（1月26日，第5越南伞兵营撤离奠边府，留在河内担任越北战区伞兵机动预备队）。接下来的一周，法军都没有进行大规模出击，只是反复对周围高地进行武装巡逻，但每次都遇到越军伏击或顽强抵抗。显然，越军已经开始对奠边府下套了。

12月28日，德卡斯特里上校的参谋长

古思中校乘坐着 1 辆吉普车开到"加布里埃尔"周围侦察地形，被一阵急风暴雨似的越军冲锋枪火力击毙。29 日，第 13 外籍兵团步兵团 3 营 1 支巡逻队沿 41 号公路护送军工队给比阿特丽斯运送粮弹时，再遇越军抵抗。

1 月 6 日，图雷少校率领的第 8 殖民地伞兵营再出奠边府，往东北试图进行第二次巡教之旅。为了避开越军 176 团 888 营据守的班那利（Ban Na Loi）村，图雷在 1 名泰族向导的带领下放弃 41 号公路，改为越野机动。可这名泰族向导实在太不专业了，走着走着竟迷路了！7 日清晨，转了一圈的第 8 殖民地伞兵营惊讶地发现他们竟然走到了班纳利村口。888 营当然不会给他们好脸色看，当即组织火力猛袭，5 名伞兵负伤。这样一来，第二次巡教之旅只得放弃。任务是取消了，可怎么返回奠边府又成了大问题。班纳利村像只拦路虎似的挡在他们的路上，越野机动是不可能的了（向导不合格），唯一的办法就是从村子杀过去。于是，图雷开始呼叫空中支援。1 架莫拉纳炮兵观察机赶紧引导 2 架前往奠边府执行常规巡逻任务的"地狱猫"式战斗机（分别由德卡斯泰尔巴雅克中校和康普勒东中校驾驶）支援。在 2 架"地狱猫"的轰炸和扫射下，第 8 殖民地伞兵营趁着 888 营的犹豫一口气从班纳利村旁绕了过去，终于回到了奠边府。

1 月 12 日，轮到第 8 殖民地伞兵营的兄弟部队——第 1 外籍兵团伞兵营遭难了。航岗分区东部苗族和泰族村落星罗棋布，是法军力量无法延伸之地，也是越军打埋伏的天然场所。当天，第 1 外籍兵团伞兵营奉命出巡这些村庄。凌晨 04 点 00 分，伞兵们从中心区出发，先后抵达了班府（Ban Phu，上午 9 点）、班古轩（Ban Co Hen，上午 10 点）

和班隆昆（Ban Lung Con，上午 11 点），他们发现这些村庄的居民都已撤离，房屋也被焚烧。下午 1 点 30 分，担任全营先锋的 3 连抵达班会福村（距航岗约 3 千米）。当 3 连连长取出指南针辨别方位时，突然遭到埋伏在周围的越军步枪和前方 365 米一个小土丘的越军机枪火力急袭，他右手中弹，指南针也被打飞。3 连随即还击，用 57 毫米无后坐力炮打掉了越军机枪火力点。同时，2 连和 3 连也散开队形，准备搜剿四周埋伏之敌。

就在这时，一阵精确的迫击炮火朝伞兵们劈头盖脸地打来。内尔特准尉当场战死，蒂布准尉负伤，第 2 伞兵机动团副团长维尔盖少校仅以身免。在这轮迫击炮火轰击中，第 1 外籍军团伞兵营伤亡惨重：1 连 1 死 2 伤，4 连 9 人负伤。

吃了炮火的第 1 外籍兵团伞兵营不愿再打，只得取消行动，撤回奠边府，无法拖带的重伤员由直升机运回。越军的迫击炮火一直追到他们撤进克洛迪娜才停止。晚 11 点 40 分，第 1 伞兵营结束了这次噩梦般的巡逻：5 死 33 伤（相当于损失 1 个排），战果微乎其微——宣称击毙 16 名越军，俘虏 1 人。

进入 1 月，有关越军即将进攻的消息开始笼罩奠边府。1 月 18 日，越北战区司令科尼少将警告德卡斯特里上校，根据最新截获的越军电报显示，越军正在巡教完成弹药储备工作，316 大团又派 98 团监视奠边府。19 日，德卡斯特里上校指示各部进入战备状态。不过，越军并没有发动进攻，而是进行积极的巡逻。1 月 30 日，第 3 阿尔及利亚步兵团 3 营在多米尼克东部的 1 个前哨被越军摸黑干掉。不久，守军紧张的情绪获得了部分缓解——308 大团离开了奠边府，发起第二次上寮战役（第一次上寮战役：1953 年 4 月到

5月）。2月1日，科尼视察奠边府，和德卡斯特里上校就当前308大团兵锋直逼朗勃拉邦的最新战局交换了意见。

1月末到2月初是奠边府守军最紧张的时刻，人人都在等待预计将发生在1月25日的大规模进攻。而此时的法国远征军统帅纳瓦尔中将却正为另一件事情而担忧：武元甲发起的上寮战役究竟意欲何为？308大团这次进攻到底是打了就跑的行动还是武元甲觉得奠边府太硬啃不动，准备在上寮开辟第二战场的预兆？如果武元甲真要打下上寮，那么他就应该往南投入更多的部队，至少从奠边府撤下312大团投入上寮，只留下316大团监视奠边府。如果这种情况当真发生，那么奠边府的战略位置和重要性就大打折扣了（也就是纳瓦尔白白束缚自己的手脚而被武元甲给耍了）。为了更好地把战略机动部队集中在手上，纳瓦尔中将于2月2日致电科尼，问其能否将奠边府守军兵力从12个营减少到9个营，甚至6个营，以便腾出部队增援朗勃拉邦或查尔平原营地。科尼勃然大怒，回电称奠边府周围仍驻有2个师的越军，他们的兵力还是守军的2倍以上，任何撤军建议都是不可接受的。接着，科尼还致电德卡斯特里上校，指示他在2月上旬积极对周围山头进行武装侦察，查明越军围困部队番号和规模。

1月26日，法国国防委员会博朗将军视察了奠边府。2月10日，他和陆军参谋长埃利中将、空军参谋长弗赖伊中将、国防部长普利文和国防秘书德·舍维涅在西贡召开会议。此时，308大团已经发起第二次上寮战役，可与会将领还是无法综合各项情报判明越军的意图。在会上，布兰科将军毫不掩饰他对印度支那战局的悲观认知，他认为法国远征军不仅难以守住越西北和上寮地区，甚至连

保住红河三角洲都大有问题，因此他建议纳瓦尔大幅收缩战线，把越北和老挝让给越盟，全军退到越南南部集中机动兵力固守。对于奠边府，他认为越军会利用在4月15日左右到来的雨季拦河筑坝，然后放水淹没守军。因此，他的意见是要么尽快撤出守军，要么减少驻军规模以备需要时能通过空运快速撤空。他根本不相信越盟会蠢到与纳瓦尔在这里决战。他认为越军会采取围困加水淹的方式困死法军。会上，空军参谋长弗赖伊中将也支持布兰科将军的意见，他认为在雨季期间法国远东空军往奠边府运送物资和接出伤员将会遇到很大的麻烦。2月19日，弗赖伊中将和普利文视察了奠边府。

一下飞机，普利文就对德卡斯特里大声说："你一定知道，整个法国都在注视你！"

在德卡斯特里上校的陪同下，普利文一行视察了各个防区，并在总指挥部听取德卡斯特里的介绍。听完德卡斯特里上校的介绍，几乎所有来访的将军都或多或少表示了对战事的乐观看法，只有空军参谋长弗赖伊默不作声。普利文转过身来征询他的意见，没想到他的话让普利文吓了一跳："部长先生，在此地看到的一切都使我肯定了自己的想法，并不得不向您直言：从我的职责出发，我应该奉劝纳瓦尔将军利用越盟的犹豫和他目前可以充分利用的2个机场尽可能把全部兵力从这里撤走，空军一定会为此尽力。"接下来，弗赖伊没有继续阐述自己的想法。在返回西贡的飞机上，普利文和埃利交换了意见，埃利认为事情还是在往好的方向发展，如果真从奠边府撤军，就等于说，以前做的全错了。埃利明确表示，奠边府的阵地是坚固的。

2月26日，普利文亲自主持，法国国防高官们在西贡举行秘密会议。在会上，纳瓦

尔逐一反驳不同意见。对于弗赖伊之前指出的雨季问题，纳瓦尔表示，无论如何也不会淹到机场。最后，他对弗赖伊说："奠边府是反复思考后的选择，那是为了赢得战争！"弗赖伊还是坚持说至少应该减少守军规模，空军一定尽力在两夜内把6~7个营的守军接运出来。

这个时候，陆军总参谋长埃利站了出来，他模棱两可地大大夸奖了一番纳瓦尔的勇气。听他的意思，好像是支持法军在奠边府和越军决战。会议形成的意见是：法军有能力在奠边府与越军决战，不必立即考虑撤出的问题。

会后，空军参谋长弗赖伊失去了坚持自己主张的勇气，反而在会后对纳瓦尔表态说："我向您保证，空军将尽力给予您所有可能的支持！"这番表态让纳瓦尔大大松了一口气。

在弗赖伊和纳瓦尔就奠边府撤守问题争论不休期间，奠边府守军遵照科尼少将的命令，对周围山头恢复大规模武装巡逻。

1月31日，第2伞兵机动团在第13外籍军团步兵团3营和第2泰族步兵营一部的配合下，对兴兰高地北面约1600米的633高地（法军怀疑越军在这里部署了高射炮位）发起攻击。泰族兵攻了4次，全部失败。为了掩护他们撤退，第2伞兵机动团出击，结果战死17人，而且尸体无法抢回，只能遗弃在森林里腐烂，严重打击了法军士气。阵亡者中有一位叫内格尔（Negre）的中尉，他携带着一幅最新绘制的25000:1的奠边府军用地图，这幅地图落入越南人民军手中，使他们对法军在奠边府的布防了如指掌。

对照越军的纪录，法军的对手实际是第312大团165团2个排。这次战斗在越军记载里叫75高地之战。《第312步兵师战史》记载道：

75据点之战是165团在奠边府的第一战。

当时，165团在团长黎水指挥下，隐蔽越过斜连岭，在奠边府外围占领炮兵阵地，并修筑阻击阵地。其中，1个排32人在陈度同志率领下（随行的还有副连长潘兑常同志，实际由他负责指挥），奉第542营之命前往75高地组织防御，保卫第45炮兵团阵地。

这个步兵排刚刚占领阵地，敌人就出动2个营在3辆坦克支援下对75高地实施反扑。

战斗持续了一整天，敌人连续组织了5次冲锋都被我军击退。眼看未能夺取我阵地，恼羞成怒的敌人用炮火猛烈轰击我阵地。黄昏前，在空炮火力支援下，敌人兵分数路在此组织对我阵地的冲击。战斗进入了白热化。阿禄同志单臂负伤但仍坚持战斗，他单手继续朝敌人猛砸手榴弹，炸死了敌人1名冲上来的机枪手。梅同志尽管双腿负伤，但仍咬牙忍住伤痛给战友压子弹。联络战士霍同志反复穿过火线给战士们送手榴弹，不幸胸部中弹，但仍继续战斗直到英勇牺牲。在全排干部士兵的英勇战斗下，敌人的第6次和第7次进攻又被击退，在我阵地前丢下了二百多具尸体。虽然阵地屹立不倒，但全排只剩5位同志健在。这时，上级来电嘉奖陈度排的英勇奋战，并及时调集兵力赶来支援。

为了加强保卫75据点的兵力，第542营连续调集兵力赶往增援换下陈度排。换防后，接过75据点守备任务的阿莫同志指挥的1个排继续顽强战斗，又打退了敌人的多次进攻，战斗中林文强同志巧妙转移阵地，用机枪连续射击，单独击退了敌人的一路进攻，击毙敌32人。排长牺牲，副排长2次负伤，2挺轻机枪也被打坏1挺，兵力也伤亡了一半，但剩下的干部战士仍以"决心死守阵地，打到最后一个人"的勇气英勇战斗。为了攻下我阵地，敌机降低高度轰炸，并集中机载机枪扫射。接着,敌人步兵继续冲击上来,剩余的干部战士按组(3人一组)分工阻敌。战士们顽强防御,在阵地上英勇战斗,为大团各单位拉炮及时转移创造了条件。在出色地完成了上级交付的任务后,阿莫的步兵排荣获集体一等军功章。

2月6日拂晓前,朗格莱中校亲率第1外籍兵团伞兵营、第8殖民地伞兵营、第4摩洛哥步兵团2营、第2泰族步兵营、1个喷火兵排和第31工兵营1个爆破排出击奠边府东面4千米的781高地(据判断,越军在781高地反斜面部署了榴弹炮)。大队人马沿41号公路出兴兰高地约270米,在班兴兰村留驻第1外籍兵团伞兵营确保撤退通道安全。接着,朗格莱继续率部朝东南进击。大约11点,打先锋的第4摩洛哥步兵团1营经过8小时行进后,在未遇越军任何抵抗的情况下,轻松登上781高地顶峰,继而下反斜面搜索,没有发现越军榴弹炮的踪迹。下午1点,当全军在781高地散开准备搜索正斜面的时候,突然遭到在猛烈迫击炮火支援下的越军步兵冲击。第8殖民地伞兵营和第4摩洛哥步兵团1营扛住了越军进攻,但把守侧翼的第2泰族步兵营却不堪重任被越军冲开口子,双方围绕山头打了一个下午。眼看围上来的越

▲ 描绘越南人民军劳军慰问的画作。

军兵力越来越多,朗格莱于下午6点20分下令各营撤离781高地,返回班兴兰村。

2月7日凌晨3点,参战部队拖着疲惫的身躯和满身征尘回到了奠边府。这次战斗代价巨大——伤亡超过90人,含3名军官和12名士官,仅第4摩洛哥步兵团1营就伤亡56人。通过这次战斗,朗格莱发现越军的包围圈不仅稳固,而且工事做得越来越好:步兵隐蔽在伪装良好的战壕里,并得到迫击炮、无后坐力炮和火箭筒的有力支援,使法军的攻山行动伤亡大而效果不彰。

2月9日,轮到外籍军团步兵出击。第13外籍兵团步兵团1营、第2外籍兵团步兵团1营、第4摩洛哥步兵团1营和第2泰族步兵营各出1个连,对于格特防区以西4千米的一个村子进行搜剿战斗。尖兵排摸进村子时,他们惊讶地发现一队身着伞兵服的“越南伞兵”。正准备询问口令时,对方突然火力全开,尖刀排死伤大半。待到主力赶到时,越军已从四面八方围了上来,激烈的战斗(有时甚至爆发肉搏战)持续了4个小时。最终法军在付出7死21伤的代价后不得不在炮火掩护下退走。

尽管出击战斗使法军蒙受了巨大伤亡,但纳瓦尔中将并不为所动,于2月10日严令德卡斯特里继续出击,尽可能削弱越军炮兵,同时与敌保持接触。据此,朗格莱中校拟定新的出击计划——查明并摧毁在兴兰高地南北高地的越军部队,同时搜寻隐藏在多米尼克东面群山中的越军炮兵。经过一夜的榴弹炮和重迫击炮火力准备后,奉命出击的各部将在拂晓前沿41号公路进击。11日清晨,第1外籍兵团伞兵营、第8殖民地伞兵营1个连和第3阿尔及利亚步兵团3营3个连和第3外籍兵团步兵团3营3个连,以及爆破

工兵、喷火兵和 M24 坦克群、1 个泰族步兵连发起攻击。兴兰高地的第 13 外籍兵团步兵团 3 营 2 个连和独立山高地的第 7 阿尔及利亚步兵团 5 营 1 个连,以及第 3 泰族步兵营 1 个连配合作战。这是奠边府守军自"海狸"行动以来规模最大的出击行动,目标是距离山东约 1100 米的 674 高地、兴兰高地北 1370 米的 701 和 561 高地。这次大规模出击行动持续了 2 天。在第一天战斗中,第 7 阿尔及利亚步兵团 5 营尽管得到强大的炮火支援,但还是被顽强抵抗的越军死死地压在 674 高地正面。在这次战斗中,法军炮火支援出现失误,一排炮弹落在己方战线,炸死了 15 名阿尔及利亚士兵。

第二天,战斗更加激烈,法国空军第 25 轰炸机大队 1 中队的 B-26 中型轰炸机甚至对越军进行了凝固汽油弹攻击。这天的战斗相当混乱。在炮火和航空火力掩护下,4 个营的法军先是打下了 674、701 和 561 高地,但很快遭到越军反击,法军难以站稳,最终只得在榴弹炮和 M24"霞飞"坦克支援下撤回奠边府中心区。和先前战斗一样,法军在这种战斗中继续流血——战死 13 人,重伤 93 人,3 名泰族兵投降越军。

这些战斗,《第 312 步兵师战史》同样予以了记载,只是日期的记载与法军有些出入:

在 75 高地干部战士英勇战斗精神的鼓舞下,1954 年 2 月 12 日,梅同志指挥的 1 个班(5 位战士)又在 674 高地击退了敌人 1 个连的 4 次进攻,毙敌 30 人。

连续进攻失败后,敌人又在 2 月 15 日调集 3 个营的兵力进攻 674 高地。我军方面,陈訇(Trần Oanh)同志的 1 个排共 45 位指战员在副连长阿神(Thân)同志指挥下于 674 高地的 2 个子高地组织防御。敌人连续组织了 12 次冲锋,但都被我军击退,敌人未能前进一步。我军每次都是等到敌人靠近阵地才集中火力猛烈射击并猛砸手榴弹。为了确保空爆效果,战士们先拔掉引线,3 秒后才投出,大量手榴弹群在敌人头顶爆炸,使敌惊慌失措。战斗中,阿朱同志负伤但仍坚持战斗,并帮战友压子弹。副连长阿神同志指挥各个方向的防御战,率领战士们用冲锋枪和手榴弹大量消灭了敌人。最终,阿神同志英勇牺牲,但在他奋力指挥的鼓舞下我军击退了敌人所有的冲锋。当天,我军毙敌 100 人。

连续的反击使法军自身蒙受了相当大的损失。从 1953 年 11 月 20 日到 1954 年 2 月 15 日,奠边府守军总伤亡 32 名军官、96 名士官和 836 名士兵,相当于 2 个整营的军官和 1 个整营的士兵。看到不断累积的伤亡数字,越北战区司令科尼少将忧心忡忡,不得不于 2 月 17 日下令缩小巡逻规模以减少伤亡。相对的,越军在抵挡法军进攻的各次战斗中也蒙受不小损失,但他们毕竟是扛住了进攻,在战役爆发前的争夺战中,他们先得一分。相对步兵和伞兵的糟糕表现,守军寄予厚望的炮兵又将如何呢?

|第五章|

战争之神

吹牛的皮罗斯

要建立一个有效的空-地基地，强大的炮兵是不可或缺的因素。

最初驻奠边府的是第35伞降轻炮兵团的8门75毫米无后坐力炮，但吉尔斯和德卡斯特里甚至炮兵司令皮罗斯都不喜欢它们，于12月26、27日把它们赶出了奠边府。守军需要的是威力大、射程远的榴弹炮。他们的愿望很快就得到了满足。

自11月25日奠边府机场开放后，榴弹炮的运送就排上了日程——1953年11月29日，英制布里斯托尔170运输机把2门105毫米榴弹炮（拆开）运到奠边府。前6周，这2门105毫米榴弹炮由老挝自治邦炮兵连（BAAL）负责操纵，他们是一支临时建制部队，忙碌了6周后于1954年1月17日离开奠边府。这些老挝炮兵操炮和保养火炮能力实在令人大跌眼镜，经他们使用和"保养"

过的105毫米榴弹炮有效射程竟然从9660米退缩到1600米！

12月7日，奠边府战役主角之一的皮罗斯上校飞抵奠边府，担任德卡斯特里上校的炮兵司令，当时计划加强给守军的炮兵力量只是1个殖民地炮兵营，所以皮罗斯没有带自己的参谋班子。岂料几天以后，科尼少将通知他第2个炮兵营将在圣诞节前后抵达，要他赶快组建火控中心，皮罗斯上校这才着急起来，从第4殖民地炮兵团2营营部抽调了精干人员组建起了火控中心。

当时，皮罗斯上校已经48岁了，临近知天命之年。来到奠边府，他满以为可以大干一番，他绝对没有想到他的军旅生涯在此了结，更没想到自己最后竟命丧于此。

夏尔·皮罗斯是法国陆军中资深的炮兵专家，参加过第二次世界大战，在意大利战役时屡立战功。这次来奠边府是他在印度支那服的第三次兵役（老兵都喜欢反复服役，因为他们除了一身的战斗技能外，实在没别的本事了）。1946年，他曾在第一任法国远征军统帅勒克莱尔元帅的带领下，作为少校指挥1个炮营在越南南部投入战斗。但战争头几年，法国炮兵在印度支那战场上根本就找不到适合的目标来打，不得不常常作为步兵投入战斗。皮罗斯少校的炮兵营驻扎在西贡以北的土龙木省（今天的平阳省）。在没有受过任何热带丛林战斗训练的情况下，他就带着炮兵们成天在炎热而茂密的热带雨林中搜剿越军游击队。虽然他痛恨将炮兵作为步兵投入战斗的做法，但他同时也是一名深得部下信任的指挥官，所以打起仗来毫不含糊，沉着勇敢。

1946年12月17日，皮罗斯少校率领1个炮兵连执行巡逻任务时遭到越军游击队伏击，左上臂被炸伤。战场上他只是简单地包扎了一下，又继续战斗。返回驻地，军医在检查时发现他的左臂已经化脓，只得送往西贡治疗。然而，皮罗斯被送到西贡的远征军总医院后，却发现麻药刚刚用完，而他的伤势已经危及生命，必须马上截肢。就这样，皮罗斯强忍剧痛完成了手术，整个过程勇敢的皮罗斯竟然没吭一声，其坚韧程度堪比关云长刮骨疗毒！之后，他返回法国养病，一去就是2年。1949年，皮罗斯回到印度支那，继续在心爱的炮兵部队中当炮兵营长，服第二次役。但到1950年10月，越军在陈赓将军的协助指挥下发起边界战役（法军称为"4号公路之败"），歼灭法军6000多人，这是法国远征军在4年的第一次印度支那战争中首次在会战中完败。1950年12月，戴·拉·德·塔西尼元帅接过法国远征军帅

印和法国驻印度支那高级专员双重职务，他一上任就旋风般地撤换大批不称职的中高级指挥官（与此同时，在朝鲜战场上新任美第8集团军司令里奇微中将也大量撤换各个美军步兵师中不称职的指挥官，印度支那战场和朝鲜战场何其相似），皮罗斯也成了这次大清洗的牺牲品，不得不结束了他的第二次印度支那服役之旅。

但命运注定他和印度支那有缘。1952年4月，就在塔西尼病逝不久，沙朗中将接过帅印之际，皮罗斯又一次返回了印度支那，就任第69非洲炮兵团团长。在任上他干得有声有色，终于赢得了法国远征军统帅部的信任，而接替沙朗任远征军司令的纳瓦尔中将更是欣赏他这股狠劲，当德卡斯特里提名让他出任奠边府炮兵司令时，纳瓦尔中将和科尼少将几乎是不假思索地就答应了。

从1953年12月6日到1954年1月14日，法军炮兵通过空运陆续进驻奠边府：首先抵达的是配属于第9机动团的第10殖民地炮兵团3营（营长：阿利乌少校，炮兵成员主要是摩洛哥兵），接着到来的是配属于第6机动团的第4殖民地炮兵团2营（营长：乌尔卡比上尉，后为孔布上尉）。每个炮营都由1个营部和3个炮连（每个炮连装备4门美制HM2型105毫米榴弹炮）组成，2个炮兵营共有24门105毫米榴弹炮。12月，在皮罗斯掩体附近，法军炮兵建立了自己的火控中心，它的任务除了协调指挥各个炮营轰击指定目标外，还负责与河内越北战区炮兵指挥官德·温特上校保持联系。这个火控中心的电台呼号是"祖鲁千克"。

12月26日到28日，第4殖民地炮兵团4营11连（连长：德亚上尉）的射程更远、火力更猛的4门美制HM1型155毫米榴弹炮

▲ 正在过南古河浮桥的法国伞兵。

运抵奠边府。他们的主要任务是利用射程和破坏力优势进行反炮战压制越军炮兵，同时根据火控中心指示轰击超远程目标。由于威力巨大，皮罗斯把它们当成了自己反制越军炮兵的宝贝，还明确告诉各个步兵营——你们无权请求155毫米榴弹炮的炮火支援。

为了尽快让炮兵形成战斗力，皮罗斯下令各个炮营在抵达后3天内必须建立阵地，挖好炮位，否则军法处置。在他的严厉督促下，法军炮兵几乎是到位不久马上就完成战备。

12月10日，第10殖民地炮兵团3营进驻克洛迪娜防区，完成战斗准备，他们的炮营指挥所靠近第9机动团指挥部，便于应步兵请求提供炮火支援；155毫米榴弹炮群于12月30日完成战备；第4殖民地炮兵团2营到位较晚，炮5连和炮6连部署在机场南梢和楠云河西岸之间的D4高地，炮4连部署在河东岸的D2高地（法军称为D3高地）。不过，

这些炮连的阵地也并非一成不变——1953年12月24日和1954年1月5日，第10殖民地炮兵团3营的炮8连和炮9连转移到航岗，归莱贝尔上尉指挥，只有炮7连的4门105毫米榴弹炮仍留在中心区。然而，法军炮兵的这些转移都没有逃过在奠边府周围山头的越军炮兵观察员的眼睛，他们准确地记录下了各个时期法军榴弹炮群的阵地，这使战役爆发后越军炮兵对法军炮兵的炮火压制处处占优，打得法军在那产战斗中引以为傲的炮兵毫无招架之力。

进驻奠边府后，法军炮兵的首要作战对象自然是越军炮兵。根据越北战区情报处提供的资料，越南人民军炮兵主要装备的是日制41式75毫米山炮和美制M1式75毫米山炮，最大射程约8千米（实际上，中国已经向越军第45炮兵团提供了24门美制105毫米榴弹炮），而法军炮兵主要装备的是美制

HM2型105毫米榴弹炮(最大射程约11千米)、美制HM1型155毫米榴弹炮(最大射程14.5千米)。

虽然法军炮兵对双方使用的火炮性能诸元了如指掌(同样,越军炮兵指挥干部和中国炮兵顾问也对法军各型火炮的性能诸元了如指掌),但寻找敌炮兵位置并不能简单地根据射程在炮兵坐标图上用圆规画出一个圈。越南人民军的榴弹炮和山炮群一般都隐藏在奠边府盆地周围的群山反斜面,利用周围的高山山顶,越军炮兵观察员可以对奠边府盆地的法军炮兵部署情况一览无余,而法军炮兵观察员却因地势限制,只能仰视周围高山。但皮罗斯上校不以为意,在他看来,山炮射程近,不太可能威胁到105毫米榴弹炮安全,那产经验就是明证。他狂妄地宣称,只要越军炮兵开火,他的155毫米榴弹炮马上就能让他们"闭嘴"。这种观点在法国远征军炮兵军官团中大有市场,比如越北战区炮兵司令温特上校、纳瓦尔的炮兵顾问佩纳希翁尼将军都持有相同看法,越军炮兵没胆挑战奠边府的法军炮兵,否则他们就是自寻死路。

▲ 四一式山炮继续出现在了印度支那战场上,这款火炮是越军第675炮兵团的标准装备。

当然,作为守军炮兵司令,皮罗斯还是希望获得更多的榴弹炮。在给科尼的报告中,他总嫌24门105毫米榴弹炮和4门155毫米榴弹炮太少,希望再增加一倍,以便在战斗中能更多地杀伤越军。但另一方面,他又毫不怀疑战斗爆发后他能轻松地让越军炮兵变成哑巴。在各种公开场合,他都向法军各级指挥官宣传越军炮兵无能论——首先越南人没有105毫米榴弹炮,即使有他们也不可能把这些105毫米榴弹炮在法国远东空军控制越南北部天空的情况下拉到奠边府;其次,就算他们有这个能耐在法国远东空军的眼皮底下把105毫米榴弹炮拉到奠边府投入战斗,法军炮兵也能轻松摧毁他们;第三,就算他们不被法军炮兵摧毁,武元甲也没有足够的炮弹供他们持续射击。就凭这3点,皮罗斯相信,越军炮兵不是他的对手,也不可能形成威胁。

不久,他的三个结论依次破产。首先,法国远东空军侦察机发现了奠边府周围山头的越军已经建立了多个炮阵地,说明越军不仅可能拥有105毫米榴弹炮,而且正在靠近奠边府;其次,越军炮兵始终机动,法军炮兵没法捕捉到敌炮兵的即时位置。但皮罗斯依旧保持着病态般的乐观,他认为只要越军炮兵开火暴露位置,法军炮兵就可以在炮火反击中打掉它们。

12月17日,法国远征军统帅纳瓦尔中将在科尼少将和法国远东空军司令洛赞少将的陪同下视察奠边府。一行人又在德卡斯特里和皮罗斯两位上校的引导下,登上了奠边府东北的兴兰高地。站在山顶,纳瓦尔立即意识到兴兰高地的重要性——向北眺望,41号公路从山脚向东北蜿蜒而去,隐没在群山之中;朝南回望,整个奠边府盆地尽入眼帘。

如此重要的高地要是落入越军之手，奠边府的命运真是不堪设想！纳瓦尔有些不寒而栗，他把自己的担心告诉皮罗斯，皮罗斯回答："越南人朝这个高地打不了3炮就会被我的炮兵摧毁，他们凭什么进攻呢？"纳瓦尔没想到部下竟然回答得这么干脆利落，但仍有些担心地说："也许吧，可这里已经不是那产了。"皮罗斯听得有些奇怪，你纳瓦尔不是一直夸赞那产的空－地基地模式么，还说什么一旦越军进攻，奠边府就要发挥那产模式的优势，现在怎么又说这里不是那产了？这句话到底是什么意思？皮罗斯没有追问，当然纳瓦尔也没有解释。

事实上，在奠边府守军中，真正参加过那产战斗的只有第1阿尔及利亚步兵团2营、第1外籍兵团伞兵营、第3外籍兵团步兵团3营、第2泰族和第3泰族步兵营。其他各营不要说参战，连那产都没有到过，对法国远征军引以为傲的那产模式只是听说而已，并没有实际参与过。

法国远征军情报部门拿那产和奠边府对比，发现了问题。

首先是地理问题。和奠边府一样，那产也是群山包围的盆地，守军只要往盆地周围的山头一站，那么越军即使占据更外面的山头也无法有效俯瞰那产盆地，但不同的是，奠边府就完全不同，盆地周围山头可以俯瞰盆地，更往外的群山相对海拔更高，越军即使没有兴兰和独立山两个高地，照样能清楚地俯瞰整个奠边府。另外，那产盆地面积只有奠边府盆地的一半，守军可以布置内外两层防线，相反，奠边府盆地太大，而且和周围山头相距较远，防御半径大，守军只能部署一层防线。

其次是后勤问题。在那产，守军遭到

308大团和312大团联手攻击，但越军已经是疲惫之师，长达月余的西北战役让他们后勤供应脱节，在最初的猛攻没有得手后就放弃了进攻。目前收集的情报显示，越军正将3个步兵师和1个工炮师开向奠边府，而且在奠边府约80.5千米的巡教设立了仓库区，显然是打算长期围攻。

再者就是火力问题。在那产之战中，越军重武器主要由120毫米重迫击炮和75毫米山炮组成，这些火炮射程比较短，既打不到机场，也压不住法军炮兵，法军则依靠105毫米榴弹炮的射程优势，轻松压住了越军支援炮兵和进攻部队。另外，越军当时没有37毫米高射炮，无法威胁那产机场，使法军飞机顺利起降，供给丝毫不成问题。现在局势似乎有所改变。远征军情报部门通过不同渠道得知中国正向越军提供105毫米榴弹炮和37毫米高射炮，虽然不知道在中国境内受训的越军重炮兵和高射炮兵什么时候启程开回越南，但有一点是毋庸置疑的，那就是越军总部肯定会把他们用于奠边府战场。

纳瓦尔中将收到这份报告，命令情报部门拣重要的做成副本，分别给越北战区司令

▲美制榴弹炮。图为1943年住冰岛的美军在进行M1式75毫米山炮训练，炮管上方装了一门37mm小炮做实弹射击只用。

部和奠边府发了一份。

看到报告，表面自信满满的皮罗斯心里有些着急了，匆忙进行反炮战部署，在兴兰高地（负责东面）、独立山高地（负责北面）、板桥高地和克洛迪娜（负责西面）以及中心区的指挥部群顶部建立了多个炮兵观察哨。法军炮兵观察员们成天待在沙袋垒成的观察哨里用大型测距炮兵观察镜不停地监视周围群山，一有动静即报告火控中心，155毫米榴弹炮随即根据中心指示坐标射击。然而，地利优势在越军一方，盆地周围山头都高于法军据点，严重限制了法军炮兵观察哨的视界，使他们难以准确发现目标。因此，对越军炮阵地的侦察定位主要由莫拉纳500炮兵观察机进行。

第一次印度支那战争爆发之初，由于越军没有什么炮兵，法军忽略了反炮兵战术的发展，导致反炮战专业军官极度缺乏。另一方面，法军也没有足够的直升机来进行反炮兵侦察和联络，这使他们在1951年起在越军的局部反攻中对新出现的越军炮兵几乎没有有效的抵御手段。1953年，随着双方战斗规模越来越大，越军炮兵实力日益增强，尤其是预料到法军夺回奠边府后必将引来一场大战，法军炮兵再也不能忽视反炮兵作战这门艺术，无奈之下他们只得重新学习。解决之道就是派第21炮兵观测机中队（由阿瑟利诺中尉指挥，4名飞行员）的6架莫拉纳500炮兵观察机进驻奠边府，承担起空中搜索敌炮兵和对周围山地反复航拍的重任。

一次空中反炮兵侦察任务的程序是这样的：前座是飞行员，后座是1名经验丰富的陆军炮兵前进观察员。登机前，炮兵前进观察员要带上详细的炮兵坐标图、先前的航拍照片（便于发现新目标后进行比对）和密码本（随时呼叫炮兵打击确认的新目标）。在一趟飞行任务

中，坐在后座的炮兵前进观察员既要为飞行员领航，又要担任观测员，同时还要协同步兵、炮兵和航空兵的火力打击，因此，他在飞行中不仅要做图上作业、观测作业（用望远镜逐一搜索四周山头），而且还要不停使用3部电台和炮兵、步兵、空军保持通畅联络——引导空袭时，他就借用飞行员的HVF电台；联络炮兵时，他就使用放在后头的SCR609电台；联络步兵时，他又用夹在腿间的SCR300背包式电台；而进行三线联络时，他的头上缠着三对耳机和麦克风，就像6条蛇缠绕在头上似的，这使他极为难受。当他用望远镜搜索地面目标时，又得像狙击手一样盯着下方的各种植被，

▲ 美制SCR300野战电话。

将其和印象中真实的植被反复对比，辨明究竟是敌人的伪装还是真的植被（这是一项综合注意力、辨识力以及记忆力等高度分析能力的专业工作，除了炮兵观察员和狙击手，还真没多少人有这种"超人"的能力）。如果他怀疑这是炮位或是部队集结的伪装，那么飞机就会俯冲下去，从各个角度再观察一遍。一旦确认目标，即往这个点投下彩色烟幕弹，然后再引导炮兵（或空军）攻击。

然而，从炮兵观测机获得目标后再实施炮击，其结果也并非总是令人满意。比如某日，皮罗斯上校就亲身体验了一次。为让这名身材偏胖的上校坐进炮兵观测机，机长博少校不得不把电台拆卸下来，才使上校好不容易爬进后舱，跪在卡米翁中尉后座。勉强起飞后，飞机朝东航行。不久，卡米翁中尉发现一处以前炮击过的痕迹，那是在艾兰防区东面约9.7千米的地方，皮罗斯信服了。12月30日，当155毫米榴弹炮完成备战时，他根据炮兵观测机获得的几处目标位置，亲自选定了其中一个作为炮击对象。那天，他和所有的炮兵军官都站上炮11连观察所顶上，用炮兵观测镜亲自校正弹着，从近弹远弹一直校正到齐射命中为止（至少当时是这么认为的）。当时，大家都认为炮击效果良好，必定摧毁了隐蔽的越军火炮。可此时一看才发现，没有1发命中指定位置，而且越军火炮早已转移。目标太小了，炮弹在周围十几米外爆炸都很可能给他们命中的错觉。经过这次飞行，使他对炮击效果的判断产生了怀疑。直到1954年1月16日，155毫米榴弹炮群都没有再投入战斗。

实际上，法军炮兵反炮战的失败不是因为技术问题，而是体制问题。无论是炮兵观察机还是第80海外侦察小队的"熊猫"战斗机，都多次准确发现了越军炮阵地，但每次发现目标，法军炮兵总要等到航拍照片冲洗出来，核对确认是炮阵地，才组织炮兵攻击，而这时越军炮兵早就转移了，白白浪费了飞行员英勇得来的即时战机。

既然白昼打不到越军炮兵，法军就只得另寻办法。他们的新办法是夜间诱引越军开炮，继而暴露他们的位置，然后再设法标定，后于白昼摧毁。这种办法法军炮兵试了多次，但没一次成功。例如1954年1月23日，第4殖民地炮兵团2营5连的让凯中尉带着炮组和1门105毫米榴弹炮到E3高地东南埋伏起来，同行的还有1辆M24"霞飞"坦克。入夜后，他们模拟整个炮连对兴兰高地东北的41号公路一个路段猛烈开炮。每5分钟，这门炮就打8~12弹模拟炮连一次齐射，同时坦克的75毫米主炮也加入射击行列。打到第四次齐射时，突然一阵迫击炮弹群在他们周围落下，虽然没有造成什么损失，但他们尝到了越军炮兵的厉害——只用迫击炮还击就可以准确打中法军炮阵地，始终没有暴露自己的重炮兵。

1月31日，法军出击75据点，攻打越军第312大团165团前沿阵地，威胁到了越军第45炮兵团。武元甲大将亲自下令1个炮连向奠边府机场开炮还击。从这天起，奠边府响起了越军105毫米榴弹炮的怒吼声。

2月3日，为了庆祝传统的春节，越南炮兵对奠边府进行半个小时的间断射击。法军炮兵随即还击，空军也赶了过来，甚至连埃尔夫特上尉的M24"霞飞"坦克群也对四周高地猛烈炮击，总计消耗1650发105毫米榴弹和158枚炸弹。"戈诺"的参谋们确信，他们摧毁了几门越军火炮，但实际上，他们都只是假目标，越军的75毫米山炮和105毫米榴弹炮毫发无损。

尽管如此，皮罗斯为了自己的面子仍严令155毫米榴弹炮对可疑的越军炮阵地进行炮火压制。

2月5日，A1高地的炮兵观察员维尔佐中尉听到了东面群山中响起炮声，接着炮弹呼啸从他头顶飞过，直扑机场。扭头回望，两三股烟柱从机场升起。他确认自己看到东面一座植被覆盖的山坡上出现了炮口焰，赶紧打电话给火控中心，请求155毫米榴弹炮压制。几分钟后，15发155毫米榴弹在指定目标周围爆炸，此后机场再没遭到炮击。下午6点，皮罗斯亲自来到A1高地，他们又发现6个可疑的越军炮阵地，155毫米榴弹炮再次开火，但射击效果无法核实。最后，第4殖民地炮兵团2营营长乌尔卡比上尉叫来2辆M24"霞飞"坦克爬上高地观察弹着情况。1名坦克炮手发现越军炮口焰，随即用75毫米主炮装填高爆弹轰击，但也无法核实战果。

不久，皮罗斯上校把维尔佐调入火控中心，负责根据空军拍摄的最新照片绘制50000:1的炮兵坐标图。在图上，他详细标出了越军的堑壕、新建小道和许多可能的迫击炮、高射炮和榴弹炮阵地，但这些都只是可能而已。法军炮兵无论怎样努力，就是伤不了越军炮兵分毫。

通过这些炮击，皮罗斯和乌尔卡比发现，曲射的榴弹炮对打击藏匿在山坡并有良好伪装可随时转移的越军火炮没有什么效果，倒是坦克主炮的平射还可能奏效。但坦克爬坡速度太慢，反炮战需要准确的情报和快速的炮火反击，因此它们不适合。直到这时，皮罗斯才想到了75毫米无后坐力炮，他认为应在多米尼克和艾兰防区制高点部署75毫米无后坐力炮，只要发现敌炮目标，则立即平射攻击，或许能

奏效。但遗憾的是，第35伞降轻炮兵团此时正在老挝苦战，他们不可能帮到皮罗斯了。早知如此，何必当初要把第35伞降轻炮兵团运到的8门75毫米无后坐力炮送走！现在的皮罗斯可以说是后悔至极。

除了反炮战打得不理想，皮罗斯的炮兵也没法对步兵突击周围高地提供准确的炮火支援。缺乏精确的大比例军用地图，使法军炮兵难以在山林攻防战中准确轰击目标，误伤事件时有发生。例如1954年2月6日对781高地的攻击作战中，法军的支援炮火竟然落入第4摩洛哥步兵团1营战线，炸死了几名摩洛哥兵。

2月18日，皮罗斯上校和来访的法国远征军统帅纳瓦尔中将、远征军作战部长贝特尔上校研读了一份越军战俘的审讯报告，这名战俘供认越军火炮现在藏匿在地下室里。这个报告让大家陷入沉思。贝特尔上校提醒皮罗斯，中国人民志愿军在朝鲜战场上就是用这样的方式藏匿大炮，从而使联军反炮战效果大为降低，现在如果越南人也这么做，那么他们的反炮战的努力就是徒劳的。贝特尔进一步质问皮罗斯，他难道就没想到给他的炮兵掩体加顶盖吗？皮罗斯敷衍说，这个问题他已经和德卡斯特里讨论过了，准备执行。事实上，他们根本就没准备给自己的炮兵加盖顶。如果法军的榴弹炮群不能自由地以各种角度射击的话，那么掩护整个盆地就需要至少48门105毫米榴弹炮，而他们并不能找到这么多，且为炮阵地加盖顶需要不少资材和人工，这两点对奠边府来说都很吃紧。皮罗斯想当然地认为越军也会面临人工和资材不足的问题，所以对贝特尔的提醒不以为意。

杜勒斯的"妙计"

2月中旬起，奠边府补给量减少，迫使法

▲ 在泰族村民的协助下，法军开始修筑莫边府的工事系统。

军炮兵不得不大幅减少反炮战行动。莫边府的关注焦点从压制越军炮兵转向了空运补给。

实际上，远东空军对莫边府的运量从1月中旬就开始下降。1月25日，德卡斯特里上校清点了莫边府库存，发现各种军需品只有9日份存量，各种武器弹药存量甚至只有5~7个基数！进入2月，莫边府的天气更差了，红河三角洲的天气也不容乐观，导致飞进莫边府的运输机架次急剧下降。从2月1日到3月13日，运进莫边府的物资仅有11月26日到1月31日的46%，日均90吨，导致莫边府守军战前物资储备严重不足。

除了天气，制约远东空军运量的最大因素是飞行员不足。

1954年初，美国空军又向法国远东空军交付了一批C-47，法军马上组建了第4个运输机中队——德·圣马克少校的第63运输机大队2中队。虽然运输机数量越来越多，但可用飞行员数量却在不断减少。1954年1月底，远东空军统计属下共有108名运输机飞行员，实际能参战的只有60~78人，其他人因各种原因无法出作战任务。2月，15名新飞行员从法国抵达，但在执行作战任务前必须进行几周的适应训练。

对莫边府守军的空运主要由C-47和C-119进行。C-47满载量小，单架只有2.5吨；C-119满载量大，单架载重达6吨之多，是当时美国空军列装的重型运输机。为了加强法军在印度支那战场的物资投送能力，法国政府早在1953年就通过正式渠道向美国政府求援，获得批准。1953年4月，美国空军向法国远东空军提供了首批6架C-119，准备用于向中寮重地——查尔平原营地守军空运M24"霞飞"坦克和105毫米榴弹炮。但远东空军派往驻德美国空军基地学习的法军C-119飞行员还没归来。不要说把坦克重炮运往查尔平原营地，现在连怎么把美国空军移交的6架C-119从菲律宾克拉克机场飞回来都成问题。

无奈之下，法国只得再度求援。最初，艾森豪威尔总统左右为难，军援已经一批批地运往印度支那，但绝不能在朝鲜战争即将结束的时候就介入印度支那战争，否则会被舆论压垮。可不支援法国的话，一旦越军攻下查尔平原营地，万象也就无险可守了，法国远征军陷入困境，对美国遏制共产主义的全球战略将是个不小的打击。正当艾森豪威尔为抽调飞行员一事发愁时，国务卿杜勒斯献上了锦囊妙计——仿照二战飞虎队，让在台湾的美国民用航空公司（简称CAT，由陈纳德少将组建）退役美军飞行员以民用的形式调到印度支那——这样既支援了法国远东空军，又不会给舆论落下美军参战的把柄，可谓一举两得。杜勒斯的一番高论，让艾森豪威尔茅塞顿开，当即批准。

5月2日，第一批CAT飞行员从台湾赶到菲律宾，在美国空军第483运输机联队训练3天后，于1953年5月5日驾驶6架印有法国空军标志的C-119从菲律宾克拉克机场飞到海防的白梅机场。为了支援CAT，美国空军还从驻台湾的第14航空军抽调地勤人员

▲ 和许多二战名机一样，C-47"达科塔"运输机也活跃在奠边府战场上，为保障法军的战役后勤做出了巨大的贡献。

身着民用服装到印度支那，负责 C-119 的保养作业。1953 年 5 月 6 日到 7 月 16 日，C-119 在印度支那出的全部运输任务都是由美国飞行员执行的。7 月 16 日，法军 C-119 飞行员从德国学成归来，CAT 飞行员这才离开了印度支那。

"海狸"行动发起时，法国远东空军仍保有 5 架 C-119（其中 1 架因机械故障损坏）和 5 名合格的法军飞行员。随着老挝、红河三角洲、越西北、西原战场和越南中部沿海的战斗规模越来越大，5 架 C-119 远不够用。法国政府又向美国提出了加大援助 C-119 运输机的请求。1953 年 12 月 5 日，在美国政府的指示下，美国空军又向法国远东空军移交了第二批 12 架 C-119，由 CAT 飞行员和法国飞行员混合驾驶，编入远东空军战斗序列。但 17 架 C-119 依旧是杯水车薪。

于是，美国政府又计划在 1954 年 3 月继续向法国远东空军提供第三批 12 架 C-119 运输机，法国远东空军仍为飞行员短缺而苦恼。"慷慨"的美国政府干脆通过中情局给 CAT 拨发大量经费，指示其全力支援法国远东空军，扮演好"飞虎队"的角色。

1954 年 1 月，21 名 CAT 飞行员进驻美国空军在日本的空军基地，学习驾驶 C-119。3 月 3 日，CAT 和法国远东空军达成协议，提供 12 个 C-119 驾驶机组（一个机组由机长和副驾驶两人组成），临时编入远东空军，参加战场运输。3 月 9 日，这批美国飞行员抵达海防吉碑机场，由法军苏拉上尉指挥。3 月 12 日，美军飞行员首次往奠边府出运输任务，他们将于 3 月 12 日前往奠边府执行第一次空投任务。

一触即发

临近 3 月，奠边府的气氛越来越紧张。

2 月底，奠边府的法军就察觉到越军即将对奠边府发动进攻。2 月 28 日，科尼致纳瓦尔的电报中指出，越军可能在 3 月下旬，也许是 3 月 15 日进攻奠边府。科尼认为，在奠边府周围，越军已经集结了约 7 万兵力。

3 月初，纳瓦尔也察觉到，越军即将完

▲ 当时美国空军最新型的 C-119 运输机也提供了部分给法国远东空军，参加奠边府空运。

成进攻准备。3 月 4 日，他建议科尼少将再向奠边府空运 2~3 个营，在奠边府中心区和航岗之间建立防御支撑点，防止越军截断两者的联系。科尼少将没有同意，他认为奠边府阵地已经够拥挤了，再多了也施展不开——最根本的原因是，法国远东空军的运输力量无法保证 15 个营的粮弹供应。再说，已经放在奠边府的 12 个营相当于 1 个加强师，足以打一场大型会战了。

令众位法军将领着急的是，直到 3 月第一周，法军炮兵还是没法压制越军炮兵。原先也和皮罗斯一样乐观的越北战区炮兵指挥官德·温特在视察了奠边府后，态度发生了一百八十度的转变。在向科尼少将提交的备忘录中，德·温特上校写道："越军炮兵的数量和我军大致相等，但他们占据了更好的观察位置，同时储备了可打上 5 小时射速为 33 发 / 分钟的炮弹储量，故军几乎俯瞰了包括中心区、榴弹炮和重迫击炮阵地以及伊沙贝尔部分的整个奠边府盆地。"在报告左上角，科尼少将用红笔批示："这个情况为什么不早发现呢？"

1954 年 3 月 2 日，最后一批重武器援军抵达了奠边府，他们是远东殖民地高射机枪营的 1 个 12.7 毫米高射机枪排（4 挺 12.7 毫米高射机枪），由雷东中尉率领。这种高射机枪每分钟能发射 2000 发子弹，美军在朝鲜战场上使用自行高射炮平射就取得了显著的效果，所以有着丰富朝鲜战争经验的美国驻西贡军事顾问团成员沃恩少校建议法国远征军应向奠边府派出 1 个高射机枪排。应该说，沃恩的建议很有先见之明，这个排一直战斗到最后一天，给越军造成了巨大的伤亡。

3 月 10 日，法国远征军情报部破译了一份极为重要的越军电报，并转发给越北战区司令科尼少将。这份电报说，越军将在 3 月 13 日到 14 日之间的某一时刻向奠边府发动大规模进攻。纳瓦尔期盼的大决战终于逼近了。

读着这份电报，科尼心头很不是滋味。纳瓦尔也明白，不管对进行空中封锁和地面出击做出多大努力，但法军既没有挡住越军，也没能切断他们的补给线。在会战前的两军斗法中，他已经输了一着。

巴黎也在关注着奠边府的形势。3月11日，由法国总理拉尼埃主持，法国国防委员会讨论了国防部长普利文关于印度支那战场的局势报告。报告大致还是乐观的，但同时他也提出了自己的隐忧，他说，纳瓦尔可以和越盟决战，可要是中国空军介入印度支那战争，那情况就非常严重了。中国空军经过朝鲜战争的锻炼，在装备和作战能力以及士气上都大大超过法国远东空军。如果中国空军进入越南作战，法军将无法抵挡。

参加会议的法国远东空军司令洛赞少将同意普利文的意见。他补充说，一旦中国空军出现在越南北部上空，法国远东空军就可能丧失60%的战斗力，这个问题单靠法国已经无法解决。会议决定派法国三军总参谋长埃利将军出使华盛顿，寻求美国方面更大的支援。

埃利将军还没出发，越军就开始了最后的准备。

1954年2月22日，越军战役指挥部召

▲ 这些眺望远处群山的伞兵们，是否预见到了未来战事的惨烈？

开作战会议，检查第308、312和316大团的战前准备工作。武元甲向大家通报了战役指挥部的决心：奠边府战役的第一阶段必须摧毁法军防御系统北部和东北屏障的兴兰高地、独立山和板桥高地，理由是这三个高地地理位置十分重要，扼守着通往芒清中心区的两条主要公路——巴微小道和巡教到奠边府的41号公路，只要拿下这3个高地，奠边府和外界的公路联系将彻底中断，奠边府法军也就成了瓮中之鳖。

在部队选择上，战役指挥部鉴于第308大团刚刚从老挝返回，第316大团也经历了莱州追击战，部队都很疲惫，需要休息，而负责修路、拉炮兵和修筑炮兵阵地的第312大团早在半个多月前就完成了任务，而且部队士气高涨，只待一战，遂把首战重任交给了第312大团。根据武元甲的命令，2个120毫米重迫击炮连、2个82毫米迫击炮连、2个75毫米山炮连和2个105毫米榴弹炮连配属给第312大团，支援他们打好首战。

在任务安排上，最初，越军战役指挥部决定让第312大团141团和209团负责攻克兴兰高地，第312大团165团和第308大团88团负责攻克独立山，两战需同日进行；第308大团36团负责攻克板桥高地；第304大团57团钳制航岗分区的法军炮兵和分区守军；第351工炮大团的675炮兵团和45炮兵团集中全部火力支援步兵冲击。组织炮火压制法军炮兵的同时，他们还要对芒清机场和中心区指挥部，以及仓库区实施炮火急袭。

接到打兴兰高地的任务后，第312大团立即开始构筑进攻出发阵地，挖掘交通壕，向前（第一线）转运粮食、武器，并挖掘地下指挥所、生活隐蔽壕、炊事壕、各条机动壕、药品囤积壕、地下野战病院……第312大团的堑壕挖得很有特点: 每条主堑壕都分成三条道外通, 分别通往生活学习区、会议区和向前继续延伸的战斗堑壕——他们就是采取这种交通壕地道延伸战法对各部队准备进攻的兴兰高地实施战斗包围的。

与此同时, 第312大团团长黎仲迅、师政委陈度和中国顾问董仁多次潜上前沿观察哨, 用高倍望远镜反复观察, 再回到指挥部一起研究地图, 听取越军侦察员的汇报。通过观察和侦察汇报, 他们明白战役指挥部的良苦用心, 选择兴兰高地作为战役突破口是正确的, 只要打下兴兰高地, 奠边府机场就会暴露在直瞄炮火威胁下。

中国顾问的帮助还不止于此。3月7日, 越南人民军总军委作战局的中国顾问茹夫一在黎仲迅、陈度和顾问董仁、翻译阮世元陪同下, 一起潜到前沿观察哨用高倍望远镜仔细观察了兴兰高地。3月10日, 茹夫一将军又在308大团团长王承武和政委双豪陪同下, 观察了独立山高地情况。当晚, 他给越南人民军总参谋部顾问梅嘉生打电话, 提出两点意见: 一是建议把原定3月12日的攻击发起日再推迟1天, 让312大团再做一次战前检查。因为这是攻坚战, 首战能否获胜至关重

要。二是兴兰高地和独立山不要同一天打, 应先打兴兰高地, 再打独立山高地。这样, 越南人民军可以把675炮兵团的20门75毫米山炮集中起来, 作为步兵冲锋的伴随火力。梅嘉生和韦国清同意了这个意见, 并向武元甲大将和黄文泰少将提出了自己的看法, 建议采取堑壕接敌战术。越军总部将这些意见照单全收。

武元甲在回忆录中这样写道:

起初, 我们打算第一战同时对兴兰高地和独立山高地展开攻击, 然后再打板桥高地, 因为同时进攻2个高地, 可以有效分散法军的防御火力展开和炮火支援。然而, 我们经过仔细的论证, 才发现675炮兵团仅有20门山炮, 不足以支援步兵同时打兴兰高地和独立山高地。因此, 战役指挥部决定先打兴兰高地, 第二夜再转移炮兵, 集中打独立山高地。

兴兰高地, 位于巡教到奠边府的41号公路附近, 是芒清中心区的东北屏障。战前, 敌人就准确判明了我军必将选择兴兰高地为首战地。由于战略位置重要, 敌人在这里放了精锐的第13外籍兵团步兵团3营。这是法军的一支荣誉部队, 队旗上绣着"比尔哈凯姆万岁"的字样。在第二次世界大战中, 第13外籍兵团步兵团曾在1942年5月的加扎拉战役中英国陆军第8集团军兵败如山倒的情况下, 孤军死守比尔哈凯姆7天之久, 打退了德国非洲军团3个师的轮番攻击。虽然非洲军团将比尔哈凯姆团团包围, 反复劝降, 但第13外籍兵团步兵团在克基准将指挥下顽强死守, 出色地完成了坚守防御作战, 掩护了第8集团军的安全撤退, 并重新组织防线。7天7夜后, 第13外籍兵团步兵团趁夜从比尔哈凯姆突围, 从德军3个师的包围圈中杀出一条血路, 安全撤回埃及。

◄ 中国军事顾问茹夫一将军。

兴兰高地共有 3 个据点组成紧密的防御，在我军可能冲击的各条路线上都部署了许多明暗火力点。从态势上来看，兴兰高地正面宽一百多米，阵前拉置多道铁丝网、一道障碍带和前沿密集雷区。山上安装有小型探照灯，可以在夜间对我军进攻实施照明拦阻射击。同时，该高地还处在芒清中心区的敌 105 毫米和 155 毫米榴弹炮射程范围内，往南还可以得到航岗分区的炮火支援，完全可以这么说，兴兰高地处在敌人的火力支援体系范围内。而且，兴兰高地通过 41 号公路和芒清中心区相连，便于补给和撤收伤病员。一旦遭到我军进攻，法军也准备出动坦克和步兵，在航空火力和炮火支援下实施反击。从普利文到纳瓦尔，再到科尼都视察过兴兰高地，大家都认为兴兰高地防务固若金汤，坚不可摧。

武元甲说得没错，当时的越军都认为兴兰高地是一块硬骨头。这个观点甚至还得到了法军俘虏的印证。3 月初，越军第 312 大团情报科科长三河带队潜入兴兰高地进行捕俘行动，活捉了 1 名法军中士。这位中士身负重伤，在受到良好的救治和包扎后，他向越军供出了兴兰高地法军的火力配系和兵力布置情况。不过，他很"诚恳"地告诫越军："你们最好别打比阿特丽斯（兴兰高地），这个高地可是整个集团据点中最坚固的。"

他的话不无道理，不过，武元甲大将也明白兴兰高地存在的弱点，那就是它和中心区相距很远，位置相对孤立，这使得越军可以集中兵力包围兴兰高地，切断高地和中心区的联系，然后再打。如果越军能在一夜解决兴兰高地守敌，就不怕援敌反扑。针对兴兰高地的敌我优劣点，和越军可以利用的优势，武元甲在回忆录里进行了详尽分析：

为了打好这次战役，我们必须保证首战必胜。目前我军预定参战的兵力 3 倍于守敌，如果算上预备队，兵力对比就是 5：1 了。当然，我们也得做好计划，减少我军在运动和冲击过程中被敌炮拦阻和飞机轰炸导致的损失，并准备打敌反扑。这些问题都是不小的困难，我们只有在战役发展过程中去不断学习和克服它。我们必须认真检查我军的战前准备工作。

总的来说，我军的炮兵不如法军那么强大，但如果我军炮兵集中打一个目标的话，我们还是有把握赢得战役突然性。除了我军的高射炮群外，我军所有的重炮都布置在芒清中心区对面延绵的高地群上精心伪装和加固的地下掩体里。此外，我们还设置了许多假炮兵阵地（在我军炮兵开火时，模拟炮火闪光误导法军炮兵观察员），使敌炮兵和航空兵难以准确对我炮兵实施炮火或航空火力反击。虽然我军各个炮兵连的阵地较为分散，但按计划都将对同一目标实施集中炮火突击。

进攻战法是，我军将对指定选好的突破点投入绝对优势的兵力实施突击，这是所有军事家实施战役进攻指挥中所梦寐以求的（集中绝对优势的兵力和火力于突破点，迅速撕开口子往纵深发展进攻）。即便德卡斯特里掌握了全部守军，但他对我军的进攻却无可奈何。这就是我军胜利的指导思想。我军采取的地道战法将使我军在进攻战役打响后即便失去了战役突然性因素，仍能以较小的损失完成对敌各个据点的包围。不过，南云河挡住了我们的去路，因此我们没能挖掘足够的地道包围兴兰高地，而只是延伸到兴兰高地前沿。

尽管对比双方形势以后，武元甲认为越军胜算很大，可当他俯身看兴兰高地态势图的时候，却想到了和平战役期间的飘据点群攻坚战（见附录 5 飘据点攻坚战例）。守卫

▲ 航拍的奠边府
照片。

飘据点群的法军部队正是第 13 外籍兵团步兵团部队（2 营），进攻的越军是第 308 大团的绝对主力——别号首都团的 102 团。在这次战斗中，首都团被法军打得大败，给越军留下了深重的阴影。显然，武元甲大将不想飘据点群的悲剧在兴兰高地重演。他拿起电话，打给黎仲迅，提醒他不可轻视对手，法国人已经有几个月的时间巩固和加强兴兰高地防务。末尾，武元甲还再三叮嘱黎仲迅务必做好战前准备，绝不能重蹈飘据点群的覆辙。

其实，武元甲的担心是多余的。黎仲迅可没有王承武那么粗心，他手下的团长光宣、黎遂、黄琴，也不像首都团团长武安那么自大。312 大团是以谨慎而出名的。在基层指战员积极构筑进攻出发阵地的同时，大团指挥所也开始紧张进行战前准备工作。大团党委第一项工作就是要统一思想，认识到兴兰高地和

独立山高地之战对奠边府战役的意义和价值，做好各项准备工作，保障首战用我、用我必胜，只能赢、不能输。

在仔细分析了敌情、地形和 141 团、209 团的战斗力后，第 312 大团党委和指挥部决定使用 141 团负责主要方向的进攻（11 营和 428 营打 1 号和 2 号子高地，16 营担任预备队），209 团 130 营打 3 号子高地，154 营负责打援，166 营担任大团预备队。

为了确保首战必胜，第 312 大团各单位除了研究各自部队的进攻方案和敌情态势外，还在（41 号公路）74 公路路标附近召开了第二次党委会。越南人民军总政治局副主任黎连与会。会议研究讨论了作战准备和各单位具体的作战计划，同时分工让副大团长谭光中下 165 团、大团政委陈度下第 141 团、大团长黎仲迅同志下到担任 209 团主攻任务的

366 连检查各单位的作战准备情况。

各单位的党支部各班各组乃至每位战士都表决心,一定要在即将到来的战役中立功。老兵也积极把战斗经验传授给新兵,连排干部分工帮扶到个人,分片包干检查好上至团级下到个人的一切战前工作。经过 7 昼夜的准备,第 312 大团于 3 月 12 日报告,参战部队的武器装备和爆破筒检查完毕,他们已经做好了一切战斗准备,只待总攻时刻的到来。

在此期间,第 312 大团继续进行堑壕延伸作业。与此同时,负责对独立山展开攻击的越军第 308 大团也进行堑壕延伸作业。法军异常恐慌。为了打掉越军不断延伸的堑壕,法军一边炮轰,一边主动出击。从 3 月初开始,双方为保护和摧毁堑壕而进行的战斗越来越激烈,伤亡也越来越惨重。

3 月 4 日,第 3 泰族步兵营和第 7 阿尔及利亚步兵团 5 营各出一部兵力对独立山北约 900 米的 633 高地发动进攻,战斗从清晨一直打到晚上,第 3 泰族步兵营最终没能前进一步。次日,第 1 外籍兵团伞兵营在护送军工队给兴兰高地送水送饭时发现越军堑壕从三面围住了兴兰高地,伞兵们不得不展开战斗,好容易才通过越军堑壕,掩护军工队完成了任务。

3 月 11 日,朗格莱中校亲率第 2 伞兵机动团向兴兰高地对面 555 高地展开攻击,以轻微伤亡打下了高地,继而填平了越军从这个高地挖向兴兰高地的堑壕。当法军撤回,越军又在夜间重新挖开了堑壕。次日,第 8 殖民地伞兵营 2 连长皮舍林上尉也带本连在 2 辆 M24 "霞飞" 坦克掩护下,沿着 41 号公路巡逻。不久,他们看到一队 "熊猫" 式战斗机俯冲投弹,树林里炸起一柱浓烟。抵达一个越军新挖的堑壕,伞兵们迅速用火力驱散

越军,继而在先导排的掩护下用推土机填平了堑壕,还挖出了几枚地雷。不久,马蒂上士的先导排遭到越军攻击,皮舍林立即率全连救援。越军机枪和迫击炮从公路南面的山包朝 2 连射出密集的弹雨,步兵也在大雾掩护下冲了上来,两军短兵相接,肉搏了 2 小时。越军依仗人数优势压迫伞兵步步后退。不得已,皮舍林只得呼叫空军支援,在坦克、重炮和飞机支援下,2 连带着伤亡人员撤了回去。

与此同时,第 1 外籍兵团伞兵营也再次出击,趁着大雾的掩护,他们冲进了一个越军堑壕。起初,越军对突如其来的伞兵的到来毫无准备,被打了个措手不及,十几名越军被俘。但当越军从错愕中惊醒后,他们立即在迫击炮火力掩护下展开反击,第 1 外籍军团伞兵营炮兵前进观察员默利尼耶中尉两次负伤,不得不在己方炮火掩护下与敌脱离接触,好不容易才撤回阵地。

3 月 11 日下午,越军第 45 炮兵团开始轰击奠边府机场。1 架 C-119(编号 546 号,飞行员:马尼亚中尉)因引擎故障停在机场跑道西面等待修理。这架巨大的银白色货机自然是绝好的目标,越军炮兵展现了高超的射击技术,只打了 3 炮(从越军炮阵地到机场差不多 9.7 千米,几乎处于 105 毫米榴弹炮的极限射程),一发近弹,一发远弹,然后第三发炮弹抓住目标,直接命中!如此高超的射击技术让观战的法军官兵目瞪口呆。很快,这架中弹的 C-119 起火燃烧,升起高达四十几米的烟云,远在红河三角洲的各机场也能清晰可见。为了压制越军炮兵,驻奠边府机场的 "熊猫" 式战斗机紧急起飞,对周围山头进行反复扫射。法军炮兵也连连开火,但没有确切的目标数据,他们的还击完全是浪费炮弹。面对法军空炮压制,自信的越军

炮兵根本不予理睬，又继续对机场进行间断射击。

当天清晨，兴兰高地的驻军——第13外籍兵团步兵团3营出动一支战壕填平队前往41号公路南面执行任务，遇到越军顽强阻击，贝多中尉身负重伤。由于第13外籍兵团步兵团3营军官短缺，不得不从中心区的克洛迪娜防区抽调第13外籍兵团步兵团1营的潘尔蒂中尉来担任11连连长。下午，潘尔蒂来到兴兰3号高地（兴兰高地东南坡），接手指挥11连（11名高级士官、11名下士和85名外籍士兵）。在阵地上，潘尔蒂中尉和手下的士官们召开简短的战地会议并进行常规黄昏检查，部署巡逻队和监听哨，他还仔细研读了前任留下来的105毫米榴弹炮、120毫米重迫击炮和81毫米迫击炮对阵地的火力支援计划，把雷区和电动击发的凝固汽油雷埋设区都牢记于心。接着，他走下基层和外籍士兵交谈，让大家都能认识他这位新连长，并在观察哨所用双筒望远镜查看了周围的环境，他满意地看到整个防区都由铁丝网环绕保护。入夜后，当他准备进连部小憩时，一名外籍兵进来报告说41号公路附近山头有动静。于是，他走上阵地，下令81毫米迫击炮打几发照明弹，并没发现什么新情况，但当照明弹熄火后，响声再起——无疑，那是越军在挖接敌堑壕。

第二天，潘尔蒂一醒来就发现，原来三面围逼的越军堑壕又向兴兰高地近了一步。同样的情形也发生在独立山。为了打掉或至少干扰越军的堑壕挖掘工程，第7阿尔及利亚步兵团5营向南北两个方向各派一个配有喷火兵的巡逻队。在南面，巡逻队和越军在班溪沛村激战，阿尔及利亚兵付出1死10伤的代价没有完成任务；在北面，莫罗中尉发现接敌堑壕距铁丝网不到180米，他们还没发起攻击就被越军迫击炮火逐退。

3月12日，星期五，天气晴朗。上午，心神不宁的科尼又一次飞往奠边府。冒着越军炮火，科尼少将的座机安全着陆。一下飞机，他就马不停蹄地登上兴兰高地。从山顶，他用望远镜观看了第8殖民地伞兵营4连对附近一座山头的越军堑壕的突击战。在空炮火力支援下，伞兵轻松把1个排的越军打跑，但4连也付出5死10伤的代价。相对第8殖民地伞兵营4连，第1外籍兵团伞兵营4连的反堑壕战打得更好，他们缴获了包括2挺机枪和1门57毫米无后坐力炮在内的大量武器弹药。同时进行的阿尔及利亚兵和泰族兵的进攻却毫无进展。

中午，科尼在德卡斯特里上校指挥部主持简短的战地会议，听取了各个防区司令官的汇报。根据各种情况和情报分析，他判断越军攻势即将到来。

从1953年11月20日到1954年3月12日，奠边府法军共阵亡7名军官、19名士官和125名士兵，2名军官、9名士官和77名士兵失踪，29名军官、100名士官和675名

▲ 侧看芒清机场。这里既是奠边府守军的中心要地，也是越军全力封锁的中心点。双方都明白，胜败关键系于机场。

士兵负伤。这个数字，让科尼心里沉甸甸的。从指挥部出来，他又仔细检查了预备队第1外籍军团伞兵营和第8殖民地伞兵营，能否在战场上大量歼灭越军有生力量，就全靠他们了。科尼少将对德卡斯特里上校千叮咛万嘱咐，务必顶住越军第一波攻势，为援军到来争取时间。

15点30分，科尼结束视察，爬上已经启动引擎的飞机准备飞回河内。他刚刚坐稳，正通过窗口向送行的德卡斯特里一行挥手告别，突然间，越军的105毫米榴弹飞来，在跑道周围爆炸。送行的人们立即就地卧倒，科尼专机冒着炮火强行起飞。

送别科尼少将，德卡斯特里上校回到指挥部，他的情报官诺埃尔上尉报告，当地居民准备在3月13日撤离。这个信号无疑显示了越军将在翌日发动进攻。从时间上判断，越军很可能选择黄昏前，趁法国空军无法向奠边府调集战斗机和轰炸机的良机，利用落日的余光实施炮火准备，继而在夜间进攻。综合这些信息，德卡斯特里上校在12日傍晚对手下军官们说："先生们，大战即将在明天下午5点爆发。"

他说得惊人的准确！

第六章

兴兰高地和独立山高地

3月13日，对奠边府交战的双方来说，是个难忘的日子。特别是对越南人民军总司令武元甲大将来说，更是如此。

当天早晨，武元甲大将比往常更早进入作战指挥室。在地下指挥室里，各间作战室灯火通明。技术干部（负责主管电台）坐在墙边，挂着耳机，和各大团、炮兵团始终保持密切联系。每一个人都很紧张，大家都做好了战斗准备。

在武元甲的主持下，越军战役指挥部党委和各个作战室的干部们齐聚指挥室开晨会。越南人民军总军委作战局局长陈文光首先汇报了3月12日的情况——法军在归仁登陆，开始实施亚特兰大行动的第二阶段。

对纳瓦尔的行动，武元甲有些窃喜。他认为法国远征军的机动兵力已经被越军1953年到1954年度冬春季战略攻势给扯散，分布在各个战场上，动弹不得。现在，纳瓦尔就像个赌徒似的，把剩下的所有机动兵力都砸到亚特兰大行动第二阶段中，如果能完成扫荡越南中部三省——平定、富安和广南的越军根据地的任务，纳瓦尔或许还能挽回局面。不过，这种可能性微乎其微，当地的越军太狡猾了，法军正规作战是不可能对付得了的。武元甲并不担心平定、富安和广南的越军，那里是革命老区，当地越军已经扎根8年，足以有效对付法军的扫荡。事实上，归仁登陆意味着法军在地面机动力量上没法威胁越北中央根据地，这对集中主力部队发起奠边府战役的越军来说无疑是个天大的好消息。

武元甲对陈文光说："这是个好消息，我相信我们一定会获大胜。"这时，总政治局副主任黎连也从第312大团指挥所赶回来，报告312大团的准备情况。看得出来，他对黎仲迅和陈度还是很满意的。总供应局副局长邓金江也汇报了粮食和弹药储备情况，并信心满满地保证战役第一阶段粮秣弹药供应不成问题。越军副总参谋长兼战役指挥部参谋长黄文泰少将也报告说法军的情况不变，第312大团继续进行最后的堑壕延伸。

会后，武元甲返回自己的办公室，摊开大比例作战地图，并审视旁边的作战计划。当他的眼角瞥到炮兵弹药准备一栏时，2000发105毫米榴弹的数字让他陷入沉思。他又一次想起了瓢据点群之战。另外，第141团的堑壕延伸被楠云河挡住了去路，必须通过浮桥过河。这样一来，暴露在法军炮口下的窗口时间不少，安全跨过楠云河是兴兰高地攻坚战胜利的前提。另外，他还想起了首都团和法军第13外籍兵团步兵团2营搏杀的情景，那次战斗实在败得太惨了，不知道面临着同样顽强的对手，这次战斗会发展成什么样子？瓢据点战斗教训之一就是炮兵火力不足，没法压制对手，反而被法军步坦炮联合打得一败涂地。这次虽有了第45炮兵团的105毫米榴弹炮群参战，但炮弹还是比较少，炮兵能打好吗？武元甲既满怀希望，又有些犯嘀咕。他拿起电话，接通了第45炮兵团团长姚文常："炮兵的射击诸元计算情况如何？他们对所有目标诸元都经过仔细计算了吗？他们能不能打得又快又狠又准呢？"

"尊敬的指挥长同志！"团长姚文常报告："我们的炮兵明白他们在战役打响时要出其不意地对敌进行炮火突击。他们对射击诸元进行了多次反复计算，我向您保证他们一定打得又狠又准。我们对炮弹使用经过了仔细的计算，各单位只用试射1发，然后观测弹着点，修正射击诸元，就能保证次弹命中。"

"非常好！"武元甲说："我批准各单位在进攻前试射2轮，确保准确命中。"

与武元甲的好兴致相反，奠边府的法军从早上开始就诸事不顺。一大早，法军工兵就忙个不停，把各个受损的蜂窝钢板拆开，剔除损伤部位，再拼接起来。

在停机坪，1架蓝鹰航空公司的寇帝斯C-46"突击者"运输机因发动机故障已经在机库里躺了几天。13日，地勤人员终于把它修复。清晨9点，C-46开始发动第一个引擎，引来了越军的炮火。越军第83迫击炮营以这架飞机为目标，开始对芒清机场试射。第一发炮弹像锤子敲锣似的在跑道的蜂窝钢板上爆炸，引起了D1高地的第1外籍兵团重迫击炮连某排将士们的注意。绰号为"老爹"（因为他的长鼻和大耳垂）的梅拉德上士打赌，飞行员肯定不可能在越军炮兵抓住射距前逃走。他的意大利战友罗尔中士却有不同看法：11日，1架C-119中炮燃烧的情景确实很有趣，但那次是停滞状态下的飞机，这次却是要起飞的运输机，如果连起飞阶段都不能从越军炮火下逃脱的话，那奠边府的"空桥"就真是危险了！他俩话音未落，第二发炮弹又落了下来，离飞机更近了。当飞机发动第二个引擎时，第三发炮弹飞来，准确命中目标！机头开始冒黑烟，伞兵们清楚地看到机组成员从驾驶舱疯狂逃出，其中1人显然负了伤。接着，更多的炮弹又落在C-46周围，但都没有使它起火燃烧。不久，它突然朝一边倾覆，倒在机场跑道旁。在接下来几个星期时间里，这架躺在机场跑道中央西侧的残骸就成了显著的机场地标。

摧毁C-46后，越军第83迫击炮营好像还不过瘾，对机场的炮击一直持续到下午。第64运输机大队2中队的德费尼上尉和让松上尉决定离开这个鬼地方。他们先是将C-47小心翼翼开出机库，冒着炮火娴熟地驾驶飞机滑上跑道，继而升空返回海防吉碑机场。

▲ C-46 运输机。在兴兰高地战斗爆发前，C-46 就成了法军第一个殉葬品。

停机坪除了 C-47 和莫拉纳炮兵观察机外，还有 9 架宝贵的"熊猫"式战斗机，它们因供油系统进了沙子或被水渗透而出现故障。虽然机械师不眠不休地通宵工作，但也只能让 2 架"熊猫"式战斗机恢复战斗力。这 2 架硕果仅存的"熊猫"式战斗机分别由德索姆中士和巴尔托中士驾驶，在那天各飞了 5 次任务，其他对奠边府出的战斗机支援架次都来自红河三角洲。下午 3 点 30 分，1 架"熊猫"式战斗机被兴兰高地北面的越军高射机枪火力击落。

看到 105 毫米榴弹炮大显神威，越军的 37 毫米高射炮群也不甘寂寞，在黄昏前投入了战斗。下午 3 点 40 分，8 架 C-119 运输机组成的编队飞临奠边府时突然受到 37 毫米高射炮群的"欢迎"，1 架美军飞行员驾驶的 C-119 被击伤。

越军 367 高射炮兵团使用的是苏联制造的 37 毫米高射炮，这种炮是自动射击，火力强，但有一个缺点，就是每个弹夹里只有 5 发炮弹，靠着装填手的娴熟装弹和换夹才能保持每分钟 80 发的射速。65° 仰角时有效射高约 2860 米，炮弹采用触发引信，即炮弹在 2860 米没有触碰到目标，那么就会继续飞到 4390 米的极限高度上自爆，爆炸后散布成 0.68 千克的弹片，每块弹片都能有效杀伤目标——4 月 9 日，海军航空兵第 11 中队的 1 架"地狱猫"（飞行员：瓜泽少尉）被一块 0.68 千克的弹片在机翼上穿了一个洞。

下午 4 点，空军宣布暂时关闭奠边府上空的空中交通，试图让越军高射炮兵"闭嘴"。就在这时，法国陆军新闻记者勒邦和马丁诺夫乘坐最后一班 C-47 来到奠边府。晚 10 点，两人在冒死拍摄一张被毁 C-47 照片时被越军炮火打中，马丁诺夫当场倒在血泊中，勒邦失去一条腿，只得由 1 架直升机接出奠边府。勒邦来奠边府这一遭前后不到 6 个小时。

越军的防空火力对运输机威胁实在太大了。下午，法国海军航空兵第 11 中队向奠边府派飞了 3 个 F6F"地狱猫"战斗机分队（每个分队 2 架，一共是 6 架战机），寻歼越军高射炮兵，但十分困难。越军布满伪装的 12.7 毫米高射机枪和 20 毫米高射机关炮开火，几乎没有暴露自己；而长管 37 毫米高射炮却自由机动，炮位仅几平方米（树林中的一块小草坪都可以作为他们的炮阵地），很难从空中发现并打击。此外，越军对法国空军电台通讯进行干扰，使法军地空联络时断时续，只有红队（曼德勒维尔中校和托尔西中校）接到地面空军管制员居伦少校指示，将携带的 2 枚 500 磅炸弹准确地投到可疑的越军高射炮位，绿队和黄队均没能和地面取得联系，只得朝红队目标俯冲攻击，然后 6 机迎着落日的余晖返航。

海军航空兵的战机基本上都是从下龙湾出击，诺曼岛至奠边府之间的距离几近 F6F "地狱猫"战斗机的极限作战半径。诺曼岛气候多变，白昼时还是好天气，一到夜间，海风尽吹，致使全岛尘土飞扬。为了防止出事故，岛上的着陆引导员帕图上尉指示"地狱猫"式战斗机飞行员转往海防吉碑机场着陆。

然而，吉碑机场也不是容身之处。当夜，海防上空浓云密布，云基高度仅 90 米，至少 20 架远东空军和海军航空兵战鹰在等着陆。塔台通讯网里充斥着各种呼叫声，部分战机低空飞过海防，试图利用城市街道的灯光找到机场位置。1 架 C-119 险些飞出跑道，只得在接地后立即拉起重做进场动作，另 1 架 C-119 甚至像战斗机似的直接进行短道迫降，1 架 B-24 重轰炸机迫降，2 架 B-26 在空中相撞。海防上空混乱的空中交通迫使塔台指挥员只得让"地狱猫"飞回诺曼群岛降落。结果，在夜幕笼罩下，只有 5 架"地狱猫"勉强降落下来，曼德勒维尔中校的"地狱猫"撞山，这架"11F-23"残骸直到次日清晨才被发现。

奠边府东北的兴兰高地，第 13 外籍兵团步兵团 3 营将士也是紧张万分。

3 月 13 日清晨，第 13 外籍兵团步兵团 3 营营长佩戈少校向中部防区司令科谢中校报告：兴兰高地前沿 1 个四人监听哨在夜间消失（很可能被摸上来的越军侦察兵俘虏，但外籍军团的记录却是他们当了逃兵），越军堑壕将高地团团包围，双方间距不过四十几米。越军调动频繁：在 3 号高地，费尔斯上士向潘尔蒂中尉报告，他目击越军侦察兵在横跨 41 号公路的堑壕里活动频繁；1 号高地也报告在北面发现越军在做地表工事。实际上，兴兰高地和中心区的联系已经是时断时续，连饮用水都要坦克护送。

午前，科谢中校开着吉普车上兴兰高地视察。佩戈少校告诉他，手下的外籍兵既疲惫又紧张。听了这话，科谢看了看阵地前沿，越军士兵忙碌的身影清晰可见。他压低声音说："没时间紧张了，战斗肯定在今晚打响！"

9 连的库比亚克中士回忆，军官们整天都在下达命令，反复检查阵地和火力配备，显然大家都知道大战将至。第 10 殖民地炮兵团 3 营通信官里翁德尔中尉也特地驱车上兴兰高地和据点炮兵前进观察员里施中尉拟订了详细的火力支援计划，并检查通讯电台的情况。官兵们都在紧张地做战前准备：垒沙包，堆手榴弹，擦拭武器，上子弹，为机枪弹夹压子弹，检查通讯线路。下午 4 点，营副帕尔迪上尉通知各连，进入一小时战备。

与此同时，和兴兰高地对峙的越军第 312 大团也绷紧了弦。越军前言观察哨把护送军工送水队的法军步坦分队看成是又一次准备突击越军堑壕的进攻分队。为了保护接敌堑壕，第 312 大团建议战役指挥部允许 1 个 105 毫米榴弹炮单位开火。对这个请求，武元甲认为，如果法军用推土机填平堑壕的话，就会给越军在下午对兴兰高地的进攻带来重重困难。于是，他果断命令第 45 炮兵团对兴兰高地打 20 发 105 毫米榴弹。

第45炮兵团执行了命令，并向他报告：头2发错过目标，但剩下的18发炮弹全部命中兴兰高地，摧毁了许多防御工事。不一会儿，第312大团长黎仲迅报告兴兰高地守军从掩体工事中爬了出来，检查弹着点。武元甲在电话里对黎仲迅说："敌人吓破胆了，下午我军的进攻必定会更加顺利。"

法军方面，第45炮兵团这次炮火急袭，炸伤了5名法军。下午，一辆吉普车开上兴兰高地，要将这些伤员接回芒清中心区的战地医院，可其中3人拒绝后送，他们声称要为自己的战友压子弹，继续战斗。另2名伤员则躺在担架上，由吉普车搭载送往战地医院。下山后，吉普车从最近时距越军堑壕不到910米的路线开过，但越军没有射击。

下午5点前，3号高地的外籍兵报告，当面越军正从各个山顶南下，穿过植被覆盖的南坡，进入山脚的接敌堑壕。通过双筒望远镜，费尔斯上士可以清楚地看到越军的机枪、迫击炮和无后坐力炮正对准兴兰高地。看起来像是一片树林在山那一边移动的，无疑是几个越军攻击营在进入阵地。不久，对面的堑壕和掩体都填满了越军的身影，这下费尔斯上士看得更清楚了：他们身着浅绿色的军服，盔形帽上顶着伪装树枝和杂草，步枪都上了刺刀，明晃晃的让人心惊胆寒。

法军观察很准确，此时的越军第312大团各单位正陆续开赴攻击前出发阵地。不过，他们在运动过程中，遭到了法军猛烈的炮火封锁。在主要进攻方向上，第141团团长光宣和政委梅宁指挥11营和428营沿着各条预定机动路开进。在跨过楠云河上两座浮桥时，法军集中火力射击，炮弹如雨点般落下，第11营243连连长和副连长双双牺牲，1门57毫米无后坐力炮被炸坏，但全连指战员还是坚决前进，冲过了炮火封锁区，跨过浮桥，占领了进攻前出发阵地。看到11营顺利通过，第428营营长陈归全和政委阮渭也不顾暴露危险，指挥部队冲过了浮桥，占领了指定阵地。

在次要进攻方向上，第209团130营在团长黄琴和政委陈国立的指挥下，安全地在兴兰高地3号据点前占领阵地。

黄昏将至。奠边府最后1架法军战斗机返回了河内。越军观察哨报告夜雾开始弥漫。黎仲迅给战役指挥部打电话，请求提前发动进攻。武元甲没有马上回复，他转而接通第45炮兵团，问姚文常："你们的炮兵准备好了吗？"

炮兵团团长姚文常以坚定的口吻回答："报告，一切准备就绪，只待战役指挥部一声令下！"

"战役指挥部同意步兵的建议，提前开火，我命令奠边府战役开始，我要你们打得又狠又准！"

时针指到了17点05分。与此同时，法军第13外籍兵团步兵团3营营长佩戈少校还幻想着要搞反炮火准备。他命令兴兰高地的法军炮兵观察员里施呼叫法军火控中心，马

▲ 越军312大团141团428营进入阵地。

上对兴兰高地前沿集结的越军堑壕进行炮火反准备。接到请求，法军火控中心的莱皮奈中尉马上接通 D1 高地的贝尔戈中尉的重迫击炮排，给他们下达了射击指令："目标比阿特丽斯 321，每分钟 8 发（120 毫米迫击炮弹）！"正当外籍重迫击炮兵准备开火时，越军突然万炮齐发，奠边府战役开始了！

勇克兴兰

第 4 殖民地炮兵团 2 营 6 连的穆蒂上士正在维修站检查一个手柄时，突然听到大群弹道声从东面传来，还没等他反应过来，中心区就传来了刺耳的爆炸声，一大团深灰色的烟云直冲云霄。

在楠云河东岸，第 4 殖民地炮兵团 2 营营长克内希特少校在炮 4 连阵地检查时，大群炮弹从他头顶飞过。他和炮 4 连连长布兰布鲁克中尉两人面面相觑，沉默无语——这不是试射，而是炮火准备！克内希特少校立即驾车过河返回营部，在那里，孔布上尉告诉他，兴兰高地正遭到猛烈炮击。让他稍感安慰的是，各炮连报告均未中炮。望着从克洛迪娜防区升起的烟云，曾参加过意大利战役的庞克雷亚克准尉想起了在意大利遭德军炮轰的经历，而这次越军的炮击比那次猛烈多了。

和先前傍晚一样，每当越军开始炮击，炮手维尔佐中尉和不少炮兵观察机飞行员一起爬到炮兵观察所屋顶观察情况。这天傍晚，他看到越军炮击后迅速撤退，返回克洛迪娜的火控中心，待他们回到掩体时，惊讶地发现，几发命中掩体的哑弹还在发烫！

越军 105 毫米榴弹、75 毫米山炮弹和 120 毫米重迫击炮弹在整个奠边府落下，包括德卡斯特里的指挥部、法军炮阵地、机场、

兴兰高地、多米尼克、独立山高地和南面的航岗，都遭到越军不同程度的炮击。在机场，2 架停放的"熊猫"式战斗机被炮火击毁于机库，机场塔台受损，VHF 地面导航仪也被击毁。在 D1 高地，正准备对越军集结区进行反炮火准备的贝尔戈中尉的 120 毫米重迫击炮排受到重创：炮管、炮组成员和弹药库在猛烈爆炸声中化为一片灰烬；正准备射击的德雷施切下士和 4 名外籍炮手在炮位上被 1 发 105 毫米榴弹命中，连人带炮被炸个粉碎——他们是奠边府战役爆发后第一批死于越军炮火准备的法军将士。

在各级指挥部里，法国各层军官都被猛烈而准确的炮火震惊，此前没有人想到越军的炮火准备会如此犀利。即使战地医院也没能幸免，格罗万军医（上尉）统计，越军炮弹以每分钟 60 发的速度在医院周围落下！

尽管越军各个炮阵地离目标的距离、发射的角度与速度都有所不同，但各种炮弹在空中划过所发出的不同声响还是交织成一首难得的炮火交响曲。

大战将至，朗格莱依旧镇定自若。在奠边府阵地上，有关越军要进攻的消息不知道传了多少次，但没一回是真的。这次，他也打算静观其变。走出德卡斯特里指挥部，他叫过勤务兵，架起汽油喷枪，洗起热水澡。

就在这时，越军开始了猛烈的炮火准备。自 1945 年黑森林战役以来，他已经很多年没有遭遇过大规模炮轰了。如此规模的猛轰让朗格莱意识到情况不对，赶紧拎起衣服，光着膀子冲进他的第 2 伞兵机动团指挥部，准备打电话给手下 2 个伞兵营营长——吉罗少校和图雷少校，要他们做好反击准备，但电话线被炸断了。很快，炮火就将第 2 伞兵机动团指挥部吞没。越军第 45 炮兵团打得十分

精彩，炮火有如神助似的准确覆盖了所有的预定目标：这首先应归功于越军炮兵观察员在两个半月的时间里对奠边府各个阵地和据点进行精确的测绘和坐标标定，此外，他们还趁夜摸进守军阵地，将射程内的所有目标实际位置都勘测好，然后在炮兵坐标图上标注清楚。奠边府中心区拥有的1400部电台中就有大约300部电台（长波电台）需要长天线，而这些如竹笋般从法军指挥部里冒出的东西成了越军最明显的目标。大约下午5点30分，第2伞兵机动团指挥部被1发105毫米榴弹命中，朗格莱和7名军官被埋进土里，但无人重伤。很快，第2发炮弹又从第一发炮弹贯穿点飞进指挥部，只听得后墙一阵闷响。没有人认为自己还能活着，指挥部里出现了片刻的死寂。过了好长一段时间，有一个参谋叫道："回头看，我们太走运了！"

原来，弹头钉在墙上，像陀螺似的急速旋转，在墙上钻出一个洞，却没有爆炸。好在是一发哑弹，不然奠边府守军将在战役第一天失去自己的领袖。

抖落尘土，惊魂未定的朗格莱赶紧用电台联系第1外籍兵团伞兵营和第8殖民地伞兵营，听到吉罗少校和图雷上尉报告无恙的消息，朗格朗总算是宽了点心，但接着就接到兴兰高地遭到猛轰的消息，刚放松一点的心弦重新紧绷。他们寸步不离地守在电信员旁，试图拼凑出北部防区各营的战况。

越军第45炮兵团轰击的首要目标是法军炮阵地。

D1高地（法军称为D2高地）上，在越军持续不断的炮击下幸存的贝尔戈中尉的重迫击炮排还在试图支援在兴兰高地困守的外籍兵战友。几次齐射后，D1高地山头突然发生惊天动地的爆炸，山顶也被炸出个弹坑，

原来是越军一发105毫米榴弹直接命中了该排的弹药库，引爆了储藏在里面的5000发120毫米迫击炮弹。不到5分钟，这个排的6门120毫米重迫击炮就有4门被打掉，而且和火控中心的联络全部中断。尽管如此，剩余的2门120毫米重迫击炮还是继续朝已知坐标不停射击。他们在越军炮火洗礼下奋战了4小时，代价是12人阵亡，3人重伤和不少人轻伤（排编制为36人），损失120毫米迫击炮4门。

对D1高地轰击的同时，越军的炮弹也在克洛迪娜防区和航岗的法军105毫米榴弹炮阵地落下，爆炸后飞溅的弹片给炮位周围的炮手造成不小的威胁。尽管炮手伤亡很大，但他们还是对越军的炮击进行猛烈的还击。年轻的炮长们依旧冷静，而炮手们也从最初的错愕中惊醒，射击指令很快由火控中心传达给第4殖民地炮兵团2营营部，继而传给炮连长、炮分队长（管理2门火炮）、炮长，然后开炮还击。

负责支援兴兰高地的是第10殖民地炮兵团3营营长阿利乌少校。在炮火下不断颤抖的指挥部里，阿利乌少校、邦萨中尉和莱皮奈中尉对着电台和电话喊破了嗓子，试图和手下炮连长，以及兴兰高地的炮兵前进观察员里施联络，但只是徒劳，炮火严重影响了SCR609电台的通信质量。

对越军105毫米榴弹炮的压制主要由德亚上尉的第4殖民地炮兵团3营11连的4门155毫米榴弹炮群负责。3月12日，在夜幕的掩护下，11连3门155毫米榴弹炮进驻楠云河东岸的506高地（法军称为E10高地），这个高地处于越军观察哨视线外，比较安全；但德亚上尉忽略了皮埃雷上士的155毫米榴弹炮，他们还留在克洛迪娜防区。3月13日，

▲ 在越军第 45 炮兵团和第 83 迫击炮营的炮火准备下，法军受到极大的震撼，遭受极大的损失。图为芒清机场中弹的飞机残骸在冒出滚滚浓烟。

当炮 11 连投入战斗时，皮埃雷上士也接到了康斯坦丁中尉发自 506 高地的命令，后者不得不同时向新旧两个阵地的炮兵（相距约 700 米）不停地发布射击指令。由于 11 连移动到 506 高地未被越军察觉，因此留在旧阵地的皮埃雷炮组就承受了本该是全连承受的炮火打击。当晚，155 毫米榴弹炮的摩洛哥炮手们几乎是不间断地开炮，他们不仅射击前几周就标定的目标，而且还根据火控中心的坐标指令轰击新目标，甚至根据战线东部炮口焰来射击，但无论他们怎么努力，越军的炮火丝毫没有减弱的迹象。

战前，皮罗斯曾告诉手下的炮兵军官："别担心，越盟打炮不过是试射和袭扰而已。一旦开打，我们的莫拉纳炮兵观察机就会起飞，5 分钟后越盟炮兵就不复存在了。"但越军经

过 6 周的射击，早已掌握了目标群的射击诸元，因此他们只要对每个炮组下达射击指令，各门 105 毫米榴弹炮就可以准确射击，各个目标同时被炸，爆炸声连成一片，就形成了壮观的群炮齐射。13 日夜，莫拉纳炮兵观察机被炮火困在机场，而越军榴弹炮群都藏在山坡地下工事里，上有厚厚的盖顶（甚至埋伏在坑道里），致使法军 155 毫米榴弹炮群的炮火反击根本就是在做无用功（即使直接命中掩体，也无法炸穿）。这样，越军的炮火准备完全达到了震撼法军、毁敌防御工事群的效果，且出其不意。

越军第 45 炮兵团轰击的另一个重点是兴兰高地。

兴兰高地，法军称为比阿特丽斯，位于多米尼克防区正北约 1600 米，是 41 号公路北面的一个高地，处于奠边府东北角。高地各个山坡的植被都已砍光（扫清射界），站在任何一个山头上，北望均一览无余，而南面，41 号公路把兴兰高地和奠边府中心区紧紧连在一起，是名副其实的奠边府东北大门。

看守这个大门的是自由法国的起家部队——第 13 外籍兵团步兵团 3 营。3 营对高地防御相当重视，整个高地分成 4 个防区，依次分兵把守：狭长的山顶北坡被法军标注为比阿特丽斯 1 号高地，由 9 连（连长：卡里埃上尉）负责；东南坡（临近 41 号公路）标注为比阿特丽斯 3 号高地，由 11 连（连长：潘尔蒂中尉）驻防，该高地和西坡之间是一条南北走向的山道（这条山道仅能供 1 辆吉普车行进）；西坡的北面山头标注为比阿特丽斯 4 号高地，由 12 连（连长：勒穆瓦纳上尉）、营部连（连长：马德兰中尉）和营部（营长：佩戈少校）防守；往南的小山包是比阿特丽斯 2 号高地，由 10 连（连长：尼古拉上

尉）镇守。

第13外籍兵团步兵团3营是一支特别能打的部队。在第二次世界大战和印度支那战场屡立战功，是法国外籍兵团中的拳头部队。在印度支那战场上，由于不少德国二战老兵的加入，战斗力在法国远征军中更是首屈一指。1954年初的"莫特"行动中，它的1个连连续几天扛住越军1个营的夜间猛攻，赢得了纳瓦尔的赞赏。指挥这支部队的是以战斗意志坚定而著称的佩戈少校。他的好友形容他即使在最不利的情况下也会为自己的荣誉战到最后。把这么一支精锐的部队放在兴兰高地，可以说明德卡斯特里对该高地的重视，他希望3营能再续比尔哈凯姆的辉煌。

但外表光鲜的背后，第13外籍兵团步兵团3营的实际情况却令人不敢恭维——该营缺编十分严重。全营满员编制是517人，但根据瓦多的记录，3月13日在兴兰高地的第13外籍兵团步兵团3营不足450人。1名军官和20名士兵奉派为德卡斯特里上校做警卫，另1名军官和一大群预备士官在中心区受训，大约10名伤员滞留医院，总计缺员约80人。最重要的是，各连军官数量严重不足，平均每个连只有1名军官。

下午5点20分左右，第一发炮弹在兴兰高地落下，猛烈的炮火准备持续约2小时。兴兰高地上几乎所有的据点都遭到了猛烈炮击，掩体被炸塌，战壕被尘土填满一半，武器被炸坏，兵力伤亡也不小，即使是幸存者，也因惊吓而不堪再战。越军集结区的重迫击炮和无后坐力炮的轰击力度更大，他们主要对指挥所、碉堡和掩体进行射击。炮火炸断了电话线，使各连之间失去了有线联络，无法及时得到消息、接收命令和警示。

17点30分，越军第45炮兵团开始炮火

延伸。第312大团参加战斗的3个营同时跃出接敌堑壕，各个爆破排手持爆破筒冲在了队伍的最前面。

在兴兰高地的1号子高地，越军第141团11营从一开始就打得很辛苦。看到越军爆破手们扑上来，法军第13外籍兵团步兵团3营9连连长卡里埃上尉马上集中轻重机枪火力扫射。尽管如此，担任爆破任务的越军第141团11营243连7排还是用爆破筒连续在7层铁丝网炸开口子，进至最后一道铁丝网时被法军交叉火力给堵住了。全排指战员前赴后继冲上去，但都被打倒，伤亡很大。看到243连7排失去战斗力，11营营长遂令阿世的预备爆破排顶上去，继续攻击，同时调上1门57毫米无后坐力炮支援。尽管无后坐力炮不断火，可法军的火力丝毫没有减弱的迹象。一时间，越军11营243连有些踌躇了。为了打掉法军的火力点，243连副连长阿效隐蔽爬到前沿观察，很快发现了对方的火力死角区，他随即调上4组重机枪同时开火，终于压住了法军火力点，为阿世爆破排炸开最后一层铁丝网创造了时机。在火力掩护下，爆破排终于在最后一道铁丝网炸开口子，11营的各位战士迅速从口子冲击过去。突击班在陈旬的带领下直插1号高地山坡。

在指挥掩体里，法军第13外籍兵步兵

▲ 越军第312大团的82毫米迫击炮阵地。

团 3 营营长佩戈少校对越军的突破情况看得一清二楚，他向火控中心呼叫炮火支援并报告越军的具体位置，但越军的炮火准备使中心区一片混乱，通信状况也是时断时续。这种情况即使在平时也是正常的，法军的通用电台在日出后到日落前 1 小时才能正常使用，在夜间通话都是不顺畅的，而奠边府战役期间法军炮兵前进观察员使用的 SCR609 电台这方面的问题更为突出。尽管如此，来自后方和侧翼的支援炮火还是不断在 11 营战斗队形中落下，给他们造成了不小的伤亡，迟滞了越军的冲击速度。除了 105 毫米榴弹炮的支援，独立山的克莱热中尉的 120 毫米重迫击炮排也给兴兰高地以极大的支援。但这个排也很快遭到越军炮火的压制。

18 点 30 分，也就是越军第 141 团 11 营炸开最后一道铁丝网冲上 1 号子高地的瞬间，第 13 外籍兵团步兵团 3 营指挥所突然被一批 120 毫米重迫击炮弹摧毁，营长佩戈少校、副官帕尔迪上尉和潘吉热上尉当场阵亡，炮兵前进观察员里施中尉负伤并失去知觉，营部主电台被炸毁。这样，在战斗一开始，第 13 外籍兵团步兵营就群龙无首，并和后方炮兵失去了联系。与此同时，3 号高地的 11 连连长潘尔蒂中尉也在炮击中颈首部负伤，被抬下战场；他的 11 连也在炮击中伤亡惨重。

在第 9 机动团指挥部（也即中部防区司令部），科谢中校与第 13 外籍兵团步兵团 3 营失去联系。为了弄清战况，他赶紧命令电信员呼叫各连。不久后，他就和 2 号高地的 10 连连长尼古拉上尉取得联络，接着尼古拉匆匆赶往被炮轰的营部，晚 7 点左右他到达营部，发现全体成员的尸体躺满一地，这其中就包括了佩戈少校。尼古拉上尉命令 1 名士官指挥 10 连，然后自己接任营长，指挥战斗。

在 1 号高地，9 连继续拼命抵抗如潮水般冲上来的 11 营。不久，9 连的连部也被 1 发 120 毫米重迫击炮弹命中，连长卡里埃上尉阵亡。在 3 号高地，费尔斯上士在潘尔蒂中尉负伤后送时接过了 11 连指挥权。4 号高地的 12 连连长勒穆瓦纳中尉也因负伤而短暂失去指挥能力。这样第 13 外籍军团步兵团 3 营各连在战斗爆发后不久就只剩 1 名军官——营部连连长马德兰中尉！

与此同时，308 大团 88 团 1 个连对独立山进行的佯攻战斗持续了约 5 小时，他们成功渗透进第 7 阿尔及利亚步兵团 5 营阵地，迫使阿尔及利亚营在付出约 20 人的伤亡后将其打退。虽然越军进攻规模不大，但却成功地阻止了独立山对兴兰高地的火力支援。

19 点 00 分，在次要进攻方向上，越军第 209 团 130 营发起攻击。担任全营尖刀连的 366 连在陈琴带领的突击班引导下，很快冲上 3 号高地。当时，法军的潘尔蒂中尉打着绷带返回了 11 连。在他的指挥下，11 连顽强阻击，但潘尔蒂很快就受伤了。不久，11 连除了和 9 连保持间断联系外，只剩下和中心区的火控中心还有联络了。对兴兰高地的法军来说，唯一的幸事就是炮兵前进观察员里施中尉恢复了知觉，在他的引导下，法军 105 毫米榴弹不时地落在越军进攻纵队周围，进攻 3 号高地的 130 营受到了法军炮兵的重点"关照"，但该军的射击并不准确。为了更有效地支援外籍步兵，里施中尉把他的 SCR609 电台搬到尼古拉上尉身旁，和一部联络各连的 SCR300 放在一起。通过邻近的步兵电台，他可以有效得知各连的即时战况，并将最新敌军位置坐标传给克洛迪娜的第 10 殖民地炮兵团 3 营营长阿利乌少校。

里施的射击指令依旧是冷静的："（坐标）

祖鲁411，北90米……缩短46（米）……拦阻射击。"但里施的射击指令下达得实在太频繁，第10殖民地炮兵团3营反应不及，火控中心打算把部分任务分派给独立山高地和D1高地的120毫米重迫击炮群，不久第4殖民地炮兵团2营也加入射击行列。

越军的炮火在战斗阶段仍对法军炮阵地猛轰，使法军炮兵人炮皆损：2门105毫米榴弹炮因驻退器的油压系统受损而失去战斗力；利奥中尉的炮5连连部被越军炮火干掉；在炮6连，让－马里克·莫罗中尉就看到3号炮位升起一个火球，1名非洲籍士官满身是血地爬了出来——2发105毫米炮弹在炮位上爆炸，不仅摧毁了105毫米榴弹炮，而且炸死了炮长和1名士兵，其他炮组成员全部负伤。在密如雨点的炮火下，法军炮手和电话接线员（他们冒着炮火到处检查线路，哪里断了就在哪里接上）冒死坚守岗位，他们是中心区真正的勇士，同时也付出了巨大的伤亡。

第10殖民地炮兵团3营主要根据里施的指令射击，营长阿利乌却发现支援炮火从铁丝网地带逐渐朝山头收缩。炮弹是不长眼睛的，万一误伤步兵，那就不是开玩笑了！他急需第13外籍军团步兵团3营的即时战况。虽然他的指挥部距科谢中校的第9机动团指挥所很近，但就是没人能把两个指挥部之间的电话线重新接通。晚7点30分，他派莱皮奈中尉去和科谢联系。穿过一条交通壕，莱皮奈进入了第9机动团指挥部。眼前的场景让他震惊不已——第9机动团指挥所躺满了死伤战士！这究竟是怎么回事呢？

由于佩戈少校的阵亡，科谢中校需要马上任命一位新营长。为此，他把参谋长瓦多少校、马丁内利少校和2名副手——巴伊中尉和布雷特维尔中尉召集一处，商议此事。

瓦多见指挥部挤满了人，自己没地方站就只好坐到一个角落，这个选择无疑救了他一命。7点30分，一发105毫米榴弹从通风口打进来，撞上顶梁柱后猛然爆炸，瓦多被气浪震飞到一旁，但伤势不重。马丁内利少校和2名中尉阵亡。科谢中校双臂被炸飞，胸部血肉模糊。当特兰康神甫抵达时，他还活着，并讨要了一口水喝。接着，1辆救护吉普车穿过炮火把他载到战地医院时，他已经死亡。晚7点50分，朗格莱接到德卡斯特里上校打给他的电话，告诉他科谢战死，要他立即接过中部防区的指挥权。朗格莱很果断地把第2伞兵机动团的指挥权移交给副手巴泽少校，然后自己朝第9机动团指挥所奔去。路上，一阵巨大的热气浪迎面扑来，霎时一个巨大的橘黄色的火球直冲天际——越军炮兵发射的1枚105毫米炮弹击中了航空汽油和凝固汽油弹堆放所。

此时，兴兰3号高地的激战达到白热化。1架从红河三角洲起飞的C-47飞临兴兰高地上空，不断投下伞降照明弹，将战场照得透亮。11连剩余的机枪手在巴尔托利中士指挥下，连同马德兰中尉的81毫米迫击炮排，一起朝进攻之敌射出密集的弹雨和炮火拦阻幕。可这一切都挡不住志在必得的第130营的冲击。根据第312大团史记载，第130营先是顺利拿下了3号子高地前沿的碉堡，向山顶发展进攻时，遇到6号碉堡拼命抵抗，陈琴带领突击班先组织火力压住碉堡，然后组装出一根装有10千克炸药的爆破筒伸进碉堡，炸毁了6号碉堡。366连确实勇不可当，在他们的攻击下，法军第13外籍兵团3营11连施维格上士的1排和奥贝坦中士的3排在战斗中全军覆灭。为了挡住越军，费尔斯亲手按下了埋在连部周围的凝固汽油雷和电动地雷的起爆器，猛烈的爆炸震撼了整个山头。但还是没有挡住越军的冲锋势头。晚8点30分，11连只剩凯尔上士的2排和罗西耶中士的4排共25人还在奋战。就在这时，费尔斯上士接到2号高地传来的口头命令，指示11连后退到2号高地和10连会合，这意味着11连残兵要顶着越军猛烈的炮火穿过山道（约90米宽）。尽管如此，他们还是带着能带上的所有伤员撤离了3号高地，退到2号和4号高地，与营部连、10连和12连会合。08点40分，越军第141团130营366连的突击班班长陈琴将"决战决胜"的大旗插上了3号子高地山顶。由于他在这次战斗中表现出色，被授予"全国模范战士"光荣称号（"全国模范战士"是"人民武装力量英雄"的前身）。

对2号子高地的战斗，法军基本没有多少描述，但该战给越军留下了深刻的印象，因为这里打出了一个舍身堵枪眼的烈士——潘定耀。

第312步兵师师史记载：

在主要进攻方向上，第141团在2号子高地遭到了敌人激烈的抵抗，第428营的机枪几乎都被敌炮射击打掉或埋在土里。各位战士只得集中冲锋枪火力和手榴弹突击，才消灭了1号碉堡，但很快又遭到2号碉堡重机枪的猛烈拦阻射击。许多战士中弹倒地，潘定耀同志勇敢飞身跃起，用冲锋枪压制了2个火力点。但敌人的2号碉堡仍在猛烈地喷吐火舌，我军的冲击受阻，无法前进一步。潘定耀同志艰难地接近了2号碉堡。虽然他中弹负伤，但还是勇敢扑了上去，用身体堵住了2号碉堡的射击孔，敌人的火力点刹那间被堵住了。陈思同志抓住时机率队攻破了2号碉堡，同班战士阮玉希同志冲进碉堡，消灭了守敌。他们的英勇奋战，为全连从各个

▲ 勇敢的越军第312大团指战员们冲出堑壕向兴兰高地发起总攻。

方向冲击创造了有利的条件。经过3个小时的战斗，428营攻克了2号子高地。

对312师这个记载，笔者表示怀疑。因为对照法军的记载，2号高地直到最后撤退才告失。应该说，越军在这个子高地的战斗记载上是有所夸大的。

在3号子高地得手的同时，1号子高地的血战仍在继续。越军第141团11营被法军火力死死压在山坡上，动弹不得。21点30分左右，法军第13外籍兵团步兵团3营9连报告，越军攻势有所减弱。大家歇了一口气，正准备补充弹药时，越军130营却从3号高地压了过来。接着，11营也重组兵力，继续冲击。在越军11营和130营的夹击下，法军第13外籍兵团步兵团3营9连崩溃。从火控中心放眼望去，兴兰高地北坡尽是越军身影，皮罗斯上校只得下令手下4门155毫米榴弹炮从压制越军炮兵的任务中解脱出来，转而支援兴兰高地，但效果不大。他们唯一的作用就是给1号高地残兵败将的撤离争得了宝贵的时间（因为在155毫米榴弹炮的轰击下，越军被迫四处躲藏，军队被打乱）。库比亚克中士率一队幸存者在夜幕掩护下避开越军搜剿撤出了1号高地，最终在午夜时刻摸回多米尼克防区。与此同时，来自德国的外籍

兵胡伯特·布莱耶（一名在二战时服役于著名的"大德意志"装甲师的德军老兵）率9连残部也突围出来。

23点00分左右，越军第141团11、16营和第209团130营对兴兰高地山顶，也就是4号子高地发起总攻。直到这时，在法军第9机动团指挥部的瓦多少校才与第13外籍兵团步兵团3营营部连连长马德兰上尉和12连连长勒穆瓦纳中尉短暂取得无线电联络，前者报告只有大约30人能战，后者报告堪战者都集中到连部周围。勒穆瓦纳中尉很快战死，但他的部下用1挺机枪从4号高地山顶碉堡里朝外射击，又一次挡住了越军。然而，他们也没能抵挡多久。陈訇在己方火力掩护下，努力靠到碉堡前，用炸药包将碉堡炸毁。接着，陈訇把141团战前交给243连的"决战决胜"的红旗插上兴兰高地山顶。

3月13日23点30分，第312大团团长黎仲迅向武元甲大将报告："312大团已经完成了消灭兴兰高地守敌的任务，毙敌300，俘敌200，并缴获了全部武器装备，我军牺牲62位干部和战士。"

对兴兰高地的丢失时间，法军方面的记载是3月14日00点25分。从这一时刻起，中心区再也收不到兴兰高地的任何电讯。在最后一次和中心区的通话中，兴兰高地的法军炮兵观察员里施向第10殖民地炮兵团3营下达了炮火覆盖的射击指令："一切都结束了——到处都是越南兵。向我开炮，永别了！"

但阿利乌少校没有照办，兴兰高地上还有不少法军伤员，他不能朝这些已经失去行动能力的己方将士射击。

午夜起，双方停止了炮击，奠边府突然陷入一片沉寂。各个据点的法军都很震惊，他们纷纷爬出掩体，跃出战壕，向北眺望，

他们看到高高升起的橘黄色火光，硝烟直冲云际。为了这场大战，他们准备了几个月，可是首战却没有赢得任何惊喜。科谢中校战死了，1个精锐的外籍步兵营被歼灭了，炮兵、坦克兵、伞兵预备队和空军却爱莫能助。3月14日上午2点25分，德卡斯特里上校通过保密电话与河内的科尼少将取得联系，他向科尼报告，科谢中校战死，兴兰高地自凌晨00点25分起即断绝无线电联络，据判断已经失守。

再战独立山

3月14日06点18分，奠边府又一次从沉睡中醒来。与往常不同的是，中心区看起来一片狼藉——经历了一夜的猛烈炮轰，到处都是弹坑，还有不少未爆弹，被炸穿的掩体尚吊着半个顶盖。大家都默默地看着这一切，煮着热咖啡来吞送冰冷的口粮，大家都沉默无语，整个奠边府突然间变得死气沉沉的。兴兰高地的失守严重打击了法军的士气。

第10殖民地炮兵团3营的普罗斯帕·迪皮耶中士走近去检查他的2部卡车（藏在掩体里），他明白他很快又要启动这2辆卡车去仓库领取炮弹了（经过1夜的战斗，炮兵消耗的炮弹也不少）。当迪皮耶中士检查卡车的时候，奠边府守军炮兵指挥官皮罗斯上校也从掩体里爬出来，询问手下各个炮兵连的伤亡情况。这位独臂军官随后穿过中心区炮阵地来到第4殖民地炮兵团2营6连阵地，当他看到炮组成员尸体躺满一地时，深为越军炮火的准确和猛烈而震惊。在中心区总指挥部里，德卡斯特里也在为兴兰高地的失守忧心忡忡，到底要不要反击呢？正在这当头，勤务兵进来报告，说潘尔蒂带着越军的信件回来了。这是怎么回事呢？

原来，第13外籍兵团步兵团3营11连

连长潘尔蒂中尉在战斗结束后试图从4号高地包扎所出来，发现兴兰高地已被攻破，越军进攻部队正和打扫战场的部队交接防务。他想趁乱逃跑，不幸被1名机警的越军逮个正着。当时，越军第312大团团长黎仲迅向武元甲提议，出于人道主义的考虑，让法军把兴兰高地之战的法军伤员拉回去，这么做既可以显示出越军的人道主义精神，又可以打击法军的士气。武元甲听了很高兴，但他又有一丝疑虑，他对黎仲迅说："可是，你怎么通知敌人呢？"黎仲迅早已成竹在胸："我建议允许让1名负伤的法军军官返回芒清区带信给德卡斯特里，让他们派出带着红十字标志的士兵前来撤运伤员。"武元甲点点头："我批准，这事就由你来负责。"

于是，潘尔蒂被越军选中担当信使。正如黎仲迅所料，潘尔蒂把信带给了德卡斯特里，信中建议双方在08点30分到12点00分之间停火，让法军拉回兴兰高地的伤员。07点00分左右，德卡斯特里上校请示科尼。但科尼也不敢擅自做主，他需要请示法国远征军参谋长冈比耶少将。征得同意后，科尼让德卡斯特里接受黎仲迅的建议。

不过，当时芒清中心区的法军军官们最关心的是会不会马上组织反击，这可是那产之战的标准模式。但德卡斯特里并不这么想——兴兰高地离芒清中心区太远了，法军没有受过多少夜战行军和战斗训练，贸然出动宝贵的伞兵预备队和埃尔夫特的M24"霞飞"坦克群很可能会造成一场灾难，甚至会无谓消耗掉奠边府唯一的预备队（指伞兵部队）。德卡斯特里上校在于7点钟给科尼少将打的电话报告信里就做出了避免贸然反击的决定。做这个决定是基于以下考虑：第一，即使反击成功，他也无处抽调兵力守卫兴兰高地；第二，即使有新的兵力，在防御系统被越军完全破坏的情况下，他们在越军下一波进攻中亦不能守太久，且很有可能重演第13外籍军团步兵团3营的悲剧。正是这些考虑，使德卡斯特里上校打消了夺回兴兰高地的念头，决定先拉回伤员，再专心做好独立山防御。

9点，高级医疗官勒·达马尼上尉和第13外籍兵团步兵团的神甫特兰康率一支小分队乘坐3辆挂着红十字旗的吉普车前往兴兰高地。9连的布莱耶和库比亚克士官也随同前往。经过一阵沉默，他们走向高地，迎面见到了一个越军接收小组，他们注意到第13外籍兵团步兵团3营的吉普车仍完好无损地停在山间小道上。他们被允许检查各个据点，找寻伤员。他们发现超过100具外籍官兵的尸体躺满各个据点，而所有越军伤亡人员都已后送，战场上找不到任何一具越军尸体。

▲ 绵密的带刺铁丝网群没能挽救法军的失败。

只有少量法军重伤员被移交，这些伤员随即被送到战地医院。

中午，法军做了统计，第13外籍兵团步兵团3营在兴兰高地战死125人，200人被俘。1名军官和8名士兵重伤后被抬回，约111名士官和士兵逃回。午后3营重新点名时，只有2名军官和192名士兵喊到，但至少80人没有参加兴兰高地的战斗。幸存者随即被派往第9机动团指挥部（营部连、11连和12连）和于格特防区（9连和10连）。

当天，奠边府突降大雨，阻碍了C-47的空投和接运伤员。不过，第53联络机小队长德武库少校还是冒险驾驶直升机于上午8点飞进奠边府，将急需的药品交给了格罗万军医官。飞走时，德武库捎带上了潘尔蒂在内的4名重伤员和德卡斯特里的秘书波拉。波拉在前一日的炮击中表现得镇定勇敢，她的存在使不少军官稳住了自己的情绪。午后，停火期结束，越军105毫米榴弹炮和120毫米重迫击炮又开始对中心区指挥部、法军炮兵阵地和停机坪实施零星炮击，一直持续到下午。

3月13日夜的炮击使停放在停机坪的莫拉纳观察机只余1架，其余全部被毁。尽管如此，佩里亚中尉和勒·科兹中尉还是在午后驾驶着这架硕果仅存的莫拉纳观察机起飞，贴着低空云层对独立山周围山谷和高地进行侦察。

佩里亚几乎不敢相信自己的好运——3辆越军牵引车拖着105毫米榴弹炮正穿过一片稻田区，目标清晰可见，而且四周无处可藏，真是绝好的炮击目标！佩里亚马上向火控中心报告，呼叫11连的155毫米榴弹炮群轰击。几分钟内，3辆卡车就在准确的155毫米弹群的爆炸声中起火燃烧，105毫米榴弹炮似乎也已受损。但佩里亚随即也遭到越军37毫米

高射炮还击，座舱周围炸开的团团黑烟宣告越南天空已不再是法国空军（以及法国海军航空兵）肆意妄为之地。这些105毫米榴弹炮群已经开始向西转移，而白昼期间冒着被发现的危险赶路，更说明越军作战的急迫性。他们的下一个目标显然是独立山。

下午晚些时候，停放在停机坪的2架"熊猫"式战斗机（隶属于法国空军第22战斗机大队1中队）由德·索拇上士和巴尔托中士驾驶，奉空军管制员之命，对独立山周围山头的越军集结区实施凝固汽油弹攻击。冒着密集的炮火，他们猛推操纵杆，在弹孔密布的机场跑道上急速滑跑升空。

雨还在不停地下，天空密布积雨云，这实在不是一个实施对地攻击的好日子。在红河三角洲的河内和海防各机场，天气情况也相差无几，阻止了远东空军实施飞行侦察任务，而地面空军管制员标定的目标准确性又值得怀疑。尽管佩里亚和勒·科兹两人凯旋，但越军大部分转移机动都采取在丛林掩护的情况下进行，他们在伪装机动方面的专业性以及高度的纪律性，使他们几乎是在法军毫无察觉的情况下将兵员和装备安全地转移到独立山周围（损失3辆卡车只是孤立事件，不能说明整体问题）。

退一步说，即使法军战斗机飞行员确实发现了转移中的越军部队或者榴弹炮，要想精确命中也并非易事，尤其是在印度支那服役的大部分远东空军和海军航空兵战斗机飞行员都没有像美国空军战斗机飞行员那样受过严格而长期的炸射训练。更糟糕的是，法军战斗机多没有装备新式美造投弹瞄准器，飞行员在投弹时只能依靠经验估算相对速度和角度，然后俯冲投弹，这种攻击的命中率可想而知。

所谓俯冲攻击,就是指飞机呈大角度(一般是75°~85°)沿笔直航线俯冲到投弹点,拉杆投下炸弹后再改出。这种战术是战斗轰炸机和俯冲轰炸机最高命中率的攻击模式,但它也有显著的弱点,那就是俯冲阶段飞机会长时间暴露在高射炮手瞄准镜内。只要高射炮对着飞机俯冲航线(固定的)射击,总有命中的时候。除了俯冲轰炸,战斗机飞行员的另一个攻击战术是低空(高度约在50米)突入投弹,然后急跃升爬高,这种战术需要飞行员极为精湛的技术,同时也是敌高射炮最难对付的战术(瞄准时间短,高度难以估算,即使是现在装备高精尖的雷达的时代,打超低空突防的战斗机仍是各国防空部队的攻坚课题)。但这种战术缺点更明显,那就是投弹时要选择极为精确的高度和角度,否则飞机在投弹后做拉起动作时很容易被炸弹爆炸后四散飞溅的弹片炸伤乃至击毁。

由于无法精确攻击,法国远东空军的"熊猫"式战斗机和海军航空兵的F6F"地狱猫"式战斗机在印度支那战场普遍倾向于使用凝固汽油弹来攻击越军,这种炸弹的杀伤力大,但精度低,而且对潮湿森林内移动的目标攻击效果不佳,只有当目标在干燥开阔的地面移动时才有明显效果。法国远东空军第一次使用凝固汽油弹是在1951年1月的红河中游战役,效果不错。之后,远东空军又在东北战役、宁平战役、和平战役和西北战役中多次使用凝固汽油弹,给开阔地带运动的越军造成了很大麻烦。为了对付法军的凝固汽油弹,越军采取堑壕加盖延伸的战术,即挖掘深深的堑壕并在顶部加几层铺原木和厚沙土的盖顶,堑壕从集结地一直延伸到攻击目标前,这样越军就完全解决了在法军凝固汽油弹和炮火轰击下如何有效运动兵力的问题。

▲ 第367高射炮团在奠边府战役中表现出色,他们击落了大量的法军战机。

在越军有效的伪装机动和堑壕运动转移兵力兵器的情况下,德索穆和巴尔托自然没有取得什么战果。结束这次无聊的任务,两人奉命返回老挝查尔平原的川圹。当时,第22战斗机大队没有给飞行员们配备老挝航空图,这两个倒霉的年轻人只得凭仪表摸索前进。下午,老挝和越南边界的长山山脉浓云密布,他们迷航了!幸好他们的通话被附近飞行的1架C-47听到,飞行员丰唐热上尉正巧是个热心肠,呼叫他的朋友——在海军航空兵担任一个搜救小队队长的巴博中校引导这2架"熊猫"紧急在当地机场降落。第二天,这2名年轻的中士终于飞到川圹,和从海防转场到此地的皮埃罗少校率领的本中队主力会合。此后8天,他们就从川圹向奠边府出任务。

除了德索穆和巴尔托这两个幸运儿外,帕里佐中尉、布吕昂中士和富歇中士也驾驶着各自的"熊猫"式战斗机飞出了奠边府,剩下的4架"熊猫"式战斗机无法起飞,他们全都在午后被越军105毫米榴弹炮火摧毁。至此,奠边府失去了自己的航空部队。

德卡斯特里对此倒也不太伤心,因为光地面部队的事就使他不胜其烦,而且没人可为他分忧——参谋长卡勒中校有些神经质,皮罗斯上校意志消沉，朗格莱接手中部防区司令后似乎还没进入状态。各种迹象显示，越军极有可能在 3 月 14 日夜发动新的进攻，目标是独立山。当前，他有两件紧迫的事要做：一是请求空降 1 个营补充第 13 外籍兵团步兵团 3 营的损失，二是请求补充炮弹消耗。3 月 13 日夜到 14 日凌晨的战斗打掉了莫边府约三分之一的炮弹储备：105 毫米榴弹 6300 发，相当于每门炮打掉 260 发，换算成运输量就是 63 架次 C-47 满载量。

尽管天气不良，科尼少将还是答应德卡斯特里下午空投 1 个伞兵营，对弹药补充的要求却不置可否。朗格莱希望河内给的援军是比雅尔少校的第 6 殖民地伞兵营，但河内告之下午空投的是第 5 越南伞兵营，由 40 岁的安德烈·博泰拉上尉指挥。和比雅尔一样，博泰拉也曾在英国陆军特别空勤团服过役，在二战和第一次印度支那战争中都有上佳的表现。

3 月 14 日下午 2 点 25 分，第 5 越南伞兵营从高度仅 180 米的空中跳伞，30 秒落地。为策应伞降安全，法军使用了三个空降场接应。在伞兵离开着陆区集结开往艾兰防区的途中，越军 105 毫米榴弹炮群进行了炮火拦截，炸伤了营部和 1 连的几名官兵。下午 6 点，全营抵达艾兰防区，冒着大雨和越军榴弹炮、迫击炮火力袭扰，他们在几乎未设防的 C2 高地一个山坡挖掘战壕和掩体。接着，博泰拉上尉向朗格莱报到。在第 9 机动团指挥部，博泰拉受到朗格莱的热烈欢迎，但朗格莱依旧惦记着比雅尔的第 6 殖民地伞兵营。

奠边府战役的爆发也牵动了纳瓦尔的心。3 月 14 日下午 6 点，纳瓦尔中将在与老挝驻军司令克雷弗克上校会谈后匆匆飞抵河内，会晤科尼。科尼向他报告了最新形势。纳瓦尔对德卡斯特里的最新部署没有表示异议，兴兰高地丢失已成事实，反击成功率几乎为

▲ 靠着法国远东空军的运输机部队，奠边府守军才勉强维持了补给。

零。当前要做的是预判越军的下一个进攻目标。根据越北战区司令部情报处提供的消息，越军极有可能在当夜对独立山发动进攻。纳瓦尔小小吃了一惊，随即脱口问道："加布里埃尔（独立山）是哪支部队在把守？"科尼少将胸有成竹地答道："是梅科希蒙少校的第7阿尔及利亚步兵团5营。"纳瓦尔很满意，自信地说："那越盟有得苦头吃了。"

纳瓦尔的自信是有根据的。

和缺兵少将的第13外籍兵团步兵团3营不同，第7阿尔及利亚步兵团5营可谓兵强马壮。3月13日的人员花名册显示，该营共拥有877名官兵，含14名军官。不少骨干军官和士官曾随朱安元帅参加了意大利战场的第四次卡西诺战役。

当时，担负主攻任务的波兰第2军对蒙特·卡西诺修道院猛攻3天，硬是在德国第1伞兵师的顽强抵抗下付出了4000人的伤亡，终究毫无进展。眼看第四次卡西诺之战又要受挫，法军北非兵站了出来。在法国元帅朱安的率领下，摩洛哥兵和阿尔及利亚兵从古斯塔夫防线侧翼出击，经过苦战拿下了卡西诺修道院侧翼的毛奥峰，继而插往德军背后，迫使德军从古斯塔夫防线全面撤退。盟军经过5个月的血战终于取得了突破。这一仗既使朱安元帅永载史册，也让来自阿尔及利亚和摩洛哥的法军北非兵声名鹊起。

第一次印度支那战争爆发后，法军抽调参加过二次大战的北非老兵为骨干，辅以大量从阿尔及利亚征召的新兵组成第7阿尔及利亚步兵团5营。这个营的军官和士官的荣誉感很强，他们热爱战斗，崇尚荣誉。比如1连3排排长本·萨勒姆（阿拉伯人）上士因负伤而后送河内，当他听说大战将至时又主动请战，带伤返回了奠边府。在装备和物资方面，该营装备着新式的美式装备，储备的粮弹足足可以打上4天。尽管越军在前一夜一战拿下兴兰高地，吃掉了以顽强好战著称的第13外籍兵团步兵团3营，但第7阿尔及利亚步兵团5营却丝毫不为自己的命运担忧。从营长梅科希蒙少校到排长，各级军官都很自信，他们知道第13外籍兵团步兵团3营兵力不满员，还缺乏足够的军官指挥，且没有时间和物资构筑足够的工事。而13外籍兵团步兵团3营的缺点正是他们的优点。

为了构筑完备的独立山防御体系，第7阿尔及利亚步兵团5营付出了大量的心血。在他们的努力下，独立山成了奠边府最坚固的据点之一。独立山原本长满树木，阿尔及利亚兵一进驻就砍光了，用这些木材来做工事：树干加固主阵地的顶盖，枝叶给地堡做伪装。他们还在山体里挖掘了不少地道用于屯兵和储备粮弹，在地道口和射击孔周围都仔细地用枝条进行了伪装。

从地形上看，独立山呈南北走向，长约550米，宽约230米，北高南低。依托地利，第7阿尔及利亚步兵团5营构筑了2条环形堑壕带，形成内外两条防线，两条防线通过弯弯曲曲的交通壕相连，各连分别把守外层防线一角：1连（连长：纳贝上尉；副连长：鲁准尉）负责西北角，4连（连长：莫罗中尉；副连长：肖森准尉）放在东北角，3连（连长：让德尔上尉；副连长：蒙瑙中尉）把守东南角，2连（连长：安东尼·博泰拉上尉；副连长：福克斯准尉）镇守西南角。为策应安全，各连连长和副连长都待在各自掩体里指挥部队。机枪、无后坐力炮和大型地堡都靠近主峰部署，以便居高临下用火力压制山脚冲锋之敌。沿着山脊线，第7阿尔及利亚步兵团5营又部署了第二条内层防线，主要是掩护营部和重武器排的安全。连同各个防线的交通壕全部盖顶，外层防线前沿还拉置了双层带刺铁丝网。

营部设在内层防线东南角，电台通讯站和急救所设在内层防线正南，在营部稍往北是梅科希蒙少校的预备指挥部，里面放置了一部电台，以备营部被炮火摧毁后还能保持指挥和通信联络机能，正中央山顶由叙泽瑙上尉的营部连（含81毫米迫击炮排）压阵，该连还包括一支40人（含喷火兵）的反击分队，由营部情报官桑塞尔姆中尉和鲁齐克中士指挥。同在山顶的还有第416泰族轻辅助兵连，第2外籍兵团重迫击炮连1个排（排长：克莱热中尉）。战役爆发前，重迫击炮排共有4门120毫米重迫击炮，13日夜的战斗中被越军炮火摧毁1门，另1门120毫米重迫击炮在14日发生自炸，导致该炮的5名组员全被炸死。这样，在即将到来的战斗中，驻独立山的重迫击炮排就只有2门120毫米重迫击炮可用。

除了官兵训练有素、装备精良外，营长梅科希蒙少校也让纳瓦尔和德卡斯特里倍感放心。本来，梅科希蒙少校的服役期就快到了，继任者卡尔少校已经赶上阵地熟悉情况准备接过指挥权。但看到大战在即，梅科希

▲ 法军第7阿尔及利亚步兵团5营营长梅科希蒙。

蒙决定辅助卡尔指挥，打完这场仗再走。为了表示对未来战斗充满信心，他特地在营部角落放了好几瓶香槟酒，向部下们宣布："打完这仗，我们一起喝香槟！"

自信归自信，第7阿尔及利亚步兵团5营在14日还是进行了细致的战前准备。

午前，独立山高地的助理炮兵前进观察员勒莫克（主观察员是乔治·科兰中尉）发现山北的674高地有越军在架电台天线，他们怀疑越军在那里设了高级指挥部。得到允许后，他们下令独立山上的2门120毫米重迫击炮射击，驱逐了越军。下午3点，德卡斯特里的情报官通知梅科希蒙少校，越军很可能在当夜进攻独立山。

在卡尔少校的陪同下，梅科希蒙少校进行了最后一次战前部署：将剩余弹药分发，把军工遣回中心区，下午5点分发热饭。战斗爆发前最后一刻，1辆吉普车载着捷克籍军医索尔达蒂上士上了独立山。之后，整个独立山进入战斗准备状态。科兰中尉对各条接近独立山的道路进行了最后的坐标校对（全部归零），5点起，他指示炮兵对越军可能的兵力集结区进行反炮火准备。虽然在雷雨天，以及晴天日出前和日落后他的SCR609的通信状况都会受到干扰，但他很聪明地使用了克莱热中尉的SCR608做备用，从而保持了和火控中心的通畅联络。卡尔少校还请求河内继续出动C-47运输机在夜间空投下"萤火虫"照明弹。按照每颗照明弹能烧4分钟，每架飞机载60颗计算，每架滞空飞机的间隔投弹能保证战场4小时照明，一夜激战至少需要3架次C-47。

法军做好了应战准备，越军同样也是志在必得。

武元甲大将把进攻独立山的任务交给了

越军第 165 团团长黎水和第 88 团团长南河，两个团统一由第 308 大团长王承武指挥。根据战役指挥部的命令，第 165 团负责主要方向的进攻，沿着独立山纵长的东南坡实施冲击；第 88 团负责次要方向的进攻，从东北方向发起攻击，同时留出预备队准备打击自芒清中心区出援反扑的法军；直接支援 88 团和 165 团的是越军 2 个 75 毫米山炮连和 2 个 120 毫米重迫击炮连。为了策应第 165 团和 88 团对独立山的进攻，越军第 174 团 255 营还要以一部兵力在火力连支援下，偷袭 A1 高地。按计划，独立山战斗将在 1954 年 3 月 14 日 16 点 45 分打响。

进攻发起时刻到来时，担任配合方向进攻的 174 团 255 营首先向 A1 高地的法军实施攻击，他们首先在 A1 高地铁丝网障碍带上炸开一个口子。航岗分区的法军 105 毫米榴弹炮和芒清中心区的 120 毫米迫击炮朝 255 营打出密集的弹群。由于大雨不断，地面湿滑，

▲ 纳瓦尔和科尼正商讨战事。

越军的 2 个 75 毫米山炮连和 2 个 120 毫米重迫击炮连没法及时从兴兰高地转移到独立山当面。也就是说，不能按计划规定的时间发起进攻。在这种情况下，越军战役指挥部只得下令把进攻 A1 高地的第 255 营给撤了回来。

18 点 00 分，担任独立山进攻战斗总指挥的第 308 大团长王承武和副大团长谭光中经过讨论，决定不等 2 个 75 毫米山炮连和 2 个 120 毫米重迫击炮连到位，先让第 45 炮兵团对独立山进行炮火准备，摧毁守敌的工事系统，打击对方的士气。与此同时，越军第 165 团和第 88 团继续进行战斗准备，等待 75 毫米山炮和 120 毫米重迫击炮转移到位。

越军第 45 炮兵团再次向法军展现了自己高超的射术。虽然越军的 105 毫米榴弹不多，但他们的射击让法军误判为密集落弹。法军第 7 阿尔及利亚步兵团 5 营 3 连连长让德尔上尉报告，在他的防区，每分钟落弹 15~20 发。在各个坚固的据点里，阿尔及利亚老兵们忍受着震耳欲聋的炮声和周围不断的摇晃。8 点左右，天色完全黑了下来，越军炮兵加大轰击力度，集中 105 毫米榴弹炮、82 毫米和 60 毫米迫击炮、无后坐力炮、重机枪甚至是 37 毫米高射炮（平射），对独立山各级指挥部、地堡群猛烈炮击，重点是 4 连防区。

法军声称，利用越军第 45 炮兵团的火力准备，越军第 88 团实施冲击。久经沙场的法军阿尔及利亚兵们，集中各种步机枪、60 毫米/81 毫米迫击炮、120 毫米重迫击炮和 57 毫米无后坐力炮射击。芒清中心区和航岗分区的法军 105 毫米榴弹炮群也采取少装药、高仰角的方式进行急速射支援守军。但法军炮兵的射击不幸暴露了自己，再一次因越军第 45 炮兵团的炮火反击而蒙受不小的损失——先是第 4 殖民地炮兵团 2 营 5 连的 1

门 105 毫米榴弹炮被越军炮火击毁，4 名炮组成员阵亡；继而第 10 殖民地炮兵团 3 营 9 连的 1 门 105 毫米榴弹炮炮位中弹，除卢贝中士外，全体炮组成员阵亡（不久补充炮手赶到，这门炮又恢复了射击）。

不过，越军第 88 团一部也趁着炮火准备的间隙，对阿尔及利亚第 7 步兵团 5 营 1 连和 4 连展开了第一次冲击。22 点 00 分左右，把守 1 连和 4 连结合部的 1 连 3 排全军覆灭。眼看越军就要从 1 连和 4 连结合部达成突破，营长梅科希蒙少校当即命令桑塞尔姆中尉的预备队（含喷火兵）反击。与此同时，在越军持续不断的炮击和步兵集团的冲锋攻击下，1 连官兵身心俱疲，陷入局部混乱状态。尽管如此，本·萨勒姆上士还是能保持冷静的头脑，指挥部下继续奋战。随着预备排的到来，一度岌岌可危的 1 连防线稳住了。接着，第 88 团又进行了第二次冲击（并非总攻击，主要目的是在炮火准备的同时牵制住法军），可还是没能冲过铁丝网障碍带。随着战斗的深入，阿尔及利亚第 7 步兵团 5 营自身伤亡也在增多。在独立山的急救站，躺着大约 30 名哀号的重伤员。

到 3 月 15 日凌晨 02 点 30 分，越军第 88 团连续 2 次的牵制攻击都被法军第 7 阿尔及利亚步兵团 5 营 1 连和 4 连给打了回来，暂时停止了进攻。一时间，越军第 45 炮兵团也沉默了。梅科希蒙少校高兴地电告朗格莱和德卡斯特里——各连形势都在掌握之中。接着，他又告诉手下连长们——需要粮弹的尽管来取。在南部防区的 2 连和 3 连没有遭到进攻，防线依旧完整；西北角的 1 连伤亡情况一般；最糟糕的是 4 连，伤亡惨重，工事系统处于半毁状态。梅科希蒙很清楚，越军是不会罢休的，这只是下一次暴风雨前短暂的平静而已。因此，他请求炮兵对敌集结区进行反炮火准备。

经过 8 小时的战斗和越军的炮轰，皮罗斯上校的法军炮手们也筋疲力尽，他们打掉的炮弹是如此的多，以至于不得不反复跑到中心区军火库去领取新的炮弹。与此同时，在 D2 高地的第 4 殖民地炮兵团 2 营 4 连的 105 毫米榴弹炮群和驻 506 高地（法军称为 E10 高地）的 155 毫米榴弹炮群也展开了射击竞赛。当炮 4 连在夜空中开始怒吼时，让－马里克·莫罗中尉指挥 155 毫米榴弹炮群以最大射速进行急速射（105 毫米榴弹炮最大射速每分钟 6 发，155 毫米榴弹炮每分钟 3 发）。作为 1 名炮兵指挥官，莫罗中尉在 13 日夜到 14 日凌晨的自信只是表面上的，而现在他是真正自信了，因为炮 11 连的 4 门 155 毫米榴弹炮全部集中到 506 高地，他可以给越军炮兵以毁灭性的打击！不过，随着时间的推移，炮 11 连对越军炮兵的反炮战效果并不显著，最后还是由反炮战转为支援独立山战斗。

连续 2 天炮战都无法压制对手，使皮罗斯上校失去了自信，他把火控中心交给勒·居伦少校、奥斯提上尉和维尔佐中尉负责。对炮战，他唯一的希望就是越军炮兵会遇到弹药不足的窘境。越军炮兵弹药确实严重不足，但依旧坚持对独立山和法军炮兵阵地进行有效轰击。越军炮兵的韧性和炮击力度让皮罗斯彻底绝望了。

其实，皮罗斯大可不必如此，虽然法军炮兵没能对越军的 105 毫米榴弹炮进行有效反制，但他们的炮火封锁还是给越军炮兵造成了不小的困难。预定参加独立山战斗的越军第 675 炮兵团 2 个连和第 83 迫击炮营 2 个连拖着各门炮艰难地在大雨中穿过漆黑的森林。午夜，他们离战场只有不到 700 米。突然间，一群炮弹朝他们头顶砸下，炸死炸伤

▲ "决战决胜"的红旗插上了山顶。

了许多越军炮兵指战员的牵引装置也被打坏。尽管如此，幸存的炮兵们明白，步兵还在等他们。怀着决战决胜、为战友报仇的决心，他们继续拖着火炮前进。

3月15日02点00分，75毫米山炮群和120毫米重迫击炮群抵达了指定的炮兵阵地，并用1个多小时的时间紧急做好了战斗准备。03点30分，王承武下令进攻。这一次，越军动用了5个炮兵连（3个105毫米榴弹炮和2个75毫米山炮），并采用延时引信，有效贯穿了法军大量地堡，120毫米重迫击炮也进行了密集射击，打掉了不少地表掩体。

伴随着炮火的延伸，越军展开了冲击。第312大团165团首先跃出接敌堑壕，从第7阿尔及利亚步兵团5营3连把守的东南坡铁丝网地带突破进去，接着后续部队源源不断涌入。同时，88团也鼓起余勇再次冲锋。在越军两个团的同时冲击下，法军各连逐渐被分割。越军采取了新战术：攻击各连不等侧翼友军上来就继续扩大自己的突破口，这使兵力不足的法军渐渐招架不住。使用这种战术，88团在北面终于突破了第7阿尔及利亚步兵团5营1连和4连阵地，将守敌分割在多个孤立据点内。科兰中尉和克莱热中尉发现，88团采取这种战术以后他们很难再对

越军进行有效的炮火拦阻了：一旦越军拉开散兵线冲进法军战壕群，就只能采取空炸射击才能奏效；而双方步兵现在已经搅在一块，采取这种射击法误伤概率也不小。这下子，法军炮兵没辙了。在东南坡，3连长让德尔上尉指挥手下将165团死死地顶在山腰。但在北面，88团已经攻破了外层防线，1连和4连退到内层防线继续死战，营长梅科希蒙不得不将见到的每一个人都抓到北面应付危局。

大约凌晨4点30分，科兰中尉通过电台向第4殖民地炮兵团2营的孔布上尉请求105毫米榴弹炮群使用近炸引信轰击。不久，克莱热中尉报告手下剩余的2门120毫米重迫击炮被毁。4连长莫罗请求预备排出击肃清突入阵地之敌（他手上已经没有预备队了）。

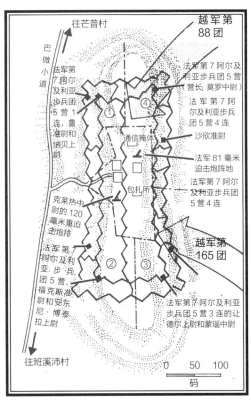

▲ 越军对独立山高地的攻坚战态势图。

接到报告,桑塞尔姆中尉立即冲出营部,带着他的预备排朝着4连阵地赶。正在这时,类似前一日在第9机动团指挥部和佩戈营部的故事重演了,1发75毫米榴弹像长了眼睛似的飞进营部,全体军官悉数负伤。梅科希蒙少校失去知觉2小时之久,卡尔少校被炸飞一条腿。大型指挥电台也被击毁。

刚跑出营部的桑塞尔姆也没能幸免,双腿负伤。当他好不容易爬上山顶的急救所时,惊讶地发现急救所也被炮火摧毁,索尔达蒂和大约30名伤员当场被炸死。倍感凄凉的他干脆躺在泥泞里,望着四周的炮火发呆。不久,鲁齐克上士找到了他,报告预备排打光了,但桑塞尔姆还是坚持让他去支援4连。鲁齐克明知是送死,还是二话没说,抄起冲锋枪,背上喷火器就冲了下去。

桑塞尔姆挣扎着返回营部,发现科兰中尉在半昏迷状态下和第4殖民地炮兵团2营通话,他告诉孔布上尉他已经无法履行炮兵前指的职责,他要求炮兵对独立山覆盖射击,遭到孔布上尉的拒绝。随后,孔布上尉联系上了克莱热中尉,得知重迫击炮排已经丧失了所有的120毫米重迫击炮,此时他们正拿起武器充当步兵和2连一起奋战。孔布上尉要克莱热中尉接替科兰中尉担任独立山炮兵前指。多年后,当人们提起克莱热时,还能想起他那用冷静的西班牙语下达的射击指令。此时,负伤的梅科希蒙少校把指挥权交给了3连长让德尔上尉。让德尔上尉也飞奔进预备指挥部,保持和德卡斯特里的联络。在通话中,德卡斯特里告诉他,只要坚持到天明,反击部队立即从中心区开出给他们解围。

5点,第一缕阳光从东方地平线出现,此时越军的火力依然猛烈,1连报告越军已经突入纵深! 6点,1、2、3连报告再次挡住敌军进攻,唯有4连沉默无语——有资料显示,莫罗中尉曾呼叫炮兵朝阵地开炮,他很可能是在接下来的战斗中阵亡的。接到呼叫,炮兵随即对独立山北面实施空炸射击,给幸存的1连造成巨大伤亡,唯一的效果是延缓了88团沿4连交通壕向南和西面攻击前进的速度。在东南坡,165团缓缓将3连逼上山顶。

独立山之战的转折点发生在早上7点,165团115营(该营是那产之战中表现最出色的部队)攻下了法军第7阿尔及利亚步兵团5营3连连部,3连弃地溃逃。与此同时,88团也拿下了北坡,越军115营1名25岁的越军士兵陈玉段将绣着"决战决胜"字样、弹痕累累的红旗插上已成废墟的第7阿尔及利亚步兵团5营营部。山上到处都是越军的身影,88团和165团转而清剿残敌。

第7阿尔及利亚步兵团5营败局已定,除了2连还守着西南角,3连部分官兵退到内层防线,以及营部连、8名二战老兵与泰族辅助兵在预备营部周围奋战外,整个北坡、东南角和大半个山顶都落入越军之手,1连长纳贝上尉和4连长莫罗中尉战死,只剩萨勒姆上士带着少数残兵在山顶几个孤立据点苟延残喘。如果援军再不来,恐怕连西南角也守不住了。

▲ 突破敌阵,继续追击的越军指战员。独立山之战再度告捷!

大约 7 点，让德尔上尉的电信员接到第 1 外籍军团伞兵营营长吉罗少校的电话。7 点 30 分，太阳升起。透过双筒望远镜，让德尔上尉看到了在独立山南面约 3200 米出现了 M24"霞飞"坦克的侧影。第 1 外籍兵团伞兵营在坦克的伴随下，朝着班溪沛南面的一条溪流前进。突然间，越军炮火在溪流中爆炸，掀起道道水柱。这个情景，让陷入绝境的第 7 阿尔及利亚步兵团 5 营又恢复了一些信心——他们终于来了！

在中心区指挥部，德卡斯特里上校通宵守候在指挥电台前。通过无线电，他对独立山战况了如指掌。凌晨 5 点，他决定立即反击，要么夺回独立山，要么接应幸存者撤退。决心已定，他立即打电话给中央防区司令朗格莱中校，要他组织反击。放下电话，朗格莱又把反击任务交给了前一日接任第 2 伞兵机动团团长巴泽少校。

当时，奠边府的反击预备队就是 2 个伞兵营——第 1 外籍军团伞兵营和第 8 殖民地伞兵营，但朗格莱认为最危险的时候还没到来，对让任何一个伞兵营全力出击都持反对态度。除了独立山激战外，312 大团和 316 大团在当夜对 E 高地和 D3 高地的佯攻，也让朗格莱心神不定。从独立山传回的消息使朗格莱认定：只要出动 2 个伞兵连，在坦克配合下，他们就能稳住独立山的形势。于是，他越过巴泽少校，私下里给第 1 外籍兵团伞兵营营长吉罗少校打了个电话，命令他只出动 2 个连试一试。

与此同时，巴泽少校根据独立山传回来的消息，也得出和朗格莱一样的判断——只需在坦克群配合下的 2 个伞兵连就可以把越军压下去。05 点 30 分，第 1 外籍兵团伞兵营营长吉罗少校带着 2 个伞兵连朝机场向北出击。他们的行动没有逃过兴兰高地的越军炮兵观察员的利眼。

在越军前进炮兵观察员的引导下，第 45 炮兵团分出一部分 105 毫米榴弹炮对机场进行了猛烈炮击，试图拦住伞兵，结果伞兵没拦住，倒摧毁了佩里亚和勒·科兹的 2 架莫拉纳炮兵观察机，它们是奠边府战役中最后一批被炸毁于机场的法军战机。

大约 6 点 30 分，奠边府又沐浴在阳光的照射下。第 1 外籍军团伞兵营的 3 连和 4 连在班溪沛南面的溪流渡口（一座浮桥）前停了下来。在明媚的阳光的照耀下，溪流北面稻田和班溪沛村清晰可见。只要越过这个村庄，第 1 外籍兵团伞兵营马上就可以解救独立山的阿尔及利亚战友。不一会儿，埃尔夫特上尉带着 7 辆 M24"霞飞"坦克（卡雷特军士长的 1 排和甘茨上士的 2 排）赶来和伞兵们会合，巴泽少校坐着 1 辆吉普车亲自督战。

一到现场，巴泽就皱起眉头，前方越军已经挖了一条狭长的战壕，正等着法军来攻。突破这道防线肯定要付出代价，只有突破它们，才能往独立山突击……2 个连的外籍伞兵显然不够用！于是他电请朗格莱再派 1 个伞兵营过来，待外籍伞兵和坦克攻破越军阻击阵地后将增援伞兵营投入攻击，打上独立山。朗格莱应允，给他增派了第 5 越南伞兵营。

事后，朗格莱在解释他为什么做这个决定的时候，说精锐的第 8 殖民地伞兵营是他目前唯一完整的预备队，他不愿在没有到最危急的情况下就把这个精锐伞兵营消耗掉。在他看来，312 大团和 316 大团的佯攻很可能是越军在 15 日对东部高地群发动攻势的先兆，基于这个考虑，他不得不保留第 8 殖民地伞兵营，而给巴泽增派第 5 越南伞兵营。

对于朗格莱的决定，巴泽感到很费解，

而朗格莱的解释又很敷衍（只是搪塞了一下巴泽），接着就向第5越南伞兵营营长博泰拉上尉下达命令。实际上，这是一个极不周全的决定。第5越南伞兵营降落在奠边府后，背负着沉重的装备行进了2小时，抵达C2高地，接着又不眠不休地在大雨和越军的零星炮击下挖了一夜的工事，疲劳至极。日出前45分钟，刚刚休息不久的越南伞兵被唤醒，整队出发。他们不得不摸黑，在弹坑累累的中心区交通壕和铁丝网地带穿行。向北眺望，独立山上升起的硝烟和炮火闪光让他们清楚了此行的目的地。

走了1个小时，第5越南伞兵营终于抵达机场。期间，他们请求派人领路（对他们来说，这个地方还很陌生），但没人理睬，朗格莱只是不停发电催促他们继续前进。老练的博泰拉上尉借助跑道边上排水沟旁不断爆炸的闪光才摸索着穿过机场，继续北进，接着穿过板桥高地，追赶第1外籍兵团伞兵营。07点30分，第5越南伞兵营尖兵——加旺上尉的3连看见了前面的第1外籍兵团伞兵营和7辆M24"霞飞"坦克，但没能赶上突破作战。

此时，越军第88团213连在60、82毫米迫击炮和57毫米无后坐力炮的支援下，早在渡口北约700米的班溪沛村和村前的堑壕里恭候多时了。显然，任何向北朝独立山的突击除了遭到这个连的抵抗外，还将受到越军105毫米榴弹炮和120毫米重迫击炮的拦阻射击。06点30分，2个外籍伞兵连和坦克群在渡口南面停了下来，双方军官召开简短战地会议。巴泽少校的命令是一路打到独立山，然后由第5越南伞兵营接过防务，把蒙受重创的第7阿尔及利亚步兵团5营撤下来，但第5越南伞兵营这时连影子都没见到。期间，吉罗少校、埃尔夫特上尉和独立山的联系时断时续，他们除了听清楚让德尔要求立即发起救援行动外什么也没听到。大约7点，越军开始对反击部队炮击，巴泽少校也接到了德卡斯特里上校直接发来的第二道命令，他现在的任务不是夺回独立山，而是救回幸存者。

在独立山，让德尔上尉通过电台也收听到命令的部分内容。据梅科希蒙少校回忆，让德尔上尉向他报告了这个情况，但他无法证实这道命令是否是朗格莱的个人意志。早先的电台通讯使让德尔知悉救援部队在班溪沛村南面的溪流附近遇到了越军的炮火拦阻和阻击部队的顽强抵抗，而现在最新命令的下达又意味着任何夺回独立山的希望已经放弃，但吉罗少校还是希望短暂打通和独立山的联系，掩护幸存者撤退。现在，山上的阿尔及利亚兵已经被分割成几个独立战斗群继续苦战。让德尔在已经无法再进行有组织抵抗的情况下，只得致电给所有联系得上的连排官兵，命令他们准备穿过仍在西南角坚持的2连阵地，从独立山突围出去。

在渡口，心急火燎的吉罗少校不等第5越南伞兵营到位就在M24"霞飞"坦克群支援下发起渡河攻击作战。4连（连长：多米戈中尉）1个排在布瓦布维耶准尉带领下首先过河，贝特朗中尉的伞兵排跟进，马丁中尉的3连殿后。越军拦阻火力极为猛烈，105毫米榴弹和60、82毫米迫击炮弹在渡口周围不断落下，88团213连也朝法军射出密集弹雨。多米戈中尉腿部负伤，不少伞兵也纷纷中弹倒地，营部医疗官隆迪中尉一刻不停地给他们包扎。M24"霞飞"坦克群也不是吃素的，它们一字排开，用猛烈的炮火压住越军火力。在法军坦克火力打击下，对伞兵威胁最大的西面一个山包上的越军机枪火力点成了"哑巴"。接着，伞兵在坦克伴随下继续前进，冲进了班溪沛村，经过激烈巷战，拿下了这个通往独立山的重要据点。

此时，法军离独立山只有550米了。为了挡住他们，越军炮兵在四周高地的炮兵前进观察员的引导下进行了更为准确而猛烈的拦阻射击，在法军前进道路上形成一道道火墙，在增加伞兵伤亡的同时也迟滞了他们的前进速度。甚至连M24"霞飞"坦克也没有幸免，甘茨上士的M24被1发105毫米榴弹直接命中，甘茨上士阵亡。07点30分，德卡斯特里上校又给巴泽少校下达了第三道命令：继续朝独立山突进，至于是加强守军夺回高地还是仅仅救出幸存者由他自己见机行事。直到此时，还是没有见到第5越南伞兵营的影子，对德卡斯特里的电令，巴泽有些哭笑不得，这简直就废话嘛，手下这点兵力除了救人，难道还指望能夺回独立山不成？

在独立山，让德尔上尉下令第7阿尔及利亚步兵团5营全面撤退。7点45分，2连首先撤离阵地，3连也于8点紧随。而1连和4连的幸存者被88团和165团包围在山顶，撤退无望，营长梅科希蒙少校被俘。

08点30分左右，第1外籍兵团伞兵营沿着巴微小道收容了大约150名外籍兵后，和北非兵幸存者会合（大部分来自2连，部分来自3连，另有其他各连的残兵，其中克莱热中尉幸存的迫击炮手们在齐默尔曼的带领下，端着一挺轻机枪杀出重围，而克莱热中尉在返回原阵地找寻电台时被越军俘虏），此时他们离独立山还有一段距离，但吉罗少校通过双筒望远镜看到独立山顶峰到处都晃动着越军的身影。各个幸存者报告，他们是在第4殖民地炮兵团2营的炮火掩护下才成

▲ 越军胜利攻克独立山！

功和越军脱离接触。清晨9点，法军宣布独立山失守，但实际上3号高地的碉堡还打了几个小时，直到中午战斗才完全沉寂下来。

这时，行动迟缓的第5越南伞兵营3连终于走到了渡口，他们同样受到越军105毫米榴弹炮群组织的"款待"。虽然这个营有不少人是前第3殖民地伞兵营的老兵，但3连还是在班溪沛前的渡口裹足不前。不久，营长安德烈·博泰拉上尉赶到，亲自带领3连、营部和2连一部先后冲过了炮火封锁区，朝独立山急速前进，但2连半数、1连和4连落在了后面。

路上，博泰拉碰到了载着阿尔及利亚伤员南撤的M24坦克群，伤员的鲜血顺着坦克发动机室流了下来，看得越南伞兵毛骨悚然。迎面而来的埃尔夫特上尉打开坦克炮塔舱盖，探出头来告诉博泰拉一切都结束了，要他率部返回。

第7阿尔及利亚步兵团5营幸存者、第1外籍兵团伞兵营和第5越南伞兵营、M24"霞飞"坦克群顶着越军的"欢送"炮火走了约1600米，9点才回到于格特防区。午前，德卡斯特里上校无奈地向科尼少将报告"坚如磐石"的独立山失守了，第7阿尔及利亚步兵团5营伤亡90%。

独立山一仗，法军损失更大：第7阿尔

及利亚步兵团 5 营战死和失踪 540 人，220 人被俘，114 人逃出（后被送入航岗）。这样，战役爆发仅仅 36 小时，法军又一个营被消灭，残存者加起来还不到 1 个连。北部防区已经连续丢掉了 2 个重要高地，只剩一个孤立的安妮·玛丽高地，这使越军榴弹炮群和高射炮群获得了绝佳的阵地，越军炮兵前进观察员因此获得俯瞰整个盆地的绝好制高点。

另一方面，法军的反击也付出了相当的代价，第 1 外籍兵团伞兵营战死 9 人，负伤 46 人，相当于一天之内损失了 1 个伞兵加强排，第 1 轻骑兵团 3 连也丧失了 1 名训练有素的坦克排长。最该批评的是第 5 越南伞兵营，他们的行动迟缓，是反击失败的主因之一。但从日后的战斗情况来看，该营确实拥有一流的战斗力，特别是 4 月艰苦的多米尼克和于格特防区激战，更显示出他们顽强且高超的战斗素质，毕竟第 5 越南伞兵营中有不少在第 3 殖民地伞兵营服役过 2 年，甚至是 3~4 年的越南伞兵，但独立山反击战的糟糕表现确实让奠边府守军对他们一度失去信任。

带着沮丧而忧虑的心情，吉罗少校领着第 1 外籍兵团伞兵营 3 连和 4 连灰溜溜地返回驻地。这次战斗是第 1 外籍兵团伞兵营自 1950 年 10 月 4 号公路战役后首败。但，营长吉罗少校很不服气，认为要是得到第 5 越南伞兵营的全力支援，独立山肯定不会丢失。

不管怎么说，这次反击不仅彻底失败，而且对守军心理上的打击也是致命的。在那产，法军通常是夜间丢失阵地白昼反击夺回，这是保持防线完整的不二法则。在奠边府，他们也想重施故技。但在独立山，反击部队必须在炮火下穿过约 3 千米的开阔地才能抵达目标，这在那产是绝对没有的（在那产，越军既没有重炮兵也没有高射炮兵，更没有

这么长的运动距离）。说到伞兵部队和坦克部队的配合，战前双方为了护送军工队从中心区到北部防区也走了几次，可以说对周围地形相当熟悉，配合得也可以，但他们没有遇到过在敌炮封锁和敌军步兵阻击的情况下反击夺回敌占高地的情况，这是第一次。3 月 13 日以前，法军在图上作业曾讨论过这种反击的可能性，并请求让部队演习一次，但遭到拒绝。科尼甚至自信满满地在 3 月 12 日声称禁止此类战术讨论，因为他绝对相信越军无法一次攻下法军 1 个营的据点。

朗格莱要为这次失败的反击负责。3 月 13 日夜到 14 日凌晨，他在没有任何准备的情况下匆匆接过中部防区指挥权。负责这么大一个防区，他不可能只去管独立山，他的真正用意是东部高地群。因此，他不愿意让第 8 殖民地伞兵营出动，只让第 1 外籍兵团伞兵营半数兵力出击，结果酿成了反击失败的悲剧。

3 月 15 日，随着越军的又一次胜利，法军的士气受到进一步打击。参谋长卡勒中校精神完全崩溃，他成天戴着钢盔蹲在奠边府最深的掩体里颤抖，不能视事。另一个打击是炮兵司令皮罗斯自杀了。3 月 15 日，披着晨光，皮罗斯从一个阵地走到另一个阵地，向所有认识和不认识的人道歉。在北部防区司令特拉坎德中校的指挥部，他对中校说："我实在是无颜苟活，我向德卡斯特里保证过，说我们的炮火能压制敌人。可现在，我把仗打输了。我，我要走了。"接着，他来到朗格莱司令部，也向朗格莱道歉。此时，朗格莱正为反击失败而心烦，没注意到皮罗斯的心情，他没好气地说："你的炮兵是怎么搞的嘛？"皮罗斯没有正面回答，只是一把抓住朗格莱，用低沉的语气说："我们完蛋了。

我已经告诉德卡斯特里，让他不要幻想，我们正在走向一场屠杀！这都是我的错。"说完，皮罗斯迈开机械的步子走开了。回到自己的掩体，他一句话也没说，躺在行军床上，用牙齿拉开了一枚手榴弹导火索，一个生命到此终结。

为了不进一步打击士气，德卡斯特里上校决定对皮罗斯的死讯保密，直到3月20日瓦扬中校到任，才公布了这个不幸的消息。

军官们的士气崩溃，迫使德卡斯特里做出人事调整，迪克吕中校取代卡勒成为德卡斯特里新的参谋长，勒梅尼勒中校成为新的第9机动团团长，瓦扬中校为新的炮兵司令，瓦诺中校成为新的西部防区司令，朗格莱正式成为守军副司令，统揽全局。

看着手下军官人人崩溃，身为守军司令的德卡斯特里也受到干扰，意志有些消沉。3月15日，他和科尼少将通话时就预言只要越南人民军不断在夜间采取这种规模的攻势，奠边府中心区将很快陷落，他如此悲观的言论让科尼极为震惊。为了安慰德卡斯特里，科尼允诺次日立即把比雅尔少校的第6殖民地伞兵营空投到奠边府，补充守军的损失。

随着独立山高地的失守，纳瓦尔和科尼的关系出现了裂痕。科尼公然抨击奠边府作战，称奠边府是个张开口的陷阱，并要求纳瓦尔向红河三角洲增派3个伞兵营，防止320大团渗透。

此时，纳瓦尔正为印度支那各地此起彼伏的越军反攻分身乏术。不过，他对奠边府战事还是倾注了很大的精力。3月15日，得知独立山失守的消息，纳瓦尔大吃一惊，没想到那产之战刚过一年半，越南人民军的战斗力竟然提高这么快！为了给德卡斯特里打气，他一边指示科尼尽快把比雅尔少校的第6殖民地伞兵营投到奠边府，一边把布雷切斯少校的第1伞降轻步兵团2营从老挝中部的沙湾那吉省调回红河三角洲，随时准备增援奠边府。

和四面楚歌的法军相比，两战皆捷的越南人民军总部此时正是一片欢腾。武元甲大将和韦国清将军分别向胡志明和毛泽东报喜，尤其是韦国清给毛泽东的电报中其喜悦之情溢于言表：

第一阶段的两次战斗，13、14两日晚上连续攻占奠边府以北和东北集团2个据点，全歼2个外籍营。这是越军首次使用重炮火力，对压制敌炮兵、配合攻击起到了决定性作用。3天内击毁敌机16架，使敌机不敢在机场着陆和低飞。

3月14日中午，敌于奠边府盆地空降1个伞兵营。战斗中因强调迫近作业和步炮协同，故伤亡不大，部队继续围歼奠边府之敌的信心比以前提高了一步。

在越北中央根据地，胡志明接到武元甲的捷报更是欣喜异常。3月15日，他致电奠边府全体指战员：

中央和我已经接到我军在奠边府最初两仗的捷报。中央和我向同志们表示嘉奖。这一战役是我军历史性的战役，我们取得这一战役的胜利必将具有重大的军事和政治意义。

敌人必将竭力应付，我们必须努力，进行顽强的战斗，切勿主观轻敌，一定要在这一战役中夺取全胜。

第七章

两战之间

板桥告失

3月15日，越西北地区仍是浓云密布，飞临奠边府的法军运输机群盘旋了半天也看不到空投场，只有几架 C-119 冒险飞到低空，投下 12.5 吨物资。对守军而言，这点空投量只是杯水车薪。继 3 月 13 日夜，法军炮兵又在 3 月 14 日打掉 1 万发 105 毫米榴弹（其中负责支援独立山的第 10 殖民地炮兵团 2 营耗弹 6000 发，相当于 6 架次的 C-47 满载货运量），4 挺 12.7 毫米高射机枪也消耗约 4 万发机枪弹。迫于炮弹储备不足，法军炮兵在 3 月 15 日几乎停止了射击。

尽管空投不尽人意，但法国远东空军还是积极地给奠边府提供空中支援。当天，第 22 战斗机大队 2 中队往奠边府派飞了 7 架"熊猫"式战斗机，其中 1 架被 37 毫米高射炮火击落，坠毁于山间，飞行员不幸阵亡。海军航空兵第 11 中队的 F6F"地狱猫"式战斗机

和 3 中队的"地狱俯冲者"式俯冲轰炸机也往奠边府出了 3 趟巡逻任务。结果，他们在越军 37 毫米高射炮火下再度折翅——莱斯皮纳中校驾驶的 F6F"地狱猫"式战斗机在 1 发烟幕弹的标识下轰炸机场北面的一个越军炮阵地，他顺利俯冲到低空投下 2 枚 500 磅炸弹，改出时却被 1 发 37 毫米高射炮弹命中，凌空爆炸，在众人的注目下于机场北约 360 米处坠毁。目睹此景的法军官兵无不立正肃目，向这位勇敢的中校敬礼。至少在这天早上，大家觉得战斗机飞行员是和他们站在同一战线上的（但也只是这一瞬间）。

经过 2 夜激战，法军伤亡 1153 人，相当于守军兵力的十分之一。越南人民军的伤亡也不小，法军宣称打死越军约 1500 人，打伤 3000 人以上，总计杀伤约 5000 人。可实际上越军的伤亡并不大，武元甲跃跃欲试要打板

▲ 越军第 367 高射炮团的 37 毫米高射炮，他们在奠边府战役中立下了不朽功勋，给法国远东空军的运输机群和战斗机、轰炸机造成了很大的威胁。

桥高地。

板桥高地，位于独立山西南约 1600 米和机场跑道北端约 1200 米之间，在法军作战图上标注为安妮·玛丽 1 号和 2 号高地，由第 3 泰族步兵营（营长：蒂莫尼耶少校）营部、10 连和 11 连把守。除开 1 号和 2 号高地外，代号安妮·玛丽的防区还有 3 号和 4 号高地，分别在板桥高地东南 550 米和南 800 米，由第 3 泰族步兵营 12 连和 9 连把守。与兴兰、独立山高地相似，安妮·玛丽和中心区隔着平坦的水田和丛林，因越军炮兵在昼间的封锁，两者间的交通联系只能在夜间进行。

针对板桥高地的特殊情况，武元甲认为可以积极展开敌运工作，辅以第 36 团的进攻准备为后盾，企图不战而让第 3 泰族步兵营屈服。

武元甲很清楚，第 3 泰族步兵营的将士主要是由山罗省的白泰族人构成。1952 年 10 月，越南人民军发起西北战役，解放了山罗省。这些"失去"家园的泰族兵自撤进奠边府以后就如同丢了魂似的，无心战斗。利用泰族兵这种特殊心理，越军第 308 大团的敌工干部展开了强大的宣传攻势。

在前一晚的战斗中，泰族第 3 步兵营目睹了精锐的阿尔及利亚 7 团 5 营的崩溃。清晨，他们又看到了越南第 5 伞兵营是如何被越军胖揍，而且还不得不目送法军 7 辆 M24"霞飞"坦克连同越南第 5 伞兵营一起灰溜溜退回芒清中心区。法军的这两个败仗，更是给本来就脆弱的泰族兵心理带来了沉重的打击。

3 月 15 日，星期五。越军从 09 点 00 分开始就在独立山顶上架起大喇叭，对板桥高地的泰族兵喊话，不停展开宣传攻势，第 3 泰族步兵营开始动摇了。3 月 15 日夜到 16 日凌晨，3 号高地的 12 连连长吉耶米诺上尉向营长蒂莫尼耶少校报告 12 连大量泰族士兵逃亡，缺额不得不由第 2 外籍军团步兵团 1 营外籍兵填补。

尽管发生了逃亡事件，但奠边府还是平静地度过了 3 月 15 日。看到越南人民军没有发动新的攻势，德卡斯特里紧张的情绪得到了部分缓解。

3 月 16 日，趁着天气好转，42 架 C–47 载着比雅尔少校的第 6 殖民地伞兵营从河内嘉林机场起飞，前往奠边府空投。10 点 00 分，C–47 以大间距到达奠边府上空，先是投下 100 名第 1 外籍军团伞兵营和第 8 殖民地伞兵营的补充兵，继而于 11 点 00 分将比雅尔少校的第 6 殖民地伞兵营全部投下。期间，海军航空兵 11 中队的 4 架 F6F"地狱猫"战斗机担任护航，"地狱俯冲者"式俯冲轰炸机跟进打击了可疑的越军炮阵地和高射炮火力点。落地收拢后，第 6 殖民地伞兵营（613 人，其中 322 人为越南籍伞兵）奉朗格莱之命从中心区南部抵达 A1 和 C2 高地，配合博泰拉上尉的第 5 越南伞兵营一起守卫艾兰防区。

连续得到 2 个营的德卡斯特里上校似乎对越军攻势心有余悸，依旧觉得兵力不够。

下午，他又致电科尼，希望获得第1伞降轻步兵团2营，但科尼少将拒绝了。他要保留这个营以备第2外籍兵团伞兵营和第1殖民地伞兵营从老挝返回后再组建一个新的伞兵机动团。

被拒绝的滋味不好受，但德卡斯特里明白，当前最重要的问题是如何保持守军的士气。傍晚前，德卡斯特里上校向全军发布了新命令:

我们正在进行的奠边府战役将决定(第一次)印度支那战争的命运。我们受到了很大的打击，伤亡不小，但我们已经得到2个营的补充，还有4个营(第2外籍兵团伞兵营、第1伞降轻步兵团2营、越南第1伞兵营和越南第3伞兵营)正准备投入奠边府战斗。我们的炮兵还是完整的，能够履行防御任务。即使损失的部分，也已经通过空投得到补充。因此我们的空投已经弥补了损失，而敌人却做不到这点。这几天的空中支援不足是因为天气恶劣造成的，一旦天气许可，我们的战斗机就会飞临奠边府。在奠边府，一切都靠我们自己，我们将在未来的战斗中获胜，使战友的牺牲绝不白白付出。

在伞兵投落的同时，物资空投也随同进行，3月16日空投物资的重点是炮弹。守军的炮弹消耗远超预期，仅仅2夜的功夫就打掉了预计消耗5天的炮弹。然而，法军炮兵依旧没能压住越军炮火。除开炮弹，步机枪子弹和其他军需品的消耗也大得惊人。

战前，德卡斯特里估计战斗阶段每天的空投需求量是人均7千克，而实际打起来的消耗量却是每日人均11.8千克。海狸行动时，法国远东空军运输机部队司令尼科上校就估计大约每天80吨是法国远东空军给奠边府的常规运量，可随着部队的增多和奠边府战役的爆发，守军每日的物资需求量猛增到240吨!

还好有美国撑腰，大量武器弹药从美国源源不断运抵印度支那，使法军的军需品不虞匮乏，法国远东空军也在美国空军的支援下，C-47数量由"海狸"行动时的69架增加到奠边府战役前的88架，C-119也由5架增至24架。飞机数量是上来了，可血肉之躯的飞行员哪里去找呢?尼科还短缺至少12组C-47和6组C-119机组成员。最让他头痛的是，奠边府战役开打的同时，320大团又开始渗透红河三角洲南部，于太平和南定与瓦尼克桑上校指挥的法军展开持续3个月的激战。在越南中部蜂腰地带，第5联区主力部队803团和108团在阮明洲和段奎指挥下，先打下西原重镇昆嵩，继而对困守波莱古的法军第100机动团发起局部攻势。三个方向的激战迫使尼科的运输机群到处都要兼顾，疲于奔命。尽管如此，尼科上校还是把奠边府空运放在优先位置，尽力调拨机群——从3月16日到30日，远东空军给奠边府空投物资2000吨，平均每天120吨，仅及守军每天实际需求量的50%，导致法军各种物资短缺的情况始终没有得到改善。

另一个制约运量的原因是从3月12日起，越军105毫米榴弹炮群有效地封锁了奠边府机场，法军炮兵反击不力，迫使尼科下令从3月13日夜起禁止载运货物和伞兵的运输机在奠边府机场着陆，伞降物资就成了接济守军的唯一方式。

远东空军却抓狂了，货伞储备不足!战前，谁也没有料到奠边府机场居然被越军炮火封锁，所以远东空军在印度支那储备的货伞只有15000个。奠边府战役爆发后，远东空军平均每天消耗1200个降落伞。3月20日，远东空军通知越北战区副参谋长博博少校，货伞剩余储备只够 8 天之用！大吃一惊的博博赶紧通过科尼将这个情况上报纳瓦尔，并向驻西贡美国军事顾问团团长奥丹尼尔求援。奥丹尼尔爽快地答应了。不到几小时，美国空军回应称立即派 C-119 从日本和菲律宾基地给西贡空运 6 万个货伞，解决了远东空军的燃眉之需。

降落伞的问题是解决了，可另一个问题又来了，那就是空投总吨位和实际物资总吨位之间的误差没法消除。一个伞包满载重量约 100 千克（含伞包和物资重量），可伞包自身就重达 11.8 千克，也就是说日空投量中还要扣除 12% 的伞包重量，实际物资空投量是空军统计数据的 88%，再扣除落地后约 2 成的损失和误投，守军实际接收到的物资吨位大约只相当于法国远东空军宣称空投量的 6 成左右，这导致了一个突出且无法解决的矛盾，那就是远东空军总觉得自己竭尽全力投下了足够多的物资，可德卡斯特里上校那边却始终不满，指责空投离战斗消耗需求量

▲ 为了给奠边府的法军提供空投保障，河内方面也准备了大量物资。

还有相当大的距离，这个矛盾一直到奠边府战役结束也没能解决。

对守军来说，最重要的物资是炮弹。炮弹的空投也有讲究。若是由 C-47 空投，则每个通用货伞可挂载一个装 2 发 105/155 毫米炮弹的弹药箱（有时也可能是 155 毫米榴弹装药），落到空投场后，军工迅速解开伞带，把弹药箱取下装上卡车，运入弹药库。在库内的军工人员将弹药箱卸下，仔细分类存放。在仓库里，莱昂纳尔中尉会仔细检查所有的炮弹，将哑弹和损坏的炮弹剔出，确保储存炮弹的质量。最后再将同一个厂家生产的炮弹标注好，确保炮兵群每次齐射打的都是同一个厂家生产的同一批炮弹。

更大的吨位空投主要由 C-119 执行，主要使用大型的 G12 货伞。这种货伞一次可以挂载 20 个弹药箱(装 40 发 105/155 毫米榴弹)，从 500~910 米高空伞降。当然，落地后需要更多的人力和精力去回收。如果物资不易撞地损坏（铁丝网等），C-119 就俯冲到低空（100~150 米）直接投落。装运和挂载货伞的准备工作主要在海防的吉碑机场（货伞仓库），由 CRA 负责，他们和运输机飞行员们都是这场战役的无名英雄。正是在他们超负荷的努力工作下，奠边府守军至少能获得稳定的物资补充。

105 毫米榴弹炮也是空投补充的"大头"项目。截至 3 月 16 日，奠边府法军的 24 门 105 毫米榴弹炮全毁 3 门，155 毫米榴弹炮全毁 1 门，28 门 120 毫米重迫击炮损失 8 门。得知此情，远东空军 C-119 分别在 16 日和 17 日向奠边府投下 3 门 105 毫米榴弹炮，各门火炮固定在由蜂窝钢板制作的铁笼里，然后垫上一大堆海绵和木框，由 C-119 用 1 个 G11 或 2 个 G12 货伞投下，使守军炮兵恢复

了战斗力。除开炮弹和榴弹炮，C-47还在3月16、17日两天投下大量军需品和口粮。

空投任务异常危险，C-47的常规空投高度约200米，一次100吨物资空投就需出40架次C-47，每架满载量约2.5吨，相当于25个100千克的伞包，伞包伞降时间远比伞兵跳伞要久。为了保证物资能准确回收，C-47每次飞越空投场时只投下不到十分之一的物资，投完满载物资需要12甚至15次飞越空投场，这就使得它们在空投时长时间暴露在越军37毫米高射炮火力下。这类空投进入4月后危险更大，随着法军控制区急剧缩小，C-47暴露在越军高射炮火下的时间也越来越长，不得已只能组织部分在夜间空投。根据法国远东空军统计，从3月13日到5月7日，共有111架次C-47中弹负伤，另有4架C-47（货机）被击落，其中3月13日到17日就有18架C-47（货机）在空投物资时被37毫米高射炮火击中。

3月17日，忍无可忍的尼科上校下令C-47运输机群空投从约200米的常规高度提高到1490~1980米（法军估计这个高度是37毫米高射炮的射高极限），即使在这个高度，运输机还是受到37毫米高射炮的威胁。上一章提到，苏制37毫米高射炮有效射高是9000英尺(2743米)，极限射高是1万英尺(3048米)，而且高射炮弹采用的是触发引信，部分C-47在1万英尺高空被炮火命中也就不足为奇了。

新的空投高度并没给C-47带来安全，反而产生了新的问题——旧的货伞开伞太快，落地高度大大增加，使物资远远偏离了空投场，增大了守军回收难度。解决这个问题的唯一方式就是采用延迟开放伞，但这种技术只有美国才有。负责奠边府军供任务的越北战区后勤主管不等科尼少将的正规官方渠道

▲ 在海防仓库，堆满了等待发送的补给物资。

就开始动用私人关系向美国求援，美国空军积极回应，很快派出技术人员飞抵河内，给远东空军提出技术支持，同时开放日本一个空军基地供远东空军技术员学习。经过十多天的努力，法国远东空军掌握了这项技术。

3月28日，法国远东空军开始使用延迟伞给守军空投物资，但半数物资投偏，第一次实战以失败告终。但远东空军没有气馁，他们在美国空军技术人员的协助下不断改善，将误投率减少到15%~20%，终于解决了高空准确投落物资的问题，使守军获得了比较稳定的物资补给。根据法国远东空军统计，从3月28日到5月1日共使用71000个延迟伞。

就在法军费尽心思保持物资供给的时候，板桥高地又出问题了。

3月16日，解放军总参谋部根据奠边府战场形势给韦国清发电，建议：为扩大与发展战果，不仅应在白天用炮火封锁敌机场，而且在晚上也应迫使敌机不能着陆。可否用爆破小组潜入敌机场进行连续爆破的方法，求得破坏敌机场跑道，并炮击指挥塔台通讯、

气象和夜航等设备，同时应积极组织部队实施对空拦阻射击，杀伤和消灭敌空降的伞兵，增加敌人的空投难度。此外，还应增强政治攻势，展开战场喊话，特别是利用俘房喊话，或释放一部分俘虏，以扩大政治影响，瓦解敌斗志。为迫使敌无法抽调兵力增援，应令其他各战场部队继续积极活动，有力牵制敌兵力。同时应让此次主攻部队适当休息，以保持元气准备继续战斗。

接到电报，韦国清马上向武元甲大将建议积极释放战俘并策反板桥高地。

3月16日17点00分，一名被俘的叫米迪安的阿尔及利亚兵带着第308大团的两封信，返回板桥高地，递交给克莱查贝上尉。在第一封信中，第308大团团长王承武大校通知克莱查贝，要求法军派出代表于3月17日07点00分前往独立山脚下小溪东北的稻田去接阿尔及利亚7团5营的伤兵。另一封是最后通牒，要求板桥高地守军必须在3月17日下午5点投降。王承武还保证："板桥高地守军如果放下武器，我军将优待俘虏。"

接到通知，德卡斯特里一度有些犹豫，是接还是不接？接回来会给本来就拥挤的中心区战地医院带来更大的负荷，可如果不接回来，对士气打击就太大了。考虑再三，他还是决定派人接回伤员。

3月17日07点00分，1名法军中尉和一大队泰族士兵抬着担架抵达指定地点。越军也抬着86名伤员恭候多时。伤员们躺在地上，等待着泰族士兵将其抬走。这些伤员得到了较好的护理和伤口包扎。在离开时，部分伤员甚至和越军道别，一名阿尔及利亚兵（显然是在被俘期间被越军敌工干部做通了思想工作）突然高喊："胡志明万岁！多谢你们，我的朋友！"

趁着这个机会，越军一名叫大武的政工干部拿起喇叭，对泰族兵进行敌运工作："奠边府已经被包围得严严实实的。嘉林和吉碑机场都受到了袭击，我军炸毁了敌人六七十架飞机。如果再不投降，你们就会被消灭！板桥高地就要完蛋了，你们要想活命，就应该及早离开。"他呼吁泰族士兵返回家园，不要再给法国军队卖命，不要用武器杀害自己的父母、兄弟、妻儿和同胞。最后，大武说："如果你们能回到国家和人民的怀抱，我们将双手欢迎你们。"

经越军这么一鼓动宣传，泰族兵军心完全瓦解了。下午，越军第45炮兵团对板桥高地打了20发炮弹，进行火力警报。这个炮击成了泰族第3步兵营集体哗变的催化剂。傍晚，第3泰族步兵营10连和11连在1名泰族中尉带领下，成群持枪离开阵地，剪断阵地前的铁丝网，涌向越军阵地。

这时，板桥高地的1名炮兵观察员警告德卡斯特里："泰族人要叛变投敌了！"德卡斯特里上校无可奈何，他不能也不敢朝板桥高地开炮，因为开炮虽可以杀伤部分"叛徒"，却挽救不了板桥高地崩溃的局面。

与此同时，板桥高地的克莱查贝上尉为了挽救形势，也进行了最后的努力，他对离开阵地的泰族兵喊话，命令他们和自己一起返回芒清机场。可泰族的士兵们根本不理会指挥官的命令，反而加速朝越军战线跑来。

看到第3泰族步兵营崩溃之势无法阻止，克莱查贝上尉只得带着寥寥几十人撤离板桥高地。接着，越军第36团未发一弹就占领了板桥高地。

得知板桥高地失守的消息，德卡斯特里和朗格莱只得放弃：他们明白，反击就必须得穿过一片开阔地，而在越军占据周围山头

▲ 奠边府的越军架起大喇叭，对法军展开敌运工作。利用这一招，越军不费一枪一弹就拿下了板桥高地。

的情况下，反击成功率微乎其微。傍晚，他们调整部署，把安妮·玛丽 3 号高地改称 H6 高地（越军称为 105 高地），4 号高地改为 H7 高地（越军称为 106 高地），把第 3 泰族步兵营 9 连和 12 连撤下，改由第 2 外籍军团步兵团 1 营 1 个连和第 5 越南伞兵营 1 连坚守。

第 3 泰族步兵营的叛变，使奠边府守军在战役第五天就损失了 3 个营，空投仅补充 2 个营，实际战斗力下降为 11 个营。兵力被削弱不说，地利优势也完全落入越军之手。原来拥有兴兰、板桥和独立山高地，法军还可以进驻炮兵观察哨，引导中心区炮兵轰击北部和西北部山头的越军，现在，这些高地却为越军炮兵观察员提供了良好的观察哨，不仅可俯瞰整个奠边府，有效引导炮火轰击，而且还能使 105 毫米榴弹炮和 37 毫米高射炮前推，缩短射程。除了榴弹炮，75 毫米山炮和 120 毫米重迫击炮也开始把中心区纳入射击范围。特别是在芒清机场起降的法军运输机，更是成了越军 120 毫米重迫击炮兵和 105 毫米榴弹炮兵的绝好射击目标。

绞杀机场

自 3 月 13 日奠边府战役爆发后，法军的伤亡惨重。日复一日的伤员积累，使奠边府中心区的战地医院几乎是超负荷地在运作。即使是在战地医院，法军也难以逃脱越军的炮火打击：3 月 14 日夜到 15 日凌晨，1 发 105 毫米榴弹在中心区战地医院落下，炸死了 9 名伤员。紧接着第 2 发飞来的炮弹又炸毁了 X 光室，几天后，1 发 120 毫米重迫击炮弹落下，又造成 14 名伤员死亡。

在德卡斯特里上校的呼吁下，科尼决定削减部分口粮和军需品供应量，换成守军急需的药品和手术用的血液，同时还分别在 3 月 16 日和 17 日向奠边府投下第 3 伞降急救队和第 6 伞降急救队。这些医疗人员的到来确实缓解了战地医院人手不足的窘态，但没有解决如何让大量伤员得到有效救治的根本问题——除了空运，没有任何方式可以解决。

3 月 16 日下午 4 点，1 架印着红十字标志的 C-47（第 62 运输机大队 2 中队）在奠边府机场跑道降落。看到有飞机着陆，越军炮群又开始怒吼，密集的炮弹在跑道周围落下，迫使飞行员埃凯中尉刚一接地便紧急起飞。当他试图第二次进场时，机场塔台管制员挥手示意让他离去。另 2 架接运伤员的 C-47 也在炮火威胁下无法着陆。威胁机场的都是部署在兴兰高地和独立山高地的越军 75 毫米山炮、120 毫米重迫击炮和部分 37 毫米高射炮。越军利用山炮和重迫击炮打机场跑道，以部分 37 毫米高射炮封锁机场周围空域。

越军对机场跑道的炮火封锁很有技巧。他们往往等涂上红十字的卡车或救护车靠近机场北端滑行的运输机，当伤员被抬下车准备送上敞开的飞机舱门时，突然对运输机进行炮火覆盖，迫使飞行员不得不加大油门急

▲ 遭到越军炮火封锁的奠边府机场，远处可见 C-46 残骸。

速起飞。动作快的话能接上几名伤员，动作慢的只能空载返航。而在起降阶段，越军的 37 毫米高射炮编织的弹幕也严重威胁着运输机的安全。

在越军防空和地炮火力的联合打击下，法军运输机接运伤员行动日益困难。

3 月 17 日，2 架 C-47 在奠边府着陆，但只有 1 架载运伤员撤退。下午 1 点 50 分，吕弗雷中尉驾驶 1 架 62 运输机大队 2 中队的 C-47 运载着药品降落下来。接着，科尔尼上尉接手驾驶，冒着四周落下的密集炮弹，他成功地载运 32 名伤员，滑跑 690 米升空，返回老挝的孟奔。晚 7 点，62 大队 2 中队的达德上尉着陆，在炮火下停了整整 5 分钟，但救护车无法穿过炮火和它会合，只得带着 19 个弹孔返航。

3 月 18 日上午 11 点 55 分，第 62 运输机大队 2 中队的比斯旺中尉驾驶 1 架 C-47 着陆，载着 23 名伤员又返回了孟奔。当天，2 架直升机试图在奠边府降落，但被越军炮火驱逐，仅带走 1 名伤员。3 月 19 日，比斯旺冒着炮火又接走了 23 名伤员，但另 2 架 C-47 盘旋了半天，始终没敢着陆。从孟奔起飞的 5 架直升机着陆接运伤员，但每架每次都只能接运 4~5 名伤员，其中 1 架 H-19 被炮火炸伤，

他们的作用非常有限。

尽管危机重重，法军中还是不乏艺高胆大的飞行员。3 月 19 日夜到 20 日凌晨，第 62 运输机大队 2 中队的德卡夫中校创造了一项记录，他 5 次在机场着陆，共接出 95 名伤员。3 月 22 日夜，第 64 运输机大队 1 中队的阿尔伯莱中尉驾驶着 C-47 在中心区机场着陆，载着满舱的伤员正准备在夜色中起飞，突然间一支渗透到机场跑道附近的越军巡逻队朝飞机射出密集的轻机枪子弹，贯穿驾驶舱，德卡夫双腿中弹，血流如注。但他还是强忍剧痛，经过简单的包扎就载着 25 名重伤员飞回了孟奔。

看到法军仍冒死在炮火中接人，越军 367 高射炮团团长阮光璧决定调大部分 37 毫米高射炮来封锁机场，法军运输机的损失直线上升。

3 月 24 日，第 64 运输机大队 1 中队的柯尼希上尉驾驶的 C-47 准备着陆时被 37 毫米高射炮击落，人机俱毁。3 月 26 日，同一中队的伯格林上尉驾驶的 C-47 先是被 37 毫米高射炮火重创，接着在航岗迫降后又被 105 毫米榴弹炮火击毁。3 月 27 日，第 63 运输机大队 2 中队的达尔蒂热上尉驾驶 267 号 C-47 出第二次奠边府接运伤员任务时（未降落），在 E3 高地上空被 37 毫米高射炮打中右引擎，连人带机坠毁。同一天，埃凯上尉的 C-47 于 3050 米高空被 37 毫米高射炮命中，德萨伊上尉的运输机两次中弹，吕弗雷中尉的 C-47 也中弹受损，这三人叼天之幸，与死神擦肩而过。

3 月 28 日 3 点 45 分，第 64 运输机大队 1 中队的 434 号 C-47 由副中队长莫里斯·布朗谢少校带着热纳维夫亚夫在奠边府机场着陆。这是布朗谢少校第一次在奠边府成功进行夜间着陆。接运伤员时，一梭子弹打穿了油箱和右引擎，迫使这架 C-47 不得不停在跑

▲ 法军伤员正躺在机场边上,等待运输机接运。

道上等待维修。大约下午1点,机械师修复了右引擎,但刚一发动就引来了炮火。越军的炮火很准,3发炮弹就击毁了这架C-47。这样,布朗谢和热纳维亚夫一行就留在了奠边府,他们的C-47也成为战役期间降落在奠边府机场的最后1架飞机。

3月28日中午,法国远东空军司令洛赞和尼科联合宣布,鉴于运输机在接运伤员中的巨大损失,自3月28日起禁止在奠边府着陆。至此,奠边府机场彻底瘫痪。据统计,3月13日到27日共从奠边府接出324名伤员,而同一时期法军重伤员超过了1000人;越军在机场封锁战中获得完胜。

蜘蛛网般的堑壕

1954年3月17日,越军战役指挥部召集团以上干部,到芒瀑召开作战会议,对战役第一阶段进行总结。在会上,武元甲首先做报告:

"在这次具有历史意义的伟大战役中,我军取得了初胜。这是我军迄今为止在迈向正规化过程中对敌集团据点进行的最大规模的战役进攻。在前2次攻坚战斗中,我军获得了伟大的胜利,而敌人则蒙受了可耻的失败。但敌人依然十分强大,仍准备阻止我军的胜利。我们必须正确分析看待我军和法军之间的优劣特点,以及它们之间的此消彼长。务必戒骄戒躁,为下一阶段战役胜利打下坚实的基础。"

接着,武元甲大将对双方的当前态势进行了分析。他认为法军在获得2个伞兵营补充后,仍然维持着大约1万人的兵力。虽然丢失了3高地,但法军很快调整部署,把奠边府中心区又划分成4个分区——克洛迪娜、于格特、艾兰和多米尼克。每个防区都由几个据点组成。

根据情报显示,法军占领了芒清区周围所有重要的高地,依托完备的战壕和掩体组成了防御体系,而且这一带地形有利于法军发挥空、坦、炮火力优势,还可以充分调动预备队实施反突击。对越军来说,最不利的是可供隐蔽依托的地形付之阙如,尤其是在白天进行堑壕延伸面临着不小的困难。

介绍完法军的情况后,武元甲大将话锋一转,又开始对越军的战法进行评价:

在通常的战斗和战役第一阶段的初战中,我军的战法是集中绝对优势的兵力和火力逐个攻克敌人的据点。采取这种战法,我军打开了通往芒清中心区的大门。但在现阶段,面对敌人在东部高地群的集团防御,我军必须改变战法,采取同时多点进攻的战法,突破敌人的东部高地群集团据点,撕开芒清中心区的屏障。

在战役的第一阶段,我军损失很小,损失兵力很快得到了补充。坦率地说,我军各师齐装满员,更挟初胜余威士气高昂。不过,就整体兵力对比来看,奠边府守敌依然十分强大。我军必须在总攻击开始前充分地削弱对手的战斗力。

为此，战役指挥部对战役第一阶段过渡期具体指示如下：

1. 继续采取堑壕延伸战法从各个方向逼近和包围敌据点，把进攻出发阵地挖到步兵武器射距内；与此同时，切断中心区和航岗分区的联系。

2. 继续分割重要据点和中心区的联系，形成对敌孤立的态势。

3. 袭击敌机场，准备打敌反扑，加强小规模袭扰活动。

除了做具体指示外，越军战役指挥部还把胡志明授予的"决战决胜"流动红旗交到第351工炮大团手上，而该大团又把这面红旗交给了表现最出色的第806连。

从第一阶段过渡期开始，越军正式实施大规模堑壕延伸战法，目的是分割包围法军各个据点，压缩法军控制区，削弱各个据点的守敌兵力，为第二阶段总攻击创造有利的机会。这一时期，越军的堑壕主要是两种：一种是用来向前机动火炮、后送伤员和向前机动兵力的主堑壕，另一种是用来给越军步兵接敌用的副堑壕。各种主副堑壕形成堑壕系统将芒清中心区包围。步兵堑壕从森林里的部队集结地开始一直延伸到开阔地。这些小堑壕从主堑壕环形带切过，朝着越军预定进攻目标延伸。主副堑壕标准都是1.7米深，横宽十分狭窄，可防止法军的炸弹和炮弹伤及向前机动的越军指战员。沿着步兵堑壕，越军还设置了不少机枪，挖掘了不少防炮掩体、战斗壕和机枪掩体，防敌反扑。越军一般都是在夜间向前掘进，边掘进边伪装，各团同时在夜间向目标实施堑壕延伸，防止法军单次反扑就让一夜苦干付之东流。

▲ 武元甲大将正召开作战会议，对战役第一阶段进行总结。

为了准备大规模堑壕延伸，越军拟定了完善的计划。上午部队休息睡眠以补充体力，使精力充沛。下午，他们准备继续延伸堑壕的各种资材，比如砍伐树木和在森林里做好伪装。黄昏起，部队从森林出发，前往战场，一整夜都在向前延伸堑壕。战士们往往一天作业14~18个小时。尽管奠边府的夜间十分阴冷，但他们工作完毕后每个人都大汗淋漓，双手满是老茧，甚至常常沾满鲜血，但他们用双手、工兵铲、盔形帽、镐子和锹不断挖出新的堑壕。每挖出一段新堑壕，他们就用捆在一起的木棍和竹席，展开在堑壕两侧壁，防止坍塌。楠云河岸低地带的堑壕段往往在夜间因降雨而积水，越军指战员们不得不站在积水的泥泞堑壕里继续向前作业。尽管困难重重，但堑壕延伸一刻不停。

一旦越军在芒清盆地的堑壕总长达到几十千米，堑壕系统就没法再伪装了，每继续前进一步都要付出血的代价。白天，法国远东空军的侦察机查明越军延伸的堑壕段后，会将位置报告给炮兵，然后法军炮兵就会在漫漫长夜中轰击延伸段。每到夜间，如果没有大的战斗，法军运输机也会不断滞空，投下伞降照明弹，为炮兵指示新暴露的堑壕段目标。法国远东空军往往还用凝固汽油弹和

1000磅炸弹猛轰越军阵地。

越军的堑壕延伸确实给法军造成了极大的威胁。法国远东空军每天给守军空投的航拍照片都显示，奠边府东面和北部的堑壕在不断延伸。3月18日在艾兰防区南面约900米，越军304师57团的堑壕延伸到楠云河畔，截断了中心区和航岗分区的联系。19日，法军在E高地和D1高地前沿也发现了越军堑壕。3月20日，D1高地的摩洛哥兵主动出击，试图打掉当面的越军堑壕，但被越军无后坐力炮火打退。在机场西北，106高地前沿约50米也发现了越军接敌堑壕。

接到此类报告，德卡斯特里上校命令各部积极出击，摧毁越军堑壕——各防区法军奉命在白昼发动局部反击，填平了部分前沿堑壕并埋上地雷。越军很有耐心，一入夜又像耗子似的钻了出来，重新挖开填平的堑壕。反复几次，法军先泄了气。接着，法军又试图用狙击手在夜间伞降照明弹的照耀下打击挖战壕的越军，效果不彰。至于105毫米榴弹炮和120毫米重迫击炮的轰击就更不顶用了。渐渐地，法军被堑壕降服了。

3月18日，是奠边府守军值得纪念的一天，继德卡斯特里和朗格莱，又一个法军传奇人物从幕后走上了前台，他就是马塞勒·比雅尔。然而，让他出镜的却是一桩不起眼的小事。

当天，正在C2高地指挥部下构筑工事的比雅尔少校因偶然原因得知手下1名军官奉命向朗格莱汇报连队上的事务。本来朗格莱就喜欢越级管闲事，在独立山反击战中他就越过巴泽直接给吉罗指示，这对奠边府的各级军官而言是公开的秘密。但，极富个性的比雅尔无法容忍，认为这是公然挑战他营长的权威。为了抵制这道命令，他怒气冲冲地闯进朗格莱的指挥部，当着众多参谋的面，大声吼道："不管你的职位有多高，我毕竟是第6殖民地伞兵营营长，对本营下达的任何汇报指示都必须通过我这个营长，否则任何越级指令都是无效的，希望类似事件不要再来第二次！"

自朗格莱担任守军副司令以来，还从没有人这么吼过他，何况还是为这么一件不值一提的小事！面对比雅尔的指责，颜面尽失的朗格莱也是激怒在胸，两人怒视了一阵。可能是觉得理亏，朗格莱没有发火。为了缓和气氛，同时也给自己台阶下，朗格莱指着指挥部的顶梁柱，建议两人先冷静一下，否则干脆一起撞墙："你是洛林人吧，我是布雷东人，如果谁也不服谁，那就让我们试试谁的脑袋硬吧。"说完，朗格莱和比雅尔相视而笑，从此两人结下了良好的战斗友谊，比雅尔被任命为朗格来的副手，掌管反击预备队，他的老部队——第6殖民地伞兵营营长改由托马斯少校担任。

3月18日到19日，比雅尔少校陪同朗格莱到处巡视。在他的提议下，朗格莱调整了防御部署，在楠云河西岸南北两地新建两个据点，作为西北防线和东部高地群的纵深防线，也是预备队——伞兵营反击集结地。

▲ 法国陆军在战后的传奇名将——马塞勒·比雅尔（左二）。

在西北，机场南梢和楠云河之间旧的 D4 高地改称埃佩维耶高地，由图雷少校的第 8 殖民地伞兵营把守，中心区东南部的克洛迪娜六号高地，改称朱诺高地，由吉罗少校的第 1 外籍军团伞兵营、白泰兵以及让·沙尔尼上尉的武装飞行员队负责。与此同时，朗格莱还把雷东中尉的高射机枪排拆分成 2 组：一组由雷东中尉亲自率领，把机枪架在朱诺高地，支援艾兰防区；另一组由勒默尔军士长率领，登上埃佩维耶，支援多米尼克防区。

3 月 20 日，皮罗斯上校的替代者——瓦扬中校乘坐一架轻型救护机进入奠边府。他曾在 1945 年日军发动的明号作战中被俘幸存。他是一名典型的殖民地军官，毕生的精力都献给了法国对印度支那的殖民统治。

一接过指挥权，瓦扬中校就下令前进到 506 高地（法军称为 E10 高地）的 155 毫米榴弹炮连撤回克洛迪娜，结果刚一回到阵地就遭到越军的炮火打击，3 死 10 伤。为了避免进一步损失，155 毫米榴弹炮群在 3 月 21 日到 30 日之间干脆减少了炮击次数。这么一来，越军炮兵也确实没有再"为难"他们。倒是 105 毫米榴弹炮群"不识抬举"，在 3 月下旬频频与越军第 45 炮兵团展开炮战，结果被打掉 2 个炮组，3 门榴弹炮全毁。当然，越军 351 工炮大团也没能全身而退。2 门 37 毫米高射炮在 3 月下旬的炮战中被打坏，不过法军恨之入骨的 105 毫米榴弹炮却毫发无损。

炮战处于上风的越南人民军得势不饶人，一边加紧渗透守军据点，一边挖堑壕逼近和分割守军，搅得法军心神不定。

3 月 21 日拂晓前，H1 高地附近跑道发生一阵爆炸，这是越军爆破突击队的杰作，他们避开法军巡逻队渗透进来埋下了炸药。此外，312 大团的越军侦察兵也频频在夜间沿着 41 号公路渗透多米尼克，侦察 E 高地和 D1 高地的防御部署，查明了防线弱点。

在奠边府南面，304 大团 57 团和 316 大团 176 团 888 营采取堑壕战术，终于在 3 月 20 日切断了奠边府和航岗分区两地守军的交通联系。3 月 21 日，航岗分区派出的法军巡逻队在离中心区还有一半路程的班库莱村被越军打退。

接到报告，航岗分区守军司令拉朗德中校感到有些不对劲，赶紧调集兵力在 3 辆 M24 "霞飞"坦克（排长：普雷奥中尉）的掩护下，和从中心区开出的 3 辆 M24 "霞飞"坦克（排长：卡雷特军士长）夹击班库莱村，岂料 57 团 2 个连顽强阻击，用猛烈的反坦克炮火挡住了坦克的去路，战斗打了一个下午，法军付出 5 人战死、2 人失踪和 5 人负伤的代价，还是没有打通。得知此情，德卡斯特里和朗格莱极为震惊。当晚，朗格莱亲自打电话给第 1 外籍兵团伞兵营营长吉罗少校，要他第二天在坦克的配合下务必打通中心区和航岗分区的联系。

3 月 22 日，第 1 外籍兵团伞兵营在吉罗少校和尼耶上士的坦克排支援下从中心区出发，沿着 41 号公路南下。沿途，灌木丛和稻田处处可见，泰族和苗族居民的小村庄星罗棋布。自战役爆发后，304 大团 57 团疏散了居民，这些昔日生机勃勃的村庄转眼间变得死气沉沉，杳无人烟。

往南前进约 2900 米，伞兵们来到一条小河前，河畔是一对美丽的村庄——班库莱村和班能奈村。如果是在平时，这里一定鸟语花香，可战争的到来，使村庄变成了一片修罗场。

利用地理优势，304 大团 57 团在班库莱村连续挖了两条堑壕，做两线封锁。7 点 30

分,第 1 外籍兵团伞兵营渡河,向班库莱村发起攻击,遭到 57 团 2 个连的顽强抵抗,越军照例用 60 和 82 毫米迫击炮、无后坐力炮、机枪编织成一张密不透风的火力网,打得第 1 外籍兵团伞兵营寸步难行。M24 "霞飞"坦克试图抵近射击,也被越军用巴祖卡火箭筒打退。战斗陷入僵局,第 1 外籍兵团伞兵营伤亡数字急速攀升。显然,没有支援难以打下班库莱村。

中午,拉朗德中校派出泰族辅助兵、第 1 阿尔及利亚步兵团 2 营和普雷奥中尉的 3 辆 M24 "霞飞"坦克夹击班库莱村。越军在两面受敌的情况下仍血战 5 小时,两路法军竟然没能前进一步,直到朗格莱把卡雷特军士长的 3 辆 M24 "霞飞"坦克也投入战斗,战斗才有进展。在 9 辆 M24 "霞飞"坦克的冲击下,第 1 外籍兵团伞兵营终于在黄昏前打下了班库莱村。法军宣称击毙越军 175 人,抓到 9 名俘虏;自己伤亡也不小,仅第 1 外籍兵团伞兵营就战死 15 人,负伤 72 人。

班库莱战斗是 3 月 13 日战役爆发以来法军第一次战术胜利,极大地提升了法军的士气。一直为如何鼓舞士气而烦恼的德卡斯特里上校也满意地向河内做了汇报,但他还是对越军下一阶段的进攻感到担忧。在给科尼少将的电报中,他频频催促法国远东空军和法国海军航空兵加大空中打击力度。

3 月下旬,法国空军和海军航空兵继续派机群飞临奠边府,打击包围越军。此时,法国空军和海军航空兵仍在为同时进行的三大任务所苦恼——轰炸越军补给线、奠边府空中支援和红河三角洲空中打击。在科尼少将的反复请求下,洛赞少将在 3 月下旬把奠边府空中支援提到空军任务的优先等级,为此大幅减少了其他支援的架次:2 个 B-26 中

队在 3 月 13 日到 25 日间向奠边府派飞 313 架次,"熊猫"式战斗机派飞 74 架次,海军航空兵的"地狱猫"和"地狱俯冲者"派飞 250 架次。与之相比,B-26 在 3 月期间往红河三角洲派飞 39 架次,"熊猫"式派飞 454 架次。而对越军补给线的攻击在 3 月几乎放弃。

在空军遂行的空中支援任务中最有效的方式就是对守军据点附近的越军集结区实施凝固汽油弹攻击,大量杀伤集结和运动之敌,这种战术在 1951 年 1 月的永安钉子山战斗中效果极为显著。不过,法国远东空军也一直为战机数量所苦,不得已居然又像永安战役那样把 C-47 也装上凝固汽油弹,投入了作战。

3 月 20 日到 23 日,C-47 飞 23 架次凝固汽油弹攻击任务。出击的运输机飞行员们抱怨连连:一、凝固汽油弹太危险,容易误伤;二、瞄准精度低,投下去鬼才知道是否命中;三、无论是飞机还是飞行员本来都不是干这行的,出这种临时轰炸任务实非所长。但远东空军司令洛赞少将不这么看,在他看来,C-47 载弹量不小,而奠边府战事危急,权且充当"临时轰炸机"亦无不可。在他的强令下,C-47 又飞了 35 架次凝固汽油弹攻击任务。

3 月 23 日,法国远东空军甚至把 C-119 也投入凝固汽油弹攻击行列。苏拉上尉(高

▲ 直升机在奠边府战役中也发挥了一定的作用。

级 C-119 飞行军官）亲自挑选了几名法国飞行员进行 2 个 3 机 C-119 小队飞这种任务，他们由 B-26 的领航员 / 投弹手曼吉中尉下达指令。下午晚些时候，6 架 C-119 从白梅机场起飞，克莱尔中尉的 186 号 C-119 运输机因故障返航。其他 5 架 C-119 以 3960 米高度飞临奠边府，在苏拉上尉和曼吉中尉（在 136 号机）的指挥下，各机依次把凝固汽油弹从尾舱推下，在没有什么确认结果的情况下就掉头返航了。类似的任务在几天内还重演了几次（C-119 总共飞了 78 架次凝固汽油弹任务），之后因任务危险性太大，且没有什么效果，只得彻底取消。

回到奠边府，3 月最后一周，随着越军堑壕越围越紧，双方战斗规模和伤亡数字开始急剧增加。

3 月 23 日第 1 外籍兵团伞兵营在班库莱村的胜利是短暂的。傍晚，法军一撤离，57 团又返回班库莱村，再次切断了中心区和航岗的联系。德卡斯特里焦急万分，命令比雅尔少校动用他的老部队再打。经过 48 小时准备，第 6 殖民地伞兵营 2 连在连长特拉普中尉带领下，于 3 月 24 日南下班库莱村，再遭 57 团顽强阻击，伴随支援的尼耶上士坦克排的 1 辆 M24 "霞飞" 坦克被火箭弹击中失去动力，只得推回中心区修理。航岗分区没有出动兵力支援，孤军奋战的 2 连面对火力更为强大的 57 团的阻击履步为艰。战斗从清晨打到晚霞腾飞，2 连连村口的边都没摸着，只能在夜色的掩护下悻悻撤退。

从此，中心区法军停止了向航岗分区的突击，304 大团 57 团出色地完成了分割芒清中心区和航岗分区的任务，战斗的焦点又转回了中心区。

3 月 25 日，第 1 外籍兵团伞兵营和第 5越南伞兵营一部在尼耶上士的坦克排支援下反击渗透到 C2 高地的 98 团 1 个连，在付出伤亡 83 人（包括贝特朗中尉和勒科克中尉）的代价后勉强将越军击退。3 月 24 日，D6 高地在遭到越军猛烈的炮火轰击后被迫短暂放弃，但次日被第 5 越南伞兵营 3 连、4 连夺回，25 日，第 8 殖民地伞兵营支援摩洛哥兵粉碎了 141 团对 E 高地的渗透。

3 月 26 日，第 1 外籍兵团伞兵营在 105 高地北面的突击战中没有获得进展，直到 2 个坦克排赶来，才打掉挡在路上的 1 门无后坐力炮和 1 个机枪火力点。另一方面，德亚上尉的 11 连（3 门 155 毫米榴弹炮）在反炮战中向航岗以东坐标实施炮火急袭，宣称打掉越军 3 门 75 毫米山炮（实际上 675 炮兵团没有损失任何一门山炮）。3 月 27 日，为了确保军工队将军需品和淡水送上 106 高地，巴泽少校率领第 1 外籍兵团伞兵营、第 5 越南伞兵营和第 2 泰族步兵营各一部发起大规模攻击。

与此同时，在 1490~1980 米高空空投物资的 C-47 在越军 37 毫米高射炮的打击下其损伤数字与日俱增，迫使远东空军运输机部队司令尼科上校继 3 月 17 日后又在 3 月 27 日发布新的命令，禁止 C-47 在 1980 米以下高度空投物资。

看着运输机不仅无法着陆，而且越飞越高，德卡斯特里心里很不是滋味，对法军炮兵埋怨不已——正是他们的无能，让机场被封锁，而现在又增加一个越军的防空火力的威胁，怎能不让他心烦。空投补给是奠边府守军的生命线，是维持生命的大动脉，要是大动脉被切断了，德卡斯特里不敢再往下想。

蹭蹬经日，德卡斯特里在 3 月 27 日傍晚召来比雅尔少校，要他组织兵力于 3 月 28 日早上对奠边府西面的越军高射炮（高射机枪）阵地进行突袭，务必摧毁部分高射炮（高射机枪），削弱敌防空火力。面对履新以来第一个战斗任务，比雅尔没有异议。

领命而退的比雅尔用了一个通宵做出了计划：这次进攻的目的是对中心区西北约 1600 米在丛林环绕下的班翁佩（Ban Ong Pet）和班班（Ban Ban）两个村庄实施突袭，据判断这里是越军高射炮火力点之一。比雅尔少校打算投入第 6 殖民地伞兵营、第 8 殖民地伞兵营和卡雷特军士长的坦克排组成攻击队，第 1 外籍兵团伞兵营充当总预备队，撤退时由第 2 外籍兵团步兵团 1 营（在 H1 和 H4 高地）负责掩护。瓦扬中校负责用 12 门 105 毫米榴弹炮支援作战，"熊猫"式战斗机群也将根据远东空军的命令随时投入空中攻击。

3 月 28 日凌晨，参战的各个伞兵营在第 2 外籍兵团步兵团 1 营的外籍兵引导下悄悄进入攻击出发点：第 6 殖民地伞兵营从 C2 高地出发，第 8 殖民地伞兵营从中心区出发，第 1 外籍兵团伞兵营从朱诺和克洛迪娜出发。比雅尔命令各营的重武器留在艾兰防区，随时准备对干扰步兵运动和干扰重武器支援的守敌重武器实施压制攻击。

▲ 法军的 M24"霞飞"轻型坦克在奠边府战役中发挥了很大的作用，是法军防守和反击的柱石。

按计划，图雷少校的第 8 殖民地伞兵营在右翼，负责打班班村，他们沿着巴微小道赶到 H1 高地集结，然后向西发起攻击；托马斯少校的第 6 殖民地伞兵营在左翼，于弗朗索瓦（由泰族第 3 步兵营把守）集结，继而向南朝班翁佩村突击。各部保持无线电静默至清晨 5 点 30 分，抵达指定位置后再敲下"咔哒""咔哒"两声电键示意。

清晨 6 点，瓦扬中校以手下 12 门 105 毫米榴弹炮、2 门 155 毫米榴弹炮和 12 门 120 毫米重迫击炮同时朝指定目标实施炮火准备，法军炮兵采取 5 分钟急速射（一口气打出 400 发榴弹和更多的迫击炮弹），再停 3 分钟，接着重复三次的方式射击。炮击目标距各个伞兵营出击点不过 270 米，强烈的爆炸几乎地动山摇。

06 点 30 分，第 6 殖民地伞兵营在左、第 8 殖民地伞兵营在右从战壕一跃而起，背对旭日朝目标冲击。与此同时，炮兵也暂停射击，等待进一步详细的支援射击指令。炮兵观察员和炮群之间的联络沉默了几个小时，尤其是第 6 殖民地伞兵营的炮兵前进观察员吉罗中尉。虽然 3 月 28 日的奠边府晴空万里，可红河三角洲却是浓云密布，预定参战的"熊猫"式战斗机根本无法在上午 9 点前抵达。

这次战斗，是精锐的第 6 殖民地伞兵营和第 8 殖民地伞兵营第一次配合作战。尽管地形起伏，大雾弥漫，但 2 个营还是积极快速地运动，他们迅速穿过河床、篱笆、竹林、灌木丛和树排，2 个营约 1200 人拉开 2010 米的散兵线冲击，他们的对手是越军第 308 大团 88 团 322 营 229 连。

在班翁佩南村口，第 6 殖民地伞兵营遭到埋伏于堑壕内的 229 连 8 排的阻击，初战受挫。随行的炮兵前进观察员吉罗中尉立即呼叫炮火支援，顷刻间密集的炮弹和迫击炮弹砸向越军阵地。受鼓舞的伞兵再度冲击，终于突破了229连8排阵地。接着，2个伞兵营先头连很快冲进东西走向的越军堑壕终端，继而沿着一条南北走向的堑壕继续朝高射机枪阵地攻击，他们采取一战的方式用手榴弹和冲锋枪肃清守敌和摧毁装备。表现最好的是第6殖民地伞兵营1连（连长：勒·巴热中尉）3排排长勒·维古鲁中尉，他连续摧毁了2挺12.7毫米高射机枪，但自己也被一发子弹爆头。

对法军进攻高射机枪阵地的战斗，武元甲大将在回忆录里记载道：

与此同时，我军的高射机枪阵地也遭到了敌人机枪火力和坦克火力的打击。我们的高射机枪战士面对敌人的进攻只能打重机枪还击。连长贵同志和政委傅同志命令战士们把高射机枪枪口压低，平射敌人的伞兵和冲上来的坦克。高射机枪平射火力迟滞了敌坦克的前进速度，但高射机枪子弹也很快打光。连长贵同志和政委傅同志双双重伤。敌人的坦克越过战壕，冲进了我军的高射机枪阵地。尽管不少战士负伤，但他们还是勇敢地朝敌坦克投出手榴弹。到最后，他们打光了手榴弹，就用铁锤铁钳和打坏的枪托冲上去和敌人肉搏。这次敌众我寡的战斗一直持续到下午2点。

这次战斗来得太突然了。我军第322营主力刚刚经历了夜间挖掘堑壕的辛苦，正补充睡眠，前方一名士兵却上气不接下气地跑来报告229连遭到敌人进攻。322营立即在120毫米重迫击炮支援下实施反击，将敌人从我军的主堑壕赶了出去。看到我军兵力越来越多，比雅尔少校叫停了进攻，撤了下来。战斗结束时，阵地周围到处都是血染征衣的我军将士。许多人和敌人肉搏的唯一武器就是掘进堑壕的工具。

武元甲所言非虚。第322营接到被打的消息很快组织兵力反扑上来，他们和法军第6殖民地伞兵营、第8殖民地伞兵营纠缠在一起，打得不分胜负。普雷奥中尉的3辆M24坦克（绰号分别为"拉蒂斯博纳"、"纽马克"、"奥尔斯塔德"）开出航岗支援第6殖民地伞兵营。大约中午，卡雷特军士长也带着3辆M24坦克从中心区开出冲向班班村，支援第8殖民地伞兵营。

围绕班翁佩村和班班村的战斗在激烈进行，比雅尔少校通过电台把各营和各连的战斗协调一致。2个营的伞兵连全部投入战斗，由于各个堑壕口都和越军后方相连，因而伞兵每占一地都必须分兵把守，以防越军预备队渗透和反包围。随着战斗的激烈进行，越军的迫击炮也打得越来越猛，连番反扑，但均被法军伞兵在坦克火力支援下击退。午后，越军抵抗越来越激烈，法军伤亡也急剧增加。下午3点，比雅尔少校叫停了进攻，2个伞兵营在炮火和坦克掩护下与越军脱离了接触。

法军声称，这次出击极大震撼了越军，给他们造成了差不多一个营的损失：击毙敌350人，伤敌无算，抓获10名战俘。摧毁和

▲ 独立山之战的功臣——越军第308大团88团322营的指战员正合影留念。正是因为他们的奋战，保护了高射机枪阵地的安全，没有让比雅尔的进攻完全得逞。

缴获5门20毫米高射机关炮、12挺12.7毫米高射机枪、2具火箭筒、14挺轻机枪和大量步枪。法军伤亡也不轻：第6殖民地伞兵营勒·维古鲁中尉和雅各布中尉以及15名士兵阵亡，4连长德·维尔德中尉和35名伞兵负伤；第8殖民地伞兵营共有3人阵亡，4名军官和50名伞兵负伤——总计法军在这次反击作战中伤亡110人，相当于朗格莱损失了一个精锐伞兵连。对比雅尔来说，最心痛的损失是军官和士官的阵亡和重伤，他们的位置是不可替代的。

尽管代价很大，但这次出击还是振奋了法军的士气，伞兵们终于有机会展现自己的实力。不仅是第2伞兵机动团感到振奋和自信，随着他们的胜利传遍奠边府，守军的士气也获得了不小的提升。德卡斯特里上校向比雅尔少校表示祝贺，并将战报向河内汇报。

不过，看到伤亡数字，德卡斯特里的心又沉了下来。从3月16日到3月30日，法军又伤亡了522人，这相当于继第13外籍兵团步兵团3营、第7阿尔及利亚步兵团5营和第3泰族步兵营后，法军又损失了一个整营的兵力。

逐步增大的伤亡数字和北部防区三个要地的丢失，让原本自信满满的纳瓦尔中将十分着急。在给法国国防部的电报中，他要求加大兵力和物资支援力度。法国总理拉尼埃也是寝食难安，每天处理完国内事务后都要去一趟国防部，与军方高层商讨对策，要求总参谋长埃利中将亲自赴美求援。

1954年3月21日，埃利飞往华盛顿，美国参联会主席雷德福海军上将亲临接机。两人在记者的镁光灯下握手寒暄，一点都看不出奠边府初战失败对法国造成的压力。在雷德福的陪同下，埃利先去法国驻美国大使馆，协调立场，然后才去白宫会谈。

3月22日10点30分，埃利抵达白宫，晋见了美国总统艾森豪威尔，他压住自己的性子，向艾森豪威尔简要介绍了奠边府和印度支那的情况，并直接向美国总统提出了加大援助的请求。艾森豪威尔点点头，他很理解法国处境的艰难，在原则上他决定拉盟友一把。当着埃利的面，艾森豪威尔指示雷德福，尽可能满足法国方面的军援要求，具体方案由美法两国军方会谈后拟出。

有了艾森豪威尔这句话，埃利有了足够的底气。在两国军方的会谈中，埃利开列了一大堆清单：一要美国空军帮法军空运第7殖民地伞兵营和第3外籍兵团伞兵营到印度支那，二要加大货伞供应力度，三要24架B26、18架C47和6架C-119（这已经是第4批了），四要紧急提供伞降照明弹（河内储备只够用3天）、各型步机弹和105毫米炮弹。

这些要求对财大气粗的美国来说并不过分。不过，五角大楼的大佬们和法国人谈判，可不是只听凭法国人提要求，他们还要埃利介绍奠边府的情况。埃利把情况说得糟糕透顶，好似世界末日，他认为法军损失很大，继续坚持下去的希望顶多5成。埃利的发言，让在座的美国各军种参谋长震惊不已，特别是给陆军参谋长李奇微上将留下了深刻的印象。倒是雷德福上将还比较沉得住气，建议埃利应该马上出兵救援奠边府，与守军里应外合，聚歼围攻奠边府的越军主力。

雷德福的建议看似很合理，可对法国人来说，去哪里找这么多兵是最大的问题，法军机动兵力有限，为了应付越军1953年到1954年冬春季攻势，已经分散在印度支那各地了，没法捏成拳头出击奠边府。埃利认为虽然奠边府守军只占法国远征军在印度支那总兵力的 5%，但如果丢失奠边府的话，会对法国远征军的士气带来很大的影响，而且在政治上也会对即将召开的日内瓦会议带来负面效应，意义太大了。

看到埃利说了真心话，雷德福也就接过话茬。他认为这些军援清单，除了 C-119 外都可以立即满足，不过这些军援对奠边府战局起不到决定性作用。埃利听了有些疑惑，这雷德福的葫芦里卖的是什么药啊？埃利还一头雾水，雷德福就道出了自己的"锦囊妙计"——仿照二战期间的"飞虎队"，让法国政府提议，由美国空军抽调现役空、地勤人员，让他们临时办理退役手续，以民间组织的名义组建美国援法航空队（不归法国远东空军，而是独立编制），与法国远东空军一起配合作战。埃利还以为是什么好计策，原来是要在印度支那复制"飞虎队"。他不以为然，他知道法国政府也不会同意的，所以婉言谢绝了雷德福。

3 月 23 日，埃利又在雷德福陪同下，会见了美国国务卿杜勒斯。这次会面和在五角大楼商谈时，埃利显得判若两人，他竟然直接向杜勒斯提出，如果中国空军投入印度支那，则要求美国空军出手支援。不过，埃利毕竟是个军人，玩政治技巧远不如杜勒斯那么老道。杜勒斯看出了法国人的心思，他们既想让美国在军事上介入印度支那战争，又不想公开请求，以免以后出事落下把柄。对埃利的要求，杜勒斯既没有肯定也没有否定。他给埃利一个暗示，这种涉及政治和军事的问题，不应该向美国军方，而应该向美国政府提出请求。

两次会谈的结果并没有如埃利所愿，失望的埃利决定在 3 月 25 日回国。不过，"好战分子"雷德福上将又给他透露了一个重要消息——艾森豪威尔很快会召开讨论印度支那问题的美国国家安全会议。埃利眼睛一亮，雷德福把这个消息透露给他，肯定是想尽力为援助法国做点事啊。精明的埃利决定推迟回国日期，等待这次会议的结果。

这次会议对法国来说还是有利的。虽然艾森豪威尔看出了法国政府的玄机——法国政府宁可放弃印度支那或者作为一个军事失败的结果而丢掉它，也不愿意公开请求美国介入来加以挽救——但也不能坐视法国在远东的失败。于是，艾森豪威尔做了一个决定：满足埃利的一切军援要求，至于干涉印度支那战争的问题，一定要采取联合出兵的方式，美国绝对不能单干，而且必须征得美国国会同意。会议结束，雷德福又与埃利进行了第二次会谈，终于签署了军援协议，美国同意向法国远东空军紧急提供 60 架战机，包括第四批 4 架 C-119 运输机。如此一来，埃利总算不虚此行。

3 月 27 日，埃利返回巴黎。总理拉尼埃马上在 3 月 29 日召开特别联席会议，听取埃利的汇报，并讨论是否有必要以法国政府的名义出面，照会美国，正式请求其介入第一次印度支那战争。但权衡利弊，法国政府最终的决定和艾森豪威尔猜测的并无二致，那就是绝对不能以政府名义向美国正式提出介入战争的要求，否则印度支那的法国远征军就要变成美军的附庸，这是法国绝对不能忍受的。

虽然如此，拉尼埃还是有些不放心。毕竟这场战争打了 7 年多，再靠法国独立支撑，已经没法再打了。为了了解印度支那战场的实际情况，他派埃利的副手布罗翁飞赴西贡，听取纳瓦尔的意见。

然而，布罗翁刚到西贡，就赶上了奠边府战役中最惨烈的大战——东部高地大血战。

第八章

初战东部山头

兴兰高地和独立山高地的胜利，使越南人民军总司令武元甲大将把上述两个山头的攻击战术作为对坚固据点的标准攻击范例。这个战术标准模式就是：一要将攻击目标围个水泄不通，进而切断它的后援和补给，同时将守军的反击打回；二要把堑壕延伸到目标铁丝网前，便于在敌炮拦阻下以最小伤亡向前机动兵力，缩短冲击距离。在进攻发起时，炮火和进攻各营的爆破排务必在第一时间炸毁法军防线前沿的铁丝网、障碍物群，并排除雷区，引导优势兵力的部队从狭窄的地段达成突破。第一阶段攻势胜利结束后，武元甲大将又把目光投向了奠边府的锁钥之地——东部高地群。他明白，兴兰高地、独立山高地和板桥高地的得手只是打开了战役胜利之门，并不是决定性的。真正的决战在奠边府东部山头，只有打下这里，奠边府战役才能胜券在握。

1954 年 3 月 27 日，武元甲召集越军参战部队团以上干部在芒瀑的战役指挥部召开作战会议，部署第二阶段总攻击任务，具体如下：

312 大团在 2 个 75 毫米山炮连和 2 个 120 毫米重迫击炮连，以及 1 个 82 毫米迫击炮连支援下负责攻克法军多米尼克防区的 E 高地（法军 D1 高地）、D1 高地（法军 D2 高地）、D2 高地（法军 D3 高地），打开通往楠云河的大门。

第 316 大团（欠 176 团）在 2 个 75 毫米山炮连和 2 个 120 毫米重迫击炮连支援下，负责攻克 A1 高地（法军 E2 高地）、C1 高地（法军 E1 高地）、C2 高地（法军 E4 高地），消灭法军伞兵预备队。

第 308 大团要有效压制机场西面的法军炮兵，拿下 105 高地（法军 H6 高地）和 106 高地（法军 H7 高地），同时以 1 个营（102

团 54 营）参加东部山头的战斗，消灭泰族第
2 步兵营，协同第 316 大团的 98 团一起消灭
法军精锐的第 6 殖民地伞兵营。

304 师 57 团在 176 团 888 营、105 毫米
榴弹炮和 120 毫米迫击炮各 1 个连，以及 18
挺 12.7 毫米高射机枪的支援下钳制航岗分区
的法军炮兵，拦截航岗分区出援芒清东部高
地群之敌，并消灭航岗分区南面的法军伞兵
预备队。

第 351 工炮师所属的第 45 炮兵团继续支
援步兵各个高地进攻，压制法军炮兵，杀伤
芒清东面的法军反击预备队，第 367 高射炮
兵团要积极组织对空防御战斗，保护好炮兵
阵地。

在第二阶段总攻击中，越法双方的兵力
对比是越军 18 个营对法军 5 个营。越军兵力
投入远远超过了战役第一阶段，但进攻目标
也多了起来，武元甲大将要求部队同时攻克
东部 5 座山头，这是作战的主要目标，次要
目标是消灭法军伞兵预备队和炮兵。这一阶
段总攻击是越南人民军建军以来针对法军集
团据点组织过的规模最大的攻势作战。在战
役第一阶段，越军只是对孤立暴露的兴兰高
地和独立山高地组织过绝对优势兵力和火力
支援下的强攻，所面对的单次进攻守敌不过
一个营，而现在越军却要沿着宽大的正面同
时对多达 5 个营的法军展开全面进攻，这在
整个抗法战争历史上不仅是空前，而且是绝
后的。

会议气氛相当热烈。

312 大团团长黎仲迅、209 团团长黄琴、
141 团团长光宣和 165 团团长黎水仍沉浸在
兴兰高地和独立山大捷的喜庆中。他们报告
了拟定好的对多米尼克各个高地的进攻计划，
并满怀信心地表示定能圆满完成任务。不过，

黎仲迅却对进攻目标多而分散表示了一定程
度的担忧。

武元甲并不担心 312 大团，从大团长到
各位团长都是善战之将，久经沙场，他倒是
很关注进攻艾兰防区的第 316 大团。会前，
第 316 大团团长黎广波曾私下对武元甲说：
"武朗建议让 98 团来攻取 A1 高地，可师里
已经把这个任务交给了阮友安，因为 174 团
是我师的主力团。"黎广波说这番话的意思
就是请武元甲批准他的请求，不要再变更 316
大团的进攻部署。武元甲表示同意。

他很清楚对 A1 高地和 C1 高地的进攻战
斗在第二阶段总攻击中的重要性，所以特地
让刚刚投入战斗且齐装满员的第 174 团和 98
团承担对这两个高地的攻坚。至于说 174 团，
武元甲也是很了解的。这是越南人民军的老
部队，从高北谅战役开始就参加过诸多著名
战役。该团团长阮友安少校更是以沉着稳重、
能谋善断著称，他曾在 1950 年参加了两打东
溪据点的战斗，又在东北战役中历经锻炼，
是值得信任的将领。在会上，武元甲特地点
名让阮友安汇报 174 团的进攻计划，并解答
战役指挥部提出的疑问和担忧。在回答中，
阮友安表示，他经历过许多据点攻坚战，有
着丰富的拔点战斗的经验，能够完成战役指

▲ 第一阶段大战告捷后，越军指战员利用空闲时间稍事休憩，
准备第二阶段的大战。图为文艺团的慰问演出。

挥部交付的艰巨任务——拿下 A1 高地。

听完阮友安的报告，武元甲问他: "你对战役指挥部有什么建议？"

"A1 高地是一个十分坚固的据点，而我们只有 100 发 105 毫米榴弹，太少了。"

武元甲开玩笑似的回答: "好，我再多给你 5 发。"

在场的人都笑了。105 毫米榴弹供应确实是个问题。越军打算将部分从中寮缴获的炮弹运来，但距离太远，而且数量也严重不足。

会议结束后，武元甲打算逐个会见各位团长，让他们逐一到自己的办公室报告。174 团团长阮友安和 98 团团长武朗一起走进办公室，他们先向武元甲敬了个礼。武朗是一位身材矮小但意志坚定的少校，原本在第 308 大团 102 团任副团长，最近才调任 316 大团的 98 团团长。武朗和阮友安都是经验丰富的军事指挥干部，拥有丰富的作战经验。

看着两位猛将进来，武元甲对他们说道: "汇报你们的决心，请吧。"

两人都表示对完成任务充满信心。武元甲又询问两团的战斗部署、部队的士气、团结情况和各营连指挥干部情况。他们回答一切都没问题。

"你们就这么自信？"武元甲继续追问

"我保证战斗中我们会打得（比计划）更好。"武朗回答得很干脆。

"你准备用多少分钟拿下 C1 ？"武元甲很好奇。

"我请求您给我 45 分钟。"武朗爽快地答道。

"我给你 1 个小时。"

武元甲满意地点点头，转向阮友安: "A1 高地如何？你打算用多少分钟拿下它？……A1 十分坚固，给你 2 个小时打得下来吗？"

"我想可以的！"阮友安答道。

接着，武元甲又对阮友安补充了几点指示，再度强调了 A1 高地的重要性，因为能否夺取 A1 高地关系到是否可以直接面对芒清机场，所以 A1 高地一定要拿下来。

他也对武朗说: "C1 高地也很重要，一旦拿下了 C1 高地，98 团就可以在下一阶段直接进攻敌人的集团据点。还有什么问题吗？"

"如果能再给我多一点炮火支援，我想我会干得更好。"武朗答得还是那么爽快。

武朗的话，让武元甲沉思起来。98 团的要求不是没有道理，可第二阶段总攻击需要多点进攻，越军的炮兵本来就不够，不可能平均分配给每个参战的步兵团。按照战役计划，98 团打 C1 高地是没有炮火支援的。不过，武元甲明白 C1 高地的重要性。为了确保拿下这个关键的要地，武元甲临时调整部署，给 98 团提供炮火支援。他笑着拍了拍武朗的肩膀，说: "2 门山炮支援你，再给你们 30 发 105 毫米榴弹支援。"会谈结束后，战役指挥部正式通知武朗，1 个 75 毫米山炮连和 1 个 120 毫米重迫击炮连加强给 98 团，要求他务必和炮兵做好协同，一战攻克 C1 高地。

3 月 29 日，一轮豪雨席卷奠边府盆地，把守军浇得透湿，也阻止了法军的一切空中侦照任务。可大雨之中，又现英雄。一名救护车驾驶员冒着越军的火力封锁，从航岗分区驾车把几名重伤员送到了格罗万少校的军医救护所。此时，战地医院仍有 175 名重伤员，大家都盼着印有红十字标志的 C-47 能来接运。伴随着大雨，越军也对奠边府实施了零星炮击，迫使守军成天蹲在战壕里不敢动弹。夜幕降临后，越军停止炮击。朗格莱中校和瓦多少校一起走出旧的第 9 机动团指挥部透一口气。当他们凝视东部起伏的高地群时，他们看到了一个惊人的景象：闪光像一条一条的长龙一直从越军阵地朝东部山头延伸。

夜间的阵雨干扰了法国远东空军C-47和C-119的空投，使不少物资落入越军战线或者离越军战线太近导致守军难以回收。3月30日，朗格莱和德卡斯特里商量，打算乘1架观察机飞回河内，向科尼报告奠边府情况并求得粮弹支援，然后再于次日跳伞返回奠边府。但大雨阻止了飞机的到来，加上东部高地群当面越军频繁调动，朗格莱决定不再返回河内，而是去东部山头巡视一番。通过这次视察，他感到越军对东部高地群的进攻一触即发。

攸关奠边府生死的东部高地群位于楠云河以东，由东北的多米尼克和南面的艾兰组成，它们呈弧形分布，南北纵长约1100米，东西横宽约360米。最北面的是E高地，紧靠楠云河岸，相对海拔约40米。在E高地东南部约270米、穿过41号公路的是多米尼克的制高点——D1高地（法军称为D2高地），高出河谷平原约55米。在它们之间，也就是41号公路边缘则耸立着D6高地，另一个小高地——D5，位于D1和C1高地之间。

把守多米尼克防区的是第3阿尔及利亚步兵团3营（营长：加朗多上尉）。这个营士气不振，装备不足，病号多，军官和士官短缺。根据贝尔纳德·富尔的记载，3营的兵力约为15名军官、90名士官和583名士兵，但这个数字并不准确。而埃尔旺·贝尔戈中尉和贝尔纳德·富尔的记载完全不同，他指出，该营有不少病号，含军医在内仅有10名军官、20名法国士官（而且都是中士或下士）；每个连仅有1挺里贝尔老式机枪，而且弹夹不足；全营士气因第7阿尔及利亚步兵团5营的覆灭而大受打击。越军也巧妙利用这点，

成天用大喇叭宣传，更是使阿尔及利亚兵战斗意志消沉，随时想着怎么逃命。在比雅尔看来，是因为这个营的军官领导不力，才使该营的士气无法维持。

3月30日，朗格莱在加朗多上尉的陪同下视察了多米尼克防区，结果忧心忡忡。E高地由沙泰涅中尉率领的90名阿尔及利亚兵在外籍军团第2重迫击炮连支援下固守，但朗格莱不放心，下令第5越南伞兵营4连接过E高地防务。D1高地主要由第3阿尔及利亚步兵团3营（营长：加朗多上尉）的9、10两连在营部把守，但重要的侧翼阵地却由泰族辅助兵看守。虽然朗格莱中校对阿尔及利亚兵士气不振大吐苦水，但对有过反水先例的泰族兵更不信任，于是下令让加朗多上尉派阿尔及利亚兵来顶替这些辅助兵，同时也把第2泰族营5连从D5高地给撤了下来。

东南的艾兰防区由装备精良、训练有素的第4摩洛哥步兵团1营和第5越南伞兵营驻守。C1高地位于D1高地南270米，相对海拔约18米，主要由第4摩洛哥步兵团1营1个连镇守；在其西南约140米较矮的山头是C2高地，朗格莱在这里放了博泰拉上尉第5越南伞兵营营部、2连和3连防守。在C1高地和C2高地之间的鞍部地带无人把守，但在西南山脚则挖掘了不少临时仓库和车辆疏散地。

▲ 多米尼克与艾兰防区。

C2 高地往南约 270 米是 A1 高地，高出河岸约 40 米，是东部高地群中最重要的锁钥之地，主要由第 4 摩洛哥步兵团 1 营（营长：让·尼古拉少校）2 个连和营部把守，山顶有一栋前政府官厅，是钢筋混凝土建筑，极为坚固。法军进驻后经过改造而成坚固的山顶大碉堡，难以攻破，日后给越军进攻带来了巨大的麻烦。营部设在碉堡地下室里。和阿尔及利亚兵一样，独立山高地之战也沉重打击了摩洛哥兵的士气。朗格莱对 A1 高地格外关注，他特地询问尼古拉两个摩洛哥连情况如何。尼古拉少校答道，只要军官和士官们都在，那么摩洛哥兵你要他们打多久他们就能打多久，可万一这些中低层军官都伤亡的话，那么北非兵的士气就没人保证了。朗格莱巡视一番，他感到最担心的是 A1 高地东面的 F 高地和秃山这两个未设防的山头，越军很可能把这两个山头作为进攻出发阵地。和其他山头一样，这两个山头也是东坡被植被覆盖，利于越军屯兵。尽管这两个山头也很重要，但法军既无兵力也没资材再构筑防御工事，不得不放弃占领这两个山头的想法，只能以巡逻队每日监视和炮火袭扰的方式让它们成为无人地带。在最近 10 天，尼古拉少校每天向这两座山头派出的巡逻队都会遇到越军，甚至有几天出击的巡逻队有去无回，他们的尸体往往几天后才被发现。

这个情况引起了朗格莱的警觉。他知道 A1 高地低矮的东坡坡度平缓，山腰较宽，利于越军进攻而不利于法军防守，而且越军很可能把 F 高地作为兵力集结地，秃山作为进攻跳板，而这两个高地均可有效俯瞰 A1 高地东坡。最不让人放心的是东坡的 2 个摩洛哥连。为了确保这个锁钥之地万无一失，朗格莱在战前最后一刻命令第 1 外籍军团伞兵营 1

连（连长：卢希亚尼中尉）接替摩洛哥 2 连镇守东坡，接防后 1 连发现摩洛哥兵挖的战壕太浅，不得不继续挖，但他们随即发现这里是奠边府各个山头中石质最硬的高地，工事没法深挖。

除了这 5 座重要的高地外，楠云河东岸也有不少小山包，它们的重要性也不言而喻。在 E 高地和 D1 高地背后，D2 高地是多米尼克防区到楠云河之间最后的屏障，由 1 个 105 毫米榴弹炮连（第 4 殖民地炮兵团 2 营 4 连）和 1 个阿尔及利亚步兵连把守。C1 高地、A1 高地和 C2 高地背后分布着 E12、E10、E11 和 E3 高地。其中，E10 和 E12 高地在 C1 高地和 C2 高地背后，第 8 殖民地伞兵营 2 连在连长皮舍林上尉带领下在 E10 高地集结做反击预备队，E12 高地则由第 2 泰族营一部把守。A1 高地背后是 E11 高地，由法军第 31 工兵营 1 个连镇守；E3 高地由第 4 摩洛哥步兵团 1 营最后 1 个连以及 2 个泰族辅助兵连负责。朗格莱还同时命令比雅尔少校的第 6 殖民地伞兵营放在楠云河东岸的 C2 高地和 E12 高地之间做预备队，但抽出 1 个连去 E4 高地加强第 5 越南伞兵营。而在前一日，比雅尔少校因 4 连伤亡惨重被迫撤裁这个连队，把剩余人员补充到其他连队，因而第 6 殖民地伞兵营的战时编制缩小到 3 个连。

至此，朗格莱完成了东部高地群的战前部署，同时以第 6 殖民地伞兵营和第 8 殖民地伞兵营为反击预备队，辅以泰族第 2 营一部支援。在中心区和航岗的 23 门 105 毫米榴弹炮群也做好准备。法军的临战准备究竟效果如何？东部高地群的防务会不会像兴兰和独立山那样不堪一击？答案很快就会揭晓。

3 月 30 日中午，就在朗格莱巡视东部高地群的同时，预定出击的越军 5 个团从集结地出发，在大雨的掩护下沿着接敌堑壕朝攻击出发点前进。下午晚些时候大雨停了，低云笼罩奠边府，整个盆地祥和宁静，显示出大战前特有的平静。下午 5 点，伴随着渐暗的天色，越南人民军第 45 炮兵团的 24 门 105 毫米榴弹炮、第 675 炮兵团的 20 门 75 毫米山炮和 24 门 120 毫米重迫击炮，一起朝法军的多米尼克防区、艾兰防区和芒清、航岗的法军炮兵阵地群猛烈开火，越军第二阶段总攻击正式打响。

在多米尼克防区的 E 高地，越军开始炮击时正值阿尔及利亚第 3 步兵团 3 营 11 连和第 5 越南伞兵营 4 连交接防务。当时，越南第 5 伞兵营 4 连正在高地反斜面泥泞而拥挤的交通壕等着接防，越军的炮弹突然像雨点般砸在 E 高地，炸得阿尔及利亚兵干脆扔掉武器，逃出阵地。只有大约 30 名阿尔及利亚兵继续留在阵地上和越南第 5 伞兵营 4 连一起奋战。面对如潮水般奔逃的阿尔及利亚兵，越南第 5 伞兵营 4 连连长马丁纳斯上尉一怒之下令所部朝溃兵开枪，可毫无效果。

在猛烈的炮击中，法军的沙包、构筑据点的原木和铁丝网被炸上天空，地表工事受到很大的破坏。透过双筒望远镜，朗格莱中校目睹了勒布尔中尉的第 2 外籍兵团重迫击炮连在越军炮火准备下还没投入战斗就蒙受了巨大的损失，勒布尔中尉阵亡。原来总计约 200 人的外籍兵团迫击炮连也只剩 40 人（由普瓦里耶上尉率领）。

与此同时，越军第 141 团 16 营和 428 营伴随着炮火步步紧逼，很快冲至第一道铁丝网跟前，他们只是很简单地推开被炸残的铁丝网（夜间渗透的工兵早就剪开缺口，这一点上 312 大团的进攻准备很充分），继而冲上山头。越军突破速度之快，令法军措手不及，

法军炮兵射出的炮弹大部分落在 428 营和 16 营身后，根本没什么效果，很快两军短兵相接。更糟糕的是，E 高地和 D1 高地的法军炮兵前进观察员中枪负伤，根本无法给炮兵下达准确射击指令。于是，在越军进攻伊始，D1 和 D2 高地的法军就失去了准确的炮火支援。

法军炮兵的困境还不止于此。越军第 45 炮兵团以大部分炮火支援步兵冲锋的同时，也以一部分炮火猛轰法军的炮兵阵地。在越军第 45 炮兵团 105 毫米榴弹炮群轰击下，法军炮兵死伤惨重，开战不到 24 小时就战死 9 人，负伤 65 人（一个炮组成员是 9 人，相当于一夜就被越军炮兵打掉了 8 个炮组）。火炮的损失同样不小，第二阶段作战开始前法军共有 21 门 105 毫米榴弹炮和 3 门 155 毫米榴弹炮，以及外籍军团的 17 门 120 毫米迫击炮。2 天战斗下来，3 门 105 毫米榴弹炮、1 门 155 毫米榴弹炮和 3 门 120 毫米迫击炮被击毁——但在修理兵彻夜抢修下，2 门 105 毫米榴弹炮又恢复了战斗力（他们采取从卡车上拆下车轮充当炮轮、补上驻退器油压管上的破口等方式让榴弹炮恢复了战斗力）。尽管炮手和榴弹炮群损失很大，法军炮兵仍准确地执行了每一次射击指令，保障了支援炮火持续不断，但也消耗了大量弹药储备——在相对平静的 3 月下旬，每门 105 毫米榴弹炮备弹 875 发（共储存 21000 发），每门 155 毫米榴弹炮备弹 600 发，每门 120 毫米迫击炮备弹 880 发。从 3 月 30 日夜到 4 月 1 日凌晨，法军打出了 500 吨炮弹，包括半数 105 毫米榴弹，使总备弹仅剩 10500 发，最多只够 1 夜激战。但无论法军炮兵怎么努力都挽救不了 E 高地和 D1 高地的命运了。

尽管马丁纳斯上尉率领第 5 越南伞兵营 4 连和 30 名阿尔及利亚兵顽强地打了 3 个小

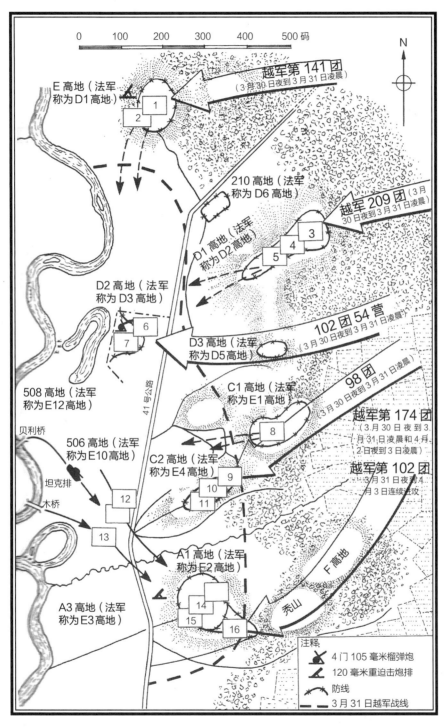

越军第二阶段总攻击态势图。

1. 第 3 阿尔及利亚步兵团 3 营 11 连；2. 越南第 5 伞兵营；3. 法军第 3 阿尔及利亚步兵团 3 营 10 连；4. 法军第 3 阿尔及利亚步兵团 3 营 9 连；5. 法军第 3 阿尔及利亚步兵团 3 营营部；6. 第 4 殖民地炮兵团 2 营 4 连；7. 法军第 3 阿尔及利亚步兵团 3 营 12 连；8. 第 4 摩洛哥步兵团 1 营 1 个连；9. 法军第 5 越南伞兵营 3 连；10. 法军第 5 越南伞兵营 2 连；11. 法军第 5 越南伞兵营营部连；12. 法军第 6 殖民地伞兵营 1 个连；13. 法军第 1 外籍兵团伞兵营 4 连；14. 法军第 4 摩洛哥步兵团 1 营 2 个连；15. 法军第 4 摩洛哥步兵团 1 营营部；16. 第 1 外籍兵团伞兵营 1 连

时，可最终还是被越军第 141 团 16 营和 428
营进攻狂潮吞没。19 点 45 分，越军第 141
团团长光宣向武元甲大将报告，他们胜利攻
克了 E 高地。19 点 50 分，法军在 E 高地的
无线电信号彻底消失。拿下高地后，越军马
上展开 670 连（连长：阿卢，指导员：阿开）
在山头布置轻重机枪和迫击炮，以及 57 毫
米无后坐力炮支援部队继续朝 210 高地发展
进攻。

　　在 D1 高地，第 3 阿尔及利亚步兵团 3 营
的 9、10 两连在营长加朗多上尉指挥下，一
度还是进行了比较顽强的抵抗。17 点 00 分，
越军开始炮轰 D1 高地；18 点 00 分，第 209
团 66 营和 154 营就冲了上来。根据团长黄
琴少校的部署，66 营负责主要方向的突击，
154 营负责次要方向的突击。在主要方向上，
66 营爆破排连续在 3 道铁丝网上炸开口子，
发起冲击。担任全营主攻连任务的第 606 连
直扑 D1 高地山顶。虽然阿尔及利亚兵极力组
织抵抗，但 606 连巧妙分兵，一路正面冲击，
一路抄到对方战斗队形背后，前后夹击予以
消灭。刚刚获得"全国模范战士"荣誉称号
并提升为排长的陈琴继续冲在队伍最前面，
他带领突击班冲上山顶，打掉了主碉堡。次
要方向上，154 营刚刚冲出堑壕就遇到猛烈的
火力拦阻，受阻近 1 个小时才再次组织冲击。
两个营合力战斗，沿着山上各条战壕逐次清
剿残敌。经过 2 个小时的战斗，第 3 阿尔及
利亚步兵团 3 营 9、10 连大部分被歼，部分
人逃下了高地。营长加朗多上尉也很无奈地
离开了高地。20 点 00 分，越军第 209 团团长
黄琴少校向武元甲大将报捷——209 团准时攻
克 D1 高地！

　　接着，第 209 团团长黄琴让 154 营留下
2 个连在 D1 高地组织防御，66 营撤下来。第

▲ 第二阶段总攻击一开始，越军就连下两城，夺取了 E 高
地和 D1 高地，抓了不少俘虏。

一批目标的达成，让黎仲讯很是满意，他决
心继续扩大战果，遂命令第 209 团团长黄琴
把 130 营投入战斗，直扑 D2 高地，加强给第
141 团的 165 团 115 营扑向 210 高地，两个营
的任务是不给法军以喘息的机会，发展进攻
扩大战果。按照越军的记载，第 165 团 115
营和第 209 团 130 营由于没能选好主要突破
方向，在对方的坚决抵抗下，两个营损失很大，
最终也没能攻下 D2 高地和 210 高地，不得不
在 3 月 31 日清晨停止了战斗。

　　对法军来说，随着 E 高地和 D1 高地的
陷落，第 312 大团几乎直接面对楠云河，在
多米尼克防区，能挡住越南人民军的就只有
D2 高地了。要是 D2 高地失守，那么 312 大
团顷刻间就能冲过楠云河，活捉德卡斯特里。
不过，3 月 30 日的月亮并非只看到了越军
312 大团的胜利，它还见证了一名智勇双全的
法军炮兵连连长，奠边府将因他得救，他就
是法军第 4 殖民地炮兵团 2 营 4 连连长布兰
布鲁克中尉。

　　D2 高地，位于 E 高地和 D1 高地背后，
是多米尼克防区和中心区之间的最后一道屏
障，由于 E 高地和 D1 高地的遮挡，越军没
有注意到第 4 殖民地炮兵团 2 营 4 连的 4 门

105 毫米榴弹炮驻扎于此，因而使炮 4 连在第二阶段的越军炮火准备中完好无损。战前，朗格莱视察 D2 高地时，指示炮 4 连连长保罗·布兰布鲁克中尉一要封锁从 E 高地和 D1 高地间穿过的 41 号公路，二要在 E 高地和 D1 高地失守后挡住越军发展进攻，保护楠云河渡口安全。

D2 高地很特别，有一条南北走向的旧排水沟（该排水沟是日军于 1945 年占领奠边府后修建的），深度和高度均约 180 厘米。炮 4 连的阵地就围绕这个排水沟修建。炮连指挥所、战壕和弹药库都修在排水沟两侧，其东梢是沙包垒成的炮阵地。阵地北侧由重铁丝网掩护下的雷阵保护，另一道铁丝网在东面保护炮阵地正面。楠云河从 D2 高地的炮阵地背后以西约 8 米流过。除了炮 4 连外，D2 高地还驻有菲劳多中尉的第 3 阿尔及利亚步兵团 3 营 12 连，他们在炮阵地周围掘壕固守。这个连的另一个连长阿利克斯中尉同时用 12.7 毫米机枪保护北半面的铁丝网和雷场。这些部队统归第 4 殖民地炮兵团 2 营 4 连连长布兰布鲁克中尉节制。

3 月 30 日傍晚，越军炮弹不断在周围落下时，炮 4 连的西非炮手们惊讶地看到阿尔及利亚兵从前方约 270 米的 E 高地疯狂溃逃下来。炮 4 连连长布兰布鲁克中尉立即向第 4 殖民地炮兵团 2 营营长克内希特少校报告了这次溃散。晚 10 点前，布兰布鲁克和 E 高地炮兵前进观察员的联络也告停止。大部分溃逃的阿尔及利亚兵向南朝东岸的楠云河大桥狂奔，但还是有些人跑上 D2 高地，试图让炮 4 连庇护。他们之中有一位来自越南第 5 伞兵营 4 连的法军中士贝朗孔特，在被一枚手榴弹重伤后，他丧失了表达能力。当布兰布鲁克再次和炮营部联络，就当前进攻威胁

请求指示时，第 4 殖民地炮兵团 2 营营部仍不相信 E 高地和 D1 高地已经陷落。

西非炮手们都还有步兵武器，勒·普瓦特万军士长组织部分西非炮手进入阵地准备近战。面对溃兵潮，布兰布鲁克中尉担心配属他们的第 3 阿尔及利亚步兵团 12 连同胞会受影响而军心不稳，故将逃进高地拒不参战的阿尔及利亚兵统统驱逐。与此同时，越军第 209 团的预备队——130 营已经扑了过来，准备一鼓作气拿下 D2 高地，饮马楠云河畔。

越军前进速度很快，他们跟在溃兵潮后从东面逼近了 D2 高地。面对敌我夹杂朝 D2 高地涌来的复杂情况，布兰布鲁克表现出了他不同凡响的领导能力——他并没有像一般军官那样下令部下进行不分敌我的拦阻射击，而是指示所部禁止用机枪射击，仅用步枪射击，为掩护溃兵撤退不惜准备把越军放近再打。看到 D2 高地的守军如此"仗义"，阿尔及利亚溃兵倍受感动，不再往 D2 高地逃跑，而是往南一闪，把跟在自己屁股后面的越军 209 团 130 营给暴露出来。布兰布鲁克这一高招也让他手下的西非炮手士气大为提振。突然失去掩护的 130 营大为震惊，但很快从错愕中清醒，依仗人数优势，朝 D2 高地冲了过来。

面对危局，布兰布鲁克十分冷静。他先是电告第 4 殖民地炮兵团 2 营营长克内希特少校，引导中心区的炮 5 连和炮 6 连用炮火支援 D2 高地，继而下令所有预备炮组成员都加入到普瓦特万的排，与阿尔及利亚兵一起，用步机枪火力配合炮火阻击进攻之敌。

尽管密集的子弹和炮弹将越军一批批射倒，但 130 营也知道，只要打下 D2 高地，就能冲到楠云河畔！因此，越军不顾重大伤亡持续冲击，倒在地上的战士纷纷拒绝救护，

▲ 在奠边府堑壕防御的法军士兵。面对越军持续不断的进攻和围困，他们显得有些彷徨。

催促战友赶紧突破。

不一会儿，130 营就顶着法军的火力拦阻冲上了 D2 高地，直扑炮阵地，他们的身影在伞降照明弹映衬下清晰可见。在这危急关头，炮 4 连连长布兰布鲁克下达了那道著名的炮兵近战令——"炮兵上刺刀（直瞄射击）！"在他的命令下，4 门榴弹炮把炮口压到最低，直接对准越军冲锋集团，炮弹引信也设为触发（0 秒延迟引爆）。伴随着炮弹出膛，密集的爆炸在阵前发生，越军的血肉之躯当即化为尸山血雨，夹杂着弹片漫天飞舞。在炮火轰击的同时，机枪也对迫近环形防线的人民军狂扫射击，步枪也一发接一发地射向越军。在密不透风的联合火力打击下，最后一名越军退了下去。沿着铁丝网，到处都是越军的尸体。这时，越军第 45 炮兵团的观察员们终于发现了 D2 高地的法军第 4 殖民地炮兵团 2 营 4 连。密集的炮弹也开始落到 D2 高地，许多是哑弹。经检查，这些炮弹引信都

很低劣。

午夜 2 点，稍加重组的 130 营又发起了第二次进攻。面对 130 营的疯狂，炮 4 连再次重复先前的操作，直瞄射击加触发引信，将来攻之敌一片片炸倒。与此同时，中心区的第 4 殖民地炮兵团 5 连和 6 连也全力支援 D2 高地，密集的弹群在 4 连炮阵地前形成一道道火墙，有效地阻止了越军的突破，130 营第二次进攻也失败了。虽然 2 次打退对手的进攻，但布兰布鲁克中尉手下仅 180 名炮兵和北非兵，他们是奠边府东北锁钥唯一的守军，要是他们被打垮，那奠边府就完了！D2 高地急需增援！克内希特少校收到了布兰布鲁克中尉的增援请求，但打了回票：此时，艾兰和于格特到处都在激战，到处都需要援军，根本不可能派出援军给 D2 高地，不管它的位置有多重要，至少它不比 A1 高地重要！为了给 D2 高地打气，朗格莱中校在电台中指示布兰布鲁克中尉在形势绝望的情况下允许毁炮撤退，但被自信的布兰布鲁克中尉拒绝。

D2 高地的战斗还在继续，130 营又发起了第三次冲锋。第 4 炮连在 5、6 两个姐妹炮连支援下继续进行有效的拦阻射击。在埃佩维耶高地上的 2 挺大口径高射机枪（由勒默尔军士长指挥）也朝越军侧翼泼洒出密集的弹雨，阻止了越军从北面迂回 D2 高地的企图。越军好不容易冲到排水沟附近，却又遭遇掩护北部雷区和铁丝网的阿尔及利亚 12.7 毫米机枪手致命的火网，130 营第三次进攻又被击退，但炮 4 连的怒吼仍在持续。趁着战斗间隙，布兰布鲁克中尉逐一视察了手下炮位，进行检查，激励士气，提出建议并开开玩笑。此时，4 门榴弹炮管已经烫得无法触摸，炮手们都累得几乎瘫倒在地，脚下的泥泞又常

常使炮手打滑。

　　越军的攻势暂时被遏制了，但越军炮火丝毫没有停歇，继续朝 D2 高地倾泻。起初弹着点很散乱，但不久后一发迫击炮弹在 1 个炮位后方爆炸，发出刺眼的闪光，吓得炮组成员高声尖叫。由于炮 4 连大部分 105 毫米榴弹都采用近距离射击，所以装药量很少，致使炮弹装药丢得到处都是，越积越高。其中 3 门炮的炮长利用战斗间隙把这些易爆品扔进了楠云河，但有 1 门炮其炮组没有这么做。虽然这些装药本身不会爆炸，但极易被诱爆。不多时，1 发越军炮弹直接落进 4 号炮位（贝尔纳·洛朗中士指挥），炸伤了驻退器的油压系统，无法修复。这样，炮 4 连仅剩 3 门 105 毫米榴弹炮堪战。在北部阻击阵地的 12.7 毫米重机枪，因持续不断的射击导致枪管过热和卡弹，贝斯准尉命令阿尔及利亚机枪手朝枪管撒尿冷却，他们依命行事。一名邻近战壕的 60 毫米迫击炮手（来自第 31 工兵团的摩洛哥兵）被炸伤。勒·普瓦特万军士长集合了 2 名炮手，命令他们接替那名负伤的摩洛哥炮手，继续让 60 毫米迫击炮射击。不久，这门迫击炮又加入到射击行列。

　　虽然打退了越军 3 次进攻，但朗格莱明白布兰布鲁克是在背水一战，一旦 D2 高地被 130 营突破，炮 4 连将无路可退。为了防止这种情况出现，朗格莱在 D2 高地击退 130 营第三次进攻后再次指示布兰布鲁克中尉可在危急情况下毁炮撤退，但他再次拒绝了朗格莱的好意。电话线被炮火炸断，他就用无线电呼叫营部的孔布上尉，用俚语向他报告所部情况，使越军监听员无法得知其具体内容。连部成员主动接替劳累的炮手，帮助操炮、装填和运弹。贝斯自己就充当临时搬运员，从弹药库搬出一发发炮弹，把它们扛到炮位

上，让炮火持续不断。

　　虽然四次突击全部失败，但 130 营没有气馁——要冲到楠云河畔，就必须拿下 D2 高地！抱着必胜的信心，130 营又在拂晓前发动了最后一次进攻。这次，越军没有采取正面硬攻，而是在夜色的掩护下，悄悄从炮阵地附近一条战壕渗透上来，结果被菲劳多中尉发现。这条战壕在战前就为了防止阵地失守而预先埋下了大量炸药，这时起了作用。看到越军挤满战壕，菲劳多立马按下炸药起爆器，将沿壕埋设的几百公斤炸药全部引爆。随着一声巨响，不少越军指战员被炸飞上天。130 营的第 4 次进攻就这样被粉碎了。日出东升，D2 高地的硝烟逐渐散去。望着阵前躺着的 200 多具越军尸体，布兰布鲁克意识到，他们打赢了 D2 高地之战，奠边府得救了。

　　清晨，在布兰布鲁克的请求下，中心区开出的 3 辆卡车（充当火炮牵引车）以胜利姿态将炮 4 连 3 门堪战的 105 毫米榴弹炮拖回了中心区。炮 4 连的战士们是奠边府真正的勇士。据统计，炮 4 连在 30 日夜到 31 日凌晨的战斗中共打掉 1800 发炮弹：平均每门炮（一个完整的 105 毫米榴弹炮组由 1 名法国军官和 8 名西非黑人炮手组成）打掉 450~500 发炮弹，3 人负伤，无人阵亡。他们的英勇奋战，挽救了 E 高地和 D1 高地失陷的危局，守住了 D2 高地，保住了楠云河渡口。为了表彰布兰布鲁克的战功，他被授予法国陆军十字荣誉勋章。

　　也亏得有炮 4 连的奋战，使德卡斯特里和朗格莱得以把精力放在艾兰防区。

　　和多米尼克相比，艾兰防区的激战可用"惨烈"二字来形容。在这里，越军第 316 大团也拉开了进攻帷幕。第 98 团 215 营打 C1 高地和 C2 高地，第 102 团 54 营负责穿插

攻击法军的 D3 高地，174 团打 A1 高地。

在 C1 高地，第 98 团团长武朗兑现了他对武元甲大将的承诺，快速攻克了目标。进攻之初，支援 98 团的一个 75 毫米山炮连和一个 120 毫米重迫击炮连就打得奇准无比，在铁丝网障碍带炸开了几个口子。炮火延伸时，第 98 团 215 营的爆破排立即冲上去，用爆破筒炸毁了剩下的铁丝网。仅仅 5 分钟的时间，98 团 215 营爆破排就在对方的 7 道铁丝网障碍带炸开了一个突破口。215 营营长裴友军利用对方仍然没有反应过来，无法发挥火力的空当期，果断下令进攻。

就在这时，团指和 215 营的电话联络线被炮火炸断。听到步兵冲上 C1 高地的喊杀声和枪声，团指立即命令炮兵转移射击方向。结果，215 营 38 连在冲击中仅一个冲锋动作就占领了 C1 高地山顶大碉堡，突击队战士阮善核将决战决胜的红旗插上了 C1 高地山顶大碉堡废墟。残存的摩洛哥兵试图在西坡继续顽抗，并呼叫炮兵火力支援，但 38 连眼疾手快，迅速冲上去和法军拼刺刀并猛砸手榴弹。战斗持续了 45 分钟（和武朗战前计算的时间完全一致），越军 98 团 215 营 38 连仅以伤亡 10 人的代价，全歼法军第 4 摩洛哥步兵团 1 营 1 个连 140 人，交换比 1：14！得知胜利的消息，兴奋的第 98 团团长武朗抓起电话，向武元甲大将报捷："98 团按时拿下了 C1 高地！"武元甲对 98 团很是满意，因为他们圆满完成了任务，而且伤亡几乎可以忽略不计。事后，越南总军委授予第 98 团 215 营集体特等功的最高荣誉。

拿下 C1 高地后，98 团团长武朗却犯了一个错误，用 35 连换下 38 连，把刚刚完成攻坚任务，伤亡仅 10 人，可以说是兵力仍接近满员状态的 38 连撤下来担任预备队。这次

刚刚经历过大战，正在堑壕里休息的越军指战员们。

换防使越军错过乘胜进攻 C2 高地的机会，也给了法军喘息的时机。当 215 营调整部署，35 连和 38 连进行换防时，法军炮兵开始对 C1 高地进行炮火覆盖。此时，35 连和 38 连正拥挤在 C1 高地上换防，法军的炮火给越军造成了很大的麻烦。从地形上看，E1 高地比较狭窄，可供隐蔽的工事和堑壕比较少，耽搁了换防时间。直到 21 点 00 分，越军第 98 团 215 营才报告 35 连换防完毕，他们的下一个目标是比雅尔少校和越南第 5 伞兵营主力所在的 C2 高地。

从地形上看，C2 高地较为宽阔，并通过一条马鞍形山脊和 C1 高地相连。在 C2 高地内侧有一条缓坡通往 41 号公路。这一地利优势利于法军迅速调来预备队实施反扑。在高地上，法军也修筑了一系列坚固的碉堡和掩体，形成明暗火力结合的完备阵地体系，易守难攻。

23 点 00 分，35 连 1 个排在副连长和指导员带领下，穿过马鞍形山脊，冲上了 C2 高地。他们进展迅速，很快打下了 11 个地堡，并拔掉了不少明暗火力点。法军也深知 C2 高地的重要性，一旦有失，A1 高地就会彻底失

去侧背保护，因此博泰拉上尉指挥越南第5伞兵营营部、2连和3连，在猛烈的炮火支援下，与越军第98团215营35连血搏一夜，成功挡住了35连冲击，可自己的损失也不轻——营属重武器排全军覆灭，3连连长加旺中尉和马凯齐中尉战死，营部的德洛贝尔中尉负伤。越南第5伞兵营顶着左翼和正面前方的崩溃，顽强守住了C2高地，他们的勇敢表现洗刷了独立山失守后反击失败的耻辱。

与此同时，第102团54营的穿插攻击也没有得手，营长重伤。

至此，越南人民军对东部高地群的进攻中，已经拿下了重要的E高地、D1高地和C1高地，在第4个高地——C2高地受挫。但这些都不是决定性的，真正决定奠边府命运的战斗发生在A1高地。

第九章

决战 A1

锁钥之地

　　法军称之为 E2 的高地，在越南人民军作战地图上标绘是 A1 高地，这是法军在奠边府东部山头防御体系中最重要的一环。A1 高地，相对标高 49 米，长 200 米，宽约 80 米，呈椭圆形，地势上易守难攻。往北大约 200 米还有 C1 高地和 C2 高地，其中 C2 高地标高低于 C1 高地约 5 米，而 C1 高地又比 A1 高地高出约 2 米。这种地形特点使 C1、C2 和 A1 高地的法军可以相互支援，尤其是在 A1 高地北坡形成严密的封锁火力网，不过在其他三个方向的坡面的火力密度却相对较低。在 A1 高地的西面是 A2 和 A3 高地（由于这 2 个高地地势低缓，而且较为宽阔，给了法军一个增援 A1 高地的良好跳板，在未来的战斗中，法军正是通过这两个高地有效地保护了 A1 高地的侧后并持续不断从西面和南面向越军反扑）。从整体态势来看，A1 高地位于芒清中心区东南部的终点，是东部各个重要山头中最靠近中心区的据点。如果越军能打下并巩固 A1 高地，就可以阻止法军从芒清中心区组织兵力对越军的反扑，继而以此为跳板向中心区发展进攻。

　　除了周围重要的山头外，公路方面给法军带来的便利也不可忽视。41 号公路从北往南从 A1 高地和 A3 高地之间穿过。在 A1 高地西北，自中心区延伸出来的一条小路跨过楠云河与 41 号公路交会。越军判断，在 174 团对 A1 高地进攻期间，对方很可能通过这条小路增援 A1 高地。

　　从本身的兵要地志来看，A1 高地东面还有两个较高的山头可以利用，越军地图标注是 F 高地和秃山。其中，F 高地距 A1 高地约 150 米，长度和标高均超 A1 高地，唯一的缺点就是坡面较窄。秃山距 A1 高地约 250 米，

▲ A1 高地的法军工事。

高度和面积均次于 A1 高地。这两个高地战略地位十分重要，如果越军能有效控制 F 高地和秃山，就可以用直射火力压制 A1 高地和 C2 高地正面与两翼，并支援步兵从东坡对高地的攻坚。在地势有利的同时，F 高地和秃山西坡密覆森林，不仅让越军的近迫作业和兵力展开更顺利，而且还给越军设立炮兵观察所带来了有利的条件。

在天气条件上，当时的奠边府正值春夏之交，晨雾要到上午九十点才能散去，从 9 点到 10 点起，到下午 4 点到 5 点，法国远东空军的战斗机和中型轰炸机活动猖獗，给越军兵力调动带来了很大的困难，不过却给 A1 高地周围的越军观察哨监视 A1 守敌带来很大的便利。夜间起的大雾虽然有效掩护了越军的作战准备和近迫接敌，但又给各个观察哨和炮兵观察所的通视观察带来了很大的困难。

由于 A1 高地的战略位置实在太重要了，

是东部山头的核心防御地带，因此法军非常重视对该高地的防御。奠边府战役爆发之初，这里由泰族第 2 步兵营把守，越军展开第二阶段攻势后，德卡斯特里上校把泰族第 2 步兵营撤下，换上来自北非的第 4 摩洛哥步兵团 1 营 2 个连又 1 个加强排的兵力，以及一个火力连（装备 4 门 81 毫米迫击炮、2 门 57 毫米无后坐力炮、1 挺 12.7 毫米重机枪和 4 挺轻机枪），由尼古拉少校指挥。

针对 A1 高地的防御，法军依托山顶的一个旧镇公所进行加固和改造，特别是对镇公所的地下室进行改造，修成了连带地下掩体的山顶大碉堡。特别值得一提的是，地下室的顶部是用钢筋混凝土浇筑而成，可以扛住 25 千克级的轻型炸弹轰击。第 4 摩洛哥步兵团 1 营营部就设在这里。以山顶大碉堡为核心，整个高地修建了相对坚固的工事体系以应对未来的大战。结合地形，法军构筑了几条战壕和四通八达的交通壕将 A1 高地的各个掩体、机枪火力点和单人工事连接贯通，形成相互支援的堑壕防御体系。除了这些地表工事和交通壕外，法军还挖掘了几条暗地道（比如专供 81 毫米和 82 毫米迫击炮用的炮兵掩体），以便在情况紧急的时候能够通过这些暗地道秘密向山上机动兵力。此外，法军还依托地形修建了许多暗堡，结合正面火力，能够对各个坡面形成交叉火力。尤其是西南坡的各个暗堡更是躲在越军的直射和曲射火力死角，对越军步兵向纵深发展进攻构成了巨大威胁。在整个高地正面，尤其是越军主攻的东南方向，法军更是修筑了密集的工事和火力点。

越军方面，参加 A1 高地攻坚战的是拥有光荣战斗传统的部队——第 174 团。1949 年 8 月 19 日，第 174 团在高北谅战役期间宣告成立，该团是当时越南人民军总部直辖的机动主力团。在边界战役中，第174团和第209团一起首战攻克东溪，为战役胜利做出了重要贡献。在团长阮友安少校指挥下，第174团又参加了诸多战役，在奠边府战役打响前，第174团攻克了莱州，迫使刁文龙出逃法国，基本解放了越南西北地区。

在士气方面，经过了1953年雨季期间的军事技术学习和政治整训，全团指战员的技战术能力都得到了很大程度的提高。第一阶段的兴兰高地和独立山战役胜利后，第174团更是跃跃欲试，渴望参加战斗，一展自己的雄风。

在编制上，第174团下辖第249、251和第255等3个步兵营和团属各个支援连。为了进攻A1高地，越南人民军总部特地给第174团增配了一个120毫米重迫击炮连（4门120毫米重迫击炮）、1个82毫米迫击炮排（4门82毫米迫击炮）、1个75毫米山炮连（3门75毫米山炮）和1个105毫米榴弹炮兵连（4门105毫米榴弹炮，配弹250发），加上第174团编制内的重武器，总计57毫米以上各类火炮36门。

3月27日，战役指挥部召开团级以上指挥政治干部会议，布置第二阶段作战任务。武元甲大将把攻克A1高地和C1高地的任务交给了第316大团的第174团长阮友安少校和第98团团长武朗少校。武元甲大将指示阮友安少校和武朗少校一定要完成任务，攻克重要的A1高地和C1高地，然后发展进攻再打下A3高地和C2高地，吃掉法军精锐的第6殖民地伞兵营一部分兵力。在具体作战布置上，A1高地是第316大团在第二阶段攻势中的主要突击方向。

在作战上，第316大团长黎广波要求第98团和第174团密切配合。如果第174团能在98团发展进攻打C2高地前拿下A1高地，那么阮友安就要分兵打C2高地东南坡，并组织火力压制C2高地的法军，支援98团拿下C2高地。

第98团位于第174团右翼，任务是拿下C1高地后，继续向C2高地发展进攻，并在第102团54营配合下，消灭法军第6殖民地伞兵营部分兵力。黎广波给第98团的任务是要快速攻克C1高地（这个任务已经出色完成），然后迅速朝C2高地发展进攻，吃掉C2高地的法军预备队——第6殖民地伞兵营部分兵力，阻止法军从芒清区出援，为第174团攻克A1高地创造有利的条件。

在领受了作战任务后，第174团团长阮友安少校马上命令团主要参谋干部对A1高地组织抵近侦察，查明A1高地的法军兵力部署和火力配系情况，以及地形特点。经过周密侦察，第174团团长阮友安少校很快定下战斗决心：

第249营（其中主攻连是317连）从东面实施主要突击，任务是先拿下1号碉堡，然后攻克A1高地的A、B、C三个分区，接着在第251营配合下，全面彻底地攻克A1高地，得手后以部分兵力突破前出到C2高地东南，配合第98团攻克C2高地，同时尽量创造条件在A1高地布置火力分队，压制C2高地，掩护第98团对该高地的攻坚。

第251营（欠1个连）从东南方向实施次要方向突击，任务是攻破4号碉堡，拿下D分区，配合第249营全歼A1高地守敌；第251营（余下的）1个连任务是对A3高地实施佯攻，吸引敌人的注意力，为第249营和第251营联合攻克A1高地创造有利的条件，同时也为第174团向A3高地发展进攻打下良好的基础。

第 255 营担任第 174 团第二梯队，随时准备在第 249 营和第 251 营没能完成任务的情况下冲上 A1 高地，聚歼残敌，完成任务；同时，第 255 营还要准备继续进攻，拿下 A3 高地。

团指设在 A1 高地东面 1100 米。

在火力布置上，81 毫米迫击炮由团长阮友安少校直接指挥。营属支援火力主要是 57 毫米无后坐力炮和重机枪。团属和营属火力阵地布置原则是因地制宜，确保火力有效发挥，集中使用，机动转移。75 毫米山炮连阵地布置在兴兰高地东南的 491 高地，距 A1 高地 1300 米。

在通信保障方面，阮友安少校要求在 3 月 30 日 12 点 00 分以前团属通信连要架通团指到进攻出发阵地的第 249 营和第 251 营两个营指的电话线，保障战斗命令的及时准确传达。

当时，越军的通信手段主要依靠有线电话，虽然电台很重要，但第 174 团的电台功率小，使用无线通信容易被法军窃听。出于保密起见，第 174 团团长阮友安少校在主要采取电话通信的同时，还用信号旗、喇叭和哨子等进行通信联络。

在工程保障方面，根据兴兰高地和独立山攻坚战构筑进攻出发阵地和火力阵地的经验，第 174 团也要求第 249 营和第 251 营彻底利用天然地形，按照规定标准构筑火力阵地，并将攻击出发线尽可能延伸到 A1 高地山脚，确保战斗发起的突然性，同时重视战前的周密伪装和隐蔽。在修筑阵地过程中还要重视部队分工、抓紧时间加快进度和保存部队的体力。同时，各营在修筑阵地时还要拟好保卫阵地的作战计划。

为了确保第 174 团进攻前出发阵地的安

▲ A1 高地的山顶大碉堡。

全，总部直辖的部分高射炮和第 316 大团直属高射机枪营直接配属给第 174 团。

万事俱备，只待进攻时刻的到来！

初战完败

对第 174 团的战斗准备，法军心知肚明。负责 A1 高地防卫的法军第 4 摩洛哥步兵团 1 营深知 A1 高地位置的重要性，当面的第 174 团早晚要打过来，而阮友安的进攻出发阵地必是 F 高地和秃山无疑。

为此，法军第 4 摩洛哥步兵团 1 营营长尼古拉少校自奠边府战役打响以来，就一直派巡逻队前往 F 高地和秃山，打探 174 团的动向。3 月 30 日，也就是越南人民军发起奠边府战役第二阶段进攻当天，尼古拉少校同样也没有放弃派巡逻队侦察 F 高地和秃山。

面对法军的巡逻，3 月 30 日拂晓，原本负责秃山守备的第 249 营 1 个排却不知为什么只有 3 名战士在山上警戒。结果，法军巡逻队依仗兵力优势，很快打垮了第 249 营的警戒哨，于 06 点 30 分拿下了秃山。得知秃山丢失的消息，阮友安少校大怒，命令预备队第 255 营 653 连马上反击。从 08 点 00 分起，第 653 连连续和法军展开激烈战斗，至 16 点 30 分才基本夺回了秃山东面，可山顶还在法军的手里。

虽然有此不利，但第174团属和各营属火力连还是利用晨雾和阵雨掩护隐蔽开进，于11点00分占领了A1高地周围的指定火力阵地。15点30分，第249营、第251营和第255营从集结阵地出发，开赴进攻前出发阵地。战前，阮友安少校再三要求部队要隐蔽开进，隐蔽占领进攻出发线。可由于法军控制了秃山山顶，可以轻松俯瞰第174团的行军路线，导致第174团的兵力展开在法军面前暴露无遗。

屋漏偏逢连阴雨，就在174团各营向进攻前出发阵地开进的时候，团长阮友安少校接到第316大团团长黎广波打来的电话。在电话中，黎广波告诉阮友安，要等到他电话下令后再发起攻击，保持总攻击的统一性。可直到16点40分，阮友安都没有接到黎广波的命令，恰在这时电话线被炸断了。17点00分，第174团所属的249营、251营和255营向阮友安少校报告，三个营全部占领了进攻出发阵地。眼看没法和大团团指取得联系，进攻又迫在眉睫，阮友安少校决定转移到团前指位置，做好战斗准备。

到17点30分，阮友安少校始终没法和黎广波，以及直接支援第174团战斗的一个105毫米榴弹炮连取得联系。此时，第二阶段总攻击的时间已经过了35分钟，负责支援第174团的第866炮兵连已经开始对A1高地进行炮火延伸。在其他高地，越军各团都伴随着炮火延伸展开了冲击。显然，总攻击已经打响。为了不错过时机，阮友安少校当机立断，下令按计划展开第174团全部火力压制A1高地守敌，同时命令第249营和第251营马上发起攻击，采取爆破方式撕开突破口。

在主要突击方向上，第249营于18点00分前出到秃山东北，试图抢占A1高地山脚的冲击点，可法军还占据着秃山山顶，组织火力抗击，使第249营难以前进，营属火力连也没法在秃山占领阵地。为了支援249营，阮友安少校命令120毫米重迫击炮连集中火力猛轰秃山山顶，驱逐了法军巡逻队，掩护第249营火力连在秃山山顶展开。接着，第249营火力连的57毫米无后坐力炮群和重机枪群赶紧登上秃山占领阵地。但秃山上的工事都是法军临时修筑的简易掩体，也没有交通壕相互连通，结果在法军猛烈的炮火反击下，第249营火力连伤亡殆尽，战前预定的组织直射火力从秃山压制A1高地的设想化为了泡影。与此同时，A1高地的法军也朝秃山东北干涸溪床泼洒密集的火力，使9营仅能勉强完成兵力展开。

18点30分，第249营开始进行爆破作业，准备炸开突破口和冲击A1高地。为了支援第249营的冲击，第174团属各个火力分队实施密集射击，一度压制了A1高地的法军各个火

▲ A1高地山顶。山顶两座房屋就是山顶大碉堡。

力点，可航岗的法军105毫米榴弹炮群和芒清区的法军120毫米重迫击炮依旧毫不间断地轰击第249营的冲击点。由于第249营主力和主攻突击的317连的冲击点和预定突破点太远，而且冲击点的工事既浅又窄，导致第317连的战斗队形被法军炮火分割，冲在最前面的爆破排和第317连各排间失去联系。而爆破排所属的各个爆破组若要冲到山脚铁丝网跟前实施爆破，就必须要越过一道宽约300米的干涸河床的开阔地。结果，爆破排所属的各个爆破组在冲过河床时遭到法军炮兵火力封锁，伤亡很大，队形被打乱，没法实施连续爆破。

战斗开始30分钟后，虽然还是没能和爆破排取得联系，但听到317连进攻方向传来接二连三的爆炸声，9营营长判断爆破排已经完全破坏了A1高地法军阵地外围的障碍物，于是命令317连散开队形，以小群兵力利用法军各轮炮火支援间隙冲过开阔地，占领突破口。然而，冲击的317连还是遭到A1高地的法军直射火力和支援炮火的疯狂拦阻，进展甚微。至19点15分，317连爆破排的一个组终于突破了A1高地东面的法军阵地前沿障碍群，冲到1号碉堡跟前，开始组织爆破。30分钟后，第317连尖刀连也冲到了突破口。就在这时，A1高地东坡山腰的法军火力点和被爆破的1号碉堡部分复活火力点顽强组织火力封锁突破口，317连冲击受挫，没法越过突破口。

法军的炮击确实给249营带来了很大的麻烦。法军战史称：

晚7点左右，174团251营和249营借着月色的掩护悄悄接近E2高地（A1高地）东坡。越过E2高地前的干河床，越军沿着两条间隔不到30米的宽阔山道向东坡攻击前进。就在

此时，E2高地的法军炮兵前进观察员及时联络伊沙贝尔的法军105毫米榴弹炮群。在他准确的指令下，弹群像长了眼睛似的连连飞进越军进攻队形。

为了有效对付越军集团冲锋，法军炮兵使用的近炸引信的高爆炮弹在内置微小雷达的引导下，炮弹在触地前几米上空爆炸，大面积地杀伤冲锋之敌。这些空炸炮弹对步兵而言尤其致命，因为不管躲到战壕还是散兵坑，都不能避免从空中飞落的弹片的杀伤。这些炮弹的爆炸先是发出一阵橘黄色的闪光，继而冒出一阵黑烟，伴随着刺耳的尖鸣声，金属碎片（弹片）像仙女散花般地飞溅到以爆点为中心，半径很大的一个圆周内，从而有效杀伤爆炸范围内的敌人。当时E2高地东坡还是树木成林，近炸引信在树梢高度引爆炮弹，四散飞溅的弹片夹杂着尖利的枝条四处飞散，加大了对98团冲锋集团的杀伤。法军猛烈而准确的炮火不仅让越军冲锋步兵伤亡惨重，而且还使174团和316师师部一度失去了联络。

在次要进攻方向上，18点45分，第251营的爆破排也开始组织爆破，准备撕开突破口冲击A1高地。

遗憾的是，第251营的冲击点也离预定突破口太远，结果爆破排和第251营的尖刀连——671连很快失去了联系。另一方面，第174团团长阮友安给第249营和第251营选择的进攻出发阵线和进攻路线也有一定的问题，但冲击点离突破口远，要跨过较大的开阔地，而且两个营进攻路线间隔仅仅30米，这无疑给法军集中炮火进行阵前封锁带来了极大的便利，也无形中给自己的进攻造成了很大的困难。经过15分钟的战斗，第251营的爆破排炸毁了法军阵地前的铁丝网障碍物，但这

个时候，第251营营长看到第249营方向的第317连仍然没有冲过他们的突破口，而且第251营也和团指失去了联系。尽管自己的爆破排撕开了突破口，但第251营营长担心自己孤军奋战，没有大胆下令部队冲过突破口抢占一个桥头堡。19点45分，看到317连终于冲过他们的突破口后，第251营营长这才下令自己的尖刀连——671连在爆破排配合下，发起冲击，拿下4号碉堡。

在佯攻方向上，18点00分，第674连也行军赶到82毫米迫击炮阵地后方展开兵力。在174团开始对A1高地进行火力准备的时候，674连开始隐蔽接近A3高地。途中，部队遭到法军炮火封锁，包括连长在内有4人伤亡。

至19点30分，674连终于扑到A3高地跟前，开始隐蔽剪开法军阵地前的铁丝网。由于团长阮友安少校交付给674连的任务较为模糊，因此674连既没有建立攻击阵地工事，也没有展开火力引开A3高地的法军火力，只是继续隐蔽剪开铁丝网，逐步破坏A3高地阵前所有障碍物，为第174团在攻克A1高地后向A3高地的进攻创造条件。

与此同时，在周围各个高地，越军各团相继取得了胜利：第98团攻克了C1高地，

▲ A1高地山顶今貌。

正组织对C2高地的发展进攻；第312大团也拿下了D1和E1高地，准备突击D2高地和210高地。尽管法军当时的处境已经十分不利，但还是集中火力支援A1高地，决心保住奠边府东部这座最重要的山头。

在如此有利的战局鼓舞下，第174团团长阮友安少校命令第249营和第251营马上转入冲锋阶段，务必迅速攻克A1高地。他命令：81毫米迫击炮连集中火力猛打B区和D区；75毫米山炮连朝山顶大碉堡区射击；第249营迅速发展进攻，拿下1号碉堡和B区；第251营坚决冲击，拿下D区密切配合第249营消灭C区之敌。

为了实现团长的战斗决心，主要进攻方向的第249营317连在第249营副营长的直接指挥下冲过了突破口，然后向B区发展进攻，一路活捉了6名法军欧非籍士兵。这时，经过连续战斗的第317连只剩1个排稍余的兵力，但仍继续往1号碉堡东面发展进攻。其中，第317连的1个战斗组（3人）越过1号碉堡继续往北面插过去，却因没有后续力量跟进，被C区北面和B区的法军切断了后路，他们和317连主力失去了联系。与此同时，第259营营长也和第317连失去了联系，但马上把营第二梯队——第316连调上去投入战斗。第316连留下1个排守住突破口，然后以剩余力兵分两路进攻：一路直插B区北面；另一路往第251营方向发展进攻，准备和第251营会师，然后两路突击部队沿着A区和D区的交通壕向山顶大碉堡发展进攻。战至20点00分，第316连两路突击部队拿下了A区和B区部分地盘。

在次要进攻方向上，19点45分，第251营671连坚决冲击，一连拿下了3、4、5、6号掩体，活捉了5名俘虏。第671连又在A

区东南和第 249 营 317 连取得联系。接着，第 316 连兵分两路：一路直插 A1 高地的法军无线电台通信站，接着配合第 317 连向山顶大碉堡发展进攻；一路在 A 区东南继续冲击，俘虏了 30 名欧非籍士兵，并宣称击毙法军 2 名中尉。

法军方面，虽然法军炮兵使用近炸引信的高爆榴弹实施拦阻射击，给越军造成了不小的伤亡，可第 316、317 连和第 671 连的冲击，也给 A1 高地东坡镇守的法军第 1 外籍兵团伞兵营 1 连（连长：卢希亚尼中尉）造成了很大的伤亡。为了避免全军覆灭，法军第 4 摩洛哥步兵团 1 营营长尼古拉少校命令卢希亚尼中尉率部撤出 A1 高地东坡山脚，退到山腰和第 4 摩洛哥步兵团 1 营 2 个连会合。可越军 3 个连已经越打越顺手，很快扑到山腰，法军 3 个连与越军 3 个连展开了惨烈的肉搏战。在越军波波相连的冲击下，法军抵挡不住，很快全军退到了 A1 高地山顶附近。

在团前指，接到第 249 营副营长该营已经占领 A1 高地四分之三的报告后，团长阮友安少校马上命令第 255 营前出到第 249 营的进攻出发线，准备跟进打击扩大战果。同时，他还要求佯攻方向的第 674 连准备用爆破筒炸掉 A3 高地剩下的铁丝网障碍物，做好攻打 A3 高地的准备。

从 20 点 00 分起，阮友安少校和第 249 营、第 251 营的电台联系也中断了。在没法了解这 2 个营战斗情形的情况下，阮友安少校赶紧派团参谋长前往 A1 高地纵深了解情况并直接指挥战斗。团参谋长很快赶到了第 249 营的进攻出发线，碰上了仍在出发阵地上的 249 营营长。他马上命令第 249 营营长前往 A1 高地纵深指挥部队发展进攻，他自己也试图进至突破口附近的铁丝网地带，打算直接和前

往高地纵深的营指取得联系，及时接收战况报告。

然而，法军以猛烈的炮火封锁了突破口，在纵深战斗的部队和突破口外的联系完全被切断，连团参谋长都没法得知 A1 高地纵深战斗情况，遑论团长。眼看团参谋长上去也没有传来任何消息，焦急的阮友安少校只得再派 1 名作训参谋干部前往突破口，和第 249 营营指取得联系。可是，这名作训参谋干部也和团参谋长一样，在突破口前根本没法了解情况，当他试图越过突破口进入纵深时被炮火炸伤。至此，A1 高地纵深战斗只能在完全没有团长统一指挥的情况下，陷入了各自为战的境地。

在 A1 高地纵深，第 249 营副营长与第 317 连失去了联系，而冲到 B 区的 316 连被法军火力拦阻导致冲击受挫的消息也没有及时报告给第 249 营副营长。尽管如此，第 249 营副营长还是命令留守突破口的第 316 连 3 排马上冲过突破口，往纵深冲击。与此同时，第 249 营最后一个连——第 315 连也根据第 249 营营长的命令，投入战斗。然而，第 315 连在冲过突破口时被法军炮兵火力杀伤了一部分兵力。接着，315 连冲进 A1 高地纵深，并分兵 1 个排突击山顶大碉堡。

21 点 30 分，进攻山顶大碉堡的第 315 连 1 个排用一根拼接成的 10 千克爆破筒炸山顶大碉堡。按照越军的说法，虽然第 315 连 1 个排对山顶大碉堡的爆破没有成功，但"部分守敌却慌忙逃往西面的 B 区"。接着，第 315 连这个排继续冲击，占领了 A1 高地山顶，这才发现山顶大碉堡的结构并非单纯的地表碉堡，而是还有地下室。于是，他们继续往地下室发展进攻。法军第 4 摩洛哥步兵团 1 营 2 个连和第 1 外籍兵团伞兵营 1 连残部依

托地下室拼死抵抗，315连这个排伤亡殆尽（含指挥冲锋的第315连连长），残存的寥寥数名指战员被迫撤了下来。第一次冲击受挫，让第249营副营长很不甘心，他马上把第315连剩下的2个排调上来继续冲击山顶大碉堡。就在这时，法军突然从A1高地C区冲出来实施猛烈反冲锋，第315连剩下的2个排没法继续发展进攻，而且被法军火力猛击，2个排又伤亡殆尽了。

到23点00分，第249营虽然已经把3个连的兵力全部投入战斗，可在纵深战斗的各连大部分幸存的指战员都散布在法军的战壕和碉堡残骸里躲避炮击。在前方指挥战斗的第249营副营长只能集中指挥部分分队继续战斗，没法掌握散布高地各处的残部。与此同时，第249营营长也只能在突破口地区待着，手上已经没有任何预备队。在不了解A1高地纵深战斗的情况下，他只能通过刚刚和团指联系上来的电台向阮友安少校报告第249营伤亡殆尽，请求支援。

在第251营进攻方向上，法军从A1高地西面和西南冲出来，连续实施反冲锋，但都被第671连击退，法军被击毙12人，含1名中尉。15分钟后，法军又进行第二次反冲锋。这一次，法军进行了极为猛烈的火力准备。接着，法军从南面和西南面再度冲击上来，猛地扑向第671连。在法军的猛烈冲击下，第671连伤亡惨重。在第251营方向纵深战斗的指战员只剩营长、2名连级干部、3名排级干部和2名战士。显然，这点兵力是无论如何也挡不住法军反扑的。为了增强打敌反扑力量，第251营命令在己方突破口待命的第673连2个排马上越过突破口，投入纵深战斗。在第251营营长的命令下，第673连2个排连续组织向A1高地南面和西南发展进

攻，但都被法军猛烈火力拦阻，伤亡不断增加，冲击受挫。

越军打得苦，法军的情况也不容乐观。在越军反复冲击下，A1高地可以说是岌岌可危。临近午夜，一直和朗格莱中校保持通话、报告情况的第4摩洛哥步兵团1营营长尼古拉少校突然中断了联系。这个情况让朗格莱吓出一身冷汗。这意味着什么呢？难道是第4摩洛哥步兵团1营营部遭到越军的围攻，全体人员被俘或是被消灭了吗？一旦丢失A1高地，奠边府也就没法再守下去了！朗格莱不敢往下想，面对当前的突发状况，他为了能给预备队争取时间，马上组织了对A1高地的反击。他决定做一件最违心的事情：命令炮兵对A1高地山顶进行炮火覆盖！

在这个危急的时刻，C2高地山顶一直用高倍望远镜密切注意A1高地战况的第6殖民地伞兵营营长比雅尔少校清楚地听到了A1高地和芒清中心区总部的所有通话（这里的无线电接收要比任何地方都清楚）。从A1高地不断闪烁的炮火闪光和爆炸中，他看到了A1高地战斗确实很绝望。除了尼古拉少校和朗格莱的通话，比雅尔少校还听到了第1外籍兵团伞兵营1连连长卢西亚尼中尉和重迫击炮连连长贝尔戈中尉的通话。可以说，比雅尔少校对当前A1高地紧急的态势了如指掌。于是，他在听到朗格莱中校给炮兵的命令后，插进电台通话，要求朗格莱不要对A1高地进行报复性炮击。他解释说，自己明白A1高地的困境，但只要让他的第6殖民地伞兵营1个连上去，A1高地还是有救的。毕竟，A1高地上还有自己人在苦战！在他的命令下，勒·布德中尉领着第6殖民地伞兵营3连（越南籍伞兵连）于3月31日午夜冲上了A1高地，在炮火支援下击退了251营。

在2个营纵深战斗陷入困境的形势下，团长阮友安少校决定把第二梯队——第255营投入战斗，打败法军的反冲击并继续发展进攻，消灭A1高地的全部法军。他命令：第255营的924连和925连奉命冲上A1高地，在第249营方向投入战斗；120毫米重迫击炮连和75毫米山炮连要集中火力压制A1高地C区、山顶大碉堡，支援第2梯队的第924连和第925连战斗；团参谋长要前往A1高地纵深统一指挥各营战斗。他还请求第45炮兵团轰击C区和压制航岗的法军105毫米榴弹炮群和芒清区的120毫米迫击炮阵地。由于战前对法军反冲击估计不足，准备不充分，导致第174团的120毫米重迫击炮和75毫米山炮连弹药基本耗尽，加上夜色中难以准确观察目标和修正弹着，致使120毫米重迫击炮连和75毫米山炮连给步兵的支援效果甚微。

3月30日24点00分，在第255营副营长指挥下，925连投入战斗。法军继续集中火力压制突破口地带，925连被迫以班为单位逐次跃进，冲过突破口，至3月31日凌晨1点，925连全部冲过了突破口，但伤亡了1个多排的兵力。255营副营长继续指挥925连往纵深冲击，越过A区时，收拢了和部队失散后在敌单兵掩体和据点中躲避炮击的249营和251营30名战士。

▲ 眼看第249营和第251营突破失败，阮友安少校又把第255营投入战斗。

在往纵深突破过程中，第925连以2个排的兵力加强给249营朝B区方向突击，另以1个排的兵力加强第251营进攻D区。从1点到3点，在第925连增援下，在纵深战斗的第249营和第251营与法军在B区东面和D区北面展开反复争夺，陷入僵持态势。由于越军是仰攻加上支援火力不足，在法军凶猛火力打击下，249营和925连仅能勉强顶住法军的反冲锋，却无力发展进攻，全部消灭A1高地守敌。

3月31日3点，越军在A1高地纵深的战斗力再度受到削弱，一部分原因是被法军火力杀伤导致兵力减弱，一部分原因是失去了统一指挥，不少幸存的指战员为了躲避敌炮火杀伤而分散隐蔽在A1高地的各个工事和据点内（使亲临一线的各营副营长难以有效掌握部队）。利用这个机会，得到尼耶上士坦克排2辆M24"霞飞"轻型坦克支援的法军第1外籍兵团伞兵营3连半数兵力在马丁中尉率领下，很快冲上A1高地。2辆M24"霞飞"坦克用75毫米主炮和车载重机枪结合A1高地直射火力，以及支援炮火封锁了越军突破口，切断了在后方和高地纵深战斗部队的联系，并大量杀伤了在A1高地纵深战斗的越军有生力量。

看到法军又要实施反冲锋，第255营副营长又把第924连投入战斗。然而，924连在越过突破口时同样遭到了法军猛烈的炮火封锁，伤亡不小（连长负伤）。同时，在纵深战斗的越军继续猛烈打击法军的反冲锋。虽然越军干部战士在打敌反扑战斗中打得英勇顽强，甚至捡起法军的武器来打法军，部分战斗中越军甚至给反扑的法军以很大的杀伤，几次把反扑的法军给压了下去，可法军的炮火封锁实在太猛烈，越军在打退法军反扑后自己也没法发展进攻继续扩大战果。由于纵深战斗缺乏统一指挥，也没有得到75毫米山炮连、120毫米重迫击炮连和105毫米榴弹炮连的有效火力支援。到4点30分，纵深战斗的第249、251和255营残部只得退却到A区东部。这时，还在A1高地纵深指挥部队战斗的只剩下第255营副营长和第249营副营长，第255营和第249营营长返回团指，向阮友安少校报告情况。

在此期间，佯攻方向的第674连仍留在A3高地阵前20米继续剪断铁丝网，除此之外再无积极作战行动支援A1高地战斗的团主力。

法军方面，第1外籍兵团伞兵营3连仗着坦克支援，从03点00分到04点30分连续进行了5次反冲击，终于在凌晨03点00分把255营压了下去。

至3月31日4点30分，98团往C2高地的突破受挫，312大团也停止了进攻，倒是第45炮兵团还在继续压制法军各个炮兵阵地，不过因弹药有效，效果越来越差。综合各种情况，阮友安少校已经意识到单凭第174团现有力量是不可能干掉A1高地的，因而决定停止进攻，让第255营打退法军的反冲锋，掩护第249营和第251营尽量带着伤兵烈士撤离A1高地。

与此同时，阮友安少校还请求第45炮兵团继续压制航岗、芒清区的法军炮兵群，并打击法军的反冲锋部队，掩护第174团各营逐次从A1高地纵深撤下来。

到3月31日清晨06点00分，第249营和第251营大部分残存指战员开始从A1高地撤下来。可缺乏统一指挥且没有得到174团的（120毫米重迫击炮和75毫米山炮）火力掩护，导致第249营和第251营撤退队形混乱而拥挤，结果又被法军追踪炮火杀伤一批

指战员。与此同时，第249营和第251营一部分没来得及撤下高地的干部和战士只得和第255营一起打击反扑的法军。由于第255营副营长在凌晨05点00分负伤后送，留在A1高地的营级干部只剩第249营副营长，此时的他没法掌握留在A1高地上的全部残存兵力。在没有统一指挥的情况下，各单位残余的干部和战士自动抱团，结成战斗组，坚决守住既得地带，击溃了法军一次反冲锋。

得知越军第174团停止攻击的消息，一夜未眠的德卡斯特里上校要朗格莱中校不等天明，马上对A1高地投入第三梯队实施反扑，务必全面夺回A1高地。拂晓时刻，法军第6殖民地伞兵营2连在连长特拉普中尉带领下，冲上了A1高地，和第4摩洛哥步兵团1营2个连残部、第6殖民地伞兵营3连，以及第1外籍兵团伞兵营1连和3连抄起机枪、冲锋枪，对越军第255营猛烈反扑。

从04点30分到11点00分，法军连续组织了7个小时的反冲锋，但越军还是牢牢守住了整个A区，以及B区和D区各一部分地区。战至3月31日11点30分，由于缺乏统一指挥，也没有得到火力直接掩护，A1高地的第255营924连和925连损失越来越大（连排干部伤亡殆尽），直接参加战斗的兵力越来越少，弹药也快耗尽了。无奈的第255营只得分散撤离了A1高地纵深。至此，第174团对A1高地第一次进攻完败告终。

比雅尔大反扑

当东部五座山头激战正酣之际，武元甲大将也没打算让别的地方闲着。

在奠边府西北，伴随着炮火延伸，308师36团对106高地发起攻击。这个先前曾以安妮·马丽4号标注的高地，位于机场跑道末段

突出部，由越南第 5 伞兵营 1 连把守，部署状似三角形——西北、西南和东南方向各放 1 个排。各排战壕，以及各排和连部都用交通壕相连。入夜后，308 师 36 团发起攻击，西北防线首先被突破，特洛准尉和克鲁瓦特中士双双被贯穿排部的一发无后坐力炮弹命中阵亡。夜 11 点，越军冲进了 2 排战壕，分割守军。尽管如此，机枪手图尔奈中士和其他幸存者还是顽强阻击，各自为战，虽然没有完全挡住越军，但却有效地分散了进攻之敌。

1 连长是阿兰·比札尔上尉，他此前曾在印度支那服役了 2 次，这次是他自愿离开灯红酒绿的巴黎，第三次到印度支那服役，他的朋友——第 5 越南伞兵营营长博泰拉上尉想让他做副营长，可惜没有伞兵翼章，但他没有放弃，自愿到河内进行了 4 天跳伞速成培训后带着他的伞兵翼章于 3 月 28 日跳伞来到了奠边府，接替鲁多中尉担任第 5 越南伞兵营 1 连连长，驻守 106 高地。48 小时后，他就在奠边府打出了自己的名声。在电台中，他向上级克莱蒙梭少校（第 2 外籍军团步兵团 1 营营长，负责于格特高地群的统一指挥）报告了 106 高地的局势，请求增援。克莱蒙梭立即转告朗格莱，请求派 1 个连增援 106 高地，但被拒绝。显然，朗格莱把精力都放在了 D2 高地和艾兰防区，如果这些高地陷落的话，即使守住 106 高地也没意义。反过来说，即使丢失了 106 高地，只要守住东部山头的制高点，奠边府也还是能守下去。克莱蒙梭没有争辩，其实他知道于格特防区也同样重要，守不住这里，机场就不保，援军和补给都接不到，奠边府也同样守不下去。可他没有继续争论。比札尔上尉是好样的，31 日凌晨 5 点 30 分，1 连靠自己的力量打退了 36 团，重新夺回了 106 高地。

▲ 被打成一片惨状的于格特防区。

清晨，A1 高地、D2 高地和 106 高地还在法军的手上，奠边府算是撑过一场危机。但德卡斯特里上校并没有松懈，他明白没有部下官兵的英勇奋战，奠边府早就完了。当务之急是赶紧请求空投增援，通过反击夺回失地，恢复先前的防御态势。午夜，他打电报给科尼，请求立即增援 1 个伞兵营："在没有得到外援的情况下，当前形势很难扭转。我们什么也做不了。"科尼少将先前曾许诺德卡斯特里，要是他能顶住越军这次进攻，他将给他一个完整的伞兵机动团（3 个伞兵营）。这个承诺不了了之。

3 月 30 日下午，得知越南人民军即将发起大规模进攻的消息，在西贡的纳瓦尔坐不住了，决定亲自飞赴河内了解情况。待他降落到河内嘉林机场时，已是 31 日凌晨 2 点。越北战区司令部参谋长巴斯提尼上校赶往机场迎接，并致歉说连日来科尼少将睡得很少，十分疲惫，不得已去休息了。

纳瓦尔听了，一言不发，钻进汽车赶往越北战区司令部。作战参谋在大幅奠边府军事态势图前向纳瓦尔汇报当前局势。

听完报告，已是凌晨4点，纳瓦尔派一名军官去叫醒科尼。谁知道派去的人被科尼的守卫挡在门外，且被告知说科尼少将有命，任何人都不得叫醒他。去的人只得悻悻而回。

得知科尼还在睡大觉的消息，纳瓦尔没有大发雷霆，而是像接管科尼指挥权似的，和参谋长巴斯提尼一起俯身地图，拟订援助奠边府的计划。计划是做出来了——命令在嘉林机场驻防的第1伞降轻步兵团2营（营长：布雷切斯少校）立即备战，但纳瓦尔没有做出决定，他还在等科尼。

早上7点，纳瓦尔又派人去找科尼。这回，科尼少将终于起床了。7点45分，科尼少将来到司令部，向纳瓦尔汇报情况。科尼汇报的全是过时的消息，这些在司令部待了一夜的纳瓦尔早就知道了，而且纳瓦尔还知道此时的法军正组织反击，战场态势有所改善。

听完科尼的汇报，心里憋着一肚子火的纳瓦尔突然间个人情感压倒了理智（不顾奠边府战场急需增兵的急迫），直起嗓子，把科尼大骂一顿，两人的矛盾彻底激化。自纳瓦尔来到印度支那，还没对哪个将军发过那么大的火。事后，他承认确实有些过火，而科尼也出人意料地回敬了他，骂了许多过去背地里抱怨的话。

在科尼的回骂中，有一句话伤了纳瓦尔的自尊心："如果你不是一位中将，我真会扇你耳光！"

奠边府战局危如累卵，法国远征军两位最高长官之间居然反目成仇，严重影响了对奠边府局势的判断和战役指挥。

受到科尼的无礼顶撞，纳瓦尔激怒在胸，心中盘算着要不要立即把科尼撤职。其实，对纳瓦尔而言，这确实是个机会，可以趁机

撤换越北战区司令，换上另一个得力干将，对奠边府做破釜沉舟之战，或许还能挽回战局。偏偏这个时候，他却患得患失，生怕法国参谋长联席会议指责他指挥不了部下，结果忍住没撤。这个私念将使他终生后悔。

两人的对骂使各自一度失去理智，把奠边府战事扔在一边。至3月31日中午，河内方面干脆延迟了第1伞降轻步兵团2营的增援计划。对于法国远征军而言，最糟糕的是，纳瓦尔和科尼从此尽可能避免直接交流，凡有所言，都通过电台文字传达。越军对奠边府的套子越勒越紧，法军指挥高层却先乱了阵脚。

这些情况，奠边府方面是不知道的。此时的德卡斯特里正紧张地拟订反击计划。

随着E高地和D1高地全面失守，尤其是D1高地（可以俯瞰整个奠边府盆地），形势对法军极为不利。为了扭转战局，朗格莱和德卡斯特里、巴泽、比雅尔进行会商，决定3月31日清晨不等承诺中的第1伞降轻步兵团2营到来，就对越军发起大规模反击。现在的战场节奏完全变了：越南人民军夜间进攻，法军白昼反击。对此心知肚明的越军一看到白昼的到来即停止进攻，调整部署加强守备，准备打敌反扑，但在法国空军的干扰下，越军的调动困难重重。

清晨，越军战役指挥部先对战场态势进行评估：第二阶段基本目标达成，但最重要的A1高地和C2高地没有得手，目前174团伤亡很大，无力单独组织进攻，必须调来预备队继续打A1高地。越南人民军副总参谋长、战役指挥部参谋长黄文泰少将建议使用战略预备队102团来打。经过讨论，越军战役指挥部决定：组织兵力守住E高地、D1高地和C1高地，并准备打敌昼间反扑，绝不允许法

军夺回这些高地。308 大团调 102 团到东线，组织对 A1 高地进攻，并协助防御 C1 据点。第 308 大团长王承武直接指挥对 A1 据点的进攻。36 团继续组织对 106 高地进攻，支援 102 团攻克 A1 据点。

显然，武元甲也明白法军很快就要组织大反击，特地在作战决心中首先强调组织防御打敌反扑，他知道这一次和独立山之战后的反扑不同，法军要动真格了。在谈及法军大反扑前，还是先简要介绍一下被遗忘的航岗分区的越法两军的战斗情况。

航岗分区驻兵约 1500 人，含第 10 殖民地炮兵团 3 营炮 7、8 连（8 门 105 毫米榴弹炮）和 1 个坦克排（3 辆坦克）约 100 名炮手和坦克手。主要步兵力量为第 3 外籍军团步兵团 3 营（营长：格朗·埃斯诺少校）426 人、第 1 阿尔及利亚步兵团 2 营（营长：皮埃尔·让斯内勒上尉）545 人，以及第 7 阿尔及利亚步兵团 5 营残部（营长：让德尔上尉）116 人，德雷希上尉的第 3 泰族步兵营 9 连 200 人，和 431、432 泰族辅助兵连，储备着约 12000 发 105 毫米榴弹。航岗守军的主要任务有二：一是守住备用机场，二是用 2 个炮连支援多米尼克和艾兰防区战斗。但战役爆发后，这个备用机场就没怎么使用，倒是第二点航岗做得比较好，确实以猛烈的炮火给艾兰防区以极大支援。

越南人民军对航岗的围困由 304 师 57 团、316 师 176 团 888 营和 148 独立团一部实施，他们的主要任务是切断航岗和中心区的联系。

3 月 13 日夜到 14 日凌晨，奠边府战役爆发后，航岗的炮兵遭到了越军极为猛烈的炮击，炮 8 连伤亡 10 人。但越军落下的炮弹有 4 成是哑弹，所以法军 8 门 105 毫米榴弹炮遭了一夜的炮轰还是完好无损。3 月 14 日

夜到 15 日凌晨，炮手的伤亡达到了 30 人，同时越军 57 团也组织兵力对航岗 5 号高地和炮 7 连阵地附近展开攻击，最危急的时候越军冲到炮位附近枪榴弹的有效射程，激战持续一整夜。在中心区的第 4 殖民地炮兵团 2 营 4 连的支援下，炮 7 连打退了越军的进攻，但损失 1 门 105 毫米榴弹炮。从 3 月 15 日起，航岗的炮弹补充全靠空投。16 日和 17 日，空军投下 3 门 105 毫米榴弹炮补充了损失，这样航岗共有 11 门 105 毫米榴弹炮，组成新的 3 个炮连。

进入 3 月下旬，航岗和中心区的联系由于 304 师越来越坚决的封锁而完全断绝。

3 月 30 日夜到 31 日凌晨，越军对东部五座山头发起第二阶段攻势，同时也对航岗的法军炮兵阵地实施远比先前猛烈的炮击。一夜炮战下来，第 10 殖民地炮兵团 3 营战死 12 名炮手，负伤 18 人，大量炮阵地和连指挥所被毁，堪战的 105 毫米榴弹炮从 11 门下降到 5 门。而且，57 团照例对 5 号高地进攻，守军在炮兵支援下勉强退敌，2 个泰族连就打掉了 600 发迫击炮弹。31 日，当外籍兵朝 A1 高地东翼出击时，大约 30 名泰族兵投敌。为了补充损失的炮手，拉朗德上校不得不对部分泰族迫击炮手和第 1 阿尔及利亚步兵团 2 营部分炮手进行紧急训练，拉上 105 毫米榴弹炮炮位参战。

3 月 31 日清晨，格朗·埃斯诺少校率领第 3 外籍军团步兵团 3 营在普雷奥中尉的 3 辆 M24 "查菲" 坦克支援下从航岗出动。09 点 00 分，他们在 3 月 22 日第 1 外籍军团伞兵营激战之地遭到越军顽强抵抗，阻击他们的是人民军第 57 团（304 师）2 个营。该地有一条小河从两个泰族村庄——班库兰和班能奈附近流经公路。在无后坐力炮和火箭筒

支援下，57团对第3外籍军团步兵团3营和支援坦克群发起钳形攻势。1辆M24坦克（绰号"纽马克"）被火箭弹直接命中，不得不由另1辆坦克拖回航岗。战至11点50分，外籍军团陷入困境，无法突破，只得在炮火掩护下与敌脱离接触，伤亡65人，撤回航岗。这次出击是航岗最后一次冲进奠边府核心阵地的企图。

就在航岗增援失败的同时，郎格莱和比雅尔对东部高地的反击也打响了。

根据朗格莱的预案，第8殖民地伞兵营负责反击E高地和D1高地，比雅尔少校的第6殖民地伞兵营和泰博拉少校的第5越南伞兵营负责夺回C1高地。芒清中心区的法军2个坦克排和全体炮兵负责支援这次反击行动。炮火准备将于正午开始，持续一个半小时。

13点30分到14点00分，法军拉开了全面反扑的序幕。

在E高地，法军第8殖民地伞兵营一个连在坦克和飞机掩护下，连续冲击。守卫高地的越军141团428营第670连伤亡了近100名指战员（此为越军记载），几乎是伤亡殆尽，被迫让出了高地。傍晚，越军第141团团长光宣命令11营反击，一定要夺回E高地。为此，营长决心采取奇正结合战法展开攻击，他命令243连穿插到E高地背后，配合营主力正面攻击。当第243连穿过了一条狭长的山路，从D据点和E据点之间往E据点背后穿插时被法军发现。对方集中火力封锁山路。虽然形势极为不利，但第243连指挥者还是冷静指挥部队战斗。连迅速分成2路，一路由副连长阿协同志和连指导员指挥打越南伞兵5营侧翼，一路在连长阿和指挥下直插210高地。一路上，243连顶着法军猛烈的火力持续穿插，至4月2日清晨，243连已经插到了

▲ 法军步坦协同，向越军发起了大反扑。

41号公路边上。在他们的支援下，141团11营完全夺回了E高地。可插到敌后的243连和团、营指失去联系。全连只剩20名指战员，其中7人还带伤。连党支部也只剩4名党员，他们在战壕里召开火线会议，最后决定坚守阵地到底。4月2日09点00分，在强大的炮火和航空兵掩护下，法军以1个连的兵力扑上来，243连剩下的20名指战员没有退却，端起刺刀和法军拼杀到底，全部战死。

在D1高地，双方也打得很残酷。法军先用炮兵和航空兵猛烈轰击，破坏154营525连防御阵地，然后法军第8殖民伞兵营2连在营长皮舍林上尉带领下，冲上了高地。当时，越军第154营525连实在太疲惫了，大部分指战员都在休息，只留少数战士警戒，这些警戒兵都被摸上来的法军射杀。经过25分钟的战斗，法军第8殖民地伞兵营2连几乎夺取了525连大部分阵地，第154营副营长黎春光战死。在这种危急的形势下，越军的一名组长（三人一组）陈玉布冲上去，对着法军猛砸手榴弹。他一口气就砸了30枚手榴弹，宣称打掉法军2挺轻机枪。另外3位战士——阿琴、阿京、阿戎也用手榴弹和刺刀与法军拼杀。双方在山顶扭打在一起。此时，第209团观察台也发现了D1高地的危情，赶紧向团长黄琴少校报告。得知情况，黄琴

少校遂命令炮兵进行拦阻射击，同时派 520 连和 366 连增援 D1 高地。在越军赶来增援的 520 连和 366 连攻击下，法军第 8 殖民地伞兵营 2 连陷入苦战，营长皮舍林上尉也中弹战死。皮舍林上尉的朋友让·普热在自己的著作《奠边府》一书中描述皮舍林像一头狮子似的，勇猛冲上 D1 高地山头，最终被越军一名机枪手打死。不久，接替他指挥第 8 殖民地伞兵营的帕斯托尔也阵亡了。

C1 高地的血战同样引人注目。在这里守备的越军是第 102 团 273 连和 98 团 35 连。在坦克掩护下，法军第 6 殖民地伞兵营 2 连（连长：特拉普中尉）和 3 连（连长：勒·布德中尉）扑上了高地。双方兵力对比是 1∶1，但法军在支援火力上占有优势，而越军在地利上有优势。尽管法军来势汹汹，但越军并没有动摇，他们顶着雨点般落下的炮弹和炸弹，等到法军靠近才突然开火射击。他们击退了法军的冲击，打死了法军第 6 殖民地伞兵营 3 连连长勒·布德中尉。战斗中，越军用手榴弹、爆破筒和 57 毫米无后坐力炮顽强抗击法军坦克冲击。射手武文坚扛着一门 57 毫米无后坐力炮朝对方射击。在不间断的射击中，炮管很快被打红。但为了战斗，他不顾肩膀被烫伤的危险，继续肩扛架炮打。

第一次冲击失败后，法军第 6 殖民地伞兵营 2、3 连调整部署，使用喷火器开道，重新突击 C1 高地。这次进攻，法军终于打下了 C1 高地的插旗点，把越军第 102 团 273 连和 98 团 35 连逼到死角里。当时，越军炮兵没法对 C1 高地提供炮火支援，因为双方战线混在一起，没法识别敌我。为了引导炮兵火力支援，越军战士用法军降落伞的白布绑在枪上。判明双方战线后，越军炮兵开始猛烈射击。与此同时，98 团也派出部分兵力沿着狭长的

交通壕赶来增援，很快夺回了插旗点。结果，C1 高地反击战和 D1 高地反击战一样，法军和越军打成了僵持状态。如果没有预备队赶来增援，法军是不可能完全拿回这些高地的。15 点 00 分，已经在电台前守候 48 小时的比雅尔少校一看到部队冲上 D1 高地和 C1 高地就电告朗格莱，预定目标全部夺回，并问其有没有第 1 伞降轻步兵团 2 营的消息。朗格莱遗憾地回答"没有"——首先是因为两位统帅的失和没有做出立即增援的决定，其次是清晨三角洲恶劣的天气，再次就是下午低空伞降会遭到越军高射炮兵的屠杀，因此他们没有到来，也不可能在当夜投入战斗。

听到这个回答，沮丧的比雅尔少校只得在半小时后电令所属各连："如不能确认固守，即行放弃血战夺回的高地。"同样沮丧的第 8 殖民地伞兵营 2 连抬着皮舍林上尉的遗体首先退出了 D1 高地。大约下午 6 点，第 6 殖民地伞兵营和第 5 越南伞兵营一部也撤离了 C1 高地。在这轮反击作战中，除了 1 连的勒·巴热中尉外，第 6 殖民地伞兵营连排长非死即伤。在不到一周的时间里，第 6 殖民地伞兵营已经有 43 人阵亡，183 人负伤。

面对这个结局，朗格莱和德卡斯特里都感到很失望。德卡斯特里认为造成这种被动局面是因为河内在越军第二阶段攻势前没有给他至少 1 个完整的伞兵营。从 3 月 30 日凌晨到 4 月 1 日凌晨，整整 48 小时过去了，却没见到 1 个援兵。他懊恼地说，现在越军高射炮兵对奠边府的威胁已经比越军步兵还要厉害。3 月 31 日，越军 37 毫米高射炮又击落了 2 架飞机——一架是第 64 运输机大队 2 中队的吉罗军士长驾驶的 C–47，人机俱毁；另一架是海军航空兵第 3 中队中队长安德里戈中校驾驶的"地狱俯冲者"，被 37 毫米高射

▲ 法军的反扑虽然大量杀伤了越军,但苦于兵力不足,自己也没能完全夺回E、D1和C1高地。

炮击落。这天,德卡斯特里向科尼少将报告短缺手榴弹和81毫米迫击炮弹,空军投下了81毫米迫击炮弹,但法军直到3天后才回收。

31日晚10点,朗格莱通过电台询问比雅尔,要他掂量一下A1和C2能否继续守下去,如果不能是不是应该进一步收缩防线,退到楠云河。但比雅尔坚决拒绝了他的意见:"只要我还有一个人,艾兰防区就必须守下去,艾兰不保,奠边府就完了。"

比雅尔说的没错,艾兰防区对奠边府来说实在是太重要了。就在比雅尔斩钉截铁回绝朗格莱意见时,越南人民军又开始了对A1高地的第二次进攻。

再战A1

经历了第一次血战后,法军在A1高地除了第4摩洛哥步兵团1营2个连残部(合计不到1个连的战斗力)、第1外籍兵团伞兵营1连(连长:卢西亚尼中尉)和4连(由布瓦布维耶准尉指挥)残部,以及第13外籍兵团步兵团1营1个混成连(连长吕塞伊上尉阵亡)和第2外籍兵团步兵团1营1个混成连(由外籍兵和泰族辅助兵组成,归朗库勒中尉指挥)。虽然番号很多,可这些连名义下的部队很多都只有1个加强排的战斗力。另一方面,A1高

地东坡的工事掩体在越军炮兵火力轰击和步兵反复冲击下,绝大部分被毁,法军没有办法利用。也就是说,法军在越军强大攻势下守住A1高地还要面临不小的困难。

越军方面,第174团经过第一次对A1高地的进攻后,兵力损失巨大,只有第251营的674连(以及第255营923连)还保持着相对完整的战斗力。配属第174团的1个120毫米重迫击炮连(4门120毫米重迫击炮)和1个75毫米山炮连(3门75毫米山炮)仍留在原阵地进行巩固调整和补充弹药。在这种情况下,越军战役指挥部决定使用第308大团所属的第102团,在第174团残部的支援下,继续进攻A1高地。

3月31日,第174团团长阮友安少校接到第316大团团长黎广波的命令,要他务必配合第102团继续进攻A1高地,具体部署如下:把第174团的全部炮兵火力和通信联络系统转交给第102团团长阮雄生指挥;同时把仍保持相对完整战斗力的步兵连加强给第102团;此外,还要向第102团移交旧的作战计划和通报第174团第一次打A1高地的经验教训。

自上寮战役胜利后,第102团士气高涨,他们对奠边府战役充满必胜的信心。虽然如此,但在老挝连续不断的战斗后,第102团各单位损失的兵力没有得到补充,部队健康率也下降不少。3月30日,第102团大部分兵力还在奠边府西面(第18营和第79营,以及第102团全部火力)。在东部方向,第102团只有第54营参加了第二阶段总攻击首日的战斗,没能达成突破,3月31日又进行了一天打敌反扑的战斗,损失很大,第54营营长也在战斗中光荣负伤。当前,第54营还没有来得及修整巩固,只剩2个连的战斗力。与此同时,第18营也在3月31日拂晓从西面急行军赶赴东

面，到位的兵力不过 2 个连稍余而已。第 102 团团长阮雄生少校只得在没法掌握全团兵力的情况下，仅以 54 营 2 个连和第 18 营 2 个连进行仓促的准备和组织战斗。

虽然时间仓促，但阮雄生还是抓紧时间在接到上级要求 102 团参战的命令后，马上和团政委、第 18 营营长一起去第 174 团基本指挥所，接收第 174 团移交的旧作战计划和听取第 174 团介绍的第一次打 A1 高地的经验教训。即便如此，阮雄生自己时间有限，只能听阮友安一些简要的介绍，内容比较空洞，因而他没法得知 174 团第一次打 A1 高地失败的主要原因是法军依托山顶大碉堡的抵抗和猛烈的炮火支援，以及预备队源源不断的反冲击。

对失败教训总结不够，给第 102 团二打 A1 高地蒙上一层阴影。

根据当时所掌握的敌情我情，第 102 团团长决心照搬第 174 团旧的作战计划，二打 A1 高地。具体部署：第 102 团以 4 个连的兵力负责主要方向的突击，从 A1 高地东面实施突破（也就是第 54 营和 18 营各 2 连组成主攻部队，由第 18 营营长统一指挥，第 54 营 267 连担任主攻连）；第 174 团一个排负责次要方向的突击，从东南方向实施突破。

按照阮雄生的要求，各进攻方向仍按照旧的突破方向冲击，若在越军炮火准备阶段法军没有占领 A1 高地东坡旧阵地，那么部队冲击前只进行 3 分钟的炮兵压制射击即可。虽然如此，各个步兵连为了破坏法军临时在阵地前沿布设的障碍物，还是得准备足够的爆破筒，随时实施爆破作业。纵深战斗行动继续沿袭第 174 团旧作战计划，但阮雄生少校强调各连一定要做好打敌反扑的准备，特别指示主要突击方向的第 18 营营长要带部队迅速冲上 A1 高地山顶，炸毁山顶大碉堡，粉碎法军的抵抗中枢。

在第 102 团团指匆忙准备作战计划的同时，参加战斗的第 54 营和第 18 营 2 个连也抓紧时间调整组织，补充弹药和动员部队准备战斗。当团指紧张拟好作战计划时，各单位立即行军开赴攻击前出发阵地。在行军途中，各连长接到团指传达的具体战斗计划。由于来不及召开战地会议，各连长只能在部队沿着交通壕机动时派人分头向排班干部和全体战士传达作战计划，并要求全体指战员严格执行团指的命令，一定要打赢这次 A1 高地攻坚战。由于没有时间观察地形和敌情，虽然第 102 团已经向参加战斗的 18 营和 54 营 4 个连传达了具体作战计划，可部队还是对具体情况和敌情不甚了解。在这种准备仓促，既不知己又不知彼的情况下，越军对 A1 高地发动了第二次进攻。

3 月 31 日 17 点 00 分，第 102 团开始出击。18 点 00 分，第 102 团 4 个连全部进抵进攻出发线。在次要方向上，第 174 团参加战斗的一个排因地貌完全改变（经过一夜战斗的缘故），没能占领预定进攻出发线。

在主要进攻方向上，地形地貌也发生了巨大变化。负责给第 102 团带路的第 174 团侦察员走着走着就迷了路，一直到 22 点 15 分才带着 102 团找到前一日的突破口。这时，第 102 团各连长发现原突破口的各碉堡和火力点已被法军复占。

在这种情况下，第 18 营和第 54 营各连决定解散爆破排编制，临时组织突击排（爆破排拆成各个爆破组，配属给突击排和后续排）。第 102 团团长阮雄生少校也决定取消破坏射击阶段，直接进行炮兵压制射击，然后步兵就冲锋。

3 月 31 日 22 点 30 分，越军对 A1 高地

的第二次进攻拉开帷幕。在进行 3 分钟炮兵火力压制后，第 102 团 4 个连的步兵发起冲击，很快越过突破口。复占突破口周围碉堡和火力点的法军被越军炮兵压制射击给打了个措手不及，损失部分兵力后放弃阵地往纵深退却。第 102 团兵分两路继续冲击，经过 15 分钟战斗，第 102 团就拿下了整个 A 区，活捉法军 15 人。这时，法军也从错愕中惊醒过来，很快组织各种武器实施猛烈拦阻射击。担任 102 团主攻连的第 54 营 267 连在副营长指挥下继续往 B 区东北发展进攻，并以一部分兵力冲上山顶，寻找山顶大碉堡地下室出口。但他们没能找到出口，对山顶大碉堡实施爆破也没有成功，反而被在炮兵支援下的 A1 高地的法军各种轻武器火力打退。第 102 团进攻受阻，难以发展。

在次要进攻方向上，第 174 团 251 营 674 连 1 个排在向 D 区发展进攻时，遭到法军反冲锋，虽然勉强击退了法军反扑，但也被法军火力压制，被迫退却。

这个时候，阮雄生才意识到，对 A1 高地进攻的越军来说，大敌是航岗区和芒清区的法军 105 毫米榴弹炮群和 120 毫米重迫击炮群。在给第 308 大团长王承武的电话中，阮雄生请求第 45 炮兵团压住芒清区和航岗区的法军炮兵，同时他还命令配属给第 102 团的 75 毫米山炮连和 120 毫米重迫击炮连集中全部火力继续压制 A1 高地西面规定的各个目标，掩护主要进攻和次要进攻方向的 102 团 4 个连和 174 团 674 连 1 个排直插山顶，炸毁山顶大碉堡，并打敌反扑。

在 75 毫米山炮连和 120 毫米重迫击炮连火力支援下，主要方向进攻的第 102 团 4 个连拿下了 A1 高地山顶前的部分掩体和火力点，并继续组织对山顶大碉堡的冲击，依旧遭到法

军猛烈的炮火封锁，伤亡逐渐增大，且无法前进一步。此时，第 102 团冲在最前面的 2 个连伤亡很大，无力继续发展进攻，后续部队又没能及时跟进。战斗一如前一晚那样陷入了胶着状态。越军不管多么努力，就是没法冲上山顶，更不要说炸毁山顶大碉堡。

对越军第 102 团二打 A1 高地，法军战史记载道：

在 3 月 31 日夜的激战中，不少法军分队也摸上了 E2 高地，包括第 8 殖民地伞兵营营部连的 1 个 57 毫米无后坐力炮小组。在越军波波相连、持续不断的冲击下，守军又一次被逼到山顶，E2 高地再次告急！

午夜，第 1 轻骑兵团 3 连连长埃尔夫特上尉派尼耶上士的坦克排越过楠云河渡口，直接开上了 E2 高地，支援守军。越军早有准备，反坦克小组的火箭筒和无后坐力炮对 M24 "霞飞" 坦克群构成了巨大威胁——尼耶上士的坐骑（绰号 "埃林根"）被命中 6 次，维勒中士的坦克也被命中 2 次，但两辆坦克带伤作战，勇猛地冲进越军进攻队形，到处开火，打退了越军的进攻。

A1 高地纵深战斗僵持局面一直持续到 4 月 1 日凌晨 04 点 00 分，负责统一指挥纵深战斗的越军第 102 团 18 营营长决定把最后的预备队——第 54 营 263 连拉上去，投入 A1 高地的攻坚战斗。然而，在从进攻出发阵地往前运动过程中，第 263 连遭到法军炮兵火力封锁，伤亡很大，只剩 2 个排。这时，法军也巩固了 A1 高地剩下来的阵地，在得到预备队的增强下，加大了对越军第 102 团的火力突击力度。此时，第 102 团在 A1 高地纵深的部队目前只勉强守住既得阵地，打敌反扑，继续发展进攻已是痴人说梦。

至 4 点 30 分，第 102 团 18 营和 54 营损

▲ 174团进攻失败后，越军战役指挥部又把第102团拉上来打，虽然他们一度冲上了A1高地山顶，可还是被打败了。

失很大，基本丧失了进攻能力，且大部分工事被法军火力破坏，部队难以在A1高地山顶和山腰坚持战斗，被迫退回突破口附近的交通壕。鉴于267连伤亡很大，18营营长只得把267连撤下A1高地，收容残存兵力，充当102团预备队。

在进攻遇到很大困难的情况下，第102团团长阮雄生只得命令：各单位坚决守住既得阵地，迅速改造工事，组织火力击溃敌人各次反冲锋，为第102团组织新的进攻创造有利条件。

发现越军战斗力耗尽，已经无力继续组织进攻，而且后续梯队也受阻于后方时，法军来了精神，马上组织起连续反扑，力求把越军第102团赶下A1高地。4月1日凌晨05点00分，法军2辆坦克在步兵的配合下从芒清区出动，兵分两路对越军2个突破口实施反扑。为了支援步坦联合反扑，法军还用直射火力压制越军的两个突破口，同时组织炮兵火力猛烈轰击A1高地东面和越军进攻出发线，试图切断在A1高地纵深的越军和后续部队的联系。

在主要突击方向，第102团团长亲自前往A1高地纵深指挥战斗，他指示各连要依托临时工事顽强坚守突破口周围阵地，把法军放近再集中火力消灭，粉碎法军的反扑。在次要突击方向，第174团674连也顽强死守突破口阵地，用火力分割了法军的步坦协同，掩护连里的2名战士用巴祖卡火箭筒打坏了法军1辆坦克，迫使法军步兵退却。

结果，第102团和174团连续击退了法军的反扑，可当他们试图发展进攻时又被法军火力挡住，仅仅前进了15米就再也动弹不得。

4月1日09点30分，法军又组织了一次反冲锋，可还是被越军击退。从这时起一直到15点00分，法军不再组织步坦联合反冲锋，而是用炮兵火力轰击越军阵地。根据团长阮雄生少校的指示，留守A1高地纵深指挥部队战斗的部分干部积极带部队加强工事，减少法军炮火杀伤，并准备打击法军反冲锋。

4月1日15点00分，法军2辆坦克冲到B区南面，接着2个步兵连也从芒清区冲过来，在A1高地守军的配合下，实施新一轮反扑，力求把越军赶下高地。同时，法军使用炮兵和2架飞机轰炸与扫射秃山和越军的进攻出发线，掩护法军步坦协同反扑。由于工事少、阵地窄，经过2个小时的激烈战斗，越军被迫退出突破口。这时，直接参加战斗的兵力只剩17位指战员，剩下的大部分牺牲或负伤，少数散布在山脚战壕掩体里，难以掌握。尽管如此，第102团团长阮雄生少校还是决心守住突破口，他又把第18营刚刚到位的第3个连投入战斗。可该连在越过突破口时又遭到法军炮兵猛烈轰击，伤亡惨重，只剩1个多排的兵力。在这种情况下，阮雄生少校只得直接指挥这个连剩余兵力，配合留守部队继续战斗，又打退了法军反冲锋，夺回了突破口。

与此同时，第174团674连也守住了自

已的突破口,可一昼夜战斗损耗太大了,全连只剩8名指战员,不堪再战。阮雄生只得让第18营最后一个连换下674连,保住A1高地两个突破口,为第三次打A1高地做准备。

虽然法军又一次粉碎了越军对A1高地的进攻,第102团18营和54营损失惨重,但在具体战斗过程的描述上,特别是法军的反扑方面,越军的战斗报告和法军战史说法有相当大的出入。法军战史称:

正当两军陷入胶着之际,朗格莱又把卡雷特军士长的坦克排投入战斗,他们在埃尔夫特上尉亲自率领下开上E2山头。冒着近距离被越军火箭筒手命中击毁和天黑不见五指的危险,坦克群勇敢冲进54营队列横冲直撞。在一次冲击中,第1外籍军团伞兵营4连的祖雷尔中士和诺瓦克上士跳上卡雷特军士长的坦克,用架在炮塔上的12.7毫米重机枪打退了进逼的越军。接着,坦克被火箭筒和无后坐力炮连续命中2次,但两人无性命之虞。第三次命中导致发动机起火,卡雷特军士长一行放弃坦克,卡雷特军士长脚踝负伤。另一辆M24坦克(绰号"米尔乌瑟")也中了一弹,仍持续前进,但卡雷特的坦克只能放弃,任由其躺在E2高地山坡。激战中,埃尔夫特上尉第二次负伤,只能双臂都打上石膏,继续指挥所部作战。

▲ 法军顽强组织步坦协同反突击,粉碎了越军一次又一次对A1高地的冲击。

在2个坦克排的冲击和山顶大碉堡的掩护下,法军最终完全挡住了越军的冲击,第102团撤回老秃山休整。

至此,法军粉碎了越军对E2高地的又一次大规模进攻。白天,守军在阵雨的掩护下,开始修补破损的防线,直到越军袭扰炮火迫使他们停止手头作业。然后,法军派出巡逻队顺着东坡摸下去,结果发现该地状况和月球表面并无二致。31日夜的激战使法军再受重创——第1外籍军团伞兵营2个连阵亡16人,4人失踪,27人负伤,在过去一周的战斗中,第1外籍兵团伞兵营共有40人阵亡,9人失踪,189人负伤,含5名军官,三分之一的兵力被一扫而空。

同一天,西北106高地战火重燃,第5越南伞兵营1连又击退了36团发动的另一次攻击。在308师迫击炮火力袭扰下,图尔奈中士的伞兵排奉命在黄昏时悄悄从高地西北角撤下来。当36团89营2个连进攻时,他们发现西北角的战壕和碉堡已空无一人。受到鼓舞的越军继续向防线中央的连部进攻。比札尔上尉将全连90人撤到西南和东南角,将其他阵地让给越军。大约晚11点,撤退完毕的1连呼叫155毫米榴弹炮群对进占放弃阵地的越军进行炮火覆盖。在他的指示下,炮火准确覆盖宽仅一百三十几米的西北和中央阵地,炸得89营2个连血肉横飞,被迫退却。天明,第5越南伞兵营1连勇猛反击,于4月1日上午10点轻松夺回了全部阵地。看着越南伞兵的英勇表现,朗格莱承认他低估了越南伞兵的战斗力。作为嘉奖,他下令第5越南伞兵营1连撤下106高地休整,由第2外籍军团步兵团1营的外籍兵和辅助兵组成的1个混成连(连长:斯波佐中尉)接替其防务。

▲ 在 A1 高地山顶被越军巴祖卡火箭筒击毁的 1 辆 M24 "霞飞"轻型坦克。

经过两天两夜的激战，法军有效战斗兵员下降到 3500 人，2 天伤亡近 2000 人。若非各部士官和军官的带头作用，和在 D3、A1 高地等这样关键性据点的努力奋战，要守住奠边府是几无可能的。德卡斯特里在给科尼的电报中悲观地称，如果没有援军而越军又不撤围的话，奠边府顶多只能坚持到 4 月 15 日。

4 月 1 日上午 9 点，科尼少将在河内召开作战会议，讨论要不要对奠边府进行大规模增援。远东空军运输机司令尼科上校坚决反对。他指出，即使抛开法军飞机的运输能力，由于越军收缩了包围圈，那里的空降场太小，大规模空投将导致越军高射炮对 C-47 运输机的大规模屠杀！

越北战术空军司令德绍准将支持尼科上校的意见，指出一旦运输机在空中被打中，人员的损失将非常惊人（每架运输机载运 24 名伞兵和 2 名机组成员），而且得不到补充。所以一次性在奠边府空投 1 个营已经很困难，风险太大。

两位空军大佬的意见让科尼少将放弃了大规模增援的念头，决定继续采取"添油战术"，一次伞降半个营，而且把空投改在夜间。另一方面，他下令当晚必须向奠边府空投第 1 伞降轻步兵团 2 营一部。

面对增援在即的法军，越军决心全力以赴，不惜一切代价再组织对 A1 高地的攻击，一定要拔掉这颗钉子。于是，A1 高地再度成了血火战场。

惨败

截至 4 月 1 日下午，在越军的作战态势图上，东部诸高地只剩下 C2 高地和 A1 高地还在法军的手里。在 A1 高地，法军继续依托山顶大碉堡和西坡据守，同时用炮火封锁东坡，阻止越军新的进攻。越军判断，法军虽然在反击中损失了不少兵力，可都得到了及时补充。

事实上，越军第 102 团 18 营和 54 营，以及第 174 团经过连续不断的战斗，兵力损耗巨大。为了补充各连损耗，越军只得紧急从运输护卫部队中抽调兵力填补第 102 团和 174 团各连的缺额。

此外，第 102 团和第 174 团各单位也很疲惫，健康率急剧下降，部队士气低落，失败论蔓延，他们盲目高估法军战斗力，认为法军有坚不可摧的山顶大碉堡和猛烈的炮火支援，以及充沛的预备队连续反冲击，因而对 A1 高地战斗前景缺乏必胜信念。当天，越军第 102 团 79 营也从西线急行军赶来，可由于行动仓促，到位兵力只有 1 个加强连。结果，越军第 102 团和第 174 团拼凑起来，也只有 3 个连的战斗兵力。

根据第 308 大团长王承武大校的命令，第 102 团团长阮雄生决心用第 102 团和第 174 团剩下的全部兵力（3 个连）继续组织对 A1 高地的进攻。具体计划是：第 102 团剩下的 2 个连担负责要方向的进攻，第 174 团 1 个连负责次要方向的进攻。在配属第 102 团的全部炮兵对 A1 高地压制射击 3 分钟后，部队马上发起冲击。奠边府战役指挥部也对这次战斗异常重视，为了策应三打A1高地，武元甲大将命令第36团对芒清西面的106高地展开攻击，务歼守敌。

按计划，4月1日22点30分，第102团和第174团各路兵力开始行军前往A1高地的突破口，换下那里的防御分队，准备24点00分冲锋。但第174团参战的1个连没来得及组织好，直到4月2日凌晨05点00分才完成战斗准备。因此，第102团团长阮雄生少校只得决定以第102团2个连担任第一梯队（1个连负责主要方向的突击，1个连负责次要方向的突击），174团1个连为第二梯队。

在炮兵进行3分钟压制射击后，A区的法军往A1高地山顶退却。第102团2个连不失时机开始冲击，迅速发展进攻。但当第102团2个连冲到山顶附近时，法军还是依托山顶大碉堡顽强抗击，越军始终没有办法冲进山顶大碉堡地下室，也没有积极改变打法，午夜前，第102团2个连再也没有取得进展，战斗再度陷入胶着状态。

至4月2日凌晨03点00分，法军在极为猛烈的炮火支援下，突然从C区和D区突出来，对第102团2个连实施反冲锋，越军伤亡很大，2个连只剩近1个排的兵力，退

到突破口附近的交通壕，在团长阮雄生直接指挥下，依托突破口附近残存的工事顽强打敌反扑。危急时刻，好在第102团79营又有近1个连的兵力赶到战场。在该连支援下，第102团进攻部队残存的1个排才勉强击退了法军的反扑。

4月2日06点30分，第174团勉强拼凑出来的2个排兵力（约60人）在第249营副营长指挥下赶到突破口。虽然得到第174团的增援，但第102团团长阮雄生少校认为目前已经没办法再继续进攻完成夺取A1高地的任务了，因而决定转入防御，守住突破口附近阵地，坚决打敌反扑。等待时机转入第四次进攻。按照阮雄生少校的指示，各单位的任务如下：第174团2个排在第249营副营长直接指挥下，往A1高地东南方向发展进攻，夺取有利地形组织防御，阻止法军从D区反扑和抄到第102团的背后；第102团也兵分两路——一部分在第102团54营副营长指挥下组织正面防御，另一部分由第18营营长指挥负责在A1高地东北组织防御，坚决打击从B区反扑的法军。

与此同时，比雅尔少校认为越军三次进攻均被挫败，法军组织反击的时候到了。根据比雅尔少校的指示，法军的105毫米榴弹

▲ 围绕A1高地的争夺战，越军损失惨重，图为越军担架队在拉着小推车后送伤员。

▲ 在法军疯狂反击下，越军第102团依托残存工事顽强战斗，顽强打敌反扑。

炮群先是对 F 高地和秃山进行炮火急袭，然后用空军轰炸 C1 高地和 D2 高地，压制了越军的 75 毫米山炮和轻重机枪，然后让第 1 外籍兵团伞兵营全部出动，从 08 点 00 分开始，在 M24 "霞飞" 坦克掩护下，从 C 区和 B 区冲出来，扑向越军第 102 团东北方向的防御阵地。在法军的反扑威胁下，越军第 18 营营长意志动摇了，未经请示就擅自放弃指挥和阵地，逃往突破口周围阵地（他甚至越过了在 A1 高地纵深指挥战斗的第 102 团团长阮雄生少校的指挥位置）。负责东北方向组织防御的越军基层指战员看到指挥干部都逃了，军心瞬间动摇，也陆续离开阵地，逃往后方。团长阮雄生下令停止撤退，可第 18 营营长根本不听命令继续逃跑，过突破口时正巧碰上奉命增援 A1 高地的越军 1 个加强班。结果，第 18 营营长又一次未经请示擅自下令这个加强班撤退。一时间，第 102 团在 A1 高地的防御战斗队形陷入混乱，利用这个机会法军转入追击，企图把第 102 团彻底赶下高地。危难时刻方显英雄本色，阮雄生少校及时指挥剩下的指战员在纵深坚持打击反扑的法军，战斗打得十分激烈。阮雄生少校亲自抄起冲锋枪和手榴弹，一边直接战斗一边指挥部队，甚至还在火线直接教新兵如何有效使用武器打击法军。由于留在纵深的指挥干部的勇敢战斗，特别是团长阮雄生在负伤的情况下仍然不下火线，继续指挥部队调整部队和动员鼓舞战士们的土气，留在纵深的各单位组织部队坚强战斗，最终击退了法军的反扑，守住了阵地。战斗又回到了前一晚的僵持模式，法军的炮火支援十分猛烈，完全压倒了缺炮少弹的越军第 102 团。

至 11 点 00 分，法军第 1 外籍兵团伞兵营又进行第二次反扑，打败了第 174 团 2 个

▲ 从 A1 高地山顶大碉堡钻出来反击的法军士兵。

排和第 102 团正面防御的兵力，情况急转直下。第 102 团团长阮雄生少校赶紧使用第 174 团 1 个排赶去增援，才挡住了反扑的法军，击溃部分突破越军阵地之敌，基本恢复了原有的防御态势。法军两次反击受挫，自身损失也不小，第 1 外籍兵团伞兵营战死 13 人，失踪 9 人，负伤 23 人（包括营长吉罗少校），营长也换成了弗朗索瓦·维厄莱斯上尉。双方筋疲力尽都打不动了。虽然反击没有得手，但法军总算是粉碎了越军的第三次进攻，保住了 A1 高地。

三打 A1 失败的同时，越军在 106 高地的进攻并没有停手。

4 月 1 日 22 点 00 分，越军第 36 团 84 营在炮火掩护下，又一次冲上了 106 高地。由于双方炮兵先前不间断地对 106 高地实施猛烈炮击（尤其是前日法军 155 毫米榴弹炮群的炮火覆盖），使这个高地的防御工事被炸得粉碎，斯波佐中尉的外籍兵和泰族兵组

成的混成连没法依托工事挡住踩着弹坑攻上来的越军 36 团 84 营。

相比前一晚的战斗，36 团 84 营也变得聪明多了，他们没有直插高地中央，而是逐一啃下法军阵地，逐步把对方往山顶逼。战至凌晨 4 点，越军全面突破 106 高地防线，逼得混成连只得退进一座大碉堡死守。为了救援 106 高地，克莱蒙梭少校急令比札尔上尉往 H1 高地出击，支援混成连。比札尔集合了约百名官兵——第 5 越南伞兵营 2 连 2 个排、第 2 外籍军团步兵团 1 营 4 连 1 个排，和卡雷特坦克排的 3 辆坦克，他们先是出机场北 460 米到达 105 高地，然后再向西走 550 米赶到 106 高地。

与此同时，从 4 月 1 日晚 11 点 30 分开始，驻守 105 高地的第 13 外籍军团步兵团 1 营 1 个混成连（由拉斯图伊中尉率领）遭到了越军 88 团 29 营 1 个连的佯攻。比札尔的救援部队先是协助混成连打退了佯攻，然后在坦克火力支援下冲上 106 高地，把 84 营赶了下去。当比札尔冲进 106 高地大碉堡时，发现受伤的斯波佐中尉所部仅剩 13 人，显然 106 高地已经没有再守下去的价值。接到报告，朗格莱中校于 4 月 2 日 08 点 00 分下令永久放弃 106 高地。

晚 10 点 30 分，运载第 1 伞降轻步兵团 2 营首波伞兵的 C-47 运输机群抵达奠边府，越军 37 毫米高射炮群立即组织对空射击。在机场南面的预定空投场太小，使每架运输机在一次飞过空投场上空时只能投下几名伞兵，迫使飞行员为了完成空投任务不得不 2~3 次甚至 4 次飞过空投场。在半空中徐徐落下的伞兵遭到越军高射机枪火力拦阻，5 名伞兵被击中。在运输任务中，空投伞兵和空投物资的飞机混淆一处。本来空投伞兵是优先任务，

但 106 高地激战不断，使空投场看起来很不安全，结果大部分运输机只得载着伞兵返回，当夜仅有第 1 伞降轻步兵团 2 营 4 连 2 个排、营部连一部，以及 1 名来自第 35 伞降轻炮兵团的炮手（补充兵）一共百余人着陆。由于携带着沉重的武器箱和弹药绑腿，伞兵着陆异常困难，有些落进弹坑，有些落进战壕，有的甚至落进铁丝网与飞机残骸内，当然也落进其他障碍物里。克洛德·希比耶下士向辛普森回忆说自己跳进一片铁丝网中，试图逃脱时被一块炮弹碎片打伤。借助爆炸的闪光，他看到附近落下一个红十字包，便朝它爬了过去。与此同时，1 名越军伤员也爬了过去，两人共用了这个红十字包。对这点伞兵增援，朗格莱十分不悦。在他看来，奠边府形势危如累卵，所有飞抵这里的飞机应该把伞兵全部投下，而不应顾及什么伞兵安全着陆之说，和奠边府相比，空投中损失 1%~5% 的伞兵又算得了什么？

4 月 2 日清晨，航岗守军在坦克排配合下出击，捣毁了逼近 57 团堑壕，接着几天法军又重复了几次。在中心区，2 辆取淡水的 M24 坦克被越军炮火击伤。另一方面，法军的维修站继续不眠不休地工作，又将几门损伤的 105 毫米榴弹炮修复。

4 月 2 日夜到 3 日凌晨，利用相对平静的时间，朗格莱中校清点了一下手下的各个伞兵营，吃惊地发现经过 3 天战斗各营兵力都仅及编制的半数：第 1 外籍军团伞兵营仅 300 人堪战，第 8 殖民地伞兵营还有 400 人，第 5 越南伞兵营约 350 人，第 6 殖民地伞兵营约 300 人。当晚，法国空军继续向奠边府空投援军：18 点 30 分，12 架运载伞兵的运输机抵达，仅 6 架投落伞兵，首批着陆的是炮手——第 35 伞降轻炮兵团的朱托中尉带领

的 31 名炮手。第 1 伞降轻步兵团 2 营 4 连 74 人在连长叙布勒吉中尉带领下成功伞降，随后接防 E3 高地，但两批空投箱却落在越军战线，全部丧失。

当晚，越军第 308 大团长王承武决定倾尽全力，再对 A1 高地做最后一搏。他命令第 102 团团长阮雄生组织第四次攻击。

当时的情况是，第 102 团和第 174 团经过 3 昼夜连续不断的战斗，已经蒙受了惨重的损失，特别是第 174 团几乎打光，且没有得到整补。为了恢复战斗力，第 174 团除了留下 1 个连在 A1 高地继续配合第 102 团战斗外，大部分兵力奉阮雄生少校的命令撤到后方休整。第 102 团的情况也不乐观，他们只能勉强凑出 1 个连的兵力。当时，部队疲惫，大部分干部都有些动摇了，失去了必胜的信念。第 102 团勉强凑出来的这个步兵连大部分战士也都是新兵，没有受过最基本的训练，更遑论技战术。此外，配属第 102 团作战的 75 毫米山炮连和 120 毫米重迫击炮连补充了弹药，可还是无法满足战斗需求。实际上，第 102 团已经失去了继续进攻的能力。

尽管现实很严峻，可第 102 团团长阮雄生少校还是决心集中第 102 团剩余的全部兵力，并给部队动员打气，下定决心要攻克 A1 高地。对四打 A1 高地，阮雄生少校依然照搬第 174 团旧的作战计划，但为了达成进攻突然性，他取消了炮兵压制射击，命令部队直接越过突破口发起冲击。参加第四次对 A1 高地进攻的兵力主要是第 102 团暂编步兵连和仍在 A1 高地突破口坚守的残部。

经过一个小时的准备，参战的第 102 团暂编连利用夜幕的掩护向 A1 高地纵深摸了上去。他们很快和留守突破口的残部会合，共同前进。接近山腰，团长阮雄生少校下令冲锋，

部队很快从东南面冲上山顶，并组织对山顶大碉堡的爆破。虽然连续引爆了 80 千克爆破筒，可山顶大碉堡还是没有坍塌，法军不仅没有受到丝毫损失，反而从山顶大碉堡的地下室和 A1 高地西坡冲出来，朝越军猛砸手榴弹，并用冲锋枪扫射。在炮火支援下，法军先是粉碎了越军发展进攻的企图，然后从山顶大碉堡南北两个方向实施反冲锋，双方又一次爆发了激烈残酷的战斗。

至 4 月 3 日凌晨 04 点 00 分，第 102 团进攻兵力几乎消耗殆尽。在根本没法继续组织哪怕一次小规模进攻的情况下，阮雄生少校只得向第 308 大团长王承武大校请示。在征得王承武大校的同意后，阮雄生少校决定停止进攻，留下 1 个排组织防御，坚决守住剩下的阵地，剩下大部分幸存兵力带着伤兵和烈士遗体撤离 A1 高地。虽然有晨雾的掩护，可撤退距离较远，途中遭到法军炮兵追踪射击，又平添了一些伤亡。在主力撤出后，殿后的步兵排也撤离了 A1 高地。至此，越军在第二阶段总攻击中的重头戏——决战 A1 高地落下帷幕。

围绕 A1 高地的战斗（包括最终于 5 月 7 日凌晨攻克），越军宣称一共歼灭法军 828 人（击毙 376 人、击伤和俘虏 452 人），缴获 1 挺 12.7 毫米高射机枪、4 挺重机枪、27 挺轻机枪、162 支冲锋枪、201 条步枪以及 2 门 57 毫米无后坐力炮、6 门迫击炮，击毁 1 辆 M24 "霞飞" 轻型坦克。

虽有如此战果，但是，在 A1 高地，越军付出的代价也是难以想象的高昂：计伤亡 2516 名指战员，其中牺牲 1004 人、负伤 1512 人（第 174 团伤亡 1626 名干部战士，第 102 团伤亡 890 名干部战士）。武器损失：8 门迫击炮、22 具巴祖卡火箭筒和 57 毫米无

▲ 尽管越军拼尽全力，对A1高地发起了第四次冲击，可最终还是败下阵来。第二阶段总攻击围绕A1高地的决战，以越军失败而告终。

后坐力炮，8挺重机枪、32挺轻机枪、326支冲锋枪和460条步枪。绝大部分兵力和武器装备损失发生在3月30日到4月3日之间。

A1高地之战是结束了，可越军对奠边府第二阶段的总攻击还没有结束。在奠边府西北面，越军第36团在拿下106高地后，又对105高地展开攻击。为了支援36团冲锋，部署在D1高地的越军57毫米无后坐力炮和82毫米迫击炮火力把105高地防线前沿铁丝网炸成了碎片。尽管如此，越军第36团这次冲锋，还是被拉斯图伊中尉率领的由86名外籍兵组成的混成连粉碎。

4月3日，天气恶劣，法军大部分运输机都放弃空投任务转向返航。白昼，经历了2夜激战的105高地也赢来了难得的平静。外籍兵们听到越军用德语喊话，让法军派人到106高地山脚下，接回他们的重伤员。外籍兵上士卡茨讷和中士斯特泽林自愿组成担架队到106高地山脚下，发现4具担架就在眼前，其中不仅有伤员甚至还有阵亡者。这是越军的攻心战术，目的是瓦解法军的士气。果不其然，这天晚些时候，12名外籍兵（全是兴兰高地的幸存将士）扔下武器，悄悄遛下105高地，向越军投降。为了补充因逃亡造成的损失，105高地得到1个排（约30人，

由弗朗索瓦中尉率领）。

4月3日7点30分起，105高地再遭越军36团攻击。越军冲锋势头一浪接一浪。眼看高地即将不保，朗格莱中校于晚10点向105派出仅有的预备队——第8殖民地伞兵营4连（连长：德蒙斯中尉，主要官兵均为越南籍），他们从埃佩维耶出发，穿越900米冲上机场跑道排水道。为了支援他们，朗格莱还出动2辆坦克伴随支援。在即将冲到105高地时，他们交上了好运——一发支援他们作战的120毫米重迫击炮弹正好命中105高地北面的36团80营前指。趁着越军的犹豫，伞兵们在坦克火力掩护下猛打敌侧翼，终于在午夜前解了105高地之围。遗憾的是，德蒙斯中尉无法扩大战果——因运输机群飞临上空，C-47不得不停止扔"萤火虫"照明弹，以保障第1伞降轻步兵团2营主力伞降安全。看到4连没有扩大战果，来了精神的115营掉头冲击，4连被迫就地协助混成连转入防御。

当夜，朗格莱和空军管制官介朗少校之间爆发了一场争吵——最终朗格莱获胜。晚8点，运输机群以整齐的队形飞抵奠边府上空，可空军管制官看见105高地激战的爆炸闪光时却拒绝下达空投指令，惹得朗格莱大为光火，坚持必须空投，并表示这次违反教科书条令的空投后果由他全权负责。在他的命令下，法军沿楠云河两岸点亮大量空汽油桶，照亮了楠云河，使之成了伞兵着陆的标志物，这里位于机场空投场以南，距离激战中心105高地1200米。目睹此情此景，空军管制员折服了，下达了空投令，机群遂下降到约340米高度，将第1伞降轻步兵团2营主力309人投下，伤亡仅为2死10伤，这是一次成功的伞降。着陆的建制有夏尔中尉的3连全部、阿巴迪的营部连余部、克利迪克中尉的2连

▲ 虽然粉碎了越军对 A1 高地的进攻，可法军的损失也不轻。
图为法军伤员正接受救治。

半数，营长布雷切斯少校也跳了下来，但落进铁丝网里，只得提着被铁丝网撕碎的半条裤子勉强走到朗格莱的指挥部。除了建制部队外，还有大约 85 名补充兵也跳进了奠边府，这其中就包括了接替埃尔夫特上尉和卡雷特军士长的阿德诺中尉和芒热勒准尉。

4 月 4 日白天，天气晴朗，没有下雨。越军的炮火也很稀疏。迎着早晨的阳光，第 1 伞降轻步兵团 2 营主力穿过中心区朝指定目标——508 高地（法军称为 E10 高地）和 D2 高地走去。他们的迷彩服是干净的，胡子也剃得很干净，装备崭新，眼里丝毫没有疲劳的神色。他们的状态和刚刚从 107 高地撤下来返回埃佩维耶的第 8 殖民地伞兵营 4 连形成鲜明对比。至此，东部山头的战斗归于沉寂。

4 月 4 日下午 2 点，法军接到一个好消息，侦察兵报告越军从 A1 高地东坡撤退了。在 4 天 4 夜的战斗中，越南人民军 174 团和 102 团一共向第 1 外籍军团伞兵营为主的守军进行了 4 次大规模进攻，全部以失败告终，这是越南人民军在奠边府战役中首次完全失败，把一座争夺多日的山头让还给法军。摸上 A1 高地东坡的法军巡逻队报告坡上躺着约 1500 具越军和 300 具法军的尸体，这里的战壕全

部被泥土填满，据点和碉堡也被炸塌，在秃山和 F 高地的越军直瞄火力封锁，以及失去系统防御工事的情况下，就是派兵重新进驻东坡也是守不住的。听了巡逻队的报告，比雅尔少校放弃了重占东坡的念头，命令将东坡作为无人地带（两军中间地带），守军专心搞好西坡防卫即可。尽管越军没能一战拿下 A1 高地，但 D2、E1 和 F 高地在手，仍使越军炮兵观察员可以有效俯瞰整个芒清中心区，德卡斯特里指挥部一举一动尽在他们的掌握中。

好天气是短暂的。4 月 4 日黄昏，大雨倾盆而至。河内电告德卡斯特里，称当夜无法将第 1 伞降轻步兵团 2 营 1、2 两连剩余的 212 名士兵投落。这一延迟补充，使奠边府守军即使东拼西凑也只有 4700 名战斗兵员，一个营平均兵力只有编制的三分之二。更为糟糕的是，A1 高地战火消停，但 105 高地的战火却持续不断。当夜，越军又对 105 高地展开攻击。

4 月 4 日夜 8 点 15 分起，越军第 45 炮兵团的 105 毫米榴弹炮群对 H1、H5 和 105 高地进行猛烈炮击。晚 10 点，克莱蒙梭少校报告越军堑壕又包围了 105 高地。和往常一样，头戴盔型帽的越军从堑壕中涌出时才被伞降照明弹的强光照亮身影，冲在最前面的工兵也开始爆破法军的铁丝网，并排雷。这一次，法军的对手可不再是 36 团，而是第 312 大团 165 团！团长黎水少校展开 115 营、542 营和 564 营的兵力，从北、西、东三个方向同时展开攻击。这是越军第四次对 105 高地的进攻，其势头远比前三次迅猛。接到 105 高地的报告，朗格莱中校和克莱蒙梭少校都感到必须立即加强 105 高地才行。

晚 10 点，来自第 13 外籍兵团步兵团 1

营的1个混成连在维亚尔中尉率领下奉命增援拉斯图伊，结果刚前进到105高地南部就遭到越军步兵的迎面攻击。4月5日00点30分，105高地陷入肉搏战，阵地失守在即。凌晨1点，第二支救援部队——巴耶中尉带领的有2辆坦克（分别是芒热勒准尉和尼耶上士的座车，绰号是"孔蒂"和"埃林根"）支援的第8殖民地伞兵营3连（越南籍）奉命出击。在高地南约270米，他们遭到了越军进攻部队的顽强阻击，炮火和反坦克火箭也飞来迎击坦克。巴耶的大腿两次中弹，3连许多官兵也被白磷炮弹烧伤。尽管如此，部分伞兵还是一路杀到高地西南角，用步兵火力猛扫在此架设迫击炮的敌军炮手，但连主力被炮火压制在机场排水沟里动弹不得。"孔蒂"压上地雷，"埃林根"被一发火箭弹击中，尼耶上士负伤，但坦克还能开动。

眼看2次救援都被挡住，朗格莱只得从东部高地抽调援军。03点15分，他电令A1高地的第1伞降轻步兵团2营2连连长克利迪克中尉，要他率本部人马穿过机场参加105高地解围战。尽管从A1高地到机场南梢有约800米的距离，然后过河摸过地雷阵和铁丝网，还要再走上1100米才能到机场排水沟。虽然距离很长，但克利迪克的指挥还是很果断，04点00分，他们已经来到105高地南面和巴耶接上了头。在穿越机场跑道最后四五十米时，越军发现了他们，密集而猛烈的火力像大雨一样朝他们泼洒过来。克利迪克没有多想，带着将士迎着弹雨冲了过去。4点15分，经过一系列的拼刺刀和互投手榴弹，2连杀上了高地，彼时高地守军仅20人，龟缩在一个掩体里准备做最后的抵抗。被击退的165团没有放弃，主动权还在他们手中。休整片刻，越军重新冲了上来。

5日凌晨5点，朗格莱把比雅尔少校从C2高地召回，要他拟订计划并亲自指挥第三次105高地救援战，务必彻底粉碎165团的攻势。比雅尔只用了不到1个小时就做出了反击计划——以第6殖民地伞兵营2个连（不到160人）在1连长勒·巴热中尉指挥下反击，第1外籍军团伞兵营1个连充当预备队。勒·巴热中尉是全营中经验最丰富的战将。在他的带领下，2个连于06点00分从C2高地出发，迎着晨光他们和巴耶的连队在105高地南面取得联系。恰在此时，据报越军投入了第4个营参战，但法军2个连的反击将他们重创，且清晨的到来使法军伞兵可以进行有效的炮火支援。4月5日清晨08点30分，165团从105高地周围撤退，结果被法国空军发现，于开阔地重创撤退之敌。根据法军统计，越军在105高地遗弃500具尸体、在外围（撤退）遗弃300具尸体，被俘21人。根据第312大团史的记载，165团在105高地（H6）牺牲50人，负伤180人，失踪7人，合计伤亡237人。

105高地之战结束了，越军对奠边府进行的第二阶段总攻击也落下帷幕。接下来几天，奠边府归于平静，双方都利用难得的间隙休养生息。鉴于守军的顽强抵抗扛住了越军急风暴雨般的猛攻，4月7日法国战士内

▲ 准备乘坐飞机开赴奠边府的法军伞兵。

阁通过一项决议，给处于重围中的法军将士每人晋升一级。这个好消息由科尼少将和纳瓦尔中将分别电告守军。

与此同时，武元甲大将正对没能圆满结束第二阶段总攻击感到失落，他命令第102团团长阮雄生少校和第174团团长阮友安少校马上到指挥部向他报告情况，他想弄清楚为什么越军先后上了2个团的兵力，伤亡如此之大，却始终没能攻克小小的A1高地的原因。

4月3日清晨，也就是四打A1高地刚刚结束，阮雄生、阮友安和3位营级干部在黄文泰少将带领下，来到了战役指挥部。经过几夜战斗，他们都满面倦容，疲态毕露。显然，大家都没有从刚刚经历的恶战中恢复过来。不过，一见面，102团团长阮雄生少校就急着向武元甲汇报。看到干部们如此疲惫，武元甲有些于心不忍。他让阮雄生和阮友安一行先下去稍事休息，下午再行报告。

下午，武元甲和黄文泰在作战室听取了阮雄生和阮友安的报告。阮雄生头缠绷带，眼睛深深凹陷（显然是几天几夜都没有合眼了）。武元甲关切地问他："怎么受伤的？""跟往常一样，弹片擦伤的，还好包扎得及时没有感染。"阮雄生答复。

"根据我们获得的消息，"武元甲说，"敌人也蒙受了很大的损失。我们经常听到芒清中心区的敌人判断A1据点会丢失。为什么打了这么久你们都没能攻克A1据点呢？"

"我们试了很多次，但就是无法突破山顶大碉堡！我们甚至用了80千克炸药爆破，但它就是岿然不动。"阮雄生和阮友安答道。

"为什么你们不找到碉堡口进去攻击？"

"我们试过了，但根本找不到出口。即便我们找到了出口，敌人的炮火覆盖太猛了，我们根本下不去。"

"照你们看来，"武元甲对阮雄生和阮友安说，"我们要怎样才能打下A1据点？"

阮友安抢先回答："我们要组织和培养一批专门打坑道的队伍，在精通坑道战的干部带领下配备炸药和炸开山顶大碉堡出口，然后钻进去和敌人坑道战。"

阮雄生想了一分钟，然后强调越军在进攻战斗中并没有获得绝对优势的兵力。相反，法军却能更快地把援军调到A1据点。此外，法军不仅炮兵火力猛烈，还有坦克出动反击。

听着两人的报告，武元甲若有所思，很快插话进来："所以，你认为我们的问题是没能阻止从芒清开来的敌人预备队？是这样吗？"

"是的，"阮雄生回答，"我们试图消灭A1据点的守敌，但实际上，我们战斗的对手却是从芒清中心区出动的敌援军。"

"敌人能把我军从A1据点逐退吗？"武元甲大将又问道。

"如果我军能抢修工事，"阮雄生回答，"他们不可能把我军赶下A1据点。在这几天的战斗中，白天每个方向我军往往只有10多位战士，但敌人照样没能把我们赶下去。"

两位团长都请求允许他们继续打下去，彻底拿下A1据点，但武元甲没有答应。他心里很清楚，阮雄生和阮友安的表态只是为挽回面子，继续打下去除了徒增损失外，不会有第二种结果。

对武元甲来说，当务之急不是重新组织对A1高地的进攻，而是要注意收集参加战斗的各级干部的意见，并从奠边府当地人中找到熟悉A1高地山顶大碉堡构造的人详细了解情况，然后再制定联合兵种攻坚计划，拿下A1高地。

当晚，武元甲大将在自己的宿舍——一间小茅屋里，用缴获的法军罐头，招待了阮雄生少校和阮友安少校。对于武元甲安排的这次"盛宴",阮雄生和阮友安面面相觑,感到十分惊讶,原本他们还以为自己没有完成战役指挥部交付的任务要被送上军事法庭呢。

经过了解,武元甲大将认为,174团和102团之所以没有攻克A1高地,很大程度是因为174团比计划进攻时间晚了半个小时,导致174团的步兵冲击和炮火准备脱节,给法军炮兵和A1高地守军喘息之机,结果进攻失败。

在第二阶段战役总结会议上,武元甲大将特地对174团团长阮友安少校延迟半小时进攻提出批评。虽然阮友安深感委屈,但他没有辩驳,只是将此事谨记于心。

4月7日,武元甲大将召开作战会议,对第二阶段总攻击进行总结。在会上,他询问与会将领如何准备全面进攻——结果他自己回答了这个问题。由于之前的胜利,越军得以对敌实施包围,做好总攻准备,第二阶段总攻击从开局来说是好的(指D1和D2高地得手),武元甲特别表扬了312师师长黎仲迅和政委陈度。接着,他话锋一转,直言部分作战部队没有完成指定任务,导致整体战局没有突出性进展。说到这句话的时候,他的两眼直刺102团团长阮雄生少校和174团团长阮友安少校,但没有点名道姓地批评。最后,他号召全军必须继续毫不留情地进攻,采取包围和堑壕接敌战术,逐个孤立并攻克敌据点。武元甲的批评是对的,第二阶段攻势作战越南人民军之所以没能取胜,关键是犯了两个错误:第一个错误就是武元甲所说的102团和174团没有利用兵力优势拿下A1高地,结果给了法军喘息时间并投入预备队争夺,东部高地群的形势被法军稳住。第二个错误就是没有完全消灭法军炮兵。尽管在

第二阶段作战结束时,法军炮兵能用的105毫米榴弹炮只有12门,但法军的炮火还是有效地支援步兵(伞兵)粉碎了越军的冲锋,为东部高地群和于格特防区的稳定立下了汗马功劳。令人不解的是,法军炮兵阵地完全没有盖顶,而且在越军炮兵观察员一览无余的情况下,34重炮团打了这么久都没有完全摧毁法军炮兵。凡是有战斗经验的炮兵都知道,只要还有一门火炮,就要战斗到最后。战役结束后,被俘的瓦扬中校在谈到越军炮兵时很不屑,他认为如果越法两军炮兵位置对调,那么他可以在48小时内消灭奠边府内全部火炮。他说的确是事实。对一个暴露无盖顶的目标,通常一个炮连的3~4门炮只需进行几次齐射(3~4分钟打出20~30发炮弹),就能摧毁。但法军炮兵几乎都经历过越军的炮击,然而,他们并无大的损失,越军并未将其摧毁。据第4殖民地炮兵团2营营长孔布上尉讲,他的炮阵地在越军的三个阶段进攻中都成为对方炮兵重点轰击目标,虽然每次都有大量炮手伤亡和火炮损失,但从来没有损失到炮兵失去战斗力乃至无法支援步兵战斗的例子。

无法集中炮火逐一摧毁法军炮阵地,一是越军炮阵地设在地下室(射角有限,无法多个角度函盖),二是越军炮兵指挥官没有经验。他们的审讯员在和法军殖民地炮兵指挥官谈话时透露了另一个原因:由于第二阶段攻势中法军伞兵的反击对越军进攻的威胁甚大,越军步兵指挥官认为炮兵对伞兵的关注度不够,所以越军总部(武元甲和黄文泰)命令炮兵转移目标,从反炮战转移到压制和消耗伞兵部队,使法军炮兵得到了喘息之机。

实际上,自3月30日夜到31日凌晨D1高地失守后,法军105毫米榴弹炮的损失更

▲ 奠边府战役中的越军 105 毫米榴弹炮阵地。越军 105 毫米榴弹炮是设在高地坑道里的。

多是因为越军 122 毫米重迫击炮和 57 毫米无后坐力炮、75 毫米山炮造成的，它们比隐藏在地下室的 105 毫米榴弹炮威胁要大得多。白天，无论法军炮兵何时开炮，越军都会采取三发速射还击（此时的越军轻炮兵已经成为速射急转移的行家）。法军炮兵观察员只能根据炮口焰和黑烟捕捉目标，等到数据传回火控中心再到法军炮兵反击时（有时甚至 155 毫米榴弹炮也加入射击行列），他们早已转移。越军炮兵除了给法军炮手和炮连参谋造成伤亡外，弹药搬运组也在途中遭到越军准确的炮击，伤亡惨重，这其中就有不少军工——他们的伤亡人数在战役结束时将达到 1200 人。

经过一周的激战，法军在奠边府的控制区从 4.8 平方千米急剧下降到 2.6 平方千米。在西北防线，H4、H5 高地到炮兵阵地——克洛迪娜防区地形都比较平坦，不适合防守，只有 105 高地相对较易防守。在东部高地群，只有 A1 高地和 C2 高地有地利之险。因此，法军接下来的防御重点就调整为东保 A1，西守 105 高地。

在奠边府环形防线内，各种弹药的储备量急剧下降。4 月 6 日，法军进行了统计，105 毫米榴弹炮只剩 2.6 个基数，即每门炮 455 发炮弹，155 毫米榴弹炮只剩 120 发每门，

120 毫米迫击炮只有 110 发每门（更为遗憾的是，这天美军的 3 架 C-119 运输机把装载的炮弹一股脑地投到了越军战线）。这些炮弹只够榴弹炮群打上一天，120 毫米迫击炮打上 2 个小时。此外步兵连的 60 和 81 毫米迫击炮弹药也严重不足，甚至连地雷都不够。在核心阵地上，只有 4 辆坦克堪战，航岗也只有 2 辆能打。4 月 5 日夜到 6 日凌晨，第 1 伞降轻步兵团 2 营 1、2 两连 177 名官兵伞降奠边府。为了让第 1 伞降轻步兵团 2 营 4 个连完全集结在奠边府，法军于 5 日夜到 6 日凌晨在 105 高地投入了 4 个伞兵连，伤亡达 220 人！

成建制的伞兵营是有限的，守军各营在战斗中伤亡惨重，光是投入伞兵营已经无济于事，给各营补充兵力也是当务之急。为此，法国人开始病急乱投医。

4 月 5 日夜到 6 日凌晨，法军开始试验一项新的行动，把未经过严格伞降训练的志愿兵空投到奠边府。对这个举动，朗格莱从伞兵角度出发表示强烈抗议。他认为这些志愿兵在没完成完整的伞兵训练课程前不应该在奠边府进行他人生中的第一次跳伞，这样做的风险太大了。科尼的参谋苏瓦尼克上校（一名 1937 年即服役的老伞兵）尤其反对这项提案，他认为让这些没有受过完整地面和跳伞训练的志愿兵在夜空中冒着越军高射机枪火力进入奠边府简直就是自杀。然而，河内的法军速成伞兵学校却指出，只要风速低，这些志愿兵第一次跳伞的伤亡不会比正规伞兵高。4 月 5 日，法国远征军总司令纳瓦尔中将致电德卡斯特里上校，决定进行这项实验，让志愿兵在奠边府进行他们的第一次跳伞。由于伞兵部队实在不多，因此这项举措可以说是迫不得已。纳瓦尔很关心伤亡率，他要考虑这项行动是否值得常规化。经过首夜的

试验, 德卡斯特里上校报告志愿兵都成功落下, 没有伤亡。

这项提案一经通过, 法国远征军就开始从全印度支那各个作战部队中征集志愿伞兵。出乎意料的是, 全军官兵踊跃报名。留在后方、没有随主力赶上奠边府会战的第7阿尔及利亚步兵团5营68名官兵中就有52人报名参加, 甚至发生了第3外籍军团步兵团2营(营长: 卡巴雷贝尔克少校)全营报名参加的"盛况", 但该营的报名被科尼少将拒绝。因为他怀疑整营报名是营长搞的鬼, 肯定有不少人是"被报名"的。而且退一步说, 如此众多没有受过伞降训练的官兵, 也无法成建制空投到奠边府, 这么做的风险实在是太大了。根据统计, 报名的志愿者人数在1800~2600人之间, 有将近四分之一是非洲甚至越南籍官兵。在这些志愿兵中, 有682名志愿兵于4月到5月初被空投到奠边府, 对很大一部分在奠边府空降的志愿兵来说, 这是他们战斗生涯中(甚至是人生中)的第一次战斗跳伞。

这些志愿兵是如此急于参战, 以至于他们不得不在机场等上几天, 直到天气状况允许机群起飞, 他们才能搭上顺风机飞抵目标。有时他们乘机飞抵奠边府时因当地天气恶劣, 飞机中断任务而不得不返回河内, 在下一次跳伞进入奠边府前又得等上漫长的几天。这些勇敢地进行人生中第一次跳伞任务增援奠边府的志愿兵, 被法军称为"奠边府内最勇敢的人"。尽管他们的命运和守军一样悲惨, 但却赢得了守军的尊敬, 朗格莱就很佩服他们的勇气, 称应该给每一名在奠边府进行他人生中第一次战斗跳伞并幸存的官兵挂上伞兵翼章, 以表彰他们的勇气和自我牺牲精神。无疑, 这些志愿兵是奠边府战役中另一个插曲, 是勇气的化身。

犹豫不决的美国

越军发起的第二阶段总攻击给予西方强烈的冲击, 连美国政府都预感到, 奠边府有可能守不住了。虽然艾森豪威尔不喜欢法国人延续他们的殖民统治, 可也不希望把印度支那交给共产党, 否则整个东南亚都会产生多米诺骨牌效应。、

担心之余, 老道的艾森豪威尔想拉英国人一起出兵。4月1日, 艾森豪威尔给英国首相丘吉尔写了一封冗长的信。信的内容主要是英、美、法牵头, 搞一个东南亚军事同盟, 职能无外乎就两条, 一要强大, 二要为本地区的"反共事业"奋战。谈到出兵印度支那的问题时, 艾森豪威尔认为, 即便英美联合出动, 也只搞海空作战, 地面作战必须由法国人自己负责。与此同时, 美国参联会主席雷德福上将也和三军参谋长紧急磋商印度支那战事, 研究万一法国政府请求, 美国该如何对印度支那用兵的问题。但他的提案遭到了美国四个军种的强烈反对, 特别是陆军参谋长李奇微上将, 更是坚决拒绝出兵。他从各种军事角度出发, 认为采取海空介入印度支那的方式不仅不会控制住战争规模, 相反还有可能打出第二个朝鲜战争, 这是美国所需要极力避免的。李奇微的话有理有据, 让雷德福无法反驳。

美国军界的态度都如此, 就更不用说英国了。英国首相丘吉尔可谓老谋深算, 早就看出了法国是不可能保住他们在印度支那的殖民统治的, 只不过是采取一种什么样的手段"体面"退出罢了。

除了政治形势, 英国国防部对印度支那的战争局势的判断, 也比法国人客观。1953年初, 大英帝国三军联合参谋部就准确判断出战争主动权已经落到了越盟的手上, 法国

人在那产的胜利只有战术价值，而没有战略意义。既然英国军方对战场态势是这个意见，那么丘吉尔首相就更相信，法军在战场上是不可能决定性击败越军的，英国对印度支那的政策应该果断调整为舍弃北越，保住南越，以此作为印度支那和中国的缓冲地，也就是"朝鲜模式"，以某条北纬线为界，南北分治。应该说，丘吉尔是很有先见之明的，他的政治嗅觉也十分灵敏。日后的日内瓦会议上，东西两大阵营共同接受的，果然就是他的"朝鲜模式"。

在美国首都华盛顿，不少鹰派人士还是积极寻求出兵印度支那，这给美国总统艾森豪威尔带来了很大的压力。不过，美国国内的鸽派势力同样强大，两派争执不休，艾森豪威尔依然处于观望中，决心难下。

看到美国迟迟不出手，法国人急了。4月5日夜，法国总理拉尼埃和外交部长皮杜尔紧急约见美国驻法大使都龙。皮杜尔也顾不上寒暄，直接向都龙提出希望美国派海军舰载航空兵攻击奠边府周围的越军阵地的请求。这可是法国第一次"非正式"请求美国出兵介入第一次印度支那战争。

接到都龙的急电，艾森豪威尔总统马上主持召开新一次国家安全会议，抛出了参联会拟订的作战方案：一旦美国介入第一次印度支那战争，美国在第一阶段必须向印度支那投入陆军7个师和大量支援勤务部队合27.5万人，其中空军8600人，海军35000人。

雷德福强烈建议出兵，李奇微上将仍坚持反对，他指出一旦介入战争，对美国来说将是又一个"朝鲜战争"的翻版。这种战争对美国有害无利。争论之际，丘吉尔给艾森豪威尔的信也到了。在信里，丘吉尔向艾森豪威尔表明了英国政府的态度，那就是英国不会参加所谓的对印度支那的联合军事行动，奠边府战事如何与英国无关。

丘吉尔的信，无疑给刚刚有介入印度支那战事希望的艾森豪威尔浇了一盆冷水。不过，他依旧对英国抱有一线希望。为了说服丘吉尔，艾森豪威尔决定派杜勒斯出使英国。

4月10日，满怀拉拢英国一起军事干涉印度支那的杜勒斯，在机上做着他的黄粱美梦的时候，奠边府的厮杀正在继续。

|第十章|
四月相持

变更决心

4月7日到4月30日，按照越军的划分，依然是奠边府战役第二阶段，只不过由总攻击转入相持。这一阶段的战斗和1915年到1918年之间的第一次世界大战堑壕战很相似：双方战线相距不过几十米，战斗形式由反复炮击、进攻、防守、失地和反击交织组成。虽然越军没有发动大规模攻击，但某些高地（105高地和C1高地）的拉锯战却使双方都付出了惨重的伤亡。

第二阶段总攻击没有全胜，也促使武元甲大将开始反思。他很清楚，从奠边府战役一开始，法军就存在着一个无法克服的巨大弱点——奠边府集团据点处于越军的大后方，离法军战线有250~300千米——因而法军对奠边府的兵力增援和物资补给只能依赖空投伞降进行。只要越军能逐步切断法军的空桥，对方的战斗力就会逐渐削弱，至最终枯竭。

简单地说，越军只要逐步压缩法军的控制区，消灭法军重要的据点（A1、C2高地），则胜利唾手可得。

正是遵循着这个思路，越军战役指挥部指挥部队先后发起了第一阶段和第二阶段攻势。第一阶段是顺利拿下了兴兰高地、独立山和板桥高地，可在第二阶段却碰了个钉子，A1高地和C2高地没有拿下来。武元甲在回忆录中认为，如果拿下A1高地的话，那么战役第二阶段的结局将完全不同。不过，历史是不能假设的，必须实事求是。

尽管第二阶段总攻击没有取得全胜，但越军还是进一步压缩了法军的控制区，进一步扼制了法军的空投和伞降。法军已经被迫从成建制空投伞兵，改为一夜空投一个连。兵力补给速度大大下降，原本一个伞兵营一个晚上就可以投落，现在却变成了需要三天时间才能投完。法军的兵力损失和弹药消耗也不小。从1954年3月28日到4月2日，法军伤亡了2093人，155毫米、105毫米榴弹和120毫米重迫击炮弹库存在4月6日减少到只剩1天的消耗量，地雷也没有了。这些都是越军第二阶段战役进攻取得的结果，也是对越军有利的一面。

当然，越军自己也面临着很大的困难。首先，越军需要给损失惨重的174团和102团补充兵力，让其逐步恢复战斗力；其次，粮食弹药的补充也迫在眉睫。粮食供给方面的困难，一是雨季到来，二是法国远东空军加大了对越军补给线的攻击力度。弹药方面，主要是105毫米榴弹和75毫米山炮弹、120毫米重迫击炮弹不足，除了依靠缴获法军空投的弹药外，还要从越北根据地拉来1950年边界战役缴获的法军炮弹（奠边府战役消耗的105毫米榴弹中有一万发是1950年边界战役所获）。摆在武元甲面前的严峻形势是，目前各个部队中充斥着毫无战斗经验的新兵，粮弹接济出现困难。那么下一步该如何利用法军的弱点进一步作战，并准备第三阶段总攻击彻底消灭法军呢？简单地说，就是下一步越军该怎么打。

经过集思广益，越军战役指挥部决定把

▲ 尽管越南人民踊跃支前，可粮食和弹药供应还是出现了很大的困难，制约了越军的战斗力，促使战事转入相持阶段。

第二阶段继续打下去，继续进攻，消灭东部诸高地，更加紧密地包围芒清中心区，占领芒清中心机场，彻底切断法军的空投和伞降。重点是不断消灭法军有生力量，压缩法军控制区，为最后总攻击创造有利的战略条件。当前，越军新兵比例过大和粮弹不够的情况下，武元甲强调不要采取冲击打法，而是要采取堑壕延伸战法，逐步把堑壕带往中心区延伸，彻底分割芒清中心区的机场和各个据点，一步步压缩并绞杀芒清机场。

采取堑壕延伸战法，不仅具有战略意义，在战术上也有很大的意义。这种方法可以在减少法国远东空军和炮兵火力杀伤的同时，还能把双方在各个据点的战线缩短到手榴弹抛掷距离内，给越军步兵发挥步兵轻武器火力创造条件。接着，越军再逐步展开攻击，逐个拔点逐个蚕食法军的铁丝网障碍带，将堑壕延伸突入法军防线内，然后以突袭进攻方式在对方来不及反应的情况下，消灭各个据点守敌。采取逐步延伸堑壕、收紧包围圈的战法既压缩了法军的控制区，减少越军的损失，又能使越军获得更多的空投补给（特别是急需的105毫米大口径榴弹），压缩法军的空投走廊，最终达到重创法军的空投补给能力，令法军战斗力衰竭的目的。

根据这个设想，越军战役指挥部对第二阶段的相持期进行如下部署：

308大团准备进攻105高地，同时在H5和H4高地之间实施堑壕延伸，目标——德卡斯特里指挥部；同时延伸堑壕包围切断105高地和H1高地与H2高地的联系，并和312大团配合，在H1高地南面切断机场跑道。在堑壕延伸的同时，308大团还要做好打敌反扑和在308大团防区内打伞兵空降的准备。

312大团：巩固多米尼克防区，准备消

灭 105 高地、203 和 204 高地（由泰族把守）。配合 308 大团一起实施堑壕延伸，切断机场跑道。

316 大团：准备进攻 A1 高地和 C2 高地，巩固 C1 高地。

57 团：巩固阵地，准备进攻航岗分区。

351 工炮大团：准备巩固炮兵阵地，并向芒清中心区西北推进炮兵阵地。

此外，战役指挥部还命令全体部队组织狙击手积极展开冷枪活动，不分昼夜地用步枪火力袭扰敌人，射击飞机，控制水源，卡住物资着陆点，尤其不能让法军获得弹药和口粮补给。

同时，武元甲大将还命令各部队巩固各自防御阵地，改善战士们的健康状况，认真总结第二阶段的经验教训，准备第三阶段总攻击。

1954 年 4 月 8 日，在下达新的作战命令后，越军一些干部反映："战役指挥部终于选择了正确的打法。""一发子弹换一个敌人"的口号在各部队中叫响。从这时起，越军的狙击手和投弹组日益活跃，给法军各个高地的守军造成了严重的威胁。

这一时期，失去地利的法军也不好过。无论晴雨，他们都不得不躲进深深的战壕或掩体里，以防被越军的投弹组或狙击手打中。4 月 13 日，德卡斯特里上校向河内请求空投战壕潜望镜，但河内根本就没有这种合适的装备。这种堑壕战的形式使双方都无法在自己的表面阵地看到对手，只有在冲进敌堑壕时才能发现对方。当双方官兵迎面遭遇时，除了用上枪和手榴弹外，刺刀、匕首和工兵铲也是有效的肉搏武器。这一作战特点使奠边府没有什么连贯的战线，只是众多孤立、连级规模部队守卫的"凡尔登"而已。

4 月第一周，法军运输机群受能见度影响，前往奠边府执行任务异常困难，倒是战斗机和轰炸机仍能每天都飞抵奠边府，对东部山头进行作战支援。根据德卡斯特里的指示，从 4 月 2 日到 6 日，第 25 轰炸机大队 1 中队的 B-26、第 22 战斗机大队 1 中队的"熊猫"式战斗机和海军航空兵第 11 舰载战斗机中队的 F6F-5"地狱猫"战斗机对西北防线机场周围山头进行轰炸和扫射，给予 105 高地守军以极大支援。

4 月 7 日，朗格莱下达了诸多命令，各部换防的换防，进入阵地的进入阵地，调动异常频繁：经过一周多的激战，让·尼古拉少校和他的第 4 摩洛哥步兵团 1 营幸存的 2 个连奉命从艾兰防区调到于格特防区低矮地带和克洛迪娜高地间修筑系统的战壕和碉堡群，形成一条较为完整、连贯的弧形防区，这个防区取了个新名字——"利里"，克洛迪娜 1 号高地成了新的利里 1 号高地，利里 2 号高地是新标注的高地，H4 成了利里 3 号高地，这个防区即将于 4 月 14 日建成。与此同时，第 4 殖民地炮兵团 2 营 6 连从 D4 高地撤出，转移回克洛迪娜防区的营主力炮兵阵地。

同一天，朗格莱中校还下令解除并裁撤几个泰族辅助连和 H2 高地的第 3 泰族营 12 连的武装和建制。尽管受到如此不公平的对待，还是有约 30 名泰族官兵志愿到炮兵部队担任炮弹搬运员。

夺回 C1 高地

奠边府战役惨烈的战斗和法军的巨大伤亡，使法国国防部抛弃了先前不给纳瓦尔增兵的决定。4 月 8 日，法国方面通知纳瓦尔，从法国本土出发的第 7 殖民地伞兵营最早也要到 4 月 25 日才能抵达印度支那，从阿尔及利亚出发的第 3 外籍兵团伞兵营要迟至 5 月 22 日才能到。面对奠边府的危局，科尼打算把第 1 越南伞兵营投到奠边府。但德卡斯特里和朗格莱均不做此想，虽然第 5 越南伞兵营表现不错，但难保所有的越南伞兵营都会有如此出色的表现，现在他们只信任外籍军团或殖民地伞兵营。4 月 9 日，德卡斯特里急电科尼，请求立即向奠边府空投第 2 外籍军团伞兵营——这是法国远征军在印度支那和第 1 外籍兵团伞兵营齐名的精锐伞兵部队，全营兵力 677 人。科尼答应了他的请求。得知第 2 外籍兵团伞兵营即将投落奠边府，朗格莱和比雅尔少校振奋了，他们决定实施藏在心头已久的计划——夺回 C1 高地，并指示比雅尔草拟作战计划。

4 月 8 日夜到 9 日凌晨，大雨席卷奠边府。4 月 9 日，奠边府较为平静。海军航空兵和空军继续对越军战线进行例行轰炸和扫射，但在越军 37 毫米高射炮的拦阻射击下仍被不断放血——海军航空兵第 3 中队的 1 架"地狱俯冲者"式俯冲轰炸机被击落，飞行员洛热里少尉被迫弃机，但开伞太快，结果钩到机尾，连人带机摔落在克洛迪娜 5 号高地附近。来自第 13 外籍军团步兵团 1 营的官兵收殓了他的尸体。

▲ 越军的高射炮对法军来说依然是挥之不去的梦魇。图为被高射炮火命中的法军战机。

4 月 9 日夜到 10 日凌晨，奠边府下起大雨。第 2 外籍兵团伞兵营（营长：于贝尔·莱森菲尔德少校）冒雨伞降了半数兵力：营部和营部连（连长：皮卡多上尉）半数、德·比雷中尉的 5 连 2 个排、彼得中尉的 8 连（越南籍）3 名官兵，以及德拉丰上尉的 7 连全部。这些伞兵散落在奠边府各处，花了几个小时才收拢兵力。4 月 10 日清晨，第 2 外籍兵团伞兵营营部和 5 连开往埃佩维耶反斜面。让外籍兵郁闷的是，这里只有深及膝盖的战壕，既没有掩体也没有碉堡，要是越军对此处进攻，他们连防卫的工事都没有。7 连奉命前往 D2 高地接防，结果连长德拉丰上尉在勘探路线时被越军炮火炸死（到 10 日黄昏，第 2 外籍兵团伞兵营在越军炮火袭扰下死伤 29 人）。一整天时间里，他们都在加固当前阵地，监视和聆听东面几百米发生的 C1 高地夺回作战。

与此同时，在 C1 高地的越军炮兵观察员、狙击手和枪榴弹手不断袭扰 C2 高地，使第 6 殖民地伞兵营和第 5 越南伞兵营不堪其扰。出于打掉威胁 A1 和 C2 高地的耳目以及消除对法军纵深防线冷枪袭扰的威胁，比雅尔少校决定让自己的老部队——第 6 殖民地伞兵营来执行夺回 C1 高地的任务。这次进攻采取 1918 年的突击战术，在强大的炮火支援下，法军打算挖接敌堑壕，一直通到 C1 高地山脚下，然后用直射火力和炮兵火力压住 C1 高地东坡，封锁越军预备队增援，再组织第 6 殖民地伞兵营一口气冲上 C1 高地山顶，速战速决速修工事，准备打敌反扑。这次进攻由比雅尔少校亲自指挥。他在 C2 高地正斜面的一个坑道口设立指挥部，里面铺满地图、望远镜和 8 部电台。这些战术是他钻研许久、刻苦研究出来的，后来在阿尔及利亚反游击战中使用的更为频繁。比雅尔指挥战斗之所以要用 8 部电台，是因为他在战斗中既要联络进攻部队各连，也要和朗格莱、预备队联络，甚至和迫击炮、榴弹炮、坦克以及前进空军管制员也要保持密切联系。他所协调的进攻作战就像指挥一个管弦乐队那样，各方面步调协同一致，所以往往能取得成功。

4 月 9 日夜到 10 日凌晨，法军开始从 C2 高地往 C1 高地山脚挖接敌堑壕。在 C2 高地反斜面，他命令第 6 殖民地伞兵营重武器排排长阿莱尔中尉把奠边府全体殖民地伞兵营的 81 毫米迫击炮共 20 门全部集中过来，准备从清晨 06 点开始对 C1 高地进行第一轮炮火准备。迫击炮群开火后，20 门 105 毫米榴弹炮（12 门在克洛迪娜防区，8 门在航岗）和 120 毫米重迫击炮群在 20 分钟内朝 C1 高地打出 1800 弹。炮火准备结束的同时，法军还向秃山和 F 高地发射烟幕弹，完全遮挡住越军炮兵观察员的视线。在炮火准备期间，4 辆坦克从 C2 高地开下来，对 C1 高地山顶碉堡、D1 高地的越军无后坐力炮群以及机关炮进行炮火急袭，压制敌制高火力；此外，在埃佩维耶的 12.7 毫米高射机枪也朝目标进行 5 次火力突击，在 A1 高地的 6 挺重机枪和 12 挺轻机枪也将为进攻提供火力支援。

此时，托马斯少校的第 6 殖民地伞兵营缩编到只有营部连和 3 个伞兵连，每个连兵力不过 80 人。进攻计划是埃维·特拉普中尉的 2 连打先锋，勒·巴热中尉的 1 连跟进，佩雷中尉的 3 连做预备队，全营采取进攻队形跟在徐进弹幕背后向山顶冲锋。4 月 10 日 06 点 10 分，2 连先导排在萨马朗斯和科尔比诺中尉带领下，从接敌堑壕中涌出，跟着炮火冲上 C1 高地山坡。各班采取逐个弹着点跃进的方式前进，遇到越军就用冲锋枪和手榴弹解决，暂时打不下的据点就绕过去，留给

后续部队，前锋继续朝山顶冲击。在第 6 殖民地伞兵营进攻的同时，准时飞来的战斗轰炸机也对多米尼克和艾兰东坡进行轰炸和扫射，封锁越军第二梯队的增援。

对法军的进攻，越军也做好了战斗准备。负责守卫 C1 高地的越军是 98 团 439 营 1 个连，该连在 439 营营长黄武亲自指挥下，依托 C1 高地山顶碉堡顽强阻击，压住了法军第 6 殖民地伞兵营 2 连。接着，98 团的 82 毫米迫击炮群也齐声怒吼，密集的迫击炮弹劈头盖脸朝法军头上砸了下来，冲上山顶附近的法军进退失据。看到 2 连被压制，比雅尔少校马上命令勒巴热上尉率 1 连在营部喷火班的加强下实施超越攻击。1 连老兵一出手果然不同凡响，他们拉开散兵线冲锋，加上火力掩护跃进，有效减少了伤亡。为了确保喷火班的安全，比雅尔少校专门派一个轻机枪班伴随出动。在攻顶途中，轻机枪全军覆灭，但喷火班却在他们的掩护下爬上山坡，来到了山顶南肩角，出其不意对山顶的越军插旗点打出两条火龙，烧掉了山顶碉堡。

在喷火兵干掉碉堡火力点后，士气大振的法军第 6 殖民地伞兵营 1 连和 2 连终于冲上山顶，和越军第 439 营 1 个连拼起刺刀。战至正午，黄武率 439 营的这个连撤出了山顶，转移到东坡。第 6 殖民地伞兵营基本夺

▲ 在 C1 高地奋战的越军轻机枪手。

回了C1高地，立即展开防御部署：2连在北坡，1连在南坡，3连在普里让的7.62毫米轻机枪火力支援下，放在1连和2连中间。为了打赢这次战斗，第6殖民地伞兵营付出了沉重的代价，战斗结束后全营仅剩不到180人。当然，越军损失也不小，据法军报告，C1高地越军遗尸超过300具，许多伤员还被背下了山。次日（11日），德卡斯特里上校向河内汇报战况时称第6殖民地伞兵营在夺回C1高地的战斗中伤亡60名官兵，约占攻山前全营兵力的3成。

不过，刚刚夺下C1高地的法军还未及喘息，越军第98团439营2个排的生力军就冲了上来，实施凶狠反扑。第6殖民地伞兵营明白C1高地对东部战线稳定的重要性，虽伤亡巨大，却死战不退，拼命扛了3个小时，打退了439营第一次反击。下午4点左右，比雅尔少校给C1高地派去了援军——第1伞降轻步兵团2营2个连（3连和4连），替下第6殖民地伞兵营，接过了C1高地防务。下午6点30分，越军再次对C1高地进行猛烈的炮火准备，从10日黄昏到11日04点00分，第1伞降轻步兵团3连和4连遭到越军第98团连续4次反冲击。战至晚8点，越军冲上山头，双方拼起刺刀，展开激烈肉搏。法军第1伞降轻步兵团2营3连连长夏尔中尉和4连连长米诺中尉双双负伤。

C1高地的战斗牵动着交战双方高层指挥官的心弦。武元甲得知C1高地丢失的消息，大发雷霆，严令98团团长武朗少校不惜代价全力反击夺回。在武元甲的督促下，98团215营也投入了战斗，他们一波波反复冲击C1高地，法军的阵地如狂涛巨浪中摇曳的扁舟，随时都有被吞没的可能！比雅尔向朗格莱请求调用其他部队增援，因为要稳住东部

战线，C1高地绝不能再丢了！

在朗格莱的支持下，比雅尔开始抽调兵力增援。第一个被点名的部队是第1外籍兵团伞兵营2连（连长：布朗东中尉）和3连（连长：马丁中尉），两个连各剩不到50名士兵。他们在夜幕掩护下，唱着军歌冲上了高地，但4个连法军的奋战还是挡不住越军215营的进攻狂潮。最后，比雅尔少校把第5越南伞兵营2连和3连也投入战斗。在法军6个连的冲击下，215营最终被击退。午夜，法军保住了C1高地。拂晓，比雅尔少校把第5越南伞兵营2个连撤下，又给C1高地补充了新锐力量——第2外籍军团伞兵营7连（连长：勒·库尔·格朗迈松中尉）。法军清点战场时，声称越军遗尸约400具，但法军自身损失也很大——第2伞降轻步兵团1营2个连战死10人，失踪21人，负伤66人，第1外籍军团伞兵营和第5越南伞兵营的伤亡也超过了100人。C1高地将在法军手中守上20天。

当夜，第2外籍兵团伞兵营剩余兵力陆续跳伞进入奠边府（这其中还包括被击落的运输机机组成员，他们自愿拆掉坠毁飞机的机枪，跳伞进入奠边府参战）。

4月11日清晨，硝烟散尽，98团的反击已然失败，兵力损耗不小。为了夺回C1高地，武元甲大将命令封锁航岗的越军第176团888营急行军赶到C1高地山脚，参加当晚的夺回作战。

4月11日下午，888营811连在黎文维率领下赶到战场。888营交给他们的任务是不惜一切代价反击夺回C1高地。当晚，811连在短促的炮火准备后，冲上了C1高地。无路可退的法军也拿出了拼命三郎的架势，拼死抵抗死死挡住了越军。战至4月12日04点00分，越军811连退了下去，C1高地没能夺回，

但给法军造成很大的伤亡——第1伞降轻步兵团2营3连和4连战死19人，负伤66人（次日，3连和4连合并成一个连，新任连长是勒格里中尉），第2外籍兵团伞兵营7连也报告伤亡47人。4月12日，在C1高地血战的法军全部撤下，第1伞降轻步兵团2营1连和2连（连长：佩里乌中尉和克利迪克中尉）分别接过C1和C2高地防务。

莱森菲尔德少校的第2外籍兵团伞兵营集合完毕后，开始接替第1外籍兵团伞兵营，轮流驻守艾兰防区。不久，第2外籍兵团伞兵营5连就在荒凉的C1高地守了三天三夜。各连在接防时并不是全连从交通壕拥挤过去。接防也是一门学问，为了防止接防时遭敌炮火和冷枪杀伤，一般一次上4~5人，而且每人拉开较大间距，这样既能防炮击，又能防冷枪。如果遇到伸手不见五指的黑夜，士官们就只能带着士兵一个接一个摸到附近的散兵坑（或洞里）隐蔽起来，待天明再朝指定阵地爬过去。越军的狙击手无时不在，对外籍兵而言，这是致命的。更可怕的是炮火袭扰，除非炮弹爆炸，否则根本无法知道它是何时飞过来的。当各连接防艾兰防区几天后，他们感到这里也并非什么安全之地，越军不时打来的榴弹炮火和迫击炮火对他们构成了巨大的威胁，迫使外籍兵不得不分散躲避，防止一群人被一次炮击干掉。此外，自3月31日以来阵亡的越军尸体无人掩埋，就这么躺在防区内任其腐烂，这些恶臭让外籍兵倍感难受。

另一方面，空军的误击也让法军郁闷不已。4月12日，1架B-26对奠边府核心阵地投下一批500磅炸弹，造成第2外籍兵团伞兵营营部连3死2伤，6门81毫米迫击炮有2门被毁，目睹此景的朗格莱中校叫苦不迭，

以为是中国空军参战来了。幸好后来认出是自己人，他才大呼万幸。同一天，1架法国海军B-24重轰炸机（海军航空兵第28中队，编号28F-4，飞行员：芒法诺夫斯基中尉）被越军37毫米高射炮击落，3名机组成员阵亡。

法军运输机向越军战线的空投害苦了法军：夜间，越军第45炮兵团的105毫米榴弹炮群就用新式的美制延迟引信105毫米榴弹轰击守军，这些炮弹很容易贯穿掩体，可一炮轰掉一个地堡，给法军以很大的杀伤。13日，空军再造一起误击事件：2架战斗机轰炸机又对法军战线进行轰炸和扫射，导致守军死伤不说，还引爆了一堆宝贵的105毫米榴弹，同时美军C-119运输机群还把装载的105毫米榴弹一股脑地扔在E高地，白白资敌。空军误击事小，空投资敌事大。4月13日，面对空军的误击和错投，忍无可忍的德卡斯特里上校致电科尼，狠狠地告了空军一状："在过去24小时里，我军防线遭到空军多达3次的攻击。另一方面，5架C-119运输机将运载的800发105毫米榴弹全部资敌，我们对空军已经忍无可忍。"此外，朗格莱建议河内运输机装载陷阱弹，故意投到越军战线让他们用，或许还能引发他们几门榴弹炮自爆。这个建议因风险太大，科尼没有采纳。

从4月9日到16日，天气好转，法国远东空军加大了运输量（13日空投217吨，次日空投229吨），但误投情况还是存在。尤其是驾驶C-119运输机的美军飞行员，他们听不懂法国空军管制官说的法语，双方语言沟通成了大问题。在语言不通且遭受越军高射炮火威胁的情况下，美军运输机飞行员干脆凭自己的判断，把物资投落下去，结果半数资敌。

对美军来说，4月13日是惨淡的一天。

这天，第 4 殖民地炮兵团 2 营营长克内希特少校命令 4 连用 1 门 105 毫米榴弹炮打掉 D1 高地暴露的 1 门越军 75 毫米山炮。尽管炮 4 连连长布兰布鲁克中尉不愿意在白昼单独炮战，但还是命令 6 号炮开火，连发 2 弹，法军宣称摧毁目标。这次炮击自然引来了越军炮兵的报复。下午，越军第 45 炮兵团对法军第 4 殖民地炮兵团 2 营 4 连阵地进行炮火反击，炸死 1 人。傍晚 7 点 15 分，贝尔纳德·劳伦特中士穿过交通壕向连部报告战况时发现连部被毁，贝斯准尉告诉他，连长布兰布鲁克中尉被炸伤，特兰坎中尉接替指挥。

越军打的一发短延迟引信的炮弹贯穿炮连指挥所顶盖，在里面爆炸，一块大的弹片深深插进了布兰布鲁克中尉的背部，他不幸在夜间死于主救护站。目睹连长的惨死，4 连官兵决心报仇，贝斯准尉请求炮兵指挥官瓦扬上校对敌炮兵阵地进行一次炮火急袭，但没有得到批准。次日，刚跳进奠边府不久的芒佐尼上尉成了炮 4 连的新任连长。

在于格特防区，越军持续不断的炮击使法军防御系统逐渐瓦解，守军力量日渐薄弱。到 4 月 14 日，第 2 外籍军团步兵团 1 营只有 380 人，第 13 外籍兵团步兵团 1 营 354 人，3 营甚至只有 80 人，核心阵地的外籍步兵仅 814 人——约合 1 个伞兵营的编制。在 4 月的第二周，许多部队进行了重组——4 月 6 日，机场末段的 105 高地由第 2 外籍军团步兵团 1 营 1 个混成连（前 1 连和 3 连幸存者合并，由弗郎索瓦中尉指挥）和第 5 越南伞兵营 1 连（连长：比札尔上尉）把守，两个连统一由比札尔上尉统领；跑道腰部的 H1 高地由斯波佐中尉的 2 连把守；往南的 H2 和 H3 高地分别由第 13 外籍军团步兵团 3 营 10 连（混成连，由兴兰高地的幸存者和旧士官队组成，

归菲利普上尉指挥）和第 2 外籍兵团步兵团 1 营 4 连（连长：布尔热中尉）把守。于格特防区的预备队由驻南面的第 13 外籍兵团步兵团 1 营和驻克洛迪娜的第 1 外籍兵团伞兵营，以及驻利里防区的第 4 摩洛哥步兵 1 营组成。在各个伞兵营里，大部分连队兵力都不足 80 人。

越军方面，虽然 C1 高地丢失，但武元甲大将并不气馁。经过这次战斗，他又重新认识了法军，那就是对方还掌握着相当强大的预备队。在己方粮弹供应遭遇瓶颈的情况下，无论如何也不应该和对方死打硬拼，A1 高地和 C1 高地争夺战就是个教训。因此，武元甲大将在 4 月 12 日的命令中，又一次强调现阶段的任务除了继续巩固 E 和 D1 高地外，第 312 大团和第 308 大团还要实施堑壕延伸，分割芒清机场，进一步绞杀法军的空投和伞降补给，直至法军补充能力陷入枯竭，为第三阶段总攻击创造有利的战机。

勒紧的绞索

从 4 月 12 日起，法军惊讶地发现越军的堑壕体系把他们围得更紧了，每天新拍的航空照片都显示越军的堑壕又往法军据点深入，不仅从正面迫近法军阵地，而且还从两翼绕过据点，朝机场跑道延伸（战后，法军判断越军在奠边府挖掘的堑壕系统总长达 96.6 千米）。面对越军堑壕系统的步步进逼，头痛的法军也设法还击，炮兵前进观察员在白天仔细盯着越军堑壕最新进展，然后在夜间呼叫炮火轰击。不过，E 和 D1 高地以及板桥高地、兴兰高地在越军之手，法军炮兵观察员无法获得像越军炮兵观察员那样良好的全景视界，加上炮兵要节约弹药以备法军步兵与越军鏖战时进行炮火支援，因此打越军堑壕可用的

弹药少之甚少，两个因素结合，法军反堑壕的效果就可想而知了。

除了炮击外，法军步兵也主动出击，打敌堑壕系统。4 月 11 日，驻 H1 高地的斯波佐中尉率部出击，试图摧毁自西面而来，继而向南北两面分开切断 H1 高地并威胁机场跑道的越军堑壕。这次出击遭到埋伏于堑壕系统的越军 1 个连的顽强抵抗，架设在坑道边沙包带的越军机枪也喷吐火舌，打得法军进退两难，被迫求援。第 13 外籍兵团步兵团 3 营 10 连在 2 辆坦克和炮火支援下前往支援，结果 1 辆坦克被火箭弹击中，斯波佐中尉也身负重伤。在大火的掩护下，2 连好不容易才退回 H1 高地。这是越军在白天首次扛住法军的反扑，守住延伸的堑壕系统。在这次胜利的鼓舞下，越军继续向前延伸堑壕。到 14 日，H1 高地西面防线铁丝网和越军堑壕相距不到 14 米。入夜后，越军巡逻兵剪开一道宽约 3 米的口子，由此渗入袭扰法军。

4 月 13 日夜到 14 日凌晨，德卡斯特里向河内报告，从西面延伸过来的越军堑壕完全将 H1 高地以北约 180 米的机场跑道切断，这是 308 师 88 团之举。当天傍晚，越军利用前几天挖掘的堑壕逐渐逼近机场跑道。突前的尖刀排一般分成 3 个班：突击班携带 1 挺轻机枪在前面开道，跟进的 2 个班携带冲锋枪、步枪和手榴弹跟进，侧翼由狙击手负责掩护，一米一米地挖单人散兵坑向前掘进。为了避开敌炮火和迫击炮火打击，他们经常要趴在单人散兵坑里。大约晚 11 点，他们抵达机场边缘。然后越军开始把散兵坑连接起来，形成堑壕。这个时候，下一个连扛着厚木板和沙袋上来，先在堑壕上盖木板再堆沙袋，最后再加一层盖顶，使之成为能扛住法军 105 毫米榴弹炮轰击的盖顶堑壕系统。堑

▲ 在 C1 高地奋战的越军轻机枪手。

壕延伸时，如果碰上机场跑道的蜂窝钢板，他们就在炮声掩护下，用炸药开道，然后继续延伸堑壕。4 月 14 日凌晨，越军的堑壕已经深入机场跑道约 40 米。晨光初露，法军一个反击打退了先头连并击毙其连长，另 1 个连赶来支援稳住了阵脚，但要完全切断机场跑道则不得不等到次日夜。

4 月 13 日夜到 14 日凌晨，越军 88 团撞上的法军反击实际上是一支往 105 高地运送弹药和淡水的军工队。当时，105 高地上的外籍兵连和第 5 越南伞兵营 1 连已经被完全孤立，并被不断向后方延伸的 165 团堑壕团团包围。这里充满了威胁——白天，越军不断对高地打冷枪冷炮，使法军既无法加固阵地也没法休息。4 月 14 日，当比札尔召开战地会议时，1 发越军炮弹飞进了会场，当场爆炸，炸死了拉斯图伊中尉，炸伤梅里克准尉，比札尔少校和弗朗索瓦中尉仅以身免。此时守军食品愈加匮乏，每天每人只能吃一餐，仅一听大米的量，一听豌豆甚至要分成 10 人份。而且，从奠边府中心区往于格特防区送食品也变得愈加困难。14 日，一发越军炮弹摧毁了一个大型食品仓库。从每天下午 5 点起，越军的炮击开始变得猛烈而集中，使守军越发慌张，担心夜间进攻随时会来到。

随着越军对于格特防区的绞索越来越紧，

以及堑壕系统的水泄不通，往 105 高地送水也越来越难。一个大型的军工队，他们首先要在中心区集结，背负弹药箱、口粮和 20 个 5 加仑水箱，在 1~2 个连的护卫（有时甚至需要用坦克护送）下到 H1 高地附近，克服越军抵抗，然后穿过跑道，再往北穿过交通壕爬上 105 高地。如此繁复艰辛。

4 月 14 日，军工队在第 6 殖民地伞兵营和第 8 殖民地伞兵营各 1 个连的护卫下前往 105 高地，在穿过 H1 高地时遭到越军迫击炮火力猛轰，前方甚至出现了新雷场。接着，第 1 和第 2 外籍兵团伞兵营又各派一个连掩护。在 H1 高地和 H2 高地间一道宽约 270 米的缺口，他们被机场堑壕的越军火力压制了 4 个小时。最终他们爬上了 105 高地（15 日 02 点 40 分），把水和补给、弹药及时交给守军。

虽然安全爬上高地，但如何返回又成了问题。为此，朗格莱不得不决定实施佯攻。第 8 殖民地伞兵营 3 连（连长：巴耶中尉）从埃佩维耶高地出发，对穿越机场的越军堑壕佯攻，而菲利普上尉的第 13 外籍军团步兵团 3 营 10 连从 H2 高地西出，对利里 3 号高地北面的越军堑壕和碉堡展开攻击。当军工队返回中心区时，法军的佯攻还在继续。菲利普上尉的 10 连尽管得到 H1 高地的支援，但仍没法攻下目标，支援作战的 1 辆 M24 坦克（绰号"埃林根"）被一发火箭弹击中，2 名车组成员阵亡。但坦克很快被修复，在伞降坦克兵的补充下又恢复了战斗力。

连续击退法军的进攻后，越南人民军对于格特防区北部勒紧的绞索显得更加自信了。不过，越军堑壕系统之间也有不少缺口。当天，第 13 外籍军团步兵团 1 营的 1 支巡逻队西出到班班村，出于格特防区约 1600 米。

4 月 15 日，天气持续晴朗，使空投量在 250 吨左右，但相当大一部分物资没有落入法军防区——法国远东空军承认有 15% 落到越军战线，但守军宣称连一半都没有拿到。不过，这 125 吨物资还是让守军获得了 2 天的口粮、5 天的 105 毫米榴弹炮用量和可打 6 天的 120 毫米迫击炮弹。3 个外籍兵团重迫击炮连因人员伤亡惨重，战斗力成了很大的问题。东部第一阶段作战结束后，第 1 重迫击炮连撤到克洛迪娜防区西部边缘，和第 2 重迫击炮连幸存者会合，统归贝尔戈中尉指挥，他们还剩 15 门 120 毫米重迫击炮。

相对连连误击和误投的远东空军，法国海军航空兵的战斗轰炸机和俯冲轰炸机的机组成员则成了奠边府上空最受欢迎的空勤人员——他们的勇气和技术远胜于空军同行。但，15 日，这个印象被破坏了。1 架海军"地狱猫"式战斗机载着显示双方在奠边府最新态势的航拍照片和地图，准备在下午 5 点投落到德卡斯特里准将（4 月 14 日晋升）指挥部。当飞行员打开座舱罩准备投下资料时，不幸受到 37 毫米高射炮火攻击，在闪避动作中，他不慎把照片和地图投到了越军战线。

4 月 15 日夜到 16 日凌晨，第 1 外籍兵团伞兵营、第 2 外籍兵团伞兵营和第 6 殖民地伞兵营各抽调一部兵力在中心区集结，准备护送一支 60 人的军工队将物资送往 105 高地。结果，这次行动变成了一次死亡游行：军工队伤亡 42 人，仅 7 人背着 5 只水箱爬上了 105 高地。法军实际上已经丧失了用人力向 105 高地运送物资的能力。

4 月 16 日，在 H2 高地，维亚尔中尉和舒内中尉决定指挥第 2 外籍兵团步兵团 1 营 2 个连出击，向北挖掘一条堑壕，和被越军堑壕团团围住的 H1 高地恢复联系。当天，空军空投了 215 吨物资，至少 1 成的物资落入越军之手。

4月16日，法军决定动用伞兵出击，查明了部分越军高射炮位坐标。火控中心根据这些坐标，拟订了一个炮火反击掩护空投的计划。从4月17日起，空军管制员介朗少校通知空投任务开始前各个炮连奉命备战，准备在空投阶段对敌高射炮位进行炮火反击，不求完全摧毁敌炮，至少能压制敌高射炮2~3小时，确保空投安全。越军承认，这次法军的炮火反击给D1高地山脚下的37毫米高射炮造成了比较大的损失。这次战役是法军炮兵在奠边府战役中唯一一次短暂压制越军高射炮兵的战例。不过，法军炮兵在这次行动中也消耗大量炮弹，已无力再进行第二次类似行动。

4月16日夜到17日凌晨，朗格莱命令继续向105高地运送物资，结果双方爆发了更为激烈的战斗。从夜间一直打到日出，法军一共动用了第1外籍兵团伞兵营3个连和第13外籍兵团步兵团1营2个连，5个连全力奋战，才于17日凌晨06点15分勉强和105高地取得联系，掩护军工队将物资送了上去。朗格莱接到报告却丝毫高兴不起来，他算了一下，从4月13日到17日，护送部队就伤亡了百名官兵，军工队的伤亡也不相

▲ 在制高点上据守的越军机枪小组。

上下，再这么消耗下去，法军吃不消。可一旦丢失105高地，将使空投场缩小三分之一，而且可以使越军的炮兵前进观察员和高射炮群更靠近机场。考虑再三，德卡斯特里准将和朗格莱上校还是决定放弃105高地，把守军撤回中心区。晚6点20分，朗格莱通知比札尔，要他准备于次日夜在预备队反击策应下撤出守军，放弃105高地。

为了解救105高地，朗格莱上校从东部战线招回了比雅尔，要他亲自指挥这次救援作战。4月17日夜到18日凌晨，在比雅尔少校亲自指挥下，法军打响了救援105高地的战斗。法军先是以第1外籍兵团伞兵营2个连猛攻，没法突破越军堑壕。接着，比雅尔少校又组织了第二次进攻。从傍晚到凌晨，第1外籍兵团伞兵营2个连和第8殖民地伞兵营2个连在2辆坦克的支援下在H1高地周围的越军堑壕打了近8小时，好不容易在凌晨2点冲进88团的机场堑壕带，但冲进去的法军发现这里已经得到大力加固，且同时向南北两个方向延伸。正当法军艰难抉择之时，越军的迫击炮、无后坐力炮和机枪火力横扫过来，打得法军找不着北，更别说突破了。战至天明，比雅尔少校眼见突破无望，而且部队直接暴露在越军炮火下，只得下令伞兵撤回。4月18日07点30分，德卡斯特里准将和朗格莱上校被迫接受了救援105高地失败的事实，代价太大，更糟糕的是反击没有成功。

无奈之下，比雅尔少校只得命令第2外籍兵团步兵团1营营长克莱蒙梭中校通过电台用英语告诉比札尔少校（4月14日晋升），他只能靠自己了。比雅尔给他两种选择——投降，或者遗弃伤员以幸存人员强行突出，同时保证，无论出现任何结果他都不会受到

指责。倒是比札尔少校很自信，报告他将于08点00分在晨间大雾的掩护下突围。弗朗索瓦的外籍兵连和他自己的越南伞兵1连不得不遗弃伤员，销毁所有的重武器和电台，自行突围。身负重伤的第1外籍兵团重迫击炮连联络官甘策尔中士自愿留下用最后一挺机枪断后。出击前，全体官兵在前胸后背涂满泥土，挂足手榴弹，埋伏在南面战壕里静待08点00分到来。08点准，随着比札尔少校一声令下，他们跃出战壕，朝着越军堑壕冲了过去。

离105高地最近的堑壕内的越军正面朝南向，打算粉碎从南面来的另一次救援行动，没有料到105高地守军的突围。在大雾掩护下，比札尔的人马接近到180米都没被发现。当越军发现他们并掉转枪口时，法军立即朝越军投出密集的手榴弹。趁着爆炸的硝烟和闪光，所有法军都一跃而起，朝着南面的机场跑道冲了上去。这时回过神来的越军立即朝法军开火，为了掩护战友的突围，甘策尔操起机枪猛扫，为队友打开了突破口，但他很快就被越军火力击毙。与此同时，比雅尔少校也命令迫击炮群朝比札尔队伍的身后开火，掩护他们的撤退。机场跑道仅长180米，但不少人被越军追击火力扫倒，再也没有爬起来。

18日上午10点40分，比札尔在H2高地集合幸存者。根据他的记录，2个连共约300人，从4月6日到18日，共阵亡106人，49人负伤，79人失踪。

随着105高地的失守，越军又夺取了0.24平方千米的征地。同时，德亚上尉的3门155毫米榴弹炮又有1门被炮火击毁。这天天气晴朗，法国空军投下了烈酒、香烟和巧克力。

105高地的丢失使H1高地完全暴露在越军面前。4月18日，H1高地守军——第2外籍兵团步兵团1营4连（连长：布尔热上尉）准备撤下来。黄昏，驻克洛迪娜2号高地的第13外籍军团步兵团1营4连（连长：查瓦利耶上尉）撤离，准备和布尔热连队换防。此时，在机场上大部分交通壕顶上都盖着从机场跑道上拆下的孔状钢板，借着夜色的掩护，他们进入机场区的H2高地，但从H2高地到H1高地的交通联络壕并没有完工。午夜，查瓦利耶所部遭到越军炮火压制，只得隐蔽在交通联络壕完工地段，眼看着越军截断H1高地的堑壕从前方交错而过。此地距H1高地还有大约180米，为了越过这段不小的距离，他们只得等到天明，在炮火和航空火力开道的情况下才勉强冲上H1高地。4月19日6点45分，在炮火和航空火力掩护下，两个连完成换防，但付出了不小的代价。在14个小时里，查瓦利耶的连队为了走过1370米，2人阵亡，6人失踪，6人负伤。最糟糕的是，登上H1高地的查瓦利耶发现H1高地在越军炮火轰击下已是残破不堪，大部分地雷和铁丝网都不翼而飞，淡水也所剩无几。越军堑壕仅距防线不到6步！

4月19日接下来的时间里，第13外籍兵团步兵团1营接过了第2外籍兵团步兵团1营在H2和H3高地的防务，但克莱蒙梭中校和他的营部还是留了下来。在东部战线，第

▲ 在某高地战斗的越军轻机枪小组。

2外籍兵团伞兵营7连接过了克利迪克中尉的第1伞降轻步兵团2营2连在E1高地的防务。比札尔带着第5越南伞兵营1连残部从2连手中接过了奥佩拉的防务，3连在新任连长吉诺米耶上尉的带领下，充当全营预备队。由外籍兵和摩洛哥兵组成的巡逻队从克洛迪娜防区南出，试图和航岗取得联系。半路上，他们遇到304大团顽强阻击，被迫撤回。

4月19日，一股冷锋面直扑红河三角洲，使天气骤然恶化，直到25日都没有好天气，对奠边府的支援和空投实难实现。结果在4月19日，空军只往奠边府空投约百吨物资。当晚，C-47甚至把2批志愿兵伞降到越军战线，直接当了俘房。4月20日清晨10点，德卡斯特里电告河内，称过去2天还见C-119空投60架次，可当日只有23架次，有3架次还将物资投落到越军战线。食品储备已下降到一日份。实际上，从4月6日到26日，尼科上校的越北法军运输机群共向奠边府空投了3500吨物资，在大多数日子里每天保持向奠边府派飞50架次运输机。随着法军控制区的缩小，确实有三分之一的物资落入越军战线，但三分之二的物资也能维持守军的战斗力。从这点来说，空军已经尽力。

4月20日，奠边府还算平静，仅有小规模战斗。拂晓前，比札尔的越南第5伞兵营1连余部在附近12.7毫米机枪支援下，打退了越军对奥佩拉的一次进攻。09点00分，德卡斯特里请求空军打掉越军在E高地的山炮，它对德卡斯特里指挥部和克洛迪娜的炮阵地构成很大的威胁。但不管法国远东空军的"地狱俯冲者"和"地狱猫"怎么攻击，就是没法撼动越军炮兵分毫。下午，越军的炮击致使部分弹药库起火，但被一个空军小组扑灭。下午晚些时候，7名泰族兵向越军投降。黄昏，

随着越军炮击的开始，越来越多的伤员开始被抬进战地医院。

从4月1日到15日，奠边府战地医院接收了751名作战伤员，310人非战斗负伤（有些是因为生病），76人病死。平均每天接受50名伤员和20名病人。如此多的伤病员和少得可怜的护士、战地医生形成鲜明对比。到4月中旬，平均每名医生（或护士）要照顾约120名伤病员。

4月20日夜到21日凌晨，第1伞降轻步兵团2营的伞兵从艾兰防区出击，突袭了E高地，击毙19名越军，摧毁越军机枪火力点并押着3名俘房和部分自动武器返回。次日夜，第6殖民地伞兵营也对D1高地突袭，同样获得不菲战果。尽管17日法军进行的炮火反击暂时压住了越军高射炮兵，但22日越军高射炮兵又恢复猛烈的射击，大约2成的物资落入越军之手。1名志愿兵在跃出机舱准备跳伞时被风吹到机尾，结果降落伞被挂在机尾上，飞行员左右机动试图将其甩下，但不幸在甩动中伞被扯碎，志愿兵活活被摔死。

在H1高地，308师继续用堑壕系统和机枪火力点将外籍兵团团围住。从H2高地到H1高地之间的交通联络壕已经完工，但越军又在距H1高地约90米之处切断了这条联络壕。夜间补给小组几次试图把水和粮弹送上H1高地，但于4月21日夜到22日凌晨以失败告终。

4月22日夜，第6殖民地伞兵营2个连试图打通和H1高地的联络，但被越军打退。23日凌晨02点30分，查瓦利耶上尉报告越军从四面八方冲上H1高地，越军手持冲锋枪和手榴弹不顾一切地冲了上来，将守军逐个打倒在地。查瓦利耶最后一次呼叫是请求援军增援H1高地。凌晨2点30分，在H3高

地的库唐少校已无法再和他取得联系。拂晓前，查瓦利耶上尉手下的一二名外籍兵设法从H1高地逃出，爬回了H2高地。据他们报告，连长带领连部成员在指挥部顶盖进行了最后的战斗。不一会儿，H1高地的通信联络断了，越军第36团拿下了H1高地。随着H1高地的得手，越军对堑壕延伸围困战法更加自信了。

H1高地的丢失，使整个机场不仅完全处于越军炮兵的打击范围内，而且还在越军步兵的步机枪、迫击炮和无后坐力炮的打击范围内，空投场急剧缩小了三分之二！E1高地反击成功带来的士气已荡然无存，从德卡斯特里到普通士兵都开始为生存担忧了。更糟糕的是，在越军炮兵持续不断的炮击下，法军在战前拥有的73辆卡车最后3辆也被击毁，只剩一部小吉普车。现在向各阵地分发补给品，只能靠这辆硕果仅存的小吉普车了。

4月23日清晨，德卡斯特里准将、参谋长巴泽中校、朗格莱中校和比雅尔少校等人一起商讨H1高地失守造成的后果。德卡斯特里认为应该不惜代价夺回H1高地，至少要控制半数机场跑道，这样才能保障空军空投物资，否则控制区日渐缩小，奠边府即使扛得住越军进攻，守军也非得饿死不可。朗格莱

▲ 为了夺回H1高地，法军豁出老本，对越军阵地进行猛烈的空炮火力打击。图为法军的105毫米榴弹炮群阵地。

和比雅尔都反对这种疯狂的行为，他们判断一旦展开反击，己方必将蒙受巨大损失，与其白白损兵折将，不如保留预备队加强艾兰防区，挡住越军第三阶段进攻，这样才能把奠边府守下去。而且，退一步说，即使H1高地夺回，也没有兵力去长期守卫。但德卡斯特里坚持己见，严令下午拟出反击计划。8点，他向总预备队——第2外籍兵团伞兵营（营长：莱森菲尔德少校）下达了进攻令。

经历了13天的战斗和炮轰，以及非作战伤亡，第2外籍兵团伞兵营已经从677人下降到380人。由于比雅尔少校对这次反击不太热心，德卡斯特里准将就把任务交给了第2外籍兵团伞兵营营长莱森菲尔德少校。

在比雅尔少校的协助下，莱森菲尔德很快拟出了反击计划：从南北两面对H1高地展开钳形突击——7连和8连将从埃佩维耶出发，沿着机场跑道排水道穿过奥佩拉前往出发点，然后自东向西穿过跑道，展开攻击。与此同时，在跑道西面，5连从H2高地北出，消灭H1高地南面C-46残骸周围堑壕内的越军，接着在H2高地的营部连机枪火力支援下，往西冲上H1高地，协同7、8连夹击守敌，然后巩固阵地。6连放在H3高地做预备队，莱森菲尔德少校和营部也在H3高地指挥。

攻击发起前，空军将对H1高地进行10分钟的轰炸，然后炮火准备10分钟。空军前进管制官介朗少校呼叫12架战斗轰炸机和4架B-26实施轰炸，另4架B-26滞空待命，空袭发起时间预定为下午1点45分，而法军炮兵将于1点55分到2点05分对H1高地急速射1200弹，伴随着炮火准备，第2外籍兵团伞兵营于下午2点发起攻击，当他们踏上H1高地时，H2高地和H5高地的迫击炮以及榴弹炮群对H1高地的炮击正巧结束。3辆

M24 坦克负责支援 5 连。

但这次进攻从一开始就出现了失误——第 2 外籍兵团伞兵营没能按时进入阵地！在艾兰防区，第 2 外籍军团伞兵营各连需要把阵地移交给第 1 伞降轻步兵团 2 营、第 6 殖民地伞兵营和第 2 外籍军团步兵团 1 营，交防部队涉及至少 10 个连，而且无线电频率使用多达 40 种，交接异常麻烦。除了这些因素外，大部分连队在中午移动时也因越军的榴弹炮采用短延迟引信和空炸引信对中心区的轰击而导致行进速度缓慢。5 连的接防部队很晚才到 A1 高地，6 连的接防部队甚至下午 1 点才到。由于敌炮射击，各部队不得不使用贯穿中心区的加盖交通壕，导致交防作业混乱而缓慢。

1 点 30 分，5 连首先到位；而 7、8 两连却在机场排水沟前被越军袭扰炮火挡住了去路，不得不分散间隔冲过封锁区，耗费了不少时间；最糟糕的是 6 连，直到下午 4 点都没有进入指定位置。得知情况的莱森菲尔德少校十分着急，赶紧接通比雅尔的指挥部，请求延迟空袭。谁知道比雅尔正倒头大睡（他已经 36 小时没有睡觉了，在协助莱森菲尔德少校拟订作战计划后就返回掩体，一头倒在行军床上进入梦乡），他的副官卡约上尉接过报话机，遗憾地告知他参战机群已经飞来，轰炸肯定不能延迟进行，但炮火准备时间可以延迟。

1 点 50 分，莱森菲尔德少校忙着催促各连进入攻击出发点时，空袭开始了。先是 4 架 B-26 轰炸 H1 高地，接着 6 架海军航空兵的 F6F "地狱猫" 战斗机也进行俯冲轰炸和机枪扫射。法军的空袭给越军留下了深刻的印象。武元甲大将在回忆录中写道：

中午，芒清盆地的太阳驱散了大雾。一切都很平静。正在芒清机场的堑壕里警戒的越军第 88 团的指战员们刚刚吃过热米饭和糖块。除了执勤警戒的战士外，他们都在堑壕里休息。突然间，他们听到了战役指挥部的紧急命令："准备战斗！散开队形！你们要被轰炸了！" 连长梅越生立即命令战士们做好准备。仅仅 10 分钟后，他们就听到了（飞机）引擎的轰鸣声。敌人的 B-26 轰炸机排成箭头队形扑了过来。我们的高射炮群开火了。当机群周围被硝烟笼罩，他们迅速散开队形，开始投弹。爆炸声震耳欲聋。机场跑道的钢板也被炸毁，伴随着尘土飞上天空。大地在颤抖。

不久，大地恢复了平静。虽然敌人投下了几百枚炸弹，可仅有几枚炸中我们在机场的阵地，跑道也只留下了十多个弹坑。战役指挥部打电话给各个单位："步兵和炮兵同志们！敌人就要反击了！要冷静！要勇敢！各单位要密切配合，粉碎敌人的进攻！"

天空中再度充斥着飞机的轰鸣声。这一次，法军的 "地狱猫" 突入，对 H1 高地进行俯冲轰炸。这是我军高射炮兵绝好的机会。一架 "地狱猫" 式战斗机中弹坠落在盆地里，触地爆炸化为一团滚滚黑烟。这次轰炸是奠边府战役开始以来最猛烈的轰炸。轰炸结束后，法军炮兵开始轰击 H1 高地。在 H3 和 H4 高地，以及芒清中心区的法军迫击炮群，还有 3 辆坦克也对 H1 高地实施火力打击。

武元甲说得没错，法军的空炮时间表衔接得天衣无缝。可是，这种配合却让第 2 外籍兵团伞兵营营长莱森菲尔德少校大吐苦水——他光顾着催促各连赶路，忘记指示炮兵延迟射击，结果法军又按照原定时间表开始了炮火准备。叫苦不迭的莱森菲尔德少校赶紧扯着嗓子对着电台喊话，要求炮兵火控中心指示各炮连停止射击，但中心将命令传达给各炮连时，炮击已经持续了一段时间，法军炮兵一口气就打出了预定射击的半数炮弹，黑色的硝烟笼罩了 H1 高地。如此有利的态势，第 2 外籍兵团伞兵营却依然无法利用——7、8 两连还在赶路，5 连也不敢贸然出击，空中火力准备和炮火准备的效果完全被浪费了！

2 点 05 分，第二波空袭机群——海军航空兵的 6 架"地狱猫"飞抵奠边府，依次对 H1 高地俯冲投弹，克洛泽中尉的座机被越军 12.7 毫米高射机枪击落。至此，空中火力准备完全结束。令人吃惊的是，第 2 外籍兵团伞兵营直到这个时候还没集结完毕。

在 H3 高地，莱森菲尔德少校把攻击发起时间推迟到 2 点 30 分。2 点 20 分，7 连和 8 连终于抵达预定出发点，但预备队 6 连却联络不上。下午 2 点 25 分，除了 6 连外，5、7、8 连均报告准备完毕，莱森菲尔德少校遂下令炮兵实施 5 分钟炮火准备。2 点 30 分，第 2 外籍军团伞兵营终于开始了对 H1 高地的反击。然而，空袭和炮击浪费的半小时却让越军赢得了时间：308 师向 H1 高地和其南北两个高地投入新锐部队，山头的越军机枪手和迫击炮手做好战斗准备，随时准备向法军开火。

勒·库·格朗迈松中尉的 7 连首先从排水沟跃出，朝着 180 米开外的 H1 高地攻击。8 连在新任连长盖兰中尉（原连长彼得中尉在向攻击出发点开进时被炮火炸伤）带领下，于 7 连身后跟进。在机场跑道，除了几个弹坑，伞兵们完全没有隐蔽所，而早有准备的越军机枪和迫击炮手从正面的 H1 高地和两翼高地的堑壕勇敢探出头来，朝法军射出密集的弹雨。一挺在左翼隐蔽于 C-46 残骸机翼旁的

▲ H1 高地反击战耗尽了法军最后的预备队——第 2 外籍兵团伞兵营的战斗力，从此以后，法军在奠边府再也没有还击之力了。

越军轻机枪给法军造成了重大伤亡。法军迫击炮手盯住了它，几炮就打掉了这个火力点。但吸取教训的越军机枪手打得更欢，火力压得更低，许多法军腿部中弹，痛苦地倒在钢板上动弹不得；更多人在跪射还击或是卧射还击中被机枪火力命中。在越军机枪手准确而猛烈的火力打击下，法军伤亡数字在急剧飙升。

在南面，德·比雷中尉的 5 连从 H2 高地出发，试图穿过机场西面，协同友军夹击守敌，不料竟跳进了越军的堑壕系统。这里到处都是交通壕、堑壕和弹坑，5 连只得按照一战堑壕战的经验，在榴弹炮和迫击炮火力掩护下，一个堑壕接一个堑壕地攻占，摸索西进。下午 3 点，5 连打到 C-46 残骸南面的堑壕群，遭到越军极为顽强的抵抗。机枪手克蒙斯中士架起机枪猛烈扫射，但越军隐蔽很好，他的扫射效果不大。不久，连长德·比雷中尉双腿负伤，血流如注，只得电告莱森菲尔德少校，请求派人接替指挥。营部的莱昂斯·皮卡罗上尉立即赶往北面准备接替指挥，但在路上被一发子弹爆头，比雷中尉只得带伤继续指挥。

虽然莱森菲尔德和 5 连保持着通畅联络，但和 7、8 两连联络不上，他还没有意识到两

个连已经被越军火力压制，而且蒙受了惨重的损失。与莱森菲尔德不同，德卡斯特里的大型指挥电台有效地收到了7连和8连的信号。通过监听战场通话，他明白7、8两连攻击受挫，必须当机立断挽救他们！

德卡斯特里准将亲自打电话叫醒了比雅尔，对他说："我感觉，攻击已经受挫，情况很不好。你立即去前线看看那里发生了什么，接手指挥。"

睡了几个小时的比雅尔精力有所恢复，跳上1辆吉普车，迎着枪声冲上了H3高地。3点30分，比雅尔和在指挥部呆坐的莱森菲尔德少校终于和7、8两连取得联系，这才震惊地意识到进攻失败，2个连完全被越军致命火力压制在机场跑道动弹不得。不过，7连长格朗迈松还是报告，2个连的人马经过艰苦奋战已经打到距H1高地不到50米的地方，但现在不得不全体趴下，寻找一切隐蔽，伤亡数字在115~123人之间。比雅尔少校询问，如果给他们新的炮火支援，能否冲上H1高地，他得到的答复是否定的，两位连长都承认进攻已经失败，撤退是唯一选择。莱森菲尔德马上赞同，但比雅尔还是犹豫了约1个小时，直到下午4点30分才下达撤退命令。此时，大家都相信如果预备队6连（已经赶到H3高地）在坦克支援下出动支援，说不定攻势就成功了。但无论是莱森菲尔德还是比雅尔少校，都不想再付出更多代价了。为了掩护撤退，比雅尔呼叫了待命的4架B-26和炮兵对H1高地实施掩护射击。

下午5点，法军7、8、5连依次撤退。结果，撤退时法军受到了越军各种武器的火力追击。8连长盖兰中尉在撤退中负伤，当外籍兵试图爬回来救他时，被他拒绝，为了不拖累部下，他举枪把子弹打进头颅。8连仅有40人撤了

下来。这次失败的反击让第2外籍军团伞兵营付出了惨重的代价——1名上尉、3名中尉、3名高级军士以及61名士兵阵亡，72人负伤，约占其战前兵力的40%。这次反击也是法军在奠边府战役中最后一次有力反击。

对于这次畅快淋漓的胜利，武元甲大将在回忆录中的记载无法掩饰其内心的喜悦：

法军第2外籍兵团伞兵营兵分两路，一路朝88团213连，一路朝141团扑了过来。自从36团拿下H1高地后，越军战役指挥部就预计到法军会组织反扑，而要粉碎法军的进攻就必须掌握强大的火力。为此，战役指挥部组织了5个炮兵连和第308、312大团所有的迫击炮，编成一个炮兵群，由第308大团长王承武、副大团长谭光中和第351工炮大团的阮属在第308大团指挥所统一指挥。该炮兵群所属的各个炮兵连已经对各个交叉路口、楠云河桥、公路，以及法军可能的集结区进行了地测和试射，无论在坐标上还是射击诸元的计算上都做好了准备；此外，他们还和步兵一起拟定了周密的协同作战计划。

213连的战士们把法军放到近处，才突然开火射击。在密集的火力打击下，大群法军士兵倒毙在越军堑壕前。遭到打击的法军马上撤进周围弹坑隐蔽，然后呼叫炮兵轰击213连阵地。

正当第213连为自己的第一次胜利感到高兴时，突然又一群法军士兵出现在他们的左翼。这群伞兵聪明地利用机场排水沟穿插进来，一下子冲到了213连的左翼。不一会儿，213连的阵地就陷入了混战。越军213连的指战员们和法军士兵用冲锋枪、步枪、刺刀进行肉搏。

这么打下去于己不利，23营营长国治只得把213连给撤了下来，然后命令他们收紧

战斗队形，准备对法军进行反冲锋。他呼叫炮兵对丢失的堑壕段进行密集的炮轰。可是，他的请求被炮兵群打了回票，理由是越法双方纠缠在一块了，没法区分敌我。但国治坚持要求炮击，并保证炮火绝对不会打中自己人。这时，第308大团参谋长武安注意到法军伞兵正依托跑道的弹坑进行冲击或退却。为了有效压住法军，他命令炮兵群轰击这些弹坑。

在我们的炮击下，芒清盆地不住颤抖。敌人的伞兵在刚刚占领的堑壕里损失惨重。这个时候，他们收到了比雅尔的撤退令，比雅尔已经意识到自己不能无谓地牺牲掉自己的一个伞兵营。当我们还怀疑自己的炮击（效果）时，残存的伞兵已经开始撤回芒清区。我们的23营营长命令部队重新夺回1号堑壕。我们的炮兵也对退却之敌进行追踪射击。和先前一样，敌人的士兵跳进弹坑里躲避。正等着这一刻的我方迫击炮手开火射击。

（事后）比雅尔和朗格莱都表示，第2外籍兵团伞兵营在撤退期间的损失超过了进攻。

4月24日，第1外籍兵团伞兵营和第2外籍兵团伞兵营合并成外籍军团混成伞兵营，由一营营长吉罗少校指挥，编成四个连分别把守H2、H3、H5和L3高地。随着H1高地的彻底失守，法军在奠边府的控制区缩小到2.1平方千米。不断得手的越军士气大振，干脆把部分105毫米榴弹炮推进到板桥高地、秃山和F高地反斜面，加大了对奠边府中心区的炮火袭扰，守军的日子越来越难过了。

C1高地反击胜利赢来的有利局面和高涨的士气不到2周就烟消云散。空投区缩小和兵力的捉襟见肘，迫使德卡斯特里重新调整部署，把几乎所有能战之兵都顶上了前线，完全没有预备队——埃佩维耶由图雷少校的

第8殖民地伞兵营400人、比札尔的第5越南伞兵营1连和泰族第2步兵营2个排，加上雷东的2挺大口径12.7毫米高射机枪组共530人把守；C1和C2高地（高艾兰防区）以及E3高地由大约550名伞兵把守（大约400人是布雷切斯少校的第1伞降轻步兵团2营，加上第5越南伞兵营2连）；A1高地由第13外籍军团步兵团1营和3营共300名步兵驻守；D2、C10高地主要由第6殖民地伞兵营、第3阿尔及利亚步兵团3营12连和第2泰族步兵营约350人把守；中心区和克洛迪娜南面主要由克莱蒙梭少校的第2外籍兵团步兵团1营约400人把守；利里防区主要由第4摩洛哥步兵团1营约250人以及外籍军团混成伞兵营1个连把守；于格特防区主要由外籍兵团混成伞兵营坚守。

4月17日到4月30日，奠边府法军伤亡（战死和重伤）及失踪1430人，同一时期，他们接收了683名跳伞进入的志愿兵补充。

随着空投场的急剧缩小，物资的错投率开始越来越高。

从4月22日起，应德卡斯特里的请求，法国空军C-47从2590米向守军空投40秒延迟引信炮弹，但受到恶劣天气、越军高射炮火力和逐渐缩小的空投场影响，空投日益困难，守军接到的物资也越来越少。4月23日，

▲ 武元甲大将亲临一线指挥。

空军投下 117 吨，宣称至少 15% 落入越军之手。当夜，72 名志愿兵跳伞进入奠边府。

4 月 24 日，第 25 轰炸机大队 1 中队的 6 架 B-26 飞临奠边府，低空进行压制高射炮任务，结果 2 架中弹——维尔特洛特少校的 B-26 的襟翼被炸飞，但仍安全返航；海军中尉吕瓦齐永的 447 号 B-26 的液压系统受损，被迫载弹返航，在海防吉碑机场迫降，机头车轮在擦撞中起火；同一天，C-119（由美军飞行员华莱士·博福德和保罗·霍尔德驾驶），机舱右侧被 1 发 37 毫米高射炮弹命中，炸飞部分机舱顶部，霍尔德手臂负伤，接着又是一发 37 毫米高射炮弹飞来，从机尾底板贯穿，但没有爆炸。尽管飞机受损，但他们还是坚持完成了任务。

按常规，C-119 从高射炮火外围以高空进入，然后俯冲至 120 米进行低空空投，在俯冲至低空空投这 3 分钟时间里，被高射炮火命中的概率达到 5 成。因此，美国空军战术条例规定，在 C-119 执行战斗空投任务时必须出动战斗机和轰炸机对敌防空火力点进行有效压制。然而，法国远东空军兵力不足，任务摊子大，难以有效压制越军高射炮兵。对此，参战的美军飞行员感到相当不满，认为法国远东空军战斗机和轰炸机没有完成相应的掩护任务致使美军飞行员在任务中面临着极大的风险。

当天晚上，气愤的美军飞行员在返回海防的白梅机场后宣布 4 月任务结束，剩下 6 天全部停飞，这对法军的空投造成了巨大影响。据统计，4 月，美军飞行员出动飞机 428 架次，空投约 2500 吨，占法国远东空军当月总空投量 3500 吨的三分之二。为了说服美军飞行员改变心意，法军做了大量的说服工作，同时西贡还于 26 日抽调 10 名 C-47 的法军飞行员进行 C-119 的转换作业，但美军飞行员态度坚决，不到 5 月绝不出航！由于美军的暂时退出，使法军接下来 3 天平均日空投量都不超过 60 吨，使守军处境更为艰难。

4 月 25 日，印度支那的雨季到来。阴云开始笼罩红河三角洲和越西北，下午开始，大雨持续不断。25 日，从下午 3 点到晚 11 点，奠边府一直都是阴云密布，因此这天既没有压制高射炮的作战飞行任务，也没有空投任务。

对法国远东空军作战部队而言，4 月 26 日是黑暗的一天。10 点 30 分，20 岁的罗贝尔少尉驾驶的海军航空兵 F6F "地狱猫" 式战斗机进行扫射任务时在板桥高地上空被越军 37 毫米高射炮击落，罗贝尔跳伞被俘。不多时，第 25 轰炸机大队 1 中队的科贝尔中尉驾驶的 B-26 也被 37 毫米高射炮击落，全体机组成员只有机师特谢尔中士跳伞，但也被越军俘虏。下午，第 25 轰炸机大队 1 中队的伊特内中尉驾驶的 B-26 也被击落，只有里加尔上尉幸存。这 2 架轰炸机都是在 2740 米的高空被越军 37 毫米高射炮给打下来的。

在越军高射炮攻击、雨季和美军运输机飞行员退出的三重打击下，远东空军运输机部队的士气日渐低落，空投规模也大为缩小。4 月 26 日夜到 27 日凌晨，仅有 36 名志愿兵

◀ 法军兵力损失日益增大，空投是唯一的兵力补充方式。

跳伞进入奠边府。

雨季的到来不仅影响空投，也给奠边府守军造成很大的困难。据德卡斯特里准将的报告，奠边府每条战壕都积着约 90 厘米深的雨水。无线电显示敌调动频繁，越军每夜都在艾兰防区到克洛迪娜防区之间的整个防线挖掘堑壕，要么切断法军据点，要么继续朝中心区深入。越军进行的小规模渗透、狙击和迫击炮冷射遭到法军炮兵回击，但这除了浪费宝贵的 105 毫米炮弹外，毫无效果。4 月 25 日，越军对高艾兰防区的突袭，使法军损失了 750 发 105 毫米榴弹和 50 发 155 毫米榴弹，同时大雨也使法军损失 105 和 155 毫米榴弹炮各一门。与此同时，外籍兵继续进行积极的巡逻——4 月 26 日夜到 27 日凌晨，他们听到了许多卡车的引擎声，这是越军在大雨掩护下向前运送军需品和把炮兵前推。在航岗，新的 75 毫米无后坐力炮连使拉朗德上校他们的恐惧更甚。

虽然越南人民军对航岗的战略是困守而非进攻，但 4 月偶尔也会爆发激烈战斗。在航岗 5 号高地，法军就出动 1 个连在 2 辆坦克配合下打掉了越军堑壕和部署的重武器。4 月 15 日，5 号高地遭到越军进攻，守卫高地的泰族兵战死约 10%，失踪 40%。4 月 19 日，越军拿下 5 号高地，但泰族兵和外籍兵在坦克支援下于 12 小时内夺回，随即又于 20 日突袭 57 团的 265 营，重创越军。这次战斗后，航岗守军只剩下第 1 阿尔及利亚步兵团 2 营 490 人、第 7 阿尔及利亚步兵团 5 营 100 人、第 3 外籍军团步兵团 3 营 400 人、泰族辅助兵约 300 人，8 门 105 毫米榴弹炮和 2 辆坦克。在 4 月的战斗中，航岗的法军战死约 136 人。

4 月 26 日，拉朗德上校下令第 1 阿尔及利亚步兵团 2 营出动 4 个排偷袭 5 号高地东北的一条堑壕，结果遭到越军伏击，6 死 22 伤，阿尔及利亚兵狼狈逃回。4 月 27 日，在中心区炮兵零星支援下，第 3 外籍兵团步兵团 3 营和泰族兵向 5 号高地渗透进来的越军堑壕展开反击，但仍以失败告终。29 日夜到 30 日凌晨，越军对航岗进行猛烈炮击，他们使用美造近炸引信，将守军许多据点炸塌，1 辆 M24 坦克（绰号"拉蒂斯博内"）就被 2 发 105 毫米榴弹命中受损，但修复后仍保留战斗力。

4 月 27 日，法国远东空军开始向奠边府空投防弹背心，但第一批落到越军战线。下午，他们再投了一批，200 件投到中心区，100 件落到航岗。这些防弹背心优先给炮兵，但部分也给高艾兰防区的伞兵和外籍兵，克利迪克上尉的 2 连就每 2 人一件。实际上，德卡斯特里准将 4 月 14 日就请求提供这种背心，美国政府于 5 天后答应法国请求，直到 27 日才由空军空投给守军。和防弹背心一起投下的还有最新的航拍照片。

这些照片显示，越军的堑壕系统已经从于格特防区低处，经由楠云河平坦的岸边朝 A3 高地延伸。工兵不断在新建起的堑壕顶上加两层原木，原木中间夹一层厚厚的沙包，保护步兵不断往前掘进。在 A1 高地，越军工兵在中国工兵指导下，继续向 A1 高地主峰大碉堡挖掘一条地道准备实施大爆破。当夜是满月，但浓云笼罩奠边府，只有第 64 运输机大队 2 中队的埃哈尔上尉设法向航岗空投了 24 名外籍志愿兵。在艾兰防区，第 1 伞降轻步兵团 2 营和第 5 越南伞兵营突袭了越军堑壕，摧毁越军火力点，击毙 12 人，并带回了 3 名战俘。雨季对越军的影响也不小，4 月 27 日当天，第 151 工兵团 4 个营全部从奠边府

▲ 雨季的到来也给越军的供应造成了不小的压力，特别是粮食有些供应不上了。图为奠边府战役中正在做饭的越军炊事班人员。

前线抽调回来用于修复41号公路。

4月28日，大雨继续在下。浓云继续笼罩奠边府。当天既没有空投，也没有作战飞行任务。不过，守军的士气倒因分发防弹背心而有所恢复。当夜，C–47空投47吨，并飞了6架次空投志愿兵任务，但无人跳伞。晚10点，外籍军团混成伞兵营穿过泥泞的道路突袭敌堑壕，击毙20人，己方仅4人负伤后便顺利返回。同时，法军炮兵也对迫近堑壕进行炮击，随后高艾兰防区守军发现了40具尸体。

29日，德卡斯特里准将宣布，从当日起，守军口粮减半。当天，越军的冷炮活动达到了高潮：一门在D3高地部署的无后坐力炮在105毫米榴弹炮群的掩护下，准确炸毁1个法军弹药库，引发惊天动地的大爆炸。傍晚，1辆M24坦克（绰号"杜奥蒙"）与D5高地的无后坐力炮对射时，又被加入炮战的越军105毫米榴弹炮群轰击，1发105毫米榴弹贯穿M24坦克侧面装甲，全体车组成员阵亡。随后这辆M24被拖回H3高地，放在那里做固定火力点。

4月30日是法国外籍军团纪念日，在奠边府战场上共有约2400名外籍将士。为了尊重这些异国将士，德卡斯特里准将特别下令他们享受战场休息日。这天，法国空军出动100架运输机投下212吨物资，空军认为65%的物资投入防区，但守军指出连半数都没拿到。

第十一章

空中力量在奠边府的应用

作为空－地基地，奠边府自 3 月 28 日关闭机场以后就失去了着陆机能。因此，远东空军在奠边府战役中的主要作用转为空中支援和空投。关于运输机空投前面章节已有不少描述，本章主要分析法国远东空军对奠边府的战术支援何以不见成效的原因。

空军未能有效支援奠边府战役原因有三，首先是空军飞机数量有限，一要顾红河三角洲作战，二要炸越南人民军的补给线，三要支援奠边府作战，法国远东空军有限的兵力根本就不能同时完成这三项任务，结果是这三项任务统统都没有完成。

在整个 4 月，法国远东空军的战斗轰炸机共飞了 641 架次，合计 1041 飞行小时。其中，只有 198 架次是飞往奠边府的，184 架次攻击 41 号公路补给线，至少 259 架次支援红河三角洲作战。飞往奠边府的主要是驻红河三角洲的第 22 战斗机大队 1 中队和上寮孟奔的第

22 战斗机大队 1 中队，他们共有 40 架 "熊猫" 式战斗机，每个中队拥有 16 架现役机加 4 架备用机，最大作战兵力为 32 架。没有文件显示这 2 个中队的飞行员数量，但法国远东空军总部的统计显示，"熊猫" 式战斗机中队平均缺乏 23% 的飞行员。假设每个中队共 25 名飞行员，每名飞行员飞 26 次任务计 41 小时，那也是每 6 天才飞一次奠边府任务。如此少的支援任务当然不可能让守军获得充分支援。

相对而言，海军航空兵第 11 战斗机中队的 "地狱猫" 式战斗机飞行员在 4 月期间人均飞行 58 小时，出勤率高于空军战斗机同行。海军战斗机的出击距离更远，他们从红河三角洲沿海的海防起飞。相对的，空军战斗机基本都从川圹起飞，这比海防的白梅机场还要近 177 千米，也就是说海军战斗机每次都要比空军多飞 35 分钟。即便如此，海军战斗机飞行员和空军战斗机飞行员在 4 月人均出

架次一样，都是 24 架次。根据法国远征军统计，4 月法国空军战斗机和法国海军航空兵战斗机一共往奠边府出了 569 架次。和空军"熊猫"战斗机的 198 架次相比，海军的"地狱猫"出的架次是空军的 3 倍，这也使他们更受地面部队的欢迎。

在奠边府上空，战斗机对地支援有两种方式：直接支援——攻击友军战线当面之敌、按规定时间进行地空协同火力准备，或是支援友军打退敌进攻；间接支援——根据经验和情报，对战场上任何地带发现之敌实施轰炸和地空扫射，予敌以最大程度的重创。在奠边府，直接支援的形式很少见，也鲜有成功的例子。造成直接支援困难的原因是越军进攻多是在夜间，即使进攻失败，其撤退也是选择大雾掩护的晨间。空军对具体的法军攻防战的支援主要是 4 月 10 日对 C1 高地的反击，除此之外大部分任务都是打击越军可疑阵地而已。德卡斯特里上校的意思是希望它们在黄昏前（敌进攻前）尽可能飞临奠边府集中，在己方炮兵对敌实施反炮火准备时，寻歼敌炮兵和高射炮兵（但限制战斗轰炸机攻击已识别的森林地带）。同时，战斗轰炸机群也担负战场封锁任务，粉碎越军第二梯队对具体战场的增援，同时对 D1、秃山和 F

高地轰炸和扫射，歼灭或压制越军炮兵。

不过，奠边府战场上没有过哪怕一例呼叫空军对敌据点或迫近友军之敌进行精确空中攻击的战例。类似于需要地面部队指挥官和机群长机飞行员进行密切联络和指示的精确的空中打击，在奠边府根本就不可能实现，因为奠边府上空所有的飞行任务均由 PICA 统一指挥，地面部队插不上手（即使是比雅尔也只能通过介朗少校向空军传达指示）。由于这一信息传递的延迟，战斗轰炸机根本不可能按照地面部队的指示精确攻击目标，当友军标定目标坐标后把数据传给介朗，再由介朗通报给战斗轰炸机时，目标早已移动。越军利用了法军地空之间缺乏配合这个缺点，在作战中尽量靠近法军，甚至和守军搅在一块，大大削弱了法国空军的支援效能。

间接支援主要由海军的 F6F"地狱猫"式战斗机和空军的"熊猫"式战斗机执行，给越军造成的损伤极为有限。由于同时飞抵奠边府的战斗机架次比较少，而且攻击时还得迎着越军 37 毫米高射炮的猛烈火力俯冲攻击，故而他们的攻击需要快速果断。由于这类攻击只有在对开阔地之敌才能见效，越南人民军有效的反制措施就是白天隐蔽在坑道或是战壕里，尽量不暴露自己，减少因敌空

▲ 第 367 高射炮团击落的第 36 架飞机。

◀ 击落被俘的法军飞行员。

军打击造成的损失。因此，每批扫射的大约6架战斗机几乎不能杀伤对手，只是白白浪费弹药而已。

每个飞抵奠边府的战斗机飞行员都发现，等待着他们的是无穷无尽的任务：既要摧毁越军炮兵阵地，又要压制敌高射炮兵支援空投（尤其是 C-119 的低空空投），甚至还要给步兵提供近距离支援。而他们的任务提示（根据空军情报）和具体攻击（根据奠边府情况）毫不相干，这些任务性质的混乱情况一直持续到 4 月 17 日，德卡斯特里上校拍电给河内，提供了一大批具体目标，明确了空军的攻击，这才缓和了任务的混乱性。尽管空军内部给飞行员的指示是寻歼越军炮兵和高射炮兵是头等任务，但飞抵奠边府后，他们常常发现德卡斯特里（主要是朗格莱）在他们攻击前（甚至即将俯冲投弹前的一刻）命令他们改变任务，转而支援步兵，给飞行员在执行任务时造成极大的心理负担（按地面指示攻击的话，回去交不了差；按空军指示攻击的话，必然引来地面部队的一顿臭骂，结果两边都不讨好）。对在地面作战的步兵来说，识别几米乃至几百米开外的敌人位置很容易，但对于坐在机舱内，戴着氧气罩，以 320~480 千米/时的航速飞越奠边府盆地的飞行员而言，不断变更任务对他们绝对是心灵上的折磨。这点，不知道德卡斯特里和朗格莱是如何考虑的。

当飞行员从德卡斯特里指挥部接获压制敌炮兵任务时，他们又得寻找在山头浓密森林掩护下进行厚重伪装的越军榴弹炮位，即使他们侥幸发现越军炮位，投下 1 枚 500 磅炸弹，也无法炸穿越军榴弹炮顶上重重的保护层（越军为了确保宝贵的 105 毫米榴弹炮不受损失，于是挖开山顶，把大炮藏到地下

隐蔽室，这样既可以有效炮击法军，又不用担心敌炮反击和空袭压制）。压制榴弹炮不易，压制越军高射炮兵就更难了。37 毫米高射炮便于机动，如果阵地暴露，他们可以在迅速机动并不耗费太多人力的情况下重新伪装。根据第二次世界大战的经验，只有集中大量轰炸机用 1000 磅的炸弹实施地毯式轰炸才有可能重创敌炮兵。而法国远东空军飞机数量不够，根本没法实施地毯式轰炸。

对越军炮兵的反制任务主要由驻海防白梅机场的海军航空兵 5 架 B-24 重轰炸机（每架飞机机组成员为 8 名）执行，他们在 4 月共出 176 架次，平均每机出 35 架次，这种出击频率超过了第二次世界大战精锐飞行部队战斗机飞行员的出击频率，但没有一架轰炸机完成任务。通常，B-24 重轰炸机是双机巡逻，地勤人员和机组成员一样累，他们在 45 分钟内要完成检修工作，平均每天要出 3 次任务。尽管海军机组成员辛勤地工作，双机分队每次从 3050 米高度投下约 2720 千克炸弹，但毫无效果。诺登轰炸瞄准器在大雾和浓云天气下无法使用，只能靠肉眼目视瞄准，精确度可想而知。

除了海军轰炸机，对空军 B-26 的作战分析也有助于阐述为什么奠边府战役中的空中支援是如此失败。

1987 年关于第 25 轰炸机大队 1 中队在印度支那的战史出版，里面分析了该中队的作战情况。在远东空军，第 19 轰炸机大队 1 中队和第 25 轰炸机大队 1 中队都装备了 B-26 中型轰炸机。首批 25 架 B-26 于 1951 年 1 月抵达印度支那，接着美国又于 1954 年 1 月到 2 月提供了第二批 22 架 B-26。3 月 13 日，2 个中队共有 34 架 B-26，主要是机鼻加装了 8 挺 0.50 英寸机枪的 B-26B 型，以及少量在机

头为投弹手提供座位的 B-26C。4 月，第 25 轰炸机大队 1 中队就拥有 23 架 B-26，但该中队平均每天只有 11 架 B-26 出集体任务，另 7 架出独航任务。

空军总是抱怨说短缺地勤人员，但 1954 年 3 月，他们得到了从台湾调来的 200 名美国地勤人员的支援。在地勤人员有力的支援下，第 25 轰炸机大队 1 中队在 4 月飞行时间达 1450 小时。从吉碑机场起飞，一天出两趟奠边府任务，来回时间 3 小时，在目标滞空约半小时，总出击架次达 483 架次。实际上，该中队在 4 月的作战飞行时间为 773 小时，合 297 架次，但有 47% 的飞行时间和 39% 的架次被白白浪费。

造成如此窘境的一大原因是第 25 轰炸机大队 1 中队缺乏飞行员——2 月中旬，该中队记录，中队仅有 21 组受过良好训练的 3 人飞行机组，而实际上投入实战的仅 16 组。4 月，日均投入作战的机组仅 11 组。法军判断，如果所有机组都能投入实战的话，出勤架次可达 450 架次。另一方面，这 16 组机组每天仅完成一次出航——这相当于每个中队出的 6 次任务中每次只有 3 架轰炸机。根据统计，2 个 B-26 中队在 4 月往奠边府飞了 423 架次，往其他地方飞了 80 架次。平均每名飞行员每 3 天出 2 次任务。

▲ B-26 在检修，准备出击奠边府。

除了出击次数和飞行员状态外，载弹量也是影响作战效能的一个不可忽视的问题——B-26 最大载弹量是 8000 磅，即携带 8 枚 1000 磅通用炸弹（有时混上小型人员杀伤弹），但如果是装载小型炸弹的话，这个 3.5 吨的载弹量就可以忽略掉了，取而代之的是 5000 磅（10 枚 500 磅炸弹）、3000 磅（12 枚 250 磅炸弹）。在整个战役中，没有 1 架 B-26 载弹在实战中超过 4000 磅——仅及最大载弹量的一半。造成这个局面的原因是弹舱里装载了不同的弹种，且其数量也不同。另外，目标性质和天气状况也是影响载弹的原因。还有一个原因就是滑跑问题，吉碑机场跑道仅 1420 米长，而 B-26 满载飞行的滑跑安全距离至少也是 2400 米，因此所有出任务的 B-26 为了安全起飞均携带最大载弹量一半以下的弹量以保安全。在轰炸中由于不同种类的炸弹都以约 30 米 / 秒的速度落下，在它们爆炸前就已深深嵌入泥土，因此，B-26 机组成员对所有载的炸弹都用触发引信（0.025 秒触爆），而非美造的延迟引信。在法军飞行员看来，VT 引信就是延迟引信，难以控制。而事实上，VT 引信是由内置微型雷达控制，在距目标几英尺（1 英尺约为 30.5 厘米）上空爆炸，引信爆炸延迟时间可在 1~58 秒内灵活控制。但遗憾的是，法军飞行员几乎无人仔细阅读过 VT 引信的英文说明书（很多法军飞行员不懂英文），导致在奠边府战场上无人使用这种先进的炸弹引信，而使用老式触发引信，结果大大减低了作战效能。

最后，天气也是影响空中支援的一大要素，将近 15% 的 B-26 是在浓云上、高炮火力圈外盲目投弹，命中率几乎为零。另外，越军进攻多在夜间进行，B-26 飞夜航任务十分危险，因而就更无法进行有效的空中支援了。

唯一的例外是越军第二阶段攻势的最初 2 天夜里，B-26 出了 19 架次夜间任务——但支援效果为零。在夜空中，他们只能通过地面空军管制中心传来的目标静态坐标进行轰炸，但进攻中的越军位置随时都在变动，在这种情况下要命中目标，只能求老天保佑。根据美国空军的经验，要想进行有效的近距离空中支援，一要有准确的目标坐标，二要迅速回应，三要和地面部队密切进行无线电联络随时掌握目标动态情况，上述三个条件在奠边府战役中根本不具备，也难怪空军作战效能低下。

4 月上旬，空军在奠边府出任务的情况是：46% 是支援步兵和攻击敌军，44% 是压制敌高射炮兵，9% 是攻击敌炮阵地。而到 4 月下旬情况完全变了，13% 是支援步兵和攻击敌军，68% 是压制敌高射炮兵，21% 是攻击敌炮阵地。导致这种变化的原因是：随着于格特防区的激战，越军越来越迫近中心区，法空军对步兵的支援已经退居次要位置，当务之急是压制越军高射炮兵和榴弹炮兵，摧毁越军的重火力支援能力。但连这个任务他们也无法完成。到此时为止，没有任何证据显示空军进行如此多的攻击能摧毁哪怕 1 门越军的 105 毫米榴弹炮，至于他们的重点——越军第 367 高射炮兵团，该炮团从 4 月 20 日起已从周围山林向中心区推进，也同样没有被法国空军摧毁哪怕 1 门 37 毫米高射炮。

除开载弹量和引信问题外，飞行员素质也很值得怀疑。大部分 B-26 轰炸机机组成员

▲ 越南人民军防空观察兵。

都是前运输机机组成员，尤其是第 25 轰炸机大队 1 中队，其前身是一个运输机中队，全体中队机组成员直接从运输机向轰炸机过渡，他们并没有进行过高强度的对地攻击训练，他们只经过几个星期的飞行转换训练后就仓促上阵，既没有进行准确的目标识别训练，也没有进行投弹训练。如上所述，法国远东空军和海军航空兵在奠边府战役中糟糕的表现也就不足为奇了。

空投场越缩越小，守军兵力日益枯竭，空军支援不力，奠边府已经奄奄一息，唯一的救命稻草就是指望美国出兵了。

|第十二章|

幻想破灭

4月11日，肩负重要使命的美国国务卿杜勒斯飞抵伦敦希斯罗机场，英国外交大臣艾登亲临接风。杜勒斯由于肩负重任，也顾不得外交礼节，直接和艾登在美国驻英国大使馆里会谈。

一开始，杜勒斯就摆明立场，说法国已经撑不住了，如果印度支那被赤化了，那么泰国、马来西亚、缅甸和印度尼西亚统统要跟着完蛋！杜勒斯说话掷地有声，显然他是有备而来的，希望用强硬的语气引起艾登的重视。还没等艾登答话，他就急不可耐地抛出了美国的提议：要求英国支持美国的东南亚政策，特别是参加东南亚条约组织，起到带头作用；希望英国政府发表声明，支持美国轰炸奠边府周围越军阵地，英国最好也象征性出兵，搞联合军事行动。杜勒斯强调说，军事行动绝不能由美国一家单干，否则会被世界舆论口诛笔伐。他信誓旦旦地对艾登承诺说美国国会一定会同意对印度支那动武，而且战争规模不会扩大。至于说中国援越问题，杜勒斯表示，美国一定会先向中国发出最后通牒，如果无效就轰炸中国南部的机场，用军事压力迫使中国停止援越。

虽然杜勒斯口若悬河，滔滔不绝，但并没有打动艾登。同样是老牌政治家的艾登慢条斯理地驳回了杜勒斯的各条观点：第一，朝鲜战争刚刚结束不到1年，很难想象美国国会会同意出兵印度支那；第二，如果动武，根据截至目前所有的战争经验，海空轰炸是不可能控制战争规模的，相反还是升级战争的前兆；至于说迫使中国停止援越的措施，艾登表示杜勒斯的观点不可接受，因为最后通牒和轰炸中国南部机场除了刺激中国以外，美国不可能收到任何效果，其结果就是要么对中国置之不理，让自己在自由世界大失威信，要么就是为了保住自己的颜面，强行对中国发动战争，结果引爆第三次世界大战！因此，不管从哪个角度来说，英国不能同意美国提出的任何观点，更不会出兵印度支那，因为这么做对自由世界有百害无一利。

费了这么大的劲，居然所有观点都被英国人驳斥了，这让杜勒斯颜面扫地。杜勒斯实在是心有不甘，第二天，他追着艾登甚至丘吉尔不断组织会谈。凭着他的三寸不烂之舌，终于让英国人在东南亚条约组织的立场上有所松动。4月12日傍晚，杜勒斯和艾登发表联合声明，宣布美英将在东南亚建立一个军事防御同盟。

4月13日，杜勒斯匆忙飞抵巴黎，把和艾登会谈的内容向法国方面通报，希望法国能参加东南亚条约。看到杜勒斯没能说服英国出兵，法国外长皮杜尔很失望。接下来，双方进行了6天的谈判，但没有什么结果。

4月20日，杜勒斯飞回美国。一回到办公室，他就给澳大利亚、英国、法国、加拿大、老挝、新西兰、菲律宾、泰国和保大政府驻美大使发出邀请函，请他们到国会山商讨"联合行动事宜"，可英国政府早有训令在先，绝对不参加美国搞的联合行动。结果，杜勒斯的如意算盘落空。

4月23日，杜勒斯再度飞抵巴黎，参加北约部长级会议。在巴黎停留期间，他又和皮杜尔进行了会谈。皮杜尔老调重弹，希望美国能出动海空军帮助法国远征军。杜勒斯的答复还是老一套说辞——军事行动没问题，但必须要英美两国联合行动，否则没法通过国会那一关。当晚，杜勒斯给艾森豪威尔去电，除了汇报和皮杜尔的会谈情况外，他还指出法方要求美军出动B-29对奠边府周围越军阵地进行轰炸，并要求奠边府停火。

艾森豪威尔在回电中再次阐明自己的立场：一是让法国政府正式提出介入请求，二是让英国意识到奠边府战局的严重性和一旦法国战败对整个印度支那的影响。

艾森豪威尔的电报给杜勒斯提了个醒，那就是要尽可能威吓英国人，让他们知道情况的危急，已到刻不容缓的地步，他要尽一切可能凭三寸不烂之舌造势让英国人就范——同意参加联合行动，出兵印度支那。

3月24日下午，杜勒斯、雷德福和艾登在美国驻法国大使馆会谈。杜勒斯很会造势，他先是发表一通演说，把奠边府战场形势说得暗无天日。为了配合自己的演说，他还特地把纳瓦尔给拉尼埃的电报的英文译本用凄怆的语调念给艾登听。人心毕竟是肉做的，听了杜勒斯的"朗诵"，艾登还真动了点心——看来情况确实危急。于是，艾登问杜勒斯，美国到底希望英国做些什么？

雷德福和杜勒斯回答也很简单，说只需要两国一起搞联合军事行动。但这个提议被谨慎的艾登一口回绝。眼看说服不了英国人，杜勒斯抛出了最后的撒手锏——召开英美法三国外长会议。在会上，杜勒斯照例首先发言，他要法国政府公开声明，即使奠边府丢失，法国也会继续把印度支那战争打下去，这是美国介入的前提条件之一。

这一次，法国人没有再摆"独立性"的"臭脸"，皮杜尔几乎是有些低声下气地表示希望继续把战争打下去，他代表法国政府郑重请求英美合作，采取一切手段挽救奠边府，否则"自由世界"的利益将受到严重损害。

会议结束后，拉尼埃又会见了杜勒斯，正式向美国提出了介入印度支那战争的请求。与此同时，艾登自巴黎启程，匆匆返回伦敦。当晚，艾登直接前往唐宁街10号首相官邸，会晤丘吉尔，通报会谈情况。其实，在巴黎，艾登私下就拟好了英国对印度支那的 8 点立场，具体内容如下：

1. 两周前发表的英美联合声明并不代表英国考虑联合干预印度支那战争的可能性。

2. 在日内瓦会议前，英国武装力量拒不承担印度支那的军事义务。

3. 我们将在日内瓦会议上给予法国代表团以一切可能的外交支持，争取达成一项体面的解决方案。

4. 我们可以承诺，如果日内瓦会议达成一项解决办法，我们将参与共同努力以实施该项协议，并参与英美伦敦声明中述及的在东南亚联合防卫。

5. 我们希望在日内瓦达成的协议能促使多国联合行动，并影响印度支那大部分地区。

6. 如果在日内瓦不能达成什么协议，我们将与盟国共同商议应当采取的联合行动。

7. 现在，我们不能做出承诺，说如果日内瓦会议未能就印度支那停火达成协议，英国将采取什么措施。

8. 现在，我们应当与美国政府商议，一旦印度支那一部分或全部丢失，需要采取措施保卫泰国和马来西亚在内的其他东南亚国家。

对艾登的方案，丘吉尔完全赞同。他在 3 月 25 日召开了英国内阁紧急会议，大英帝国联合参谋部代表在发言中强调，奠边府已经没有救了，现在投入空军除了升级战争外，不会有第二种可能。外交大臣艾登在发言中也指出，英国绝对不能卷入印度支那战争，对法国的最好支持就是在日内瓦会议上的外交支持，使其达成体面的停火协议。

会议通过了艾登的 8 点原则，宣布英国既不参加美军的联合行动，也不打算在日内瓦会议前承担军事义务。

英国方面的消息让艾森豪威尔彻底失望了。不过，他还是接受了这个结果。他表示："我很失望，但我相信丘吉尔首相和英国政府，我之所以接受他们的决定，是因为我相信这个决定是正当地做出来的，反映了他们最正确的判断，即哪种做法对英国最有利，而且从他们的观点来看，对自由世界也最有利。"4 月 29 日，艾森豪威尔正式宣布，美国在日内瓦会议取得相应结果前，不在印度支那承担军事义务。

至此，法国解救奠边府的最后希望破灭了，而越南人民军的总攻号角马上就要吹响。

第十三章

攻克奠边府

攻克 C1 高地

1954 年 4 月 22 日，武元甲大将召开新一轮作战会议，团以上干部全部与会，会议主题是布置第三阶段作战任务。首先发言的是总供应局局长邓金江，他报告战役指挥部后勤部门的各个储备仓库已经囤满了大米。在 105 毫米榴弹供应方面，从中寮运来的 440 发缴获的炮弹和奠边府缴获的法军空投的 5000 发炮弹已经准备就绪。在中国的帮助下，越军也组建起了一个 75 毫米无后坐力炮营（装备 12 门 75 毫米无后坐力炮）和第 224 火箭炮营（装备 12 门 6 管 102 毫米火箭炮），以及第 413 迫击炮营（装备 36 门 82 毫米迫击炮），统一由第 237 炮兵团节制，隶属于越军第 351 工炮大团。在邓金江之后，二部、三部相继发言，接着是第 308、312 和第 316 各大团团长汇报部队的情况和当面敌情。听完汇报，武元甲大将显得信心满满。他用指挥棒指着大比例作战地图，给各个单位下达了第三阶段的作战任务：

第 316 大团，在第 304 大团 9 团加强下，消灭 A1 高地、C1 高地和 C2 高地。

第 312 大团，负责消灭 505 高地（法军标注 D3 高地）、506 高地（法军标注 E10 高地）、508 高地（法军标注 E12 高地），前出到楠云河畔。

第 308 大团要摧毁 H4 高地和 H5 高地。

第 304 大团 57 团在 9 团 1 个营配合下，继续紧密围困航岗之敌，防止敌人逃窜。

第 351 工炮大团要在进攻战斗和打敌反扑战斗中与步兵密切配合。

战斗将从 1954 年 5 月 1 日开始，持续到 5 月 5 日。

这一阶段作战的中心任务是不惜一切代价攻克 A1 高地。

▲ 经过1个月的堑壕延伸，越军既分割了法军的防御体系，也逐步囤积了足够的物资，现在是发起第三阶段进攻的时候了!

为了打 A1 高地，武元甲大将在战役指挥部的作战室多次召开会议。他们找到了一名当地人了解山顶大碉堡的情况。这位居民告诉他们，这座碉堡原本就是一座行政厅，确实很坚固，但没什么特殊结构，也没有地下室。对这位居民的描述大感惊讶的武元甲把 174 团、102 团指战员对山顶大碉堡地下掩体的描述告诉了他。这位居民听完以后，说这也许是日军在明号作战期间占领奠边府时为了防范美军空袭在行政厅下面修的防空洞，也有可能是法军把行政厅的酒窖改造成地下掩体了。

后来武元甲才知道，法军士兵用砖头和岩石把旧的酒窖改造成了地下掩体。不过，武元甲对里面的情况不明，没法拿塔西尼防线的据点内部构造情况和 A1 高地山顶大碉堡地下掩体的结构进行对比。

尽管如此，为了攻克 A1 高地，越军还是做了多方努力。战役指挥部参谋长黄文泰少将派出参谋干部和第 174 团的 1 名干部对 A1 高地周围进行缜密的侦察。结果，他们发现沿着楠云河，有一条堑壕直接连通了 A1 高地和 A3 高地——法军就是通过这条堑壕往 A1 高地迅速机动兵力的。为了切断这条堑壕，越军打算沿 41 号公路挖一条堑壕切断 A1 高地和 A3 高地之间的联系，粉碎法军的增援企图。

174 团建议，从 A1 高地山脚往山顶挖一条地道，直通山顶大碉堡地下掩体底下，然后把炸药埋进去实施坑道爆破。这是一项艰巨的任务。174 团的工兵队预计这个工程需要 14 天才能完成。对 174 团的建议，越军战役指挥部最初还是有些犹豫的。但武元甲大将当机立断，批准了这个建议，并抽调一些得力的参谋干部和中国工兵顾问下到 174 团，协助他们解决坑道爆破准备过程中遇到的各种问题。可是，往 A1 高地山顶挖堑壕的速度却比预期要慢。由工兵干部阮富川带领的 25 名指战员组成的特别工兵分队每天都要冒着法军的步枪火力和在手榴弹投掷距离内开展掘进作业。A1 高地的地面非常坚硬，174 团工兵队长刘越尚只得专门挑选出手下力量最大的工兵展开这项作业。经过一夜的掘进，他们仅在山坡处挖深 90 厘米。法军发现了他们的行动，不仅朝他们开枪，还投掷手榴弹，炸伤了 3 名越军工兵战士。

又花了 3 个晚上的掘进，越军好不容易才凿开了地道入口。当越军挖地道往山里延伸 10 米后，又遇到了新的困难——地道里氧气不足，火炬和煤灯没法点燃，而且每夜运出的土方都在增加。为了引开法军的注意力，越军第 174 团 255 营不断出击，保障了工兵作业的安全。不过，截至 5 月 1 日第三阶段攻势到来时，A1 高地的地道掘进工作还没有完成。

在越军各部积极准备的同时，法军也在垂死挣扎。

5 月 1 日凌晨 02 点 30 分，外籍兵团混成伞兵营在航岗分区的炮兵火力支援下，冒着大雨对在 H5 高地进行堑壕延伸的越军第 308 大团 1 个营实施反击。清晨，外籍伞兵在越军顽强的抵抗下有些啃不动了。布尔热上尉急率第2外籍兵团步兵团1营1个连支援，终于肃清了H5高地外围堑壕内的越军。5月1日08点00分，反击作战结束。外籍军团混成伞兵营营长吉罗少校向北部防区司令特拉坎德中校报告：当夜，外籍军团混成伞兵营12人战死，8人失踪，68人负伤，差不多相当于损失了1个连。

5月1日清晨，大雨停住了。越军炮兵又开始零星炮击，在各个高地山脚，双方继续进行小规模缠斗。从H5高地，法军哨兵用双筒望远镜清楚地发现越军增援部队正不断进入阵地（包括部分榴弹炮竟然于白昼公然在板桥高地露脸），而繁忙的通讯联络也显示出了大战在即。不过，越南人民军和法军一样，他们也只能在积着半坑雨水的坑道里向前运动兵力。根据越军统计，一个营从东线运动到西线需要至少12小时，甚至24小时，远大于以前。

此时，压制越军高射炮仍是法国远东空军的优先任务，同时也是海鸥翼型的AU-1"海盗"式战斗机在奠边府天空的第一次亮相。一周前，美国航空母舰"塞班"号将25架AU-1"海盗"式战斗机运到越南，由法国海军航空兵第14战斗机中队全数换装。不过，法国海军飞行员测试时，竟然发现这些在朝鲜战争中立下赫赫功勋的战机有24架无法起飞，最后1架也在短暂的测试飞行后被证明也不能飞。但在美法维修人员的努力下，它们恢复了战斗力。于是，它们随同海军航空兵第14中队进驻河内白梅机场。5月1日，第14中队往奠边府出击11架次。14中队并不是援军，而是取代因全面检修而停飞的第11中队（"地狱猫"全面检修）。

伴随"海盗"式战斗机出动的依然是B-26

▲ 奠边府战役中越军第224火箭炮营的6管102毫米火箭炮。

中型轰炸机，他们向可疑的越军高射炮阵地投掷了大量凝固汽油弹和破片弹，虽然没有给367高射炮团造成什么损失，但干扰了他们的转移，使越军高射炮兵在夜间都没能完全运动到新的阵地。

当夜，C-47和C-119向奠边府投下约百吨物资。得到补给后，奠边府守军还有3天的口粮、2天的105毫米榴弹、2小时的120毫米迫击炮弹储备量。这点炮弹量使炮兵在面对越军即将展开的第三阶段攻势时显得有些信心不足。更糟糕的是，空投下来的炮弹损坏率越来越大，炮兵不禁纳闷——这仗还怎么打？

5月1日黄昏，越军第45炮兵团的105毫米榴弹炮群和120毫米重迫击炮群对芒清中心区和法军炮兵阵地，以及各个法军据点进行了长达3个小时的炮火准备。这次炮击的力度远超以前，不少法军回忆称这次炮击不亚于一场地震！得益于法国远东空军送来的"礼物"，越军炮兵有了三种引信——触发引信、短延迟引信以及空爆近炸引信。在D4高地，法军第4殖民地炮兵团2营5连连部由坚固的混凝土工事构筑，而越军的炮弹竟然能贯穿进来，虽然是一发哑弹，但还是让大家惶恐不安了几个小时。在越军猛烈的炮火准备下，中心区和东部高地群的守军像逃窜的老鼠到处寻找掩蔽物。大家都在祈祷炮击能快点结束，但他们也知道，一旦炮击结束，等待他们的将是什么。

对法军来说，当前的情况十分不利。3月血战和4月相持阶段的巨大损失，使法军在越军发起第三阶段攻势时无论在哪个据点都没法保持均衡对抗。法军每个连的平均兵力下降到80人，每个高地守军最多不超过2个连，而且士气低落，厌战情绪漫延。相比之下，越军经过4月的补充，各部队齐装满员，士气高涨，再一次充满了必胜的信念。法军唯一还能倚靠的就是炮火支援。虽然瓦扬上校手里还剩19门105毫米榴弹炮和15门120毫米重迫击炮，可法军的榴弹炮手们却在D1高地的越军无后坐力炮直瞄射击下蒙受惨重的损失，而且重迫击炮弹短缺，炮兵实力受到很大的削弱。另一方面，埃尔夫特上尉的法军第1轻骑兵团3连经过2个月不间断的苦战，已经基本丧失了战斗力。在中心区奋战的7辆M24"霞飞"轻型坦克只剩1辆还能动。无论从哪个角度来看，法军要顶住越军的第三阶段攻势其可能性都是微乎其微的。

在艾兰防区，越军第316大团的进攻重点是C1高地。经过三周的沉默，越军又开始对C1高地实施猛烈炮击。在C1高地山脚下，越军第176团888营811连已经和法军对峙了20天。这次，他们要给4月12日反击失败报仇。战前，第316大团指示他们后退200米，给炮火准备拉开安全距离，防止误伤。但第811连连长黎文维却坚信自己的防御阵地足以承受炮弹轰击，也相信第45炮兵团的准星。他决定只把连的预备队撤下来，连主力依然隐蔽在阵地上，待炮火准备一结束就冲上C1高地。布置在D1高地的越军75毫米山炮群

开炮，精确命中了C1高地的法军阵地。

当时，守卫在C1高地上的法军是第1伞降轻步兵团2营3连（连长：勒格里中尉，兵力约80人）把守，在他们身后的C2高地则由第5越南伞兵营2连（连长：范文富中尉）负责，预备队放在了C2高地反斜面。从C1高地的前沿战壕，遭到轰击的3连可以清楚地看到越军第176团888营打出的各色信号弹交互升空。

20点20分，越军开始炮火延伸，黎文维命令第811连冲出阵地，越过法军铁丝网，直插C1高地插旗点。不一会儿，越军的炮火和手榴弹群就吞没了法军阵地。不过，法军打得还是很顽强。811连冲在最前面的旗手战士阿胜被冲锋枪火力打倒，在离插旗点仅10米处牺牲。战士阿安接过沾满鲜血的红旗，一个冲刺就登上C1高地山顶。接着，811连主力也冲了上来。经过5分钟的战斗，811连拿下了C1高地插旗点。20点35分，法军第1伞降轻步兵团2营3连让出了C1高地山顶。瓦扬上校的105毫米榴弹炮群试图提供炮火支援，可弹着散布带太大了，效果甚微。战至21点00分，3连连长勒格里中尉头部负伤，全连伤亡30多人，剩余的50人龟缩到反斜面的交通壕。9点，他们缩编成1个加强排由莱尔上士指挥，继续抵抗。与此同时，越军第888营也紧急把预备队第1480连投入战斗，和811连一起继续冲向C1高地南坡。

接到C1高地山顶丢失的消息，法军第1伞降轻步兵团2营营长布雷切斯少校立即命令佩里乌中尉率1连反击，结果1连还在南坡爬山，就被来自北面的迫击炮火覆盖，佩里乌中尉阵亡，1连只得在南坡和龟缩的3连会合。不久，越军第1480连和811连冲进南坡的法军阵地，双方拼起了刺刀。血战打到

▲ 越军第 176 团 888 营 811 连和 1480 连夺回了 C1 高地，赢得战役第三阶段的开门红！

5月2日凌晨01点00分，法军2个连几乎全军覆灭，1连和3连只有不到20人（战前2个连合计有180人）逃回C2高地，而且全部带伤。获得胜利的越军第1480连和811连马上把缴获的铁丝网和地雷埋设在西坡，做好打敌反扑的准备。他们不知道的是，布雷切斯已经没有预备队了，除了呼叫炮兵火力对C1高地实施火力覆盖外，他只能沮丧地向德卡斯特里准将报告，C1高地于5月2日凌晨02点07分失守。

在C1高地西北，越军第312大团209团也对505高地发起攻击。把守D3高地的是谢内尔少校的泰族第2步兵营以及第3阿尔及利亚步兵团3营12连（该连曾在3月30日夜到31日凌晨的战斗中协助第4殖民地炮兵团2营4连打退了越军的进攻），进攻D3高地的是越军第209团166营（法军战史直到今天还错误地认为他们当时的对手是141团）。

越军第312师战史对这次战斗进行了比较详细的描述：

第三阶段作战一开始，第209团166营就进攻了505高地。这是距芒清中心区德卡斯特里指挥部1.5千米、位于东北方向的一个重要据点。505据点宽150米，纵深120米，由第6殖民地伞兵营1连据守，敌人约80人，分成3个排（2个排集中防御北面和东面9个碉堡，1个排在南面）。敌人火力配系共有4挺重机枪、2门60毫米迫击炮、1门57毫米无后坐力炮、50支冲锋枪，据点周围还有铁丝网系统，地雷工事、阵地也十分坚固，且各个相连。经过对敌情多夜的侦察，在确定了敌人各个火力点后，5月1日16点30分，第312大团开始对505据点进行炮火急袭。

在冲击伊始，敌人从507和509据点进行激烈的侧射火力救援。到18点00分，我军虽然基本撕开了突破口，但冲击部队却遭到了敌人火力三面拦阻，进攻受挫。19点30分，步兵从各个方向同时冲锋。606连勇猛冲过了突破口，在高地上占据了一个桥头堡，往据点中心发展进攻时被敌人重机枪火力拦阻，没能成功发展。在据点西南方向，第618连的攻坚也打得十分惨烈。敌人依托工事和东南坡的迫击炮阵地对我618连冲击队形进行急袭射击，造成我多名战士伤亡。为了创造对敌进攻压倒性的冲击力，21点30分，209团166营决定把61连和363连调上来投入战斗，分割包围敌人固守的各个碉堡，然后穿插敌后打掉敌人指挥所。战至5月2日凌晨00点30分，我军完全控制了整个505据点阵地，守敌约80人被我全歼，所有武器装备均被缴获。但166营也付出了不小的伤亡，计40位同志牺牲，55位同志负伤。

为了配合第166营的战斗，5月1日夜，第154营也攻打了505A据点。5月2日4点30分，154营和166营胜利完成任务，然后迅速在既得据点组织阵地防御系统，准备打敌反扑。

越军战史的记载除了对法军部队番号识别错误外，战斗过程的描述基本是正确的。实际上，泰族兵和阿尔及利亚兵因为先前的表现，已经失去了法军的信任。在越军发起攻击后不久，法军第 6 殖民地伞兵营营长托马斯少校就从 506 高地把 3 连给派上去增援 505 高地。让人意想不到的是，泰族兵和阿尔及利亚兵打得非常好，他们以重大伤亡先击退了越军一次冲击。21 点 30 分，越军投入预备队继续进行第二次冲击。由于法军炮兵实力受到极大削弱，没法给 505 高地提供炮火支援。双方很快陷入了肉搏。为了救援 505 高地，第 6 殖民地伞兵营 2 连连长埃维·特拉普中尉又让弗拉芒上士带着一个不满员的排（满编 57 人，现只有 16 人）增援。可他们也被 166 营吞没了。天明前，505 高地法军全军覆灭，无一幸免，高地失守。

与此同时，308 大团也在防线西北发起攻击。在板桥高地展开 105 毫米榴弹炮群对于格特防区进行了猛烈轰击，120 毫米重迫击炮也在怒吼。

黄昏，越军对利里 1 号和利里 2 号高地分别发起攻击，但第 4 摩洛哥步兵团 1 营 2 个连于午夜将敌击退。利里 3 号高地由外籍军团混成伞兵营 1 个连（连长：卢希亚尼中尉）把守，他在战斗中第三次负伤，失去了一只眼仍浴血奋战。从晚上 8 点 30 分到凌晨 1 点 50 分，他们先后打退 36 团发动的 2 次进攻。

▲ 505 高地之战，209 团浴血奋战打下了这个坚固的据点，全歼守敌。

大约凌晨 2 点 30 分，越军第三次冲锋，一举冲进交通壕，双方展开肉搏，在 H3 高地的外籍兵和利里 3 号高地的摩洛哥兵以及仅存的 1 辆坦克的全力支援下，打到天明，越军败退。

在西北方向，308 大团对 H3 高地和利里防区只是佯攻，他们的进攻重点是法军防线西北角的 H5 高地。该高地守军是外籍兵团混成伞兵营 2 个排，指挥官是阿兰·德·斯塔本雷斯中尉，士官为布瓦布维耶准尉、诺瓦克上士、祖雷尔中士，士兵只有 26 名。战前，越军的堑壕将该高地团团包围。凌晨 2 点，第 88 团突然对 H5 高地发起攻击。凌晨 3 点 30 分，诺瓦克电告营长，高地只剩他一个人了。88 团只用了一个半小时就消灭了这个排。接到报告，驻 H2 高地的第 2 外籍军团步兵团 1 营约 50 名外籍兵试图反击，但运动过程中遭到越军炮火拦阻，被迫退回。

2 日清晨，H2 高地守军震惊地发现祖雷尔和 2 名幸存者拖着濒死的斯塔本雷斯中尉爬回了 H2 高地。

午夜刚过，德卡斯特里准将电告河内，将奠边府形势如实相告——预备队没有了，各部伤亡惨重（已无法重组，甚至缩编都没用），他急需 1 个成建制的伞兵营在次日夜空投。5 月 1 日夜到 2 日凌晨，守军战死和失踪 331 人，负伤 168 人，伤亡人数相当于半个满编营。

越军发起第三阶段攻势的消息传到法国，濒临绝境的守军一举一动都牵动着法国军政界的心弦，没有人愿意，更没有人希望看到奠边府失败，这已经是法国在印度支那最后一根稻草，不到最后一分钟绝不能松手！在政府的指示下，国防部再次给纳瓦尔增兵——5 月 2 日，法国远征军总部接到通知，美国空军第 62 运输机联队将负责把 450 名法国伞兵（补充兵）从法国本土空运到越南，估计在 5 月 7 日抵达西贡（这些人大部分是刚从伞兵学校毕业未经战阵的菜鸟），但远水救不了近火。

5 月 1 日夜到 2 日凌晨，围困航岗的 304 大团 57 团也发起了攻击，目标还是航岗 5 号高地。当时，5 号高地由阿尔及利亚兵、第 13 外籍军团步兵团 3 营 11 连和 2 辆 M24 坦克把守。凌晨 2 点，越军冲进阵地，守军在坦克支援下顽强反击。08 点 20 分，守军夺回部分失守阵地，宣称击毙越军约百名。

5 月 2 日中午，航岗的法军 11 门 105 毫米榴弹炮只有 6 门可用。当天，守军向东岸发动了更多的反击。午后的一次反击没有进展，下午 4 点 10 分的另一次反击彻底夺回了前日夜里的全部失地。但航岗 5 号高地已在大雨的冲刷和越军的反复炮击下渐渐失去其作用，已没法再守下去，拉朗德上校决定放弃 5 号高地。根据计划，守军将在 5 月 2 日夜到 3 日凌晨于炮火掩护下撤退。

5 月 2 日大雨继续下，浓云又笼罩奠边府，到奠边府出任务的法军战机不得不高飞到 5180 米。一些资料指出，海军的“海盗”式战斗机因没有提供氧气装置导致了出航遇到困难。尽管天气条件造成重重困难，但法国空军和海军航空兵还是向奠边府派出飞机 41 架次——13 架轰炸机和 6 架战斗机执行支援任务，4 架猎杀敌炮兵，10 架战斗机、4 架 B-26 和 2 架 B-24 轰炸机执行压制敌高射炮兵任务。

在河内，纳瓦尔和科尼的关系还是很僵。尽管败局已定，但纳瓦尔还是决定向奠边府投下新的伞兵营，无论如何都要坚持打下去。目前有三个伞兵营可供选择，一个是 11 月和 12 月在奠边府奋战过的第 1 殖民地伞兵营，

另两个是第 1 越南伞兵营和第 3 越南伞兵营。至少得保留 1 个伞兵营待第 7 殖民地伞兵营和第 3 外籍军团伞兵营抵达后再组建一个机动伞兵团。

由德巴赞上尉指挥的第 1 殖民地伞兵营自 12 月 25 日撤出奠边府后就没有得到过休整，12 月 26 日，他们飞赴索脑，然后在老挝中部的沙湾那吉为挡住 325 大团 101 团的攻势，奋战了 6 周。2 月中旬，他们跳伞进入孟奔，以阻挡 308 大团对老挝的攻势，返回后 2 周又奉命接过海防的吉碑机场和河内的嘉林机场的防卫。5 月 2 日 09 点 00 分，驻嘉林机场的第 1 殖民地伞兵营奉命备战，但计划不是一次性把全营完整投到奠边府。除了伞兵增援外，德卡斯特里准将还请求粮弹支援。尼科上校的运输机和飞行员数量有限，因此运输机群要分三批次才能把第 1 殖民地伞兵营约三分之二的兵力投落奠边府。

在奠边府，5 月 2 日夜到 3 日凌晨，因越军没有继续进攻，守军的士气又有所回升。尽管受到大雨的阻碍，但第 1 殖民地伞兵营

▲ 据守战壕的法军伞兵，他们还能再守多久呢？

2连（连长：马塞勒·埃德姆中尉，编制122人）107人还是跳伞进入了奠边府。C-47还投下53吨物资，45吨回收。当夜，法军继续展开积极巡逻。第13外籍军团步兵团1营爆破了在A1高地东坡的一个越军地堡。入夜后，法军又听到了地道声，他们很担心越军随时准备在地道装1~2吨的炸药。

5月3日，浓云，阵雨，这天的交战形式和前一日一样：零星的越军炮击和双方小规模交火。中心区的法军105毫米榴弹炮群对C1高地进行了一次短促的炮火突击。越军炮兵随即对克洛迪娜防区的法军炮群进行炮火压制，更令法军炮兵懊恼的是克洛迪娜四号和五号高地的炮连不得不在深及腰部的泥水里挖掘炮位。倒是法国陆军第31工兵营，他们任劳任怨地暴露在敌炮火下反复修复工事、战壕、交通壕、炮位和碉堡，而且中心区的电力系统和淡水供应不间断也全靠工兵的不懈努力。在航岗，拉朗德上校的外籍兵也对外围东西两面出击。第一次出击，经过肉搏战消灭了临近堑壕的越军，并缴获20件武器；第二次打得更好，带着1门缴获的75毫米无后坐力炮返回。

在河内法军司令部，自越军发起第三阶段攻势后气氛就很低沉。5月3日，科尼少将和从老挝赶来的驻军司令克雷弗克上校会商了奠边府的局势，大家都感到束手无策。第1殖民地伞兵营已经决定增援，但就当前的局势来看，即使这个营全部伞降，对战局也无济于事。最难堪的问题是，如果奠边府抵抗失败，那里的万余名法军将士怎么办？可以投降吗？这个问题，无论是科尼还是克雷弗克都不置一词。科尼最后决定，奠边府最后一仗该怎么打，能否突围，怎么突围，都由德卡斯特里准将决定。此时，越北战区要做

的事就是继续空投伞兵和物资支援奠边府。

5月3日，德卡斯特里准将召开作战会议，讨论守军突围问题。在朗格莱和比雅尔的协助下，德卡斯特里拟订了突围计划，守军残存的堪战之兵约2000~3000人，分成3队突围：伞兵由朗格莱统率，中心区的外籍军团兵由勒默尼耶中校带领，航岗的守军由拉朗德上校指挥，他们将在由德卡斯特里准将指挥的空军、炮兵和殿后部队（由各连少量志愿兵、泰族兵、北非兵和全体轻伤员组成）断后的情况下突围，全体重伤员由医疗人员看护留下来投降。一旦突围部队打开缺口冲出去，殿后部队负责将所有装备和军需品全部摧毁。最初日子定为5月15日，后延迟到20日。但这个计划有个必要条件，那就是守军必须顶到15日，且能战之兵不能少于2000人，才有成功的把握。5月3日晚，德卡斯特里把突围计划向科尼少将汇报，科尼完全批准，并告诉他，远东空军将全力配合他的突围，他还可以在突围前用新近支援的第1殖民地伞兵营尽量顶到15日，为守军准备工作赢得时间。

5月3日夜到4日凌晨，仅有7架C-119和16架C-47完成空投任务，投下57吨物资，但有4成没有回收（据估计，从5月1日到7日共投下约800吨物资，但很大一部分要不是落到越南人民军手上，要不就落入无人区没有回收）。空军报告越军开始使用探照灯，一部在板桥高地，照亮他们通常飞航的南北空投航线，另2部在中心区附近和航岗附近。

当夜，朗格莱再次得到第1殖民地伞兵营一部的补充：弗朗西斯·庞迪夫上尉的营部连和让·普热上尉的3连（125人全部降下）。普热上尉原是一名骑兵军官，志愿加入伞兵前往印度支那服役。在那里，他曾经做过纳瓦尔中将的警卫官。1954年1月，他主动请

▲ 海防吉碑机场作战室黑板，上面排满了飞行员的出勤表。可不管运输机飞行员怎么努力，也挽救不了颓势。

求转入伞兵部队。2月13日，他作为第1殖民地伞兵营一员，参加了在老挝孟奔的战斗跳伞。

着陆后，普热上尉立刻找到朗格莱指挥部请战。在那里，比雅尔少校让他稍事休息，待天明再集合连队，准备前往A1高地后面的A3高地驻守。接着普热上尉走到德卡斯特里指挥部，发现这里深积泥水，参谋长巴泽中校光着脚在里面蹚步，德卡斯特里不得不挂着指挥仗在里面一深一浅地迈步。普热发现，指挥部里的话题尽是关于日内瓦会议的问题，普热是个军人，对这类政治问题根本插不上话。谈话间，利里3号高地传来电讯——部分摩洛哥兵奉命增援卢希亚尼的外籍军团混成伞兵营1个连。

5月4日大约02点30分，在一阵猛烈的炮火准备后（同时越军也炮轰了法军炮阵地），36团在88团322营支援下，又向利里3号高地冲击。利用雨季到来的掩护，越军早将接敌堑壕挖到利里3号高地山脚，尽管泥泞不堪，36团仍从接敌堑壕里跃出，瞬间

就冲上了高地。利里3号高地激战期间，正值第1殖民地伞兵营营部连一部和3连在进行空投，盘旋的C-47不敢投放"萤火虫"照明弹，致使战场漆黑一片，法军炮兵没法提供支援。在夜幕的掩护下，36团很快突破北坡。卢希亚尼中尉率部反击，结果头部中弹，反击不了了之。根据凌晨3点监听到的越军电台通讯显示，36团也蒙受了惨重的伤亡，双方在3号高地陷入混战，不只1个连的连长因受伤或者死亡而需要顶替。半小时后，第4摩洛哥步兵团1营的1个中尉报告全高地只剩10人，请求增援，接着联络断绝，普热两行热泪落了下来。凌晨3点45分，利里三号高地陷落。

期间，外籍军团混成伞兵营各连因没有得到照明支援（因为第1殖民地伞兵营3连的伞降没有结束）而未敢反击。5月4日06点00分，营长吉罗少校集合约百名外籍伞兵和摩洛哥兵在仅存的1辆M24支援下从H3高地出发，向利里三号高地反击。在山脚下，他们遭到越军榴弹炮、迫击炮和机枪火力的交叉射击，加上道路泥泞不堪，被迫于9点撤退，接着法军炮兵对失守的利里3号高地进行了炮火覆盖。当夜的防御战和凌晨的反

▲ 在芒清机场北面，越军的进攻也在不停挤压守军，其中102团俘房了许多法国兵。

击战又使守军战死和失踪164人，负伤58人。现在越军距德卡斯特里指挥部只有约700米，而法军的重伤员高达1250人。

5月4日白天，越军继续进行炮火袭扰，双方步兵继续小规模战斗，法军炮兵对敌集结区进行炮火反击。虽然大雨持续不断，敌炮火袭扰也从不间断，但普热上尉还是率3连从埃佩维耶出发，到A3高地接防，这800米的路程他们走了整整6个小时。

5月4日9点，德卡斯特里准将给河内拍发了一份电报，报告利里3号高地失守，守军逐渐失去基本战斗力，请求速投伞兵增援：

我军各种军需品储备已经处于最低限度。15天来，这些储备被一点点地耗尽。我们没有足够的炮弹来遏制敌人的炮火，致使这种炮火威胁终日不息，说明我们未能对此有所作为。飞行员向我们抱怨奠边府上空的危险，但奠边府每一名守军什么时候不在承受着更大的危险？对此，不能有双重标准。

夜间伞降应该从23点提前到20点开始。由于晨雾，早上难以进行空投。而夜间对山谷的空投，则需要较长时间。

我确实需要大量食品，中心区阵地上的食品储备已经很少，而处于阵地前沿的各部队不能在没有准确和有力的炮火支援下去取他们面前的空投食品，这使许多空投物资实际上拿不到手。

由于缺乏卡车，缺乏人手，我不得不使用疲惫不堪的部队去搬运物资，因此遭受的伤亡也是可怕的。

我们甚至得不到空投物资的一半，事实上，即使空投总量也只是我要求的很小一部分，这种情况再也不能继续下去了。我再次强调，在我的职权范围内，对于正在进行艰苦卓绝的努力的部队，我拿不出什么来鼓舞士气，我没有勇气两手空空去见他们。

在过去24小时的战斗中，法军炮兵又消耗了2600发105毫米榴弹、40发155毫米榴弹和1180发120毫米迫击炮弹。大雨将战斗轰炸机完全困在红河三角洲机场上动弹不得。4日下午，河内给奠边府拍发了最后一份私人电报，告诉在航岗救护所的德希雷上尉，他的女儿在河内诞生，取名叫安妮·玛丽（板桥高地的法军称谓）。当天，航岗的第3外籍兵团步兵团3营组织一支巡逻队向西出击，结果遭到越军伏击，伤亡32人，被迫返回。

5月4日夜到5日凌晨，大雨继续席卷奠边府，守军收到大约40吨物资。2点40分，5架C-47投下第1殖民地伞兵营73人——4连（连长：特勒上尉）和营部连各一部，营长德巴赞上尉也跳伞进入。根据比雅尔的回忆，朗格莱没有给他们指派具体任务，只简单地说了一句——哪里最需要你们就去哪里。于是，他们决定去C2高地支援克利迪克上尉的第1伞降轻步兵团2营2连，但德巴赞刚想抬腿就被一发炮弹炸断了大腿，普热上尉接替他担任第1殖民地伞兵营营长。

当夜，和第2外籍兵团步兵团1营施密特上尉的连队一样，守卫克洛迪娜五号高地的第4摩洛哥步兵团1营几名士兵开小差，他们在防线铁丝网圈上剪开一个口子逃了出去，发现情况的越军立即朝这个缺口猛烈开火。为了封闭这个缺口，库萨诺维奇上士和7名士兵阵亡，吕坎中士和12名士兵负伤。气愤难耐的外籍兵只得解除剩余的摩洛哥兵武装，把他们赶下高地。这一事件使克洛迪娜防区无端损失2个排。

5月5日，暴风雨席卷奠边府，第1殖民地伞兵营在A3高地编成防御阵地。营部连和特勒上尉的4连去C2高地；普热上尉带着

2 连和 3 连去 A1 高地，从第 13 外籍兵团步兵团 1 营（营长：库唐少校）剩余的外籍兵手中接过了防务；3 连负责山顶防务；埃德姆中尉的 2 连负责南坡和东坡防务。当时，A1 高地上类似一战堑壕战的情景让爬上高地接防的第 1 殖民地伞兵营倍感震惊。战壕和碉堡千疮百孔，碉堡顶部、周围墙壁的缺口和射击孔都用行军床、柜子、弹药箱、军用水壶，甚至是破损枪支的枪管来堵塞。换防时，外籍兵告诉伞兵，越军正在往大碉堡下挖地道准备埋雷爆破。2 连的夏布里埃上士在那天清晨听到了脚下的地道掘进声。战役结束后，他回忆称当天克利纳中士带着一支巡逻队试图找到地道口将其炸塌，但在开阔地被越军火力拦截，全军覆灭。

5 月 5 日，从老挝出发的救援部队抵达奠边府西南约 48.3 千米，但再也前进不了了，因为越军已经拦住了去路。下午 4 点 15 分，德卡斯特里准将致电科尼，坚持准备三队沿不同方向突围，为了安全，他们将不通知河内。面对日益枯竭的守军兵力，科尼也是一筹莫展，考虑再三，决定整个突围行动由德卡斯特里准将全权决定，必要情况下可先斩后奏。

在朱诺据点，佩纳尔中士和迪吕阿上尉的白泰族辅助兵，最终成功地说服他们的妻子离开奠边府逃命。当夜，她们趁黑逃出了奠边府，越军没有为难她们。

5 月 5 日，C-119 飞临奠边府，但只给航岗空投了物资。过去几周的激战使法军弹药储备几乎耗尽。而回收空投弹药箱，并扛着它们越过积满泥水的壕沟，在越军火力袭扰下送上阵地，导致军工的伤亡率几乎和一线作战的法军一样高。士气最高的还是炮兵，尽管他们的伤亡率高得吓人，但还是忠实地支援步兵，打到了最后。据统计，155 毫米榴弹炮连伤亡率为 60%，第 4 殖民地炮兵团 2 营伤亡率为 41%，外籍兵团的 120 毫米重迫击炮连伤亡率为 50%。

到 5 月 5 日，法军炮兵还有 18 门 105 毫米榴弹炮堪战（每门都只剩几百发炮弹）、1 门 155 毫米榴弹炮和 15 门 120 毫米迫击炮，而且炮阵地几乎完全暴露。相对的，越军炮兵不仅弹药充足，且炮阵地伪装良好，观察点佳，在炮战和炮火支援中占尽优势。越军的重迫击炮和无后坐力炮全部推进到一线部队，但榴弹炮群却没有什么移动——部分进驻板桥、兴兰和独立山高地，大部分仍留在周围山头，山炮则机动到前沿阵地背后，准备提供有力支援。

5 月 5 日夜到 6 日凌晨，越军对 A1 高地进行了一次大规模炮火急袭。普热上尉的伞兵焦急地等待越军的步兵突击，但没有发生。炮击停止后，大家听到了脚下地道掘进声。同时，越军对 A3 高地的佯攻也被第 6 殖民地伞兵营打退。

从 5 月 6 日凌晨 4 点起，空军运输机又

▲ 第 1 殖民地伞兵营是河内给奠边府的最后一批援军了。

开始空投第 1 殖民地伞兵营剩余的伞兵。91 名 4 连和营部连的伞兵依次跳伞，但猛烈的高射炮火力使伞降进度十分缓慢。05 点 20 分，伞降作业结束，运输机载着 1 连（连长：福叙里上尉）返回了河内，这 90 多名伞兵就是最后一批落进奠边府的伞兵。据统计，第 1 殖民地伞兵营共有 383 人（含 155 名越南籍士兵）跳伞进入奠边府。

5 月 6 日云开雾散，晴空万里。法国远东空军和海军航空兵决定最大限度地出动战斗轰炸机和轰炸机群支援空投任务。在新近抵达的一位经验丰富的中型轰炸机部队长迪索尔中校的指挥下，B–26 当天一共出击 47 架次，这是该机种在奠边府战役中单日架次之最。与此同时，B–24 出动 4 架次，地狱俯冲者出动 16 架次，海盗出动 18 架次，"熊猫"出动 26 架次。尼科上校的运输机司令部出动 25 架 C–119 和 29 架 C–47 空投了 196 吨物资，但许多物资落在两军战线中央，法军不得不等到夜幕降临才敢去取。在强大的空军攻击压制下，越军高射炮火力确实少了很多。

尽管如此，运输机群还是有所损失。5 月重新"出山"的美军飞行员们继续勇敢地驾驶 C–119 实施低空空投，结果在 37 毫米高射炮火拦阻下 1 毁 1 伤：其中 1 架前往航岗的 C–119（由奥尔特·威尔逊驾驶）被 1 发 37 毫米高射炮弹炸中尾部，升降舵受损，仍安全返回海防吉碑机场。但麦克高文和比福德驾驶的 C–119 就没有那么幸运了。当天的任务是他们在印度支那出的第 45 次任务，起先，他们的飞机被 1 发 37 毫米高射炮弹炸毁左侧引擎，当他们试图逃逸时又被 1 发 37 毫米高射炮弹咬住尾部，失去控制。麦克高文试图驾机紧急迫降，但又被一梭高射机枪子弹命中，带着机上的 6 吨弹药坠毁在两军战线中间，两人当场

丧生，他们是印度支那阵亡的第一批美军。

5 月 6 日，最新的航空照片显示，越军的新堑壕从 505 高地出发，继续延伸。从 F 高地和秃山出发的堑壕直逼 A1 高地。当天，朗格莱上校把所有营长都叫到指挥部，他首先给大家打气，称老挝的救援部队离奠边府只有 48.3 千米，另外他还说空军当天给步兵空投了 70 吨物资，给炮兵空投了约 50 吨。最振奋人心的莫过于他提到空军在 6 日往奠边府投入的兵力远大于之前任何一天，他还说第 1 殖民地伞兵营后续部队很快会降下，在他们的加强下，守军务必顶到日内瓦会议宣布停火的那一刻。正在这时，情报官诺埃尔接到西贡发来的电报，内容是越军将在 5 月 6 日夜对奠边府发起总攻。经验显示，越南人民军炮兵一般在下午 5 点到 6 点开始炮火准备，持续时间约 2 小时，接着步兵冲锋，这意味着当天空投的很大一部分伞降榴弹和迫击炮弹无法回收了。

下午，朗格莱和比雅尔巡视了楠云河东岸各个据点群，然后坐在指挥部里，干了一杯白兰地，相视无语。此时，C2 高地正遭到来自 C1 高地的无后坐力炮和高射机枪持续不断的火力打击，布雷切斯少校和博泰拉上尉把他们的第 1 伞降轻步兵团 2 营和第 5 越南伞兵营各连布置在东南防御，第 1 殖民地伞兵营庞迪夫上尉的营部连和特勒上尉的 4 连做预备队。在 A1 高地，普热上尉指挥的 3 连和埃德姆中尉指挥着 2 连把守。

在他们背后，于楠云河和中心区之间只有些小高地：从北向南，依次是 508、506、E11 和 A3 高地，全由来各个被撤裁的部队官兵把守。最为重要的是 506 高地，它在 C2 高地背后，且位于 41 号公路正西，由托马斯少校率领的第 6 殖民地伞兵营 1 连（连长：

▲ 1954 年 5 月 6 日下午，越军在对 A1 高地进攻前进行了最后的炮火准备。

勒·巴热中尉）和 2 连（连长：特拉普中尉）防守——说是连队，从实际兵力来看，还不如说是排，2 连 32 人，而且三分之一带伤。当然，还有很多其他部队的伤员守着 506 高地，因此大家都把这个高地称为"伤员高地"。第 6 殖民地伞兵营营部本身也是由很多负伤的军官和士官组成。其中最有名的要数阿莱尔，他是第 6 殖民地伞兵营的迫击炮连长，现在他仍待在 506 高地，负责指挥全体伞兵营的 81 毫米迫击炮。

伤势较轻的伤员被派往 E11 和 508 高地，这里主要由谢内尔少校的第 2 泰族营残部、第 3 阿尔及利亚步兵团 3 营残部和第 31 工兵营的摩洛哥工兵把守。和 506 高地平行，位于 A1 高地背后的是 A3 高地，由库唐少校的第 13 外籍军团步兵团 1 营幸存的外籍兵、第 4 摩洛哥步兵团 1 营残连加上一群轻伤员把守。

在西岸，图雷少校的第 8 殖民地伞兵营奉命与炮 5 连，以及 2 挺 12.7 毫米高射机枪把守埃佩维耶和 D4 高地，排水沟边的无名高地仍由比札尔上尉的第 5 越南伞兵营 1 连把守。南面的朱诺高地由迪吕阿上尉的白泰族 2 个连、由沙尔诺上尉指挥的 1 个空军混成排，以及超过 600 名的伤员坚守。朱诺高地也可

能有 2 挺 12.7 毫米高射机枪。

在中心区西面和南面，主要由摩洛哥兵、外籍军团步兵和伞兵把守。吉罗少校的外籍军团混成伞兵营驻 H2 和 H3 高地，现在只有 160 人。利里一号和二号高地由第 4 摩洛哥步兵团 1 营（营长：尼古拉少校）2 个连把守。在克洛迪娜防区，第 2 外籍军团步兵团 1 营余部在克莱蒙梭少校和科尔德博夫上尉指挥下把守，部分外籍兵奉命北派支援摩洛哥兵。

在中心区的炮兵弹药缺乏很严重：炮 6 连的 1 门 105 毫米榴弹炮组报告只剩 12 发，而且缺乏空炸引信已经几天了，不得不使用延时引信，而因为法军的误投，越军此时却在使用空炸引信。第 4 殖民地炮兵团 2 营营长克内希特少校选择 5 连作为他的殿后部队，准备在突围行动中担负掩护射击任务。炮连长卡巴纳上尉冷静地接受了这个任务。

胜利

1954 年 5 月 5 日，越军第 174 团团长阮友安少校报告，174 团已经完成了对 A1 高地山顶大碉堡的地道挖掘。当晚，174 团把 1 吨炸药预埋到山顶大碉堡地下掩体底下，做好了爆破前的所有准备。5 月 6 日清晨，越军第 174 团 255 营奉命撤离 A1 高地山脚，转移到秃山休整，担任第 174 团预备队。

阮友安少校换上了第 249 营和第 251 营，担负对 A1 高地的总攻击。他打算以爆炸声作为号令，对 A1 高地发起最后的总攻。20 点 00 分，越军集中火力打击 A1 高地、C2 高地和 506 高地（E10），以及克洛迪娜 4 号高地。这一次，越军集中了第 224 火箭炮营的 12 门 6 管火箭炮加入炮火准备行列。火箭炮轰击持续了 45 分钟，给法军仓库区造成了巨大的损失：几座弹药库中弹爆炸，药品储备区也被

击毁，迫使芒清中心区法军的医疗主官德·达马尼上尉电告河内，称："因积水和部分掩体坍塌使伤员的整体情况急剧恶化，急需各种药品支援，我的药品仓库完全被毁。"

越军实施猛烈的炮火突击时，法军毫无反应。不过，瓦扬已经做好了战斗准备。当越军开始炮火延伸时，法军剩下的炮群又开始对 A1 高地和 C2 高地周围的越军堑壕开火。

这时，第 174 团团长阮友安少校给工兵队打电话核实准备工作完成的情况，但此时 174 团的电话线却断了！不过，越军战役指挥部已经吸取了第二阶段总攻击的教训，在给部队下达的第三阶段总攻击的命令中特地说明了点火引爆时刻。因此，阮友安尽管没能和工兵队取得联系，但还是按命令中规定的时间让部队在零时前 5 分钟进入 A1 高地前沿的接敌堑壕。他们迫切地着对 A1 高地的大爆破。

20 点 30 分，惊天动地的爆炸声从 A1 高地传来，硝烟直冲云霄。A1 高地的坑道爆破成功地炸掉了法军大碉堡的一大半，埃德姆中尉的 2 连伤亡了大半，但 A1 高地的整体守备力量并没有因为这次爆破而受到多大削弱。

看到山顶腾起的硝烟，第 174 团团长阮友安少校不失时机命令炮兵开火。几天前，

▲ 越军第 174 团组织对 A1 高地山顶大碉堡的大爆破。

炮兵就已经开炮摧毁了 A1 高地的不少法军火力点和掩体，当然也消耗了许多炮弹。因此，174 团进攻前的炮火准备只打了 15 分钟。接着，174 团步兵向 A1 高地冲了上去。这是一次复仇之战。武定辉带着 249 营从东南方向兵分两路，包围 A1 高地（主要突击方向），勇世带着第 251 营从西南沿着 41 号公路边上新修的堑壕运动，负责切断 A1 高地和芒清中心区（次要突击方向）的联系。

虽然这次坑道爆破很成功，炸掉了山顶大碉堡，可山顶到处都是碎岩石和土堆这也给第 249 营 316 连和 317 连的运动带来了不少的困难。幸存的法军还在依托山顶大碉堡废墟组织机枪火力抗击。为了压住法军，第 316 连攻击了法军的迫击炮阵地，317 连突击了山顶大碉堡附近的法军通信站。普热带他的 3 连发动反击，双方将士用冲锋枪、手榴弹和刺刀继续殊死拼杀，争夺每个火力点和每条堑壕。

与此同时，担负切断 A1 高地和 C2 高地之间联系任务的越军第 251 营在南坡遭到了法军 2 个排（排长分别是朱利安中尉和保罗中尉）的顽强抵抗。一看到越军冲上来，配属给这 2 个排的法军炮兵观察员就呼叫炮火支援。早有准备的炮手们不需详细的射击指令（萨克斯 411）就瞄准目标开火，一阵猛烈的弹幕准确覆盖了越军进攻队形。由于越军伤亡惨重，防守南坡的 2 个法军排，轻松退敌。根据越军记录，除了致命的炮火外，法军 2 个机枪火力点也让他们付出了重大伤亡，而他们的无后坐力炮没能打掉它，致使第一波进攻失败。冲击失败的 251 营改变战法，集中所有轻重机枪压住法军火力点，掩护爆破手炸掉了法军南坡的碉堡，终于取得了突破。不一会儿，越军第 251 营就切断了 A1 高地和

C2 高地之间的联系。

在 251 营获得胜利的同时,越军第 45 炮兵团也捕捉到了航岗的法军 105 毫米榴弹炮群,他们马上组织对法军炮群的歼灭射击。至 22 点 00 分,法军 3 个炮组连同 3 门 105 毫米榴弹炮被打掉,只有 3 门还在射击,但其中 2 门也将在 11 点被打掉。

在 A1 高地山顶,为了抵挡越军冲锋,法军第 1 殖民地伞兵营 2 连幸存的布吕尼中士和巴莱中士爬进遗弃的 M24 坦克(绰号"巴泽耶")里,拆下机枪,在南坡和 2 连残部会合,一边抵抗 251 营冲击,一边退上山顶大碉堡残骸。往东,普热上尉亲自率 1 个排依托大碉堡残骸抗击扑上来的 317 连。

通过电台,普热连连向朗格莱求援。朗格莱也深知 A1 高地的价值,急忙命令于格特防区的吉罗少校抽兵增援(此时于格特防区也遭到猛攻)。吉罗少校命令吉耶米诺中尉带着 20 名外籍伞兵从 H2 高地前往增援 A1 高地,虽然路程只有 1200 米,但普热知道这段路需要走上 1 个小时。这点援军根本无济于事,他计算至少需要 1 个加强连才能粉碎越军进攻,但现在没有地方可以找到一个加强连。所幸山顶大碉堡残骸的机枪火力依旧十分猛烈,他们给越军以巨大的杀伤。期间,普热亲自带兵操着冲锋枪和手榴弹反击,将逼近碉堡的越军一一击退。

午夜,越军第 174 团团长阮友安少校决定把第 249 营的预备队第 318 连投入战斗。318 连冲上 A1 高地,展开小群多路战斗,逐个消灭了法军的抵抗。与此同时,越军第 251 营营长勇世决定兵分两路,一路直扑 A3 高地,一路从南坡冲上 A1 高地,配合 249 营夹击普热。为了支援 174 团,越军第 45 炮兵团把三分之二的炮火都打向 A1 高地,完全切断

了 A1 高地的任何增援。凌晨 2 点 30 分,山顶不少阵地都被突破,但激烈的混战还是持续了约两个小时,尤其在北坡。普热试图用无线电催促增援小分队快点行动,但到 3 点,他已清楚地知道他们在敌炮火下根本运动不起来。

大约凌晨 4 点,普热上尉所部只剩 35 人还在战斗,弹药快耗尽了。普热联系不到朗格莱,只得呼叫总指挥部的瓦多少校。瓦多告诉他,既没有人也没有炮弹支援,实在不行就撤到 C2 高地,但 C2 高地必须守住!通话结束,普热上尉决定砸毁电台。这时,一名越军电信员插进电话线,放了一首游击队之歌,并声称胡主席优待俘虏。

普热听完歌,用剩下的三发子弹击毁电台,然后冲出指挥部,和部下一起奋战。不久,子弹和手榴弹都打光了,越军已经团团包围大碉堡残骸。5 月 7 日凌晨 04 点 40 分到 05 点 00 分,普热上尉一行人陆续被俘。2 连的夏布里埃上士用拆下的坦克机枪打到最后才被俘。

5 月 7 日清晨,在经历 5 次大规模进攻,付出了牺牲 1004 人的代价后,越军终于把绣着"决战决胜"几个字的红旗插上了 A1 高地

▲ 越军第 174 团最终攻克了 A1 高地,102 团和 174 团在 A1 高地总计牺牲了 1004 名指战员,胜利来之不易!

山顶。看到这一幕，参加奠边府战役的全体越军指战员无不热泪盈眶，胜利就要到了！

不过，围绕东部高地的战斗并没有结束。21点30分，越军第98团215营从东北坡对C2高地展开了猛烈攻击。这是越军为彻底攻克东部诸高地进行的总攻击的一环。这次进攻很快被第5越南伞兵营3连（连长：吉耶米诺上尉）30名越南伞兵在506高地的阿莱尔中尉指挥的迫击炮群掩护下打退。没过多久，215营又精神抖擞地冲上来，完全压住了3连。晚10点30分，第5越南伞兵营营长博泰拉上尉急令2连（连长：范文富中尉）从南坡增援，但215营很快把他们赶下了山。

眼看C2高地危在旦夕，和博泰拉上尉在一起的第1伞降轻步兵团2营营长布雷切斯少校急电朗格莱上校请求予以一切可能的支援。朗格莱只得命令吉罗少校的外籍军团混成伞兵营和米歇尔·布朗东中尉的一支60人的连队穿过中心区增援C2高地。要争取时间坚持到援军到来。一旦援军到来，布雷切斯少校就需要立即反击。于是，布雷切斯命令第1伞降轻步兵团2营和第5越南伞兵营不断发动反击，但谁也不后退，无论是法军还是越军都在山顶拼杀，谁也打不退对手。克利迪克上尉呼叫中心区对C2高地实施炮击反击，打掉敌支援火力，但中心区炮兵只朝C2高地打了3炮。现在每门105毫米榴弹炮只剩300发，120毫米迫击炮每门更是只剩6发。

再说布朗东的增援分队，他们在途中遭到越军榴弹炮、迫击炮、步机枪和手榴弹的拦阻，当他们好不容易冲上41号公路，却得知A1高地失守，比雅尔在电台中急令他们改变目标，增援C2高地。当他们冲上高地时，布雷切斯少校当即命令他们反击，试图肃清冲上山顶的越军。晨光初露，越军后退到山

▲ 越军第98团虽然冲上了C2高地，却遭到法军坚决抵抗，进攻受挫。

顶东面约20米之处。C2高地的形势似乎得到了控制，但付出的代价太大了，增援分队出发时共60人，而现在除了布朗东、电信员和2名伞兵外，其他人非死即伤。5月7日7点，虽然弹药打光，但依靠收集的越军弹药，法军和外籍兵还是守住了山顶。

在E4高地激战的同时，165团对506高地的进攻也开始了。晚10点，165团跃出接敌堑壕，11点，越军冲上山顶。第6殖民地伞兵营残兵和伤员退守3个碉堡继续血战，又打退越军多次进攻。第6殖民地伞兵营迫击炮连长阿莱尔中尉打光炮弹后作为步兵投入战斗。如果506高地丢失，那么楠云河将彻底对越军洞开，A3和C2高地守军的退路将完全被切断。

当夜激战展开时，又一队C-47载着第1殖民地伞兵营1连试图空投，但战场到处都闪耀着照明弹，严重干扰了伞兵空投。朗格莱还打算让他们直接降落在506高地，但在这个高地，越发两方近得一方扔手榴弹都可以打到另一方，最终运输机决定放弃空投，待次日再定。这样，1连躲过了奠边府惨败之灾，他们是印度支那最幸运的伞兵。

为了彻底解除越军对506高地的威胁，朗格莱又向506高地派去了第8殖民地伞兵营的2个连（各40人），分别由雅克梅中尉

和巴耶中尉率领，增援托马斯少校。雅克梅的连队在楠云河渡口全军覆灭，巴耶中尉的连队在凌晨3点冲上了506高地，发现托马斯少校率20人正死守指挥部。3点30分，另一路人马赶到——维因贝格中尉率2个排的外籍兵从506高地赶来。312师战史记载，506高地打得同样残酷，165团三次冲击都没有得手，进攻陷入停滞状态。

打到5月7日凌晨，法军守住了506高地，让朗格莱看到了突围希望。他打算以506高地为跳板反攻夺回A1高地，然后在A1高地守到晚上，准备全军突围。8点，他命令中心区所有能动之兵拿起武器，全部赶往506高地。

同是在5月6日夜，308师也在西北方向对中心区的克洛迪娜发起总攻。

由于伞兵全部顶到艾兰防区，308师对西北方向的进攻遇到的就是外籍步兵了。在猛烈的炮火支援下，308师102团于晚10点向克洛迪娜五号高地冲击，第2外籍军团步兵团1营2连残部被击退下山，克莱蒙梭少校孤注一掷，把所有能找到的人全部集合起来，冒死反击（包括在克洛迪娜四号高地的第13外籍军团步兵团3营菲利普上尉的1个排和营属工兵排），10点30分他们打退了102团，夺回了部分阵地。但凌晨2点起，102团全军冲锋，渐渐压倒守军。5月7日拂晓前，克洛迪娜五号高地陷落。

由于伞兵集结缓慢，越军没等朗格莱把中心区残兵集合起来，又开始了对C2高地和506高地的新一轮进攻。朗格莱已经没有机会反攻A1高地了。

在战役指挥部，武元甲大将得知C2高地进攻受挫的消息，他赶紧给第316大团长黎广波大校打电话："174团已经拿下了A1高地。我把支援A1高地的大部分直射火力转给

C2高地的98团。把9团的预备队投入战斗。我们的炮兵会削弱芒清区的敌人炮兵。预备用200发105毫米榴弹给C2高地。我们必须迅速拿下C2高地，才能完全控制东部山头！"

07点30分，越军炮兵新一轮炮火急袭结束后，越军第98团215营和375营138连对C2高地实施冲击。越军一个接一个地攻克了C2高地上的法军各个阵地。9点，C2高地东北坡失守，此时守军已打光了子弹，也没人再封闭缺口了。布雷切斯少校、博泰拉上尉和鲁奥军医官（第5越南伞兵营的军医）没人打算逃离，唯一能动的试图离开C2高地，爬向506高地的是克利迪克上尉和2名中尉，以及少量伞兵，但大部分人在下山时被俘。09点30分，布雷切斯少校电告比雅尔少校："布切呼叫布鲁诺，一切都结束了。不要朝我们开火，这里到处都是伤员。"接着，博泰拉也接过话机："一切都结束了，他们已经包围了指挥部，告诉朗格莱，我们很爱他！"呼叫结束时，大家泪水横流，C2高地丢失了。

随着C2高地的陷落，506高地也很快失守。只有几个伞兵（包括勒·巴热中尉在内）避免被俘，设法穿过楠云河大桥，逃回了中心区。当时，这座桥由2辆只剩半口气的M24和高射机枪群守卫。当越军巩固506高地后，他们允许轻伤员们抬着重伤员（包括第6殖民地伞兵营的勒·布德中尉和第8殖民地伞

▲ 冲过楠云河，胜利在望！

兵营的巴耶中尉）穿过大桥返回中心区。

现在整个芒清中心区都处于越军直射火力威胁下。当晚，武元甲、黄文泰在战役指挥部的作战室里熬了一个通宵。所有人都对第 316 大团终于拿下了 A1 高地和 C2 高地感到如释重负，第二阶段总攻击的所有目标终于完成。后勤部门的干部们也准备好了最后总攻击的弹药。

在战役指挥部里，武元甲大将和黄文泰少将都在分析最新的形势。他们认为虽然芒清中心区法军的兵力不少，但他们不会战斗到底。越军战役指挥部很清楚，芒清区的许多法军士兵厌战情绪很高，不少单位已举手投降。当前的情况是，法军已经陷入了绝境。不过，武元甲大将还在犹豫，没有轻易下达总攻击命令。他决定再等上一阵，形势明了了再做决定。

随着早晨大雾的散去，5 月 7 日阳光明媚。德卡斯特里向科尼报告 A1 高地、C2 高地和 506 高地失守和各营最新状况。自克洛迪娜五号高地失守后，越军离德卡斯特里的指挥部只有不到 370 米，目前最好的办法就是把楠云河守到天黑，然后再想法趁夜突围。但两人都很犹豫，现在的形势已经无法挽救，突围？这么点兵力能成功吗？科尼指示他最好下午 5 点再联系一次，以决定具体策略。

当前，德卡斯特里的要求是请空军最大限度的出击，以给他几个小时的时间准备。德绍准将应允，派出 25 架次 B-26、30 架次"熊猫"和 16 架次海盗。朗格莱被俘后越军告诉他，7 日的猛烈空中攻击给他们造成了不小的损失。奠边府的补给官也电告河内，要求下午 2 点 40 分开始空投，但不管空军如何努力，一切都无济于事。

中午，朗格莱把所有营长全部叫到指挥部，部署突围，具体计划由比雅尔草拟。现在没有以前那么多兵力了，只能凑出 8 个混成连，每个连约 70~80 人，分成 2 个方向突围，由北非兵和泰族兵殿后掩护，但实际上德卡斯特里还是准备从这仅有的 640 多人中再抽出二三百人负责第二波殿后。形势已经绝望到如此地步。

听完朗格莱的简报，所有营长一致反对突围，他们说所部已经筋疲力尽，连走路都没力气，这样贸然突围简直就是自杀。而空投的最新航拍照片显示，越军已经在他们将要突围的路上布下三道封锁线，以现有兵力和战斗力去突击三道防线，绝无成功可能。最后，德卡斯特里拍板，取消一切从中心区突围的行动，只要越军过河就结束一切。

午间，越军继续压缩法军防区，又打下了 E11 和 508 高地。守卫 508 高地的摩洛哥兵没有进行什么抵抗，就直接把高地让给了 141 团。下午 2 点（越军记录是 3 点），141 团又攻击 E11 高地，守军则干脆放弃阵地逃过楠云河，141 团再下一城。期间，越军试图过河，但被朱诺高地的守军打退。这样，越军已经胜利在望。现在，不论是武元甲还是德卡斯特里都明白，奠边府已经守不到夜晚了。

在楠云河东岸，只剩一个孤岛——A3 高地。下午，阿莱尔从 506 高地爬回，用电台和比雅尔联络，询问是继续打下去，还是投降？比雅尔答道："什么都不要做，准备停火。"阿莱尔不敢相信自己的耳朵，这么大的事最好有书面命令。于是他请求比雅尔发一道书面命令给他，比雅尔同意了："致阿莱尔，17 点 30 分停火，不要打白旗，再见！布鲁诺。"

下午 3 点，武元甲大将发出总攻令，要求各师不惜代价，务必在当夜彻底、干净地歼灭法军，夺取奠边府战役的伟大胜利，并

▲ 冲过楠云河，胜利在望！

宣布作战最勇敢的部队将获得胡志明主席授予的"决战决胜"红旗！

在胜利的鼓舞下，308 大团、312 大团、316 大团从西北和东面夹击。下午 4 点就打到楠云河边，法军的精神崩溃。越军旋风般地过河后，法军已经停止了抵抗。德卡斯特里的命令传遍了各个阵地："一切都结束了，5 点 30 分停火，停止抵抗，务必抓紧时间在此时刻前破坏一切武器弹药！"

下午 5 点，趁越军还没有冲到指挥部，德卡斯特里抓紧时间与河内通了最后一次话："我们被包围了，楠云河西面的克洛迪娜巴经陷落，敌人到处都是，不知道我军伤员怎么办？各部队队长都在问我下一步该怎么办。我们已处在火箭炮威胁下，我的士兵因缺乏睡眠而疲惫不堪，情况万分危急！"

越北战区副司令博代准将回答："让这场战斗见鬼去吧，让伊沙贝尔的拉朗德上校自己想法突围，我们不会放弃你，你打得很好！"

随后，德卡斯特里向河内通报，下午 5 点 30 分，他将派出联络员与越军联系，请求停火，并要求越军允许法军明天派飞机来接运伤员。

科尼少将接过话筒对德卡斯特里准将说了几句安慰话，然后走到自己办公室沉默无语。突然，参谋长巴斯提尼追进办公室对科尼说："将军，你忘了提白旗的事！"

这句话提醒了科尼，他一下子从椅子上跳起来，冲进作战指挥室。这时，博代正和德卡斯特里告别："再见，我的朋友，你们尽了自己的努力，完成了一场艰苦的战斗……"

科尼一把夺过话筒："德卡斯特里，我知道一切都结束了。但，请你们不要投降，法国远征军可以被打败，但不允许投降。可以停止射击，千万不要打白旗，不要投降，否则你之前的一切战斗都将因此受到玷污！"

那边没回答。过了一会儿，德卡斯特里回答："眼下我做的就是保护伤员。"

下午 5 点 32 分，德卡斯特里的私人电信员与河内通了最后一次话："5 分钟后我们将销毁这里的一切，越南人离我们很近了，向巴黎问好！一切都结束了，再见！"

听到这个声音，科尼、博代脸上挂满了泪水。他们很不幸，居然见证了法国远征军在印度支那最大的军事灾难。

在奠边府总指挥部，德卡斯特里和朗格莱默默对视，然后紧紧拥抱。在该战役 56 天的时间里，两人始终保持着良好的友谊。朗格莱向德卡斯特里敬了最后一个礼，然后跑回自己的指挥部销毁文件。

不一会儿，总指挥部顶上响起了越军的脚步声。209 团 130 营连连长谢国律带着越军战士冲到指挥部前，他先是朝出口扔了一枚手榴弹。随着硝烟的散去，1 名拿白毛巾的法国军官走了出来，他喊道："德卡斯特里将军请你们的一名军官进来，他准备投降。"

话音刚落，谢国律带着 5 名战士冲了进去。面对冲到跟前的越军战士，德卡斯特里连声说道："不要开枪，不要朝我开枪。"谢国律用法语问道："谁是德卡斯特里将军？"德卡斯特里答："我就是，我是否还应再下令要我的部队停止抵抗？"

▲ 最后的胜利，金星旗飘扬在德卡斯特里指挥部顶上。

谢国律紧握枪支摇摇头，大声说："不用了，那完全是多余的，你的士兵们不用你的命令就投降了，我们胜利了！"

就在谢国律和德卡斯特里的头顶，1 位年轻的越军排长朱伯世脚踏掩体，举着一面金星红旗，尽情挥舞起来。下午 6 点 20 分，越南人民军完全占领了奠边府中心区。

不过，奠边府会战还没有结束，航岗还有 2000 名法军在拉朗德上校指挥下固守。5 月 6 日夜到 7 日凌晨，越军在对奠边府发起总攻的同时，也对航岗进行了猛烈的炮轰，但加强 57 团没有进攻。

5 月 7 日下午，拉朗德从观察哨看到越军已经冲进了中心区，意识到会战已经失败，他赶紧下令航岗守军销毁库存军需，准备趁夜突围。下午 5 点，航岗的法军 105 毫米榴弹炮群停止了对中心区的射击。下午 6 点 30 分左右，拉朗德目睹了中心区的陷落，更坚定了他的突围之心。在指挥部，拉朗德紧张地拟出了突围计划：在夜幕掩护下，航岗守军销毁所有重武器，带上枪支和口粮，沿着楠云河两岸突围。西岸突围纵队由第 3 外籍兵团步兵团 3 营 11 连和普雷奥中尉的坦克排（徒步坦克兵）担当尖兵，东岸由第 3 外籍兵团步兵团 3 营 12 连和泰族辅助兵打先锋。

晚 8 点，两岸尖兵队离开航岗，为大部队探路。西岸尖兵队刚走出几千米就和越军遭遇，双方展开混战。但东岸却悄无声息。拉朗德窃喜，以为自己找到了越军防线的薄弱点，马上命令航岗守军主力沿东岸突围。

突围行动异常艰难——7 日夜一片漆黑，战壕里泥水深积，周围带刺铁丝网环绕，四周越军炮火如雨点般落下，使法军纵队的撤退速度十分缓慢。晚 11 点，法军殿后部队还没走出航岗，57 团就渗透了进来。在夜色中，双方爆发多次混战，法军队形大乱，伤亡惨重，突围无望。晚 12 点，拉朗德上校只得带着残部逃回航岗，试图重组防线，但此时的航岗既无工事，又无重武器，和各部的联络完全断绝，而且还要保护二百五十几名伤员，再打下去只是陡增伤亡，毫无意义。5 月 8 日凌晨 01 点，1 名越军干部来到拉朗德司令部，下达最后通牒，要求法军停止抵抗。拉朗德彻底绝望了，01 点 50 分，他向科尼少将拍发了法军在奠边府战役中的最后一份电报："突围失败，断绝联系！"随即，航岗守军束手就擒。

但第 10 殖民地炮兵团 3 营最后 1 门 105 毫米榴弹炮组没有接到停火令，他们还有 125 发炮弹。5 月 8 日天明，57 团逐步解除了航岗的法军武装，当他们向这门火炮走去时，只有摩洛哥炮手穆罕默德·本·萨拉赫还坚守在炮位上，正好炮膛里装填了一发 105 毫米榴弹，萨拉赫猛拉火绳。随着一声巨响，几名越军倒下了。萨拉赫随即也被密集的子弹打成了竹筛，英勇的萨拉赫最终倒在了自己的炮位上，成了奠边府战役最后一位阵亡的法军将士。

经过 56 个昼夜的奋战，越南人民军终于打赢了奠边府会战。

|第十四章|

落幕

5月7日傍晚，308大团和312大团一占领奠边府，就把所有能动的战俘（包括一瘸一拐的轻伤员）约8000人按法国籍、德国籍、意大利籍、东欧国籍、阿尔及利亚籍、摩洛哥籍、非洲籍和越南籍分队，沿着41号公路押往越北战俘营。由于越军主要任务是打扫战场和抢运缴获物资，所以他们对战俘只是简单地搜查，不少俘虏仍藏着匕首、指南针，甚至手枪和手榴弹。高级军官和士兵们隔开，用卡车和吉普车押往战俘营。不少军官都被反捆双手，有的是因为在审问时拒不交代，有的是因为试图逃亡结果被抓了回来（例如比雅尔）。

留在奠边府的伤员，主要由格罗万和27名未受伤的军医看护。5月7日傍晚，308大团的军医官检查了中心区法军战地医院，他与格罗万两人虽从未谋面，但彼此之间还是相当尊敬。查看了越军伤员的伤情，格罗万

意识到越军伤员的情况远甚于法军（主要是炮伤和炸伤，而法军则是枪伤居多），于是把部分药品和医疗器械赠给了越军。同时，越军要求将法军重伤员抬出掩体，把战地医院让给他们抢救重伤员，格罗万军医亦照办。此外，越方还同意，允许法军运输机每日向奠边府空投口粮和药品，结果他们将此据为

◄ 长长的战俘纵队昭示着法军的失败和越军的胜利。

已有。

5 月 10 日，越军接管战地医院。由于没有药品和足够的医疗人员护理，法军伤员的伤情恶化，甚至出现了死亡，但越军正忙着将奠边府缴获的物资抢运出去，无暇顾及。

遵循着游击队的传统，越军自 5 月 7 日夜起开始仔细打扫战场，准备收集物资。然而，越军却失望地发现，遗留在战场上的大部分步机枪都被法军砸毁，完好的重武器也寥寥无几——2 门 105 毫米榴弹炮、1 挺 12.7 毫米高射机枪、3 辆卡车和推土机。不过，越军要的不仅是武器，连军需品、药品、医疗器械、几万个散落在盆地内的降落伞以及法军被服、工兵用具、电话线，甚至皮带和扣子等大大小小的所有可用的东西全部搜缴。

越南人民军可以不管法军俘虏，但纳瓦尔还惦记着这些勇士。日内瓦会议开始讨论印度支那问题时，他向政府提议，代表团在谈判时首先要求越军迅速释放重伤员。拉尼埃应允。于是，外长皮杜尔在第一次印度支那多方会谈中就向越南代表团团长范文同提出了这个要求，美国国务卿杜勒斯和英国外交大臣艾登支持皮杜尔的意见。在西方国家代表的一致要求下，为了争取主动，越南代表团接受了请求，总理范文同于 5 月 10 日发表声明："我国政府准备允许运走在奠边府俘获的法国远征军重伤员。如果法国政府愿意运走这些重伤员，双方司令部代表将就此事就地采取切实可行的措施。"

然而，范文同的声明只是外交手段而已。在奠边府盆地，越军拒绝就释放重伤员展开协商。拖了几天，在纳瓦尔亲自呼吁下，越军看到战场打扫得差不多了，清理及运送物资的工作亦已完成，这才答应和法军协商撤退重伤员的问题。5 月 13 日，菲亚教授为首

的法军红十字代表团乘机飞抵奠边府，和越军商议撤退已经躺在户外多日的约 1500 名伤员。谈判一开始，越军就提出允许撤退重伤员的先决条件是禁止法国远东空军和海军航空兵轰炸奠边府周围约 1 万米和 41 号公路主要地段（这样，越军可以趁机让主力部队一边看押战俘队，一边抢运缴获物资）。

法方别无选择，只能答应。接着，双方讨论如何接运伤员问题，法方要求越军尽快修复机场并完成跑道四周的排雷作业，让 C-47 着陆迅速撤离伤员。在此之前法军将用直升机和小型运输机接运。为了刁难法军，越军对法军打出了人权牌，要求法军承诺优先撤退亚非籍重伤员，欧洲籍重伤员排在最后，迫于形势，法方只得屈辱答应。看到法国人一再退让，越军又打出了另一张牌——政治牌，将越南籍重伤员全部扣下，拒绝列入撤退名单。这下子，法国人火了，把官司打到了日内瓦。越军的做法惹恼了西方阵营和世界舆论，越南代表团被推到风口浪尖。为了扭转被动局面，中国总理周恩来亲自和范文同私下会谈，力劝从引导世界舆论的角度出发，在释放重伤员问题上应表现出灵活性（暗指重伤员中含越南籍）。经过周公一番苦口婆心的劝谏，范文同只得宣布，撤退人员中含越南籍重伤员。

幸得这次官司，奠边府越军的态度总算出现了松动，不分国籍，共将伤员中 858 人确定为重伤员。5 月 17 日，两军就撤退法军重伤员签署协议，法军从当天开始撤退重伤员。

然而，法国人很快发现自己上当了，原来越军故意不修复机场，限制重伤员的每日撤退量是为了抢运物资和主力部队押解俘虏安全离开！气愤异常的法军遂派代表抵达奠边府，要求自己修复机场，用 C-47 和 C-119

大量撤运重伤员，同时要求取消 41 号公路禁飞令。得了便宜的越盟岂能同意？

于是，法军开始搞小动作。5 月 22 日，3 架 B-26 对古内以南的 41 号公路地段进行了猛烈的轰炸和低空扫射，造成大量转移中的越军和法军战俘的伤亡，引发国际舆论的责难。越军迅速做出反应，停止在交送伤员和释放俘虏方面的合作，这样一来，法军便里外不是人。

法军只得收敛。5 月 25 日，乘直升机来到奠边府的法国军医带来了越北战区司令科尼少将致 308 大团副大团长高文庆的一封信，信中写道："法军飞机轰炸 41 号公路是一个引以为憾的过失。越北战术空军司令部已责成对这一事件进行调查，同时向有关部队再次下达奠边府周围 10 千米范围内禁止飞行的命令。"

41 号公路终于恢复了平静，到 5 月 26 日，越军主力部队和缴获的物资基本运完，俘虏也走远了。法军逐步撤退重伤员，大约到 6 月中旬撤退完毕。

当然，参战的法军也并非全都束手就擒，被围的法军共有 78 人逃出战场，但欧洲籍只有 19 人，仅 1 名是军官——第 3 泰族步兵营的马科维尔准尉。5 月 7 日清晨，他从 A3 高地趁乱逃出，凭借着一口流利的泰族语和对西北地区的熟悉，在越南和老挝边界森林闯荡了 23 天。5 月 31 日，他被一支法军领导下的老挝游击队所救。

奠边府的硝烟终于散去。

回顾 56 天的奠边府战役，法国远征军损失惨重，精华尽失。

法军资料显示，3 月 13 日于奠边府集结的兵力为 10813 人，从 3 月 14 日到 5 月 7 日伞降伞兵 4277 人（含建制伞兵营、补充兵和志愿兵）

总计参战兵力：15090 人

从 3 月 13 日到 5 月 7 日，法军总的伤亡情况为：

战死：1142 人

失踪：1606 人

负伤（指失去战斗力，不含轻伤员）4436（其中 429 人因伤致死）

总伤亡 7184 人

在 5 月 6 日到 7 日的战斗中，法军伤亡 800 人（其中战死者约 400 人），这样法军在停止抵抗时约有 4500 名伤员和 5500 名俘虏，总计约 1 万人，扣除 858 名重伤员由法军接出外，实际落入越军之手的是 9000 人左右的法军战俘。

胜利一方的越南人民军也付出了巨大的牺牲，越南公布的数字是 1954 年 3 月 13 日到 5 月 7 日参战官兵伤亡 13956 人，其中战死失踪 4832 人，负伤 9124 人。

5 月 7 日夜到 8 日凌晨，奠边府战役结束的消息通过无线电波传遍了全世界。各方反应不一，有人欢喜有人忧。

5 月 7 日傍晚前，312 大团先头部队占领德卡斯特里指挥部，奠边府法军全面崩溃的消息传到越军总部，全体军官兴奋地高喊起来，他们把总司令武元甲大将围在中心，手舞足蹈。

沸腾的人声很快传到了离越军总部不远的中国军事顾问团总部驻地。韦国清和梅嘉生他们正纳闷越军总部因何而喜的时候，突见越军总军委作战局副局长陈文光奔到韦国清门口，大声道："国同志，奠边府敌人投降了，我们已经占领了奠边府！"接着，陈文光又将此消息告诉梅嘉生。很快，消息在中国军事顾问团总部传开了，大家奔走相告，和越军军官一起欢庆胜利。

傍晚，越军总司令武元甲大将和中国军事顾问团团长韦国清分别向越共中央和中共中央发电，报告了奠边府大捷的喜讯。

结束中国和苏联访问工作的越南人民共和国主席胡志明刚回到越北中央根据地就收到了喜讯。征尘未洗，胡志明即致电武元甲，为奠边府的胜利向他表示祝贺：

> 我军已经解放奠边府，我和政府对出色完成任务的干部、战士、民工、青年突击队和地方同胞致以亲切的慰问。这次胜利虽然巨大，但它只是一个开始，我们不能因此而骄傲起来，不得主观轻敌。我们坚决抗战，争取独立、统一、民主与和平。无论是军事斗争，还是外交斗争，都要经过长期艰苦的努力才能完全达到胜利。我和政府将对建立了特殊功勋的干部、战士、民工、青年突击队和地方同胞给予奖励。
>
> 致以
> 亲切和必胜的敬礼！
>
> 胡志明
> 1954 年 5 月 8 日

在日内瓦的越南代表团驻地也沸腾了，以越南总理范文同为首的代表团成员在屋内举杯庆祝。东方阵营如东欧诸国、东德和波兰也在苏联和中国的带动下，频频向胡志明发来贺电，庆贺来之不易的奠边府大捷。

在东方阵营狂欢庆贺的同时，战败的法国则是一片颓势。法国总理拉尼埃在议会厅发表讲话，他以一种几乎只有他自己才能听见的声音说："政府刚刚得知，经历了20小时的惨烈激战，奠边府核心阵地陷落了。但伊沙贝尔还在坚守中，敌人要赶在日内瓦会议进行关于印度支那议题讨论前攻占奠边府以取得有利的谈判地位，认为这样就可以决

定性地打击法军士气。他们就是这样，以牺牲几千将士的代价来回报法国的和平愿望。而法军的英雄们，奋战55天，将无愧于整个（自由）世界的赞扬。"整个会场鸦雀无声，法国被彻底打败了。当天，巴黎降半旗，为奠边府战死的法军将士们默哀。法国电台和电视台也取消了原有的娱乐节目，代之以播放古典音乐。

晚10点，拉尼埃约见美国驻法国大使都龙。一见面，拉尼埃就对都龙说，法国现在最大的敌人不是越盟，而是红色中国，正是因为中国的援助，才导致了奠边府之败，而且他们的援助力度不仅没有减弱，还在不断加大，法国远征军在万里之外无法和中国匹敌，他要求美国就奠边府失守后的印度支那形势表明立场，并派1名了解印度支那问题的军官前来巴黎会谈。对于目前的印度支那战局，拉尼埃无可奈何地承认红河三角洲随时有崩溃的危险。法国目前的政策是一边进行日内瓦会谈，一边命令法国远征军收缩红河三角洲防线。

5月8日，即奠边府战役结束次日，日内瓦会议开始讨论印度支那问题。越南代表团团长范文同自恃奠边府大捷，在谈判桌上抛出了"就地停火、稍加调整、等待普选"的方案，法国代表团团长皮杜尔本来就对奠边府之战很不服气，一看到范文同的方案就更来火了，这不是摆明了让法军完全滚蛋，把全越南让给越盟吗？法国远征军不过是在奠边府被打败而已，越南最重要的两个地区——红河三角洲和湄公河三角洲还在法军手中，你范文同如此得意未免为时过早！皮杜尔很强硬地拒绝了这个方案。

看到皮杜尔态度强硬，还算有点自知之明的范文同对方案稍稍做了修改，提出采取

南北分治的建议，把第一条分界线划在了北纬14°，把西原解放区完全划进越盟的势力范围。皮杜尔很清楚，如果同意了这条线，就意味着越盟拿下了大半个越南，那就等于承认法国远征军这8年是白忙活了。自然是坚决反对！

既然两个方案法国人都不理睬，范文同又做了一次修改，把分界线北移到15°线，并声称，这是越盟的底线了。同样，在老挝停火问题上，范文同也主张划定一条北纬分界线，尽可能把老挝的政治和经济中心——万象和琅勃拉邦纳入巴特寮解放军势力范围。对这些方案，从拉尼埃到皮杜尔都认为这是对法兰西的极大侮辱，不要说同意，连商量的余地都没有。参与谈判的美国国务卿杜勒斯态度也十分强硬，宣称支持法国，绝不能让越盟得逞；英国外交大臣艾登也认为越盟的方案确实太过火，在自己军事实力并没有占到绝对优势的情况下，强迫另一方多做三分之一以上的让步是不可接受的。于是，西方国家外长一起拒绝了越盟的方案。作为对范文同方案的反击，美英法三国外长统一口径，拒绝讨论老挝和柬埔寨停火问题，谈判陷入僵局。

经验丰富的中国总理周恩来立即意识到问题的严重性。他首先劝说范文同从双方军事实力的实际情况出发，最好把南北分界线划在北纬16°线附近，这样越盟控制区可以占到超过越南国土面积的50%，而法国至少也几近50%，先赢得局部优势，再想办法争取法国支持几年后举行南北普选，然后通过普选合法收回越南南部。在周恩来总理的反复劝说下，范文同表面上答应考虑以北纬16°线作为临时分界线。接着，周恩来和苏联代表团团长、老资格的外交家莫洛托夫，以及越南代表团团长范文同一起协调立场，

求同存异，提出了东方阵营的折中方案：印度支那三国（越南、老挝和柬埔寨）同时停火，但各国的区域划定方案可以灵活变通。

另一方面，英国外交大臣艾登尽管和美法口径一致地拒绝了越盟的方案，但对会议进程还是积极推动，无论是丘吉尔还是艾登，他们都认为日内瓦会议是个难得的机会，交战双方应该坐下来慢慢谈，而不是一方逼另一方就范。他认为，多方会谈可能无法解决问题，最好还是由交战双方的军事代表先谈停火问题，再由双方政治家们谈分界线问题。5月29日，日内瓦会议通过了艾登关于越盟和法国军事代表团举行直接谈判的建议，这是日内瓦会议达成的第一个实质性的协议。6月2日，越南和法国军事代表团在日内瓦举行了正式谈判。

但拉尼埃政府态度强硬，拒绝接受北纬16°为分界线，日内瓦会议再次陷入僵局。

就在越南和法国代表团在日内瓦唇枪舌剑的时候，雨季席卷印度支那半岛，越南人民军主力部队和法国远征军都收住了兵锋。

奠边府战役结束后，凯旋的越南人民军主力304、308、312、316大团和351工炮大团返回越北中央根据地休整，总结奠边府战役经验教训，以备1955年旱季再战红河三角洲。

而此时的法国远征军已如惊弓之鸟，担心越南人民军乘胜进攻红河三角洲。为了协助越北战区挡住即将到来的越军攻势，纳瓦尔决定收缩老挝防线，放弃大量据点腾出机动兵力给科尼，同时请求国内至少向印度支那战场增派10个营。这还不够，纳瓦尔还命令远征军总部暗自准备放弃红河三角洲南部（南定、太平）和东北地区（即18号公路沿线），集中全部机动部队守住河内——海防走廊，不过这个计划的实施前提是1955年旱

季顶不住越南人民军主力部队的初次攻势。

纳瓦尔还沉得住气，但巴黎却坐不住了。5月15日，法国国防部指示纳瓦尔做大规模战略收缩，集中兵力守住海防—海内走廊。5月18日，新任国防委员会秘书长埃利上将亲赴西贡，准备督促纳瓦尔执行。

实际上，印度支那的局势也没有法国想象的那么糟糕。5月8日，就在奠边府陷落之日，特拉坎德上校的泰族游击队竟然袭占了奠边府越军主力的后方仓库！更令人大跌眼镜的是，自1952年越军发起西北战役以来，一直被遗忘的蒙族游击队和泰族游击队居然对越军后方发起了大规模的反扑，他们轻松打下了背靠云南的西北重镇老街，甚至夺回了泰族聚居区的首府——莱州！最令人吃惊的是，蒙族游击队和泰族游击队趁着越军后方空虚和越南人民军主力部队因伤亡惨重急需休整的机会，一举抄到4号公路，包围了高平。

泰族和蒙族游击队的积极作战行动，让纳瓦尔自奠边府之败后又看到了希望。只要法国政府抓住机会向印度支那及时增兵，形势仍有回到1951年初的状态的可能（即法军趁越军主力部队休整、远离西北战场，且蒙族和泰族游击队积极进攻之机，投入新锐兵力支援，则有可能一举夺回西北地区，这样奠边府的牺牲就有价值了）。除开目前的2个伞兵营（第7殖民地伞兵营和第3外籍军团伞兵营），法国国防部还计划增派1个阿尔及利亚机动团和3个坦克连，纳瓦尔甚至希望如果局势稳定的话，法军将于1954年秋新组建3个轻装师。纳瓦尔判断，目前整个印度支那，除了西原战场，他没有什么可担忧的。不过，由于日内瓦会议的不确定性和奠边府失守的打击，使法军统治区内的越南

民众和保大政府军的立场开始动摇，他们怀疑法军有可能会输掉第一次印度支那战争。

然而，纳瓦尔不是塔西尼，目前的形势也和1950年完全不同，保大军和远征军只是形式意义上存在的兵力，实际上他们士气低落，谁也不愿意再打下去。奠边府战败不仅使法国远征军在印度支那最精锐的11个营和伞兵预备队全军覆灭，同时，法国政府也不愿再派年轻人去印度支那做无谓地牺牲，合格的军官不够，法国自奠边府战败以后完全束手无策。

无奈之下，法国政府还是举起了换帅的大旗。6月4日，法国国防部撤销了纳瓦尔法国远征军总司令的职务，不久法国政府也解除了印度支那高级专员德让的职务，改由在印度支那才待了不到2周的埃利上将兼任双重职位，这是自塔西尼以来第二位集印度支那军政大权于一身的法军将领，足以说明法国政府对埃利的重视和信任。

埃利上任的第一件事就是遵照二周前巴黎的指示，从红河三角洲南部撤军，集中机动兵力，固守河内—海防走廊。

6月15日，埃利上将给红河三角洲南部地区指挥官瓦尼克桑上校发去绝密指令，准备实施"奥弗涅"（Auvergne）行动：放弃红河三角洲南部（从雄安起，经由宁江到太平河出海口南面）。红河三角洲南部地区占红河三角洲面积的三分之一有余，包括府里、南定、太平、宁平、发艳和裴朱。瓦尼克桑所部由7000名北非和法国部队，以及32000名保大军组成，主要编制为第8机动团、1个装甲机动团（德卡斯特里的老部队）和1个陆战团，以及大量炮兵。为了协助这次撤退，瓦尼克桑上校向埃利上将申请希望得到第4机动团、坦克群、炮兵群、工兵，以及空军

和江河舰队的支援。瓦尼克桑的对手是一直以来渗透塔西尼防线的320师和325师18团、2个独立团,以及14个营的地方武装。面对如此强大的越军兵力,瓦尼克桑稍有不慎就会有性命之虞。

"奥弗涅"行动定于7月1日实施。为了防止保大军士气崩溃和撤退时陷入混乱,瓦尼克桑只通知了法军和北非部队,要他们在绝对保密的情况下务必在6月30日前完成撤退准备。为此,瓦尼克桑借口移交防务(保大军在和法国远征军打交道中总想显示自己的独立性,而法军移交防务正是他们求之不得的,以为可以一显身手,岂料上了当,被人拉了做垫背),利用保大军强烈的独立心理,轻松把部队先撤离一线,集结在稍北的几个据点,接着用法军和北非部队控制各个北撤桥梁和重要公路,并通过江河舰队和远东空军撤出军属和非战斗人员,到6月30日,瓦尼克桑已经成功撤出32000人和10000吨的武器装备。越军第320大团直到6月27日才意识到情况有些不对劲,法国人要跑!第二天,即6月28日,正是"奥弗涅"的D日(因为非战斗人员撤退顺利,所以瓦尼克桑上校决定把行动日提前3天)。

接下来6天里,瓦尼克桑充分展现了他的才华,组织了一场经典的撤退行动:他计划一部兵力通过1号和10号公路分别朝河内和海防撤退,另一部兵力乘登陆艇沿江河到太平河出海口,然后再换乘驱逐舰北上海防。

看到法国人撤退了,越南人民军总参谋长文进勇少将马上命令320大团和325大团18团尾追上去,穷追猛打,促其溃散。但瓦尼克桑上校的部署很周到,在每个重要的路段和桥头都集结了强大的装甲和炮兵预备队,法军利用空炮坦优势段段阻击,每次都轻松

打退追击之敌,确保了撤退部队的安全——6月30日,法军江河舰队将发艳守军撤空。7月1日傍晚,南定、太平和裴朱守军搭乘登陆艇沿红河撤退。7月3日,320大团出兵围攻1号公路要点府里,试图阻挠守军的撤退,瓦尼克桑上校马上组织三面反击,大获全胜,7月3日夜到4日凌晨,撤退行动胜利结束,共有68000名军人和平民,以及97%的武器装备安全转移,付出的代价仅仅是38人阵亡、129人负伤和26人失踪。

这次撤退是在穿过越军游击区、受到越军第320大团追击的极其困难的情况下进行的,瓦尼克桑通过自己的出色指挥证明了法国远征军只要能充分施展火力和机动力,还是能战胜越南人民军主力部队的。尽管是一次胜利,但它毕竟是撤退而不是进攻行动。这次毫无必要的行动(事实上,320大团并没有在雨季中向红河三角洲的进攻计划,武元甲大将自然也没有此类计划,奠边府战役结束后,越军主力需要休养生息,把解放红河三角洲的时间定在1955年旱季),完全是因奠边府之败而完全被越军吓破胆子的法国政府愚蠢之举。

红河三角洲的形势是稳定了,第一次印度支那战争的焦点转移到了西原战场。在这里,法国远征军部署了3个机动团——第100机动团(以法军朝鲜军为基干组成)驻安溪,第42机动团(主要由越南籍官兵组成)驻波莱古,第41机动团驻邦美蜀。自1954年1月底"亚特兰大"行动以来,越南人民军就夺取了主动权。1954年2月,越军拿下了西原重镇昆嵩,并围攻波莱古。按照战场划分,这里是越军第5联区的西原战场,活跃着803团、108团、96团、120团等主力部队。108团团长段奎少校和96团团长阮明洲少校是其

中最出类拔萃的将领。

1954年6月，阮明洲指挥第96团4个连在安溪的德波隘口（法军称为芒扬关）打了一个蜚声在外的安溪大捷，仅以147人牺牲的代价，重创法军精锐的第100机动团，打掉法军全部机动车辆，重创法军第1朝鲜营，几乎全歼法军第2朝鲜营。

伴随着阮明洲奏凯，日内瓦会议也出现了转机。

6月12日，在日内瓦会议中持强硬立场的拉尼埃政府垮台。6月17日，在法国国民议会中取得绝大多数选票的激进社会党人、主张迅速结束第一次印度支那战争的皮埃尔·孟戴斯-弗朗斯出任总理组阁。在就职典礼上，他对国会议员们宣布，要在4个星期内，即7月20日之前，在日内瓦就印度支那和平达成协议，如若不成，他将立刻辞职。

接着，孟戴斯-弗朗斯兼任外交部长，亲自参加日内瓦会议。孟戴斯-弗朗斯和英国外交大臣艾登密切合作，推动了日内瓦会议的进程。6月23日，孟戴斯-弗朗斯和周恩来在瑞士首都伯尔尼会晤，双方就印度支那局势和采取"朝鲜模式"交换了看法，对打破会谈僵局具有重要意义。

从6月20日起，英、美、法代表团离开日内瓦回国协商，越南代表团暂时留在日内瓦，周恩来回国，在广西柳州由罗贵波和韦国清陪同，与越南人民共和国主席胡志明和越南人民军总司令武元甲进行了8次会谈，向他们耐心地介绍了日内瓦会议的情况，协调双方立场。在谈到要将越南一分为二时，胡志明和武元甲一开始难以接受，尤其是在越南人民军已经赢得了战场主动权和奠边府大捷的情况下。武元甲甚至表示，如果坚持

要分割越南，那还不如继续把战争打下去，法国终会屈服。周恩来耐心地向他解释了国际形势的复杂性，美国绝不会坐视法国的全面失败，奠边府战役虽然失败，但法国远征军并没有完全崩溃，尤其应看到在红河三角洲和湄公河三角洲，他们还有很强的战斗力，如果硬碰硬，对越南人民军不利，退一步说，即使越军以重大代价继续进行下去，把法国逼到绝境，那么美国和英国很可能为了维护西方国家的尊严，联合干涉第一次印度支那战争，那么战争结束就真是遥遥无期了，而且也白白浪费了奠边府大捷给东方阵营带来的正面效应。所以，应该积极争取在日内瓦会议上有所作为，争取结束战争，首先保住北方。留得青山在，不怕没柴烧。南方待日后再解放。

虽然很痛苦，但胡志明和武元甲还是做出决定，放弃"就地停火、稍加调整和等待普选"的原则，使中越双方就日内瓦会议的基本原则取得一致意见。柳州会谈后，越南劳动党中央给日内瓦的越南代表团团长兼越南总理范文同发去了《七五决议》，规定越南代表团在日内瓦会议中的指导思想是：采取积极推动的方针，不应消极等待——在越南，争取在北纬16°线作为分治线，如对方不肯让步，也可以在北纬16°线基础上小作让步；在老挝，把桑怒和丰沙里两省划为巴特寮武装的集结区，在柬埔寨争取政治解决。

和胡志明一样，范文同在接到《七五文件》时也难以接受。割舍北纬16°以南的越军控制区，尤其是西原战场的阮明洲捷报频传——先是解放昆嵩，继而席卷安溪，吃掉了法军第100机动团，迫使法军龟缩在波莱古，控制了西原90%的地区——这是继奠边府大捷后越南人民军又一次大胜，在这样的情况下，

他更不愿意放弃先前的立场。

7月11日，日内瓦会议复会，范文同又重弹北纬15°甚至14°分界的老调，连急于结束第一次印度支那战争，兑现自己诺言的法国反战派领袖、法国总理兼外长的孟戴斯－弗朗斯都受不了，态度陡然强硬，反过来向范文同提出把分界线划到北纬18°。双方互不相让。消息传到法国，法兰西民众的民族荣誉感被点燃，反战声音一下子消弭不少，主战派甚嚣尘上，蠢蠢欲动。美国也对进行了一个多月依旧无果的会谈失去了耐心，艾森豪威尔责成五角大楼拟订计划，一旦日内瓦谈判破裂，即着手干涉印度支那，即便没有英国联合，美国也决心单干。一时间，战争阴云笼罩日内瓦，会谈有破裂的可能。

7月12日，周恩来回到日内瓦，与范文同进行彻夜长谈，他以朝鲜战争为例，一旦美国介入，印度支那问题会高度复杂化。谈到分治问题，周恩来以"皖南事变"的教训和抗战结束后解放军撤出苏南、加强东北和山东的经验，向范文同指出了战争中进退的辩证关系。具体到印度支那，周恩来指出用北纬16°以南的解放区换取法军固若金汤的红河三角洲，这是一件很划算的事。如果派兵攻击，越方一定会付出更大的牺牲。战争有时并不仅仅是交兵问题，更应该从政治角度考虑，在双方军事实力处于势均力敌的情况下，应利用现有的战场优势，在对手可承受的范围内争取自己的最大利益，而不是完全无视对手可承受范围漫天要价，不顾会谈崩溃后其不堪设想的后果。周恩来一说红河三角洲就触动了范文同那根敏感的神经——自从1946年12月越盟失去河内和海防，退进山高林密的越北根据地起，到今天已经7年了，在这7年时间里，越盟哪年不曾努力

试图收复红河三角洲，可有一次成功么？永安、冒溪和宁平流的血还不多么？想到此，范文同眼睛湿润了。

这一夜，是日内瓦会议中最重要的夜晚，周恩来成功说服了范文同按照《七五决议》的原则和孟戴斯－弗朗斯谈判。7月13日上午，几乎是彻夜未眠的周恩来会见了孟戴斯－弗朗斯，向他指出，让步是双方的，只要法国肯做出一定让步，越盟也会退让的。周恩来要求他从战略角度出发，综合考虑一下北纬16°线的分治。

次日，越法双方再度会谈，双方各退一步，作为折中（越南提出至少以16°线，法国提出至少以18°线），最终同意以北纬17°线作为临时分界线，老挝和柬埔寨也达成了停火协议。

7月21日，双方举行了最后一次会议，签署了日内瓦会议关于恢复印度支那和平的协议，这项协议包括会议的"最后宣言"和3个停战协定，并以法国、老挝、柬埔寨政府分别发表的6个声明作为最后宣言的附件。

日内瓦协定的主要内容有：

1. 在北纬17°线以南、9号公路稍北划出临时分界线。线北是越南人民军集结区，以南为法国远征军集结区，在此线两侧5千米内为非军事区，隔离交战双方。老挝停战协议规定，巴特寮武装集结在桑怒和丰沙里两省，等待政治解决。柬埔寨停战协议规定，停火令颁布后，30天内，高棉抗战武装就地复员。

2. 成立"联合委员会"和"国际委员会"这两个平行机构，监督停战协议实施。前者由越南人民军和法国远征军司令部同等人数的代表组成，后者由印度、加拿大和波兰代表组成，由印度代表出任主席。

根据日内瓦会议的最后宣言，日内瓦会

▲ 1955年1月1日, 越南军政领导人在河内举行盛大的阅兵式。

◀ 1954年10月10日, 越南人民军第308大团102团开进河内。

议与会国保证尊重越南、老挝和柬埔寨三国的民族独立、主权和领土完整。法国军队将从印度支那三国撤军, 但经双方协议留驻的少数规定地点则不在此限。越南将在1956年7月举行全国自由选举, 老挝和柬埔寨将在1955年内举行自由选举, 印度支那三国保证不在本国领土上建立任何外国军事基地, 并保证不参加任何军事同盟或军事协定。

中国、苏联、英国、法国、越南、老挝、柬埔寨代表都宣布同意"最后宣言"。唯有美国代表、副国务卿史密斯宣布, 美国不参加"最后宣言", 表示美国政府将遵照联合国宪章第二条第四款, 不使用武力破坏"最后宣言", 但同时宣称要防止任何侵略再起(史密斯指的是在必要情况下出手维持南越的"独立", 阻挠北越的统一), 这为第二次印度支那战争的爆发埋下了伏笔。

1954年7月21日, 法国、越盟、老挝和柬埔寨签署了日内瓦协定, 历时8年之久的第一次印度支那战争正式宣告结束。接到本国代表团的通告, 越南人民军总司令武元甲大将和法国远征军总司令埃利上将分别下令越南人民军主力部队、地方武装、游击队和法国远征军、保大军于1954年7月22日在整个印度支那停火。

战争, 给法国带来了无尽的痛苦, 耗资超过3万亿旧法郎(1954年的战争费用要不是美国报销了80%, 法国人根本就打不下去了), 战死、失踪9.22万人, 11.4万人负伤, 2.8万人被俘。战争给越南造成的损失更是惊人, 含军人平民在内, 越南在1945年到1954年死于战争的人数超过50万。

根据日内瓦协议, 越南人民军在北纬17°线以南的部队, 和在老挝、柬埔寨的部队开始集结, 陆续撤回越南北方。

在越南北方的法国远征军也奉命集结, 逐步撤离。1954年10月10日, 最后1名法军撤出河内, 308大团102团为当天进驻河内。

1955年元旦, 胡志明率领越南劳动党中央政府成员还都河内。

1955年4月, 最后1名法国远征军士兵撤离了越南。次月, 越南人民军320大团接管海防。

至此, 第一次印度支那战争终于落下帷幕。北纬17°临时分界线将越南分成了南北两个国度, 但日内瓦协定并没有给印度支那带来真正的和平, 因为法国人走了以后, 美国人又来了。

附录

附录1：第351工炮大团战斗序列

第45炮兵团（装备24门105毫米榴弹炮）

第632炮兵营（下辖第801、802、803连——每连各装备4门105毫米榴弹炮）

第954炮兵营（下辖第804、805、806连——每连各装备4门105毫米榴弹炮）

第675炮兵团（装备18门75毫米山炮和20门120毫米重迫击炮）

第175炮兵营（下辖第752、753和第754炮兵连，各3门75毫米山炮）

第275炮兵营（下辖第755、756和第757炮兵连，各3门75毫米山炮）

第83迫击炮营（下辖第112、113、114、115、116连，各装备4门120毫米重迫击炮）

第237炮兵团

第413迫击炮营（装备36门82毫米迫击炮）

第224火箭炮营（装备12门6管102毫米火箭炮）

1个无后坐力炮营（装备12门75毫米无后坐力炮）

第367高射炮兵团（装备72门37毫米高射炮和72挺12.7毫米高射机枪）

第381高射炮兵营（装备12门37毫米高射炮和12挺12.7毫米高射机枪）

第383高射炮兵营（未去奠边府）

第385高射炮兵营（未去奠边府）

第392高射炮兵营（未去奠边府）

第394高射炮兵营（未去奠边府）

第396高射炮兵营（未去奠边府，负责保卫古内的补给线）

第151工兵团

第83特种工兵连

第106工兵营

第333工兵营

第444工兵营

第555工兵营

附录 2：奠边府战役的越南人民军各个步兵师战斗序列

第 304 大团

第 9 团（第 353、375 和第 400 营）

第 57 团（第 265、346 和第 418 营）

第 66 团（第 766、782 和第 789 营）

第 533 防空营（18 挺 12.7 毫米高射机枪）

第 840 炮兵营（4 门 75 毫米山炮）

第 308 大团

第 36 团（第 80、84、89 营）

第 88 团（第 23、29、322 营）

第 102 团（第 18、54、79 营）

第 387 防空营（18 挺 12.7 毫米高射机枪）

第 401 重火力连（6 门 57 毫米无后坐力炮）

第 312 大团

第 141 团（第 11、16、428 营）

第 165 团（第 115、542、564 营）

第 209 团（第 130、154 和第 166 营）

第 531 防空营（18 挺 12.7 毫米高射机枪）

重火力连（6 门 57 毫米无后坐力炮）

第 316 大团

第 98 团（第 215、439、938 营）

第 174 团（第 249、251、255 营）

第 176 团（第 888、970、999 营），仅 888 营参加了奠边府战役

第 536 防空营（18 挺 12.7 毫米高射机枪）

重火力连（6 门 57 毫米无后坐力炮）

奠边府战役期间，越法两军的炮兵力量对比表

炮种	法军	越军
155 毫米榴弹炮	4 门	0
120 毫米重迫击炮	28 门	20 门
105 毫米榴弹炮	24 门	24 门
75 毫米山炮	10 门	24 门
75 毫米无后坐力炮	2 门	12 门
57 毫米无后坐力炮	68 门	57 门
102 毫米火箭炮	0	12 门
81/82 毫米迫击炮	77 门	162 门
60 毫米迫击炮	143 门	179 门
总计	356 门	490 门

附录3：奠边府战役期间越军的后勤物资消耗统计表

补给物资种类	计划	接收	消耗	超出计划量	弹药携带量（基数为单位）	平均每件武器消耗弹药数	武器数目
大米（吨）		25056	14950				
盐（吨）			268				
肉（吨）		907	577				
干粮（吨）		917	565				
其他食品（吨）		469	469				
小计		27349	16829				
机枪子弹	1388500	1285000	950000		3		
冲锋枪子弹	885000	907000	840000			280	
57毫米无后坐力炮弹	4300	4150	4000		2.3	70	57
75毫米无后坐力炮弹	4000	4000	530		1.5	45	12
90毫米超级巴祖卡火箭筒弹	1720	1820	1800	80	2.5	25	72
60毫米迫击炮弹	22700	21800	23230	530	4.3	130	179
81/82毫米迫击炮弹	34934	35993	37300	2366	7.6	230	162
120毫米重迫击炮弹	4250	4360	3000		6.3	190	16
75毫米山炮	3750	3754	4700	950	8.6	260	18
105毫米榴弹炮弹	15094	15118	16600	1506	14	700	24
102毫米火箭炮弹	4000	4000	836			70	12
37毫米高射炮弹	46000	40600	31750		3.5	950	33
12.7毫米高射机枪子弹	700500	706600	512000		6	6000	85
手榴弹	96180	96480	86080				
爆破筒（米）	6000	5300	4000				
炸药（吨）	26	27.5	25				
卫生器材	45	55	55	10			

附录 4：奠边府战役越南人民军卫生勤务统计

根据《越南人民军卫生勤务史》第一卷记载，越军卫生勤务部门在莱州—奠边府战役中总计接收伤员 10130 人：莱州追击战接收 206 人，第 308 大团奔袭上寮阶段接收 233 人，奠边府战役准备过程接收伤员 1234 人，奠边府战役第一阶段（3 月 13 日到 3 月 29 日）接收伤员 2262 人，奠边府战役第二阶段（3 月 30 日到 4 月 30 日）接收伤员 4378 人，奠边府战役第三阶段（5 月 1 日到 5 月 8 日）接收伤员 1817 人。总伤员数占参战兵力总数的 18.8%。伤员的伤势比例：轻伤员占伤员总数的 56.6%，中等伤势伤员占 26.6%，重伤员占 16.8%。伤势位置分布：头面部占伤员总数的 23.7%，上肢占 32.5%，下肢占 27%，胸背部占 11%，腹部占 2.6%，髋骨部占 2.7%。对比和平战役期间的伤势分布：头面部 19%、上肢 31%，下肢 40%、胸背部 2.6% 和髋骨部 1.62%，可以明显看出奠边府战役越军采取了堑壕延伸战法后，下肢伤势率明显降低，胸背部伤势率则显著升高。这是奠边府与和平战役的区别，也是不同的战斗特点所致。

若算上战病，奠边府战役的伤病员总数是 14619 人，战役期间的治愈率不到 34%，只有不到 5000 名伤病员返回了部队，从 2 月到 5 月转移到后方医院的伤病员数字是 3560 人，战役结束后剩下的 6044 名伤病员才陆续往后方转运。虽然越军在战前准备比较充分，可法军猛烈的空炮火力，仍然给越军卫生勤务部门的抢救工作造成了很大的困难，导致了治愈率偏低，给部队的兵力补充系统造成了不小的压力。

附录 5：越军修武、飘据点攻坚战例

为了和奠边府战役的越军攻坚战斗发展情况进行对比，作者特地摘译了越军 2 个攻坚战例，分别是和平战役中的修武战斗、飘据点战斗，以飨读者。

修武攻坚战例

第一部分：情况简介

1. 地形和敌情

修武据点，位于富寿省青山县修武乡，紧靠沱江（又称黑水江），相对海拔 20 米，长 250 米，宽 100 米，地处和平省到富寿省的联省公路沿线，距和平市北面约 30 千米。

据点东北毗邻沱江，北面隔着 300 米与修武村、东春村，西南与布昂村相望，离据点大约 3 千米是安朗山（标高 205 米）。依托安朗山设立的观察台，我军可以对整个修武据点和周围区域一览无余。修武据点周围各个村庄都被敌人烧毁，大部分村民也疏散到其他地区。

由于地理位置重要，修武据点成了敌人沱江分区一个重要的防御支撑点，由摩洛哥第 1 步兵团 1 个营在苗族伪军第 6 步兵营 1 个连、1 辆坦克和 2 辆装甲车的加强下负责守备修武据点，敌人把修武据点分成 A、B、C 三个区域（A、B 区位于外叨河东北，C 区位于外叨河西南）。A 区守军是 1 个步兵连、1 辆装甲车，防御工事主要是 6 个火力点环绕保护的一个大碉堡，碉堡里布置 2 门 37 毫米火炮和轻重机枪。B 区是据点最重要的区域，既有敌人的营指挥所，又有 2 个步兵连，还有 1 辆坦克、1 辆装甲车、1 门 57 毫米无后坐力炮、2 门 37 毫米火炮，防御工事为 1 个

大碉堡、许多火力点和 3 个暗堡。C 区只有敌人 1 个步兵连，防御工事为 1 个碉堡和 7 个火力点。据点的工事修得十分坚固，各座大碉堡均高 5 米，2 层，壁厚 0.8 米。周围有战壕和交通壕与其他碉堡、地堡、火力点相连，形成四通八达的防御体系，据点周围布有纵深 40 到 80 米不等的铁丝网障碍带，同时每天还派飞机和炮兵轰击 313 高地和安朗山，防止我军的侦察和兵力集结。夜间，敌人还在修武据点周围的各条小道附近组织埋伏，袭击我军的侦察队。在战场准备过程中，我军的侦察行动就有所暴露，2 名干部牺牲。

总的来说，修武据点守敌依托坚固的工事和周围空炮火力支援，以及较高的警惕性，对我军可能发起的进攻已做好了战斗准备。

2. 我情

第 88 团下辖 3 个步兵营（第 29、23、322）和各直属单位。兵力和装备相对满员。

88 团各单位有着坚强、勇敢的战斗传统，在 4 号公路和 13 号公路等诸次战役中立下过许多战功。经过这一年的 4 次战役，第 88 团成熟起来，干部队伍和战士们都通过实际战斗得到了锻炼。

在光中战役的渚高之战失利后，88 团及时总结经验，找出了自身的缺点予以克服，进一步加强了部队建设，坚定了意志，增强了各位指战员的战斗决心。

尽管修武乡人民被敌人控制，但仍对革命胜利抱有坚定的信心。村党支部领导人民留在修武乡活动，协助第 88 团进行战场准备。

总的来说，第 88 步兵团兵力装备相对满员，并得到上级加强火力和地方人民支持，

这是此次战斗的有利因素，但也面临着不少的困难：没有对依托坚固工事守敌进行诸兵种协同战斗的经验；地形开阔，难以隐蔽接近目标。

3. 上级的主张

自敌人进攻和平后，党中央、中央军委和政治部决定：(敌人占领和平) 给我军提供了一个绝好的大量消灭敌有生力量的机会，要下决心对和平之敌发动进攻。战役指挥部决定集中兵力于主要方向，突破敌沱江防守线。在战役的第一阶段："要集中兵力消灭修武据点和查据点 (重点是修武据点)。如果敌人组织反击试图夺回据点，就要坚决消灭援敌，在敌沱江防线重点地带撕开突破口，然后将主力投入战斗，展开兵力包围进攻和平市守敌。88团务必打好首战，可能会付出相当代价；如果1个团不够的话，我们准备用2个团兵力打，牺牲一部分甚至全部也要在敌人沱江防线撕开突破口，包围和平守敌……"(根据武元甲大将的指示，首战突破重任交给了第308大团长王承武和第88团长泰勇)。

4. 88团的任务

88团得到第36团80营和第90炮兵营(75毫米山炮) 和1个12.7毫米防空高射机枪连加强，任务是消灭修武据点，为和平战役撕开突破口。

5. 战斗准备工作

接到任务后，88团立即开始紧张地进行各项战斗准备工作，组织干部分成2部分：一部分进行实地侦察，准备战斗决心；另一部分留在集结地，进行部队和物资准备，做好战斗准备。

从设在安朗山的观察台，执行实地侦察任务的干部密切观察了修武据点之敌的情形。夜间，各名负责侦察据点的干部根据任务进行分工，选好占领出发阵地的行军路线，确定兵力展开位置和火力阵地，以及据点外障碍带的突破方向。留在集结位置的各个干部组织部队进行战斗准备工作，总结渚高之战失败的经验教训，加强政治生活，贯彻任务、战斗意义，讨论战斗方案……

6. 第88团团长的战斗决心

指导思想：坚决连续进攻，速战速决全歼守敌，准备在昼间打敌援兵。

打法：隐蔽接近，展开兵力，形成包围之势，剪断一部分铁丝网；多点组织火力压制敌军，连续爆破撕开突破口，迅速往据点打进一个楔子，先分割再各个击破，直至全歼守敌。

进攻方向和进攻目标：

主要进攻方向——从北面往B区和敌营指挥所展开攻击。次要进攻方向——从修武村沿着公路直插A区。配合方向——从据点南面沿着南北轴线对C区展开攻击。三路进攻部队的主要目标是消灭敌营指挥所。

第88团的战斗队形也分成三个部分：突击部分、火力部分和预备部队。

各营任务：

第29营在1门75毫米无后坐力炮、2具巴祖卡火箭筒，以及4门75毫米山炮和7门82毫米迫击炮的火力支援下，担任主要方向的进攻，任务是消灭敌1营指挥所和B区守敌兵力，包围分割敌人，勿使敌人逃过沱江。在进攻过程中，29营将得到突击A区的23营的配合。

23营在1门75毫米无后坐力炮、2挺重机枪、2门75毫米山炮直接支援下，任务是消灭A区守敌和打击修武村方向的敌援兵。

322营在80营1个连、1门75毫米山炮、2门75毫米无后坐力炮、2门82毫米迫击炮、

2 挺重机枪支援下，负责配合方向的进攻，任务是消灭 C 区守敌。

第 80 营（欠 1 个连）担任 88 团预备队，随时准备根据团指命令令投入到任一方向（主要是 29 营进攻方向）的战斗。

各火力分队的任务是支援步兵进攻，同时压制查据点的敌炮兵，具体部署如下：

2 门 82 毫米迫击炮压制查据点的敌炮兵。

7 门 82 毫米迫击炮组织成火力阵地，支援各个方向的冲击。

12.7 毫米高射机枪连布置在和平机场与稻田之间，保卫步兵战斗队形、指挥所，必要时掩护第 88 团撤退。

战斗协同和担负的具体事项：

1951 年 12 月 10 日 17 点，88 团要行军占领阵地。

12 月 11 日 2 点，各单位要展开兵力，等待进攻号令。进攻信号为主要进攻方向的第 29 营组织的连续爆破声。

第 88 团侦察连要密切监视据点内外的敌情动态，一有情况需及时向团长报告。营侦察组要负责带路，防范敌人干扰行军。

各单位要组织好部队开进，避免队形拥挤、发出声响，注意伪装。

7. 指挥组织

第 88 团指挥所位于稻田西南，副团长阮雄生负责指挥火力部分，团参谋长南河下到 322 营。

第二部分：战斗发展经过和战斗结果

1. 行军占领阵地阶段

12 月 10 日 16 点，第 88 团侦察连报告一部分敌军在沱江沿岸的沙屯挖工事。团长泰勇遂向大团长王承武报告了这个情况，并建议使用一部兵力乘船机动过去，消灭这股敌军并占领沙屯。但大团长王承武继续指示 88 团按计划占领进攻前出发阵地，展开兵力。因为时间紧迫（如果实施这次突袭，必然延误进攻时间），进攻时间由不得半点推迟。

17 点 00 分，88 团团长下令各单位行军占领进攻前出发阵地。

29 营和 5 门 75 毫米山炮在 1 个 12.7 毫米高射机枪排加强下，和 88 团指挥所一起，沿着倪村、布昂村行军前往 B 区西面的进攻前出发阵地。

23 营和 2 门 75 毫米山炮沿着倪村和同春行军，前往占领 A 区北面的进攻前出发阵地。

322 营和配属作战部队从对岱劳村出发，越过寨村，占领 C 区西南的进攻前出发阵地。

虽然我军在战前进行了周密的侦察，但由于地形开阔，加上周围小道多而曲折，而且 29 营和 23 营的侦察组自己都迷路了，竟然把部队带到和平机场西面才发现走错了路，赶紧折回。这么一来，部队就没法再秘密行军，意图也暴露了。

与此同时，第 90 炮兵营和部分迫击炮组遇到敌人伏击，敌人打了几枪就逃回了据点。第 322 营也在修武据点西南附近遇到了敌人的巡逻队。

结果，第 88 团还没有抵达进攻前出发阵地自己的行军队形就暴露了。敌人炮兵从沱江沿岸的查据点、沱冲据点对第 88 团队形进行猛烈射击，在修武据点周围形成一道火力保护圈。部队不得不停止前进，就地挖工事避炮，可还是伤亡了部分指战员。虽然事前预见到了这种情况，但各单位的指挥干部一开始还是措手不及，特别是在通信系统时断时续的情况下更是如此。

发现我军的进攻意图后，敌人的炮兵打得更猛，造成第 88 团各单位选择的各条行军的既定路段被封锁，并给部队造成了很大的伤亡。第23营营长和政委牺牲，第29营营长和政委负伤。第90炮兵营和部分迫击炮也遭到炮击，2门炮中弹。扛炮的战士负伤，火炮没法按时进入展开阵地。团指挥所也遭到敌人炮火急袭，不得不转移到外叨村外。团长也从19点到22点与手下各单位失去了联系。目前，各营完全暴露在敌人的炮兵火力封锁下。怎么办？

一些上级派到88团的同志点明了当前面临的两个选择：是组织部队继续打下去，还是撤军？ 22点00分，在团指挥所，第88团常务党委召开会议，由团党委书记邓国宝主持。在分析了当前形势后，常务党委认为：战胜敌人的可能性犹存，贸然撤军只会加大部队损失，而且会影响部队的士气。经过讨论，常务党委做出决定：

（1）继续在团指领导下，完成进攻消灭修武据点的任务，打赢和平战役首战。

（2）办法：迅速巩固组织，调整队形，让部队快速冲过炮火封锁区，尽可能靠近据点前沿的铁丝网避免敌炮杀伤，紧张完成各项准备工作，等待进攻号令传来。

大团指挥部一致通过了第88团常务党委的战斗决心，并指示：继续动员部队克服一切困难，坚决完成既定的消灭修武据点守敌任务。在团指和各单位通信不畅的情况下，团指应该分工让各主要干部直接下到各单位传达团常务党委决议，并协助各单位组织实施战斗，同时给第23营补充干部。

经过协商，第88团指决定让副团长阮雄生直接下去指导第90炮兵营各单位，迅速让火炮进入展开位置；团副政委阮朋直接下到一些因敌炮击封锁而迷路的部队，把他们组织起来，迅速占领规定的进攻出发阵地。

2. 进攻发展经过

虽然规定攻击时刻已经到来，但88团仍未组织好进攻队形，团指的通信系统与各单位联系还是时断时续。只有第322营在规定的时间占领了进攻出发阵地，但也没能和团指取得联系，周围都是敌炮射击的爆炸声，根本无法分辨主要进攻方向是否发出了进攻信号——连续爆破声。

等到23点05分，团参谋长南河下令322营对C区发动进攻。227连和225连使用爆破战术，在铁丝网障碍带炸开突破口。

在第225连进攻方向，225连迅速在铁丝网上炸开几个口子，并越过突破口打下了C区的桥头碉堡（法军最前沿的碉堡，相当于在法军阵地打进一根楔子），继而向纵深发展进攻。敌用1个班的兵力实施反击让225连第一路突击部队受挫。225连随即调整部署，使用第二路突击部队协助第一路突击部队夹击反击之敌，将其击退后继续兵分两路往纵深发展进攻。但很快遭到敌炮火拦阻和飞机火力轰击，2名排级干部牺牲，两路突击部队也几乎伤亡殆尽，被迫暂停攻击。

在第227连进攻方向，炸开突破口后，227连兵分两路实施突击。第一路突击部队很快攻克了5号和6号火力点，第二路突击部队打下了7号火力点后兵分两路扑向E碉堡和8号火力点，与225连取得联系。第一路突击部队在打下5号和6号火力点后发现周围还有暗堡，遂留下一部分兵力打暗堡，余部继续发展进攻，堵住消灭C区之敌，同时前出到外叨河岸坡。

24点30分，发现225连进攻受挫陷入困境，322营命令229连投入战斗，接替225连继续往纵深突击。战斗中，第225连战士阿玉（Ngọc）用20千克炸药炸毁了纵深碉堡

（拦阻225连冲击的碉堡）后英勇牺牲。这时，229连及时赶到，兵分2路突击。第一路进攻部队一路发展进攻，突入C区东北末梢邻近外叼河的桥头堡；期间，敌人组织了多次反击但均被229连第一路进攻部队打垮。一部分守敌被消灭，余敌逃进B区。第二路突击部队打下了9号和10号火力点，残敌在逃往B区途中被第一路突击部队拦截，再消灭一批敌军。

至12月11日01点00分，322营完全打下了C区。因为担心322营继续进攻B区，敌人炸毁了连通B区和C区的外叼河徒步桥，并用炮火对C区进行覆盖射击。由于322营仍未能和团指取得联系，为了减少各单位的伤亡，团参谋长南河下令322营收集战利品，带着伤员和烈士遗体撤出阵地。

12月11日01点30分，第29营和第23营也占领进攻出发阵地并向团指报告准备发起攻击。直到这时，团指刚刚联系上23营和29营，对322营情况仍一无所知，倒是大团指和322营电台取得了联系。很快，团指就接到了大团指的通报：322营已经消灭并完全占领了C区。团指立即命令23营和29营并炮兵部队抓紧时间完成进攻准备工作。

12月11日01点45分，团长命令炮兵实施炮火准备。此时，满月的光辉洒遍大地，清晰地映出据点守敌各个目标。在月光照耀下，4门75毫米山炮和6门82毫米迫击炮对A区和B区各个目标进行急袭射击。接着，23营和29营接到团指命令，撕开突破口，组织部队冲锋，占领规定的各个目标。

在第23营方向上，接到团指命令不久，全营就发起了攻击。209连组织爆破，连续在4道铁丝网上炸开口子，打开了突破口。209连以一部兵力达成突破，打下一个桥头堡，接着冲锋占领了14号火力点，继而兵分两路

突击。第一路突击部队占领A区守敌仓库，第二路突击部队占领1号火力点，接着向213连方向发展进攻。

与此同时，第213连也占领15号和16号火力点，继而往A区纵深发展进攻。敌人出动2辆装甲车和步兵反击，包夹213连两翼，拦腰截断了213连的战斗队形（被敌分割成前后2部）。这时伴随213连前进的1门75毫米无后坐力炮炮手及时射击将1辆装甲车打燃，协助步兵打退了敌人的反击。敌退到沱江边，依托H号碉堡和剩余的1辆装甲车继续顽抗，213连组织一路追击消灭了这辆剩余的敌装甲车和残敌，209连部分兵力包围消灭了H号碉堡守敌，完全攻克了A区。

在第29营进攻方向，我炮兵对据点进行猛烈炮火准备的同时，29营也组织了对最后一道铁丝网的爆破，但遭到敌人组织火力激烈抗击，敌人炮兵还从查据点射击，掩护坦克冲上来战斗。冒着敌人联合火力的打击，第152连的爆破班以牺牲12位同志的代价，好不容易才在铁丝网地带炸开了9个口子。利用爆破小队炸开的口子，152连发起冲锋，但随即遭到敌人猛烈的火力拦阻。冲到A号碉堡和B号碉堡前，152连因伤亡太大而停止了冲击。

与此同时，154连沿着外叼河边冲击时不慎闯进雷区，进攻受挫。29营遂命令156连投入战斗，沿着152连打开的突破口，绕过A号和B号碉堡，往纵深突击打下D号碉堡，但他们也遭到敌猛烈火力拦阻，无法发展进攻。29营接着又命令154连转移到152连方向，从152连突破口进入，对敌步兵营指挥所所在地E号碉堡展开攻击。此时，第29营主力都集中到了B区，形成各路突击部队对B区各个敌据点展开猛烈攻击的局面。

152连战士阿豪同志用20千克炸药炸毁了A号碉堡的地下掩体，消灭了掩体内的全部守敌，但自己也英勇牺牲。

这时，154连好不容易从雷场中找到了安全通道，冲进了B区纵深，然后用巴祖卡火箭筒消灭了C号碉堡边上停靠的1辆敌坦克，并打燃了1辆装甲车，将（该方向）敌人压往沱江边。

另一方面，156连经过苦战打下D号碉堡后，又往C号碉堡冲击，形成一路逼向沱江，包围敌军之势。但由于兵力不足，无法全歼守敌。A区和B区残敌及时逃了出去，退到沱江江边的河床，依托阵地工事，组织火力拼死抵抗。我军用火力消灭了部分残敌，余敌逃到江心岛。

1951年12月11日04点00分，88团完全占领了修武据点，团指命令各单位检查各自的战斗位置（意思是打扫战场），押解俘虏，收缴战利品，然后带着伤员和烈士遗体撤往安隆，转入休整巩固。

3. 战斗结果

我军共消灭159名敌军，俘虏12人，打燃1辆坦克和2辆装甲车，打坏5门37到57毫米口径不等的火炮，缴获1门无后坐力炮、1具60毫米巴祖卡、1门60毫米迫击炮、1挺中连发枪（轻机枪）和8挺大连发枪（重机枪）。

我军牺牲152人，负伤490人，损失3门75毫米山炮和2门82毫米迫击炮。

4. 战斗意义：

修武之战的胜利撼动了敌人的沱江防线。通过这次战斗，我军打开了胜利之门，完全控制了沱江左岸，重新打通了越北根据地到和平的通道，为我军主力展开兵力打败敌人彻底解放和平创造了有利的条件。

飘据点攻坚战例

第一部分：情况简介

1. 地形

飘据点群位于和平省基山 (Kỳ Sơn) 县中心，地处和平到河内的6号公路沿线上。

飘据点群由飘村、飘高地和庙高地组成。

据点群周围地形相对复杂，在飘据点群周围和附近各个区域，敌人布设了内外两层障碍带，外层障碍带由竹签结合带刺铁丝网组成，内层障碍带由绵密的雷场组成，进出飘据点群只有一条面对6号公路的出口，而且由敌严密封锁。

2. 敌情

守敌为法国外籍兵团第13半旅2营，以及4门105毫米榴弹炮。兵力分成三群：

第一群是飘高地，由1个外籍兵团步兵连负责把守。

第二群是飘村，由1个外籍兵团步兵连负责把守。

第三群是庙据点，由1个外籍兵团步兵连把守。

在各个据点内，敌人修建了许多坑道和坚固的碉堡，火力猛烈控制面宽大，各据点依托交通壕相连，便于机动和相互支援。

总的来说：飘地区是敌人一个重要的据点群，是和平市与6号公路沿线各据点相连组成的防线上的咽喉要地，因此敌人集中了强大的兵力和火力加强飘据点群，使之形成防御坚固、地形位置兼备战术优势以及通观、射界开阔、便于发扬火力的难啃骨头。

3. 我情

参加进攻飘据点群的是第308大团102团，团长武安（Vũ Yên）同志、副团长武朗（Vũ Lăng）同志、政委黄世勇（Hoàng Thế Dũng）同志。编制3个营——18营、54营和

79营和各个团直属分队（班）。装备上除了得到5门山炮增强外，自身还装备有3门81毫米迫击炮、6门60毫米迫击炮、8具巴祖卡火箭筒、6挺重机枪、27挺轻机枪和6具枪榴弹发射器。

经过多次战役，102团已经逐渐成熟，技战术程度（水平）有了很大的提高。在和平战役的第一和第二阶段，102团作为战役指挥部的预备队一直没有参加战斗，指挥干部在主观思想上都有喜打大仗、厌恶打小仗的倾向。

4. 战斗准备

任务：

102团在88团29营213连和5门山炮支援下，消灭飘据点群守敌，切断6号公路，包围和平市。

战法：

隐蔽展开兵力，形成包围之势，突然同时进攻撕开突破口，实行穿插分割消灭第一和第二群守敌，同时组织包围控制第三群守敌。

兵力布置：

54营在3门75毫米山炮支援下负责主要进攻方向（东北），任务是消灭飘高地的第一群守敌。

79营在2门75毫米山炮支援下负责次要进攻方向（西北），任务是消灭飘村的第二群守敌。

18营在西面包围庙高地的第三群敌人，阻止敌人救援第一、第二群守敌。

88团29营213连为第102团预备队。

第二部分：战斗发展过程、结果和意义

1. 战斗发展过程

1952年1月7日20点30分，加强102团从集结位置组织行军，兵分两路开进。

第一路：团指、第54营、79营、88团29营213连和火力分队（5门山炮）依次行军。

第二路：18营乘船渡过沱江（sông Đà）后占领阵地。

自出发位置起，各单位拉开100米间距展开队形，朝目标行军。第一路纵队被敌空军发现，遭到猛烈轰击，一些同志牺牲，一些同志掉队。

21点45分，各单位抵达目的地，并组织占领进攻前出发阵地。

22点00分，各单位完成准备工作，只待进攻令下。由于缺乏细致、具体的临战检查，导致一些同志的炸药、子弹、手榴弹、枪榴弹不足，占领阵地也不挖工事，吸烟也不注意隐蔽，致使敌人发现了我军，给尔后的战斗造成了极为不利的影响。

1952年1月7日22点05分，第102团团指下令进攻。我炮兵奉命朝目标开火，几发炮弹落入我军步兵队形，一些炮弹在据点外爆炸。好在无后坐力炮和各方向的火力射击破坏了一些目标。利用火力压制的机会，各营发起冲击。

在主要进攻方向上：第54营撕开了一个突破口，接着迅速对目标发起冲锋：先是占领了飘高地外围一些目标，当他们继续往飘高地纵深发展的时候却被守敌依托据点内各个火力点猛烈射击所阻，被迫暂停攻击。敌我双方展开激烈争夺战，战斗陷入僵持态势。为了打破僵局，第54营以1个连的兵力向东南迂回，试图插到敌人的背后。迂回部队行动迅速，很快突破铁丝网，直插敌炮兵阵地时突然遭到敌人反击，一些同志牺牲，剩下的指战员被迫退却。

次要进攻方向：第79营遭到敌人猛烈的火力拦阻，部队被迫在突破口前停滞。由于

没能压住敌人的火力，导致79营没法冲过突破口，部队牺牲很多，爆破筒消耗殆尽，支援该营的火力分队弹药也所剩无几，营长只得电告团指请求支援。

包围方向：第18营隐蔽展开队形，在主要方向和次要方向打响进攻的同时，及时压制了第三群守敌。敌人依托工事不断组织火力还击，却不敢组织反击。18营出色完成了钳制第三群守敌的任务。

至1952年1月8日04点30分，我军在主要和次要方向的进攻都遇到了很大的困难，伤亡大，弹药消耗殆尽。意识到已不可能继续进攻后，第102团团指命令炮兵组织牵制射击，给各单位组织防御，为守住既得阵地创造条件。同时，团指还命令第88团29营213连前往接应79营，可在机动的路上，213连受到敌人炮火封锁，伤亡很大。

05点30分，第102团团指命令炮兵实施掩护射击，保障各单位撤退。可是，炮兵没能领会团指的意图，仅对敌人进行了5分钟急袭射击就停止了，敌人发现我步兵开始撤退，遂从飘村出动坦克追击，并以和平市的炮兵群以及第一群守敌射击我队形前头、

坦克车从背后追杀，导致我军撤退队形大乱，许多同志牺牲，剩下的也被打散。

第213连被敌人坦克和步兵包围，大部分干部战士牺牲，其中包括副连长范永胜（Phạm Vĩnh Thắng）、排长阮柏留（Nguyễn Bá Lưu）、副排长阮文奈（Nguyễn Văn Nha）等大部分干部战士壮烈牺牲，只有少部分同志利用地形掩护突围出来。

1952年1月8日21点00分，各营陆续撤下来，在新的集结位置收拢打散兵力。

23点00分，各营检查兵力，向团长报告。到24点00分，团长向大团长报告，并巩固单位，检查武器，解决伤兵烈士问题（救治伤员和掩埋烈士）。

2. 结果

我军牺牲262位同志，负伤318位同志，被捕26位同志，损失了许多武器装备，却没能消灭飘据点群。

3. 意义

飘村战斗的失败，不仅未能切断6号公路，分割敌和平防御体系，而且还对我军威信和部队传统造成严重影响，给部队战斗意志带来了一定的负面效应。

参考文献

[1] Quân đội nhân dân. Bộ tư lệnh quân đoàn 1. Sư đoàn 308.Lịch sử Sư đoàn 308 quân tiên phong, 1949-2009 [M]. Nhà xuất bản Quân đội nhân dân, 2009.471

[2] Vietnam. Quân đội nhân dân. Sư đoàn 312.Lịch sử sư đoàn 312, 1950-2010[M]. Nhà xuất bản Quân đội nhân dân, 2010.526

[3] Tiến Hùng Nguyễn .Lịch sử Sư đoàn 316 (1951-2011): lưu hành nội bộ[M]. Nhà xuất bản Quân đội nhân dân, 2011.351

[4] Võ Nguyên Giáp. Điện Biên Phủ, điểm hẹn lịch sử[M]. Nhà xuất bản Kim Đồng, 2004.374

[5] 钱江 . 秘密征战: 中国军事顾问团援越抗法纪实 (上下) [M]. 成都: 四川人民出版社, 1999 (1)

[6] Martin Windrow .The Last Valley[M]. Orion Publishing Group ,2004(2). 320

《神话、谎言和奇迹：溪山血战》

从越美双方视角披露越战声势浩大的围困
与反围困战
140张资料图及作战态势图

《奠边府战役》

抗法战争传奇
越南立国战争
开启东南亚独立崛起运动先河

《神话与现实：1975年西贡大捷》

从福隆到西贡
1975年春季攻势纪实
解密南越国军的溃散

**《兰山血、广治泪：从南寮—9号
公路大捷到广治大会战》**

冷战时期亚洲地区规模最大的火力战役
钢铁火海和血肉之躯的较量